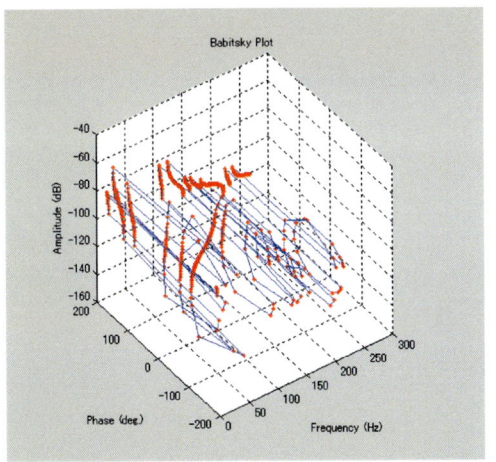

口絵 1 バビスキー線図の例（本文の図 6.24 参照）

厳密には Babitsky-Sokolov 線図と呼ぶ. 周波数応答関数を周波数軸, 位相軸, 振幅軸で 3 次元的に表示する. 左下図に示すように周波数軸・振幅軸に対して正面から見るとボード線図の振幅の図と同じで, 右下図に示すように位相軸・振幅軸に対して正面からみると共振振動数付近で求められた周波数応答プロットを明確に識別できる. この線図を提案した Babitsky らは, 位相軸と振幅軸に対して正面からみる周波数応答関数プロットの性質を利用して, 非線形振動メカニズムにおける自動共振状態維持の制御法（Babitsky and Sokolov, 2007）[23]を提案している.

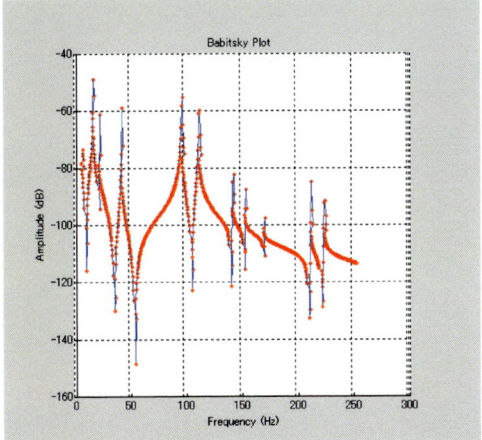

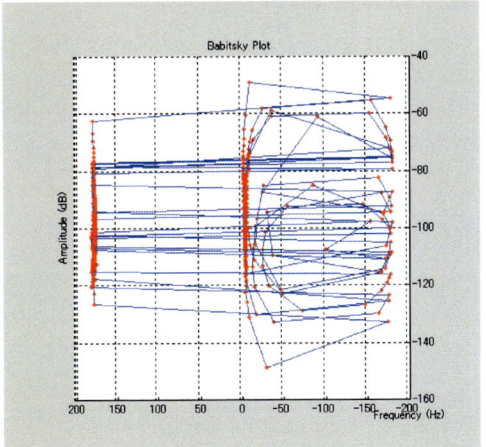

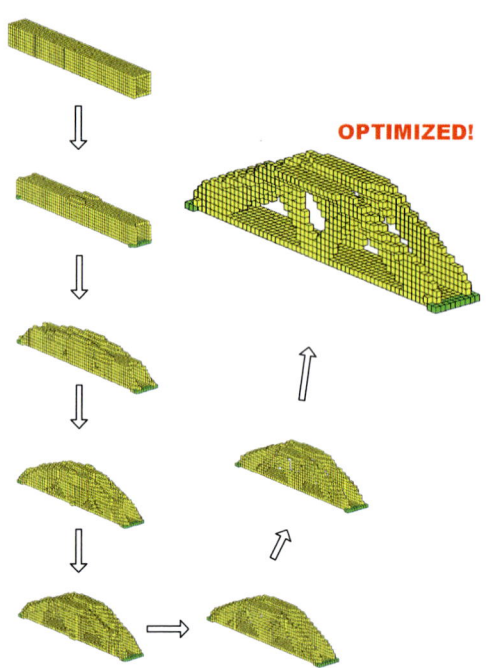

口絵 2　静荷重に対する軽量高剛性最適設計の計算事例（本文の図 8.14 参照）

橋を連想しての基礎的な数値計算事例である．まず初期構造は四角中空構造として，両端下側は固定境界条件，底面は車両や人の通行のために最適化範囲外として，最適化対象領域は両側と上面部分とした．底面各所に下向きのある大きさの荷重を作用させた場合の，静解析を行い，各立方体有限要素の変形から各要素が蓄えるひずみエネルギーを算出する．大きな値を持つ要素は荷重に対抗するために大いに働いている要素であり，小さな値の要素は働いていない要素と判断できる．そこで，前者の要素のまわりには補強のために設計空間として許される範囲において新しい有限要素を付加し，後者の要素は不要と判断して削除する．この単純なルールの構造最適化操作を何度も反復することで，位相変化も含めて初期構造物が姿を変えて最終的にはトラス構造的な形状となる．

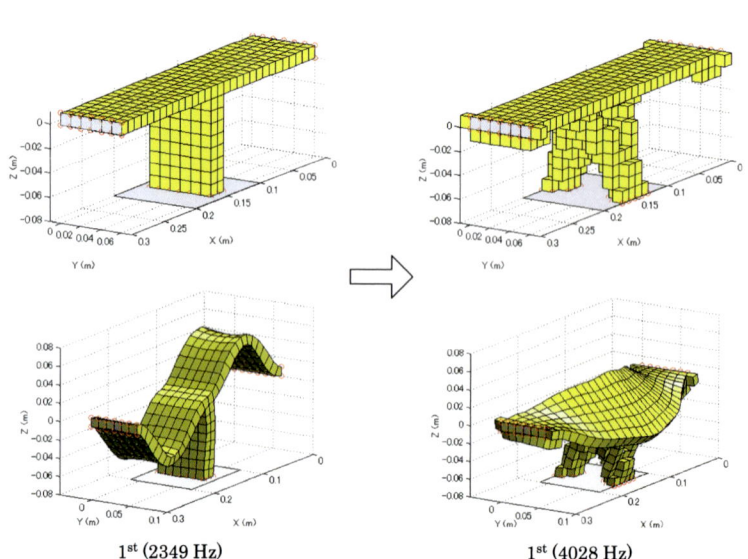

口絵 3　1 次固有振動数を上昇させる最適設計の計算事例（本文の図 8.15 参照）

橋モデルの中央部分の橋脚にあたる構造を変化させて，元の橋の 1 次共振振動数を橋脚構造の体積（重量）をできるだけ増加させずに約 1.7 倍の値に高くする構造最適化の基礎的計算例である．

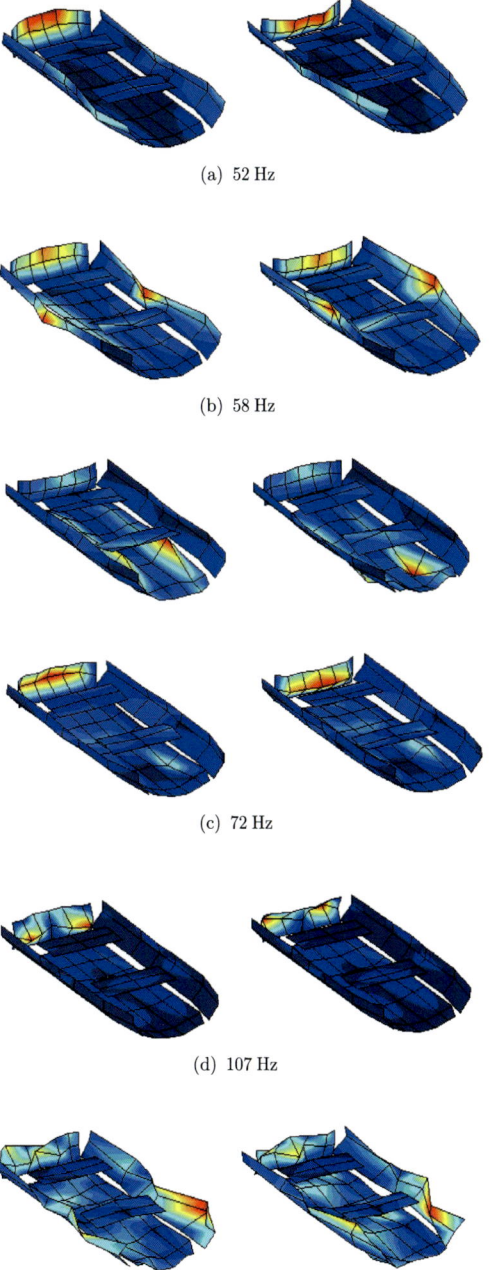

口絵 4 ボートの共振モード（200 Hz 以下．本文の図 10.12 参照）

打撃試験による実験モード解析で得られた固有モード（振動振幅）を示すカラーコンター図である．赤色が最大振幅で揺れている部分を示し，次第に黄色に変化し，相対的に小さな振幅の部分は青色である．72 Hz 付近では固有振動数がひじょうに近い 2 つの共振モードが実験モード解析で分析された．

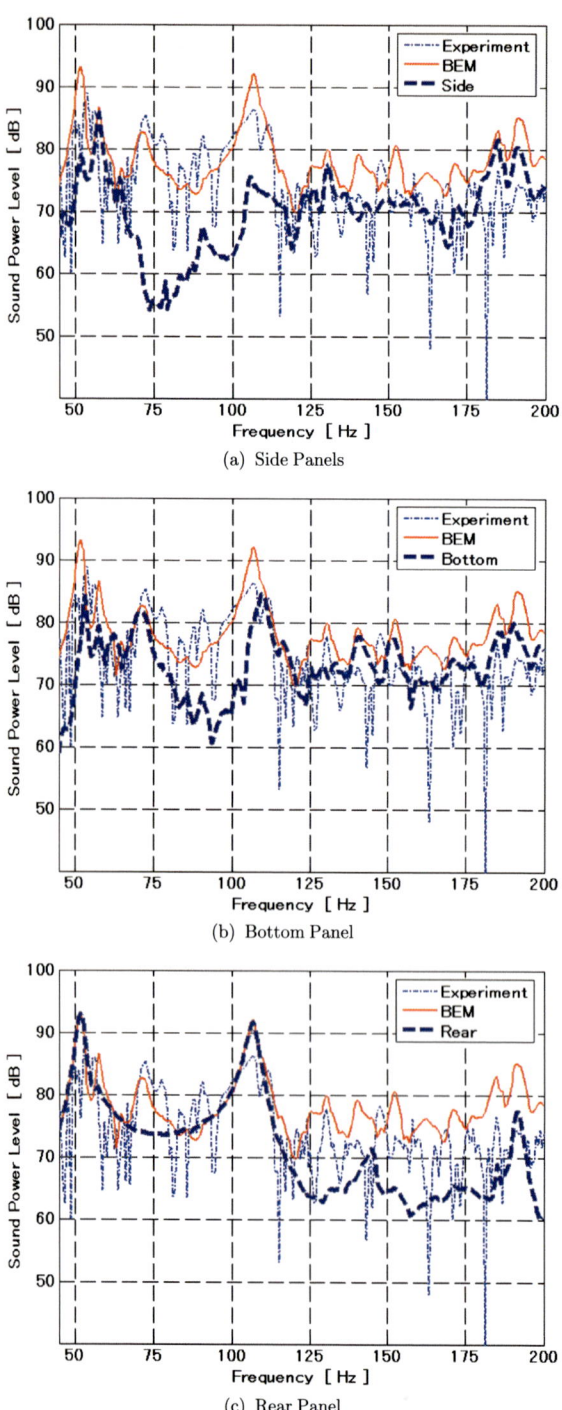

口絵 5 両側面・底部面・船尾パネル振動を入力とした放射音予測計算と実測値(本文の図 10.14〜10.16 参照)

図 (a) はボート左右側面パネル部分のみの振動を入力とした場合の放射音の予測計算と検証計測との比較である。図 (b) は底部面パネル部分のみの振動を入力とした場合の結果である。そして,図 (c) は舟尾パネル部分のみの振動を入力とした場合の結果である。52 Hz と 107 Hz の共振振動成分に対応する放射音は主に舟尾パネルからであり,125 Hz 以上の周波数成分については底部と両側面部分のパネルからであることが予測計算結果と検証計測結果の一致具合から判明できた。なお,図中,青色一点鎖線は検証用に計測した実験結果。赤色線はボート全体の振動を入力データとして BEM で予測解析した結果。青色太破線がそれぞれ注目した部分のみの振動を入力データとして BEM で解析した放射音圧結果である。

構造動力学

基礎理論から実用手法まで

大熊政明 著

朝倉書店

Structural Dynamics
Fundamental theories and Practical methods
by Masaaki Okuma

まえがき

　本書は，構造動力学の基礎から実用基盤的な手法までの理論と技術を平易な記述で説明し，丁寧な数式展開で解説しようとするもので，大学での著者の担当講義で作成し続けてきたノートをまとめたものです．

　多くの大学の学部レベルの機械工学系専門基礎科目としての機械力学や機械振動学と称する講義から，大学院の講究レベルの構造動力学等の専門科目講義までに対応できる教科書や参考書として利用いただけることを目的として執筆しました．学士論文，修士論文および博士論文などの研究活動や産業界の技術者の研究・技術開発上での参考書としても利用いただける内容も含めたつもりです．

　例題と章末問題を付けることで，理論や手法の理解の確認と具体的な解析力の基礎を養ってもらうようにも配慮しました．一部の章末問題は講師の立場から担当授業の中で受講学生への演習・グループ活動として提示されてもよいと思うものを掲載していますのでご利用いただければ幸いです．原則的に章末問題の略解は朝倉書店の WEB サイト (http://www.asakura.co.jp/download.html) で提供することとしています．

　本書が，近い将来世界各地の産業界および教育界で活躍される多くの日本の工学系大学生と大学院生の皆さん，さらにはすでに実務に携わる若き研究技術者の皆さんの参考書の1冊として少しでも役立つようであれば幸甚です．なお，浅学未熟な著者なので，独断的記述や誤記が少なからず残ってしまっていることを危惧しています．この点については読者の寛恕を請う次第です．

　執筆に際して参考にさせていただいた書物の著者各位には深甚なる敬意を表して，心からのお礼を申し上げます．朝倉書店編集部には，立派な出版を実現くださいましたことに心より感謝申し上げます．研究室事務補佐の松原さんと学生諸君には原稿作成上の庶務と読み通しで協力してくれたことに感謝いたします．最後に，週末の執筆時間と快適な環境を作ってくれた妻と子供たちにも大いに感謝します．

　　2012 年 9 月

大 熊 政 明

目　　次

1. **序　　論** ……………………………………………………………………… 1
   1.1　構造動力学とは ………………………………………………………… 1
      1.1.1　機械力学系の構成 ………………………………………………… 1
      1.1.2　構造動力学 ………………………………………………………… 3
   1.2　なぜ振動するのか ……………………………………………………… 5
      1.2.1　質量と弾性 ………………………………………………………… 5
      1.2.2　多体動力学による基本的振動解析の例 ………………………… 6
   章末問題 …………………………………………………………………………… 9

2. **1自由度振動系へのモデル化と解析基礎** ………………………………… 10
   2.1　1自由度振動系へのモデル化 ………………………………………… 10
      2.1.1　弾性支持された剛体のモデル化 ………………………………… 10
      2.1.2　弾性連続体のモデル化 …………………………………………… 12
   2.2　1自由度振動系の固有特性 …………………………………………… 13
      2.2.1　感覚的に理解する単振動の基本特性 …………………………… 13
      2.2.2　数学モデルでの解析 ……………………………………………… 23
      2.2.3　実験計測からの解析 ……………………………………………… 28
   2.3　定常加振応答 …………………………………………………………… 29
      2.3.1　粘性減衰系 ………………………………………………………… 29
      2.3.2　振動伝達率 ………………………………………………………… 32
   2.4　時刻歴応答解析 ………………………………………………………… 34
      2.4.1　常微分方程式の初期値問題 ……………………………………… 34
      2.4.2　畳み込み積分 ……………………………………………………… 35
   章末問題 …………………………………………………………………………… 38

3. **2自由度系の基礎** …………………………………………………………… 41
   3.1　運動方程式の作成 ……………………………………………………… 41
   3.2　固有振動数と固有モードの計算 ……………………………………… 42
      3.2.1　固有振動数 ………………………………………………………… 42
      3.2.2　固有モード ………………………………………………………… 49

3.2.3　固有モードの直交性とレイリー商 ････････････････････････････ 49
　3.3　周波数応答関数とモード解析 ･･･････････････････････････････････ 52
　　3.3.1　周波数応答関数 ･･ 52
　　3.3.2　モード解析の基本 ･･ 53
　　3.3.3　振動応答のブロック線図表現と数値シミュレーション ･･･････ 54
　3.4　動 吸 振 器 ･･ 61
　　3.4.1　基 礎 理 論 ･･ 61
　　3.4.2　最 適 設 計 ･･ 63
　章末問題 ･･ 69

4. 多自由度系の基礎 ･･ 71
　4.1　運動方程式 ･･ 71
　　4.1.1　不 減 衰 系 ･･ 72
　　4.1.2　比例粘性減衰系 ･･ 77
　　4.1.3　一般粘性減衰系 ･･ 79
　4.2　等価質量と等価剛性 ･･ 81
　4.3　変位加振応答の解析 ･･ 86
　章末問題 ･･ 90

5. 分布定数系解析基礎 ･･ 91
　5.1　梁の振動解析 ･･ 92
　5.2　弦の振動解析 ･･ 97
　章末問題 ･･･ 101

6. 実験モード解析 ･･ 102
　6.1　歴 史 概 観 ･･ 102
　6.2　モード振動試験 ･･･ 104
　　6.2.1　加 振 方 法 ･･･ 105
　　6.2.2　打撃試験と打撃力特性および窓関数 ･････････････････････ 111
　　6.2.3　打撃試験実施上の技術 ･･･････････････････････････････････ 111
　　6.2.4　振動応答計測法 ･･･ 117
　6.3　周波数応答関数と基本的図示形式 ･･････････････････････････････ 118
　　6.3.1　周波数応答関数 ･･･ 118
　　6.3.2　基本的図示形式 ･･･ 121
　　6.3.3　自己周波数応答関数での共振峰と反共振溝の交互出現特性 ････････ 123

6.4　共振モードを漏れなく同定するための計測技術 125
　　6.5　実験モード解析に基づく基礎的構造変更手法 (SDM) 128
　　章末問題 130

7. 実験的同定法 133
　7.1　フーリエ変換の基礎理論 133
　　7.1.1　関数の内積 133
　　7.1.2　三角関数の性質 136
　　7.1.3　フーリエ級数展開 137
　　7.1.4　離散フーリエ変換 139
　　7.1.5　逆フーリエ変換 143
　　7.1.6　フーリエ変換実用上の留意点 144
　7.2　高速フーリエ変換の基礎理論 147
　7.3　モード特性同定法 153
　7.4　実験的特性行列同定法 162
　　7.4.1　振動試験 163
　　7.4.2　実験的特性行列同定法 164
　　7.4.3　基礎適用事例 172
　7.5　振動試験データからの剛体特性同定 175
　　7.5.1　台上試験法 177
　　7.5.2　振り子法 180
　　7.5.3　実験モード解析の慣性項成分を利用する方法 183
　　7.5.4　精密モデル化した柔軟弾性支持条件での同定法 188
　　7.5.5　特性行列同定法による方法 201
　章末問題 209

8. 有限要素法の基礎 212
　8.1　歴史概観 212
　8.2　理論の基礎概念 214
　8.3　2次元トラス要素（伸縮挙動） 216
　8.4　2次元オイラー梁要素（曲げ挙動） 226
　8.5　h法六面体アイソパラメトリック1次要素 234
　8.6　p法有限要素をh法1次要素に変換した要素 240
　8.7　進化的構造最適化法 243
　章末問題 246

9. 部分構造合成法 ... 249
- 9.1 部分構造の内部領域と結合領域の表現 ... 249
- 9.2 拘束モード型合成法（一重合成法）... 252
  - 9.2.1 モード合成座標系での運動方程式導出 ... 252
  - 9.2.2 各種の振動解析 ... 257
- 9.3 拘束モード型合成法（多重合成法）... 262
  - 9.3.1 一重目合成解析 ... 263
  - 9.3.2 二重目合成解析 ... 271
- 9.4 拘束モード形合成法（逐次合成法）... 272
  - 9.4.1 第1段目の合成解析 ... 273
  - 9.4.2 第2段目の合成解析 ... 276
  - 9.4.3 第3段目の合成解析 ... 280
- 章末問題 ... 284

10. 音響解析 ... 290
- 10.1 音響の基礎 ... 290
  - 10.1.1 波動方程式の導出 ... 290
  - 10.1.2 音の強弱の計測と定量表現 ... 297
- 10.2 有限要素法（2次元三角形要素）... 300
  - 10.2.1 準備知識 ... 301
  - 10.2.2 三角形要素の音響剛性行列と音響質量行列の導出 ... 302
  - 10.2.3 共鳴周波数解析 ... 308
  - 10.2.4 周波数応答解析 ... 309
  - 10.2.5 非定常音場解析 ... 309
- 10.3 境界要素法（2次元空間）... 311
  - 10.3.1 音場の支配方程式と理論概要 ... 312
  - 10.3.2 解析アルゴリズム ... 313
  - 10.3.3 音源粒子速度と等価音源粒子速度同定 ... 317
  - 10.3.4 基礎事例 ... 319
- 章末問題 ... 323

文　献 ... 325

索　引 ... 329

1

序　　　　論

1.1　構造動力学とは

1.1.1　機械力学系の構成

構造動力学について説明するにあたり，まず，機械力学創成期からの観点でその発展の基本的構成を著者なりに整理した表 1.1 を示す．6 つの専門に発展・派生・分化してきていると考える．

機械工学は 4 種類の力学を基盤として成り立ってきた工学分野である（機械力学，材料力学，流体力学，熱力学）．機械とは，「複数の部品から構成された人工物で，それらの構成体の中で少なくともいくつかの部品間で相対運動を発現することで，私たち人間に役に立つ動作，すなわち，私たちがその機械の設計で望んだ動作をしてくれる装置」であるといえる．部品間の相対運動で創出される「からくり（メカニズム）」

表 1.1　機械力学系の構成科目

細科目	内容略説
機構運動学 (kinematics)	主に幾何学的観点から機構の運動を論じる
多体動力学 (multibody dynamics)	機構の運動の力学的性質を幾何学的観点を中心に論じる．近年では部品の弾性変形も考慮するようになってきている
機械振動学, 回転体力学 (mechanical vibration, rotor dynamics)	機構の運動で発生する振動の力学を論じる．一部部品や構造体の弾性変形も考慮する
構造動力学 (structural dynamics)	構造物体や機構を構成する部品の弾性変形をともなう振動の力学を論じる
計測工学 (measurement and testing of dynamics)	位置，速度，加速度や力の計測に基づいて機構や構造物の運動・振動・放射音の計測を実現し，データ処理までの理論と技術およびセンサー等の計測機器開発を論じる
制御工学 (control engineering)	機構の運動や振動・音響の制御の理論と技術を論じる

は，人間の高度なレベルの知的工夫によって実現された巧みさや複雑さと持続性（耐久性）がある．その機械を動かす動力源としては単純な動作による人力や動物力，または各種の動力発生装置によって自動的に供給されるエネルギー（電気，熱，化学エネルギーなど）である．蛇足として，私たち人間などの生物も生きるために頭脳と五感を使って環境や状況に応じてうまく体（四肢）を動かし動き回っているので，「神によって創られた機械」といえるかもしれない．

それまでの非常に効率が悪かった蒸気機関の大幅改良発明として 18 世紀後半にワット (James Watt) によって新型の蒸気機関が発明された．その形式の蒸気機関動力を動力源として使って本格的に各種の機械が発明され，大量生産の工業化の始まりである産業革命になった．その代表的な輸送機械となった蒸気機関車の駆動車輪系の運動から，**機械の力学と振動の問題が始まった**．

機械を構成する部品は，スプリングやゴムブッシュなどの例外を除き，基本的には剛体として機能してほしい部品であり，機械の設計の基本もその認識の上で行われる．そもそもそれらの部品は設計上見積もられる負荷に対して十分にその形状が保たれる剛性と強度を持つ物としてつくられるはずであり，微小な変形挙動は無視できると仮定されていた．しかし，それらの個々の部品を完全な剛体として扱っても，機械は加速度変動を伴う部品の相互運動によって，**慣性力**に起因した振動が発生することから，そのメカニズム解明と問題の解決技術を求めて**機械力学**が生まれたといえる．この代表的な問題が蒸気機関，回転体そして多種の機械内に組み込まれている様々なリンク機構（ピストンクランク機構も含まれる）の慣性力の不釣り合いの問題である．これらの技術課題を扱う専門学問が，狭義の**機械力学**と**機械振動学**である．機械機能発現のための設計論が生い立ちである専門学問で力学を考えずに運動学を扱うものが**機械運動学**とか**機構学**である．力学も含めた機構の運動を扱うものが今日の**多体動力学**や**機械力学**である．

時が経ち，より高性能（高速，高精度な運動性能や振動・騒音に関する静粛性や快適性）な機械を目指すようになると，それまでは無視していた個々の部品の微小な変形振動も問題となって，それを扱う技術が必要となった．特に航空宇宙分野や自動車分野で重要視され，切実で多くの種類の技術課題が提起され技術・学問の発達を促したといえるであろう．機械ではないが，建物や橋梁，石油貯蔵タンクなどの構造物は基本的には動かない人工物（動いたり変形したりしてほしくない人工物）であるが，地震や車両の通行，風などの外乱力によって振動してしまう．石油貯蔵タンクは，内蔵している液体が地震の影響で激しく波打ち (sloshing)，その大きな慣性力によって破壊される恐れも生じる．このような背景から，機械の中の個々の部品から車体や機体などの機械構造物を始め建築土木構造物までの**構造物の変形振動**を取り扱う技術分野として**構造動力学** (structural dynamics) が誕生したのである．

1.1.2 構造動力学

機械工学的に創り出される構造物について考える．構造物とは，各種の部材を組み合わせて自重はもちろんのこと，外力の荷重に耐えることができる強度を持たせてつくられた人工物である．したがって，構造物の最大の使命は，その設計・製造された所望の形状を，設計上想定された範囲の作用外力に抗して保ち続けることである．

構造物の例を挙げることはひじょうに容易である．例えば，図 1.1〜1.3 に示すように，飛行機やロケット・人口衛星の機体，自動車の車体や橋梁をはじめ，私たちの周りには数限りない種類の構造物がつくられ存在している．これらの例図では対象物のほぼ全体の外観を示し，機械構造物や建築構造物と認識されるであろう．このように対象の機械全体の外観を造り出している構造物に加えて，工学的には，機械の内部に組み込まれている個々の部品もそれぞれ体積をもった"形"を持っているので構造物である．個々の部品もそれぞれの形を維持することが最も基本的な設計要件だからである．例えば，図 1.4 に示すようなハードディスク装置について見てみよう．これも多

図 1.1 旅客機

図 1.2 大型トラック

図 1.3 ゴールデンゲートブリッジ

図 1.4 ハードディスク

くの部品で構成されている機械である．ハードディスクの記録媒体であるディスクは薄い円盤であり高速に回転しているときもその円板の形を安定に保つ必要がある（できるだけ波打ってほしくない）．その円板に情報を書き込むために円板の上で駆動される情報読み書き用ヘッド・アームなどもそれぞれ小さくて細長い構造物であるといえる．高速アクセス時に変形してほしくなく，位置決め時点で残留振動をできるだけ発生させないようにしたい．

　自動車のサスペンションのコイルばねやゴムマウントなど，その部材の変形特性（弾性）を積極的に利用する部品もあるが，一般的には機械の大半の部品は剛体と考えてそれらの相対運動によって機械としての機能を創成するように設計される物である．しかし，実際にはどの物体も"弾性"と"質量"を有しているので，外力が加わり加速度

運動が発生すると変形して振動する．この振動レベルは肉眼ではみることができないほど微小であっても，その振動がいろいろと機械の性能に影響を与える．例えば，振動の繰り返しによって構造物が疲労して破壊に至ったり，振動のために所望の精密運動（高精度位置決めなど）や高速運動（位置決め所要時間や危険速度を超える高速回転など）が実現できなくなったり，構造物の振動から騒音が発生し騒音公害など環境問題を引き起こす．したがって，高速，高精度運動を行う機械の設計においては，機械を構成する部品から機械全体までを弾性体および弾性体の結合系として扱い，その動的な性能まで考慮することが重要である．同じ機械製品・商品でも"技術の差"はここでつく．これを取り扱う工学技術のひとつの専門学問が**構造動力学**である．

　構造動力学は，エンジンのクランク・ピストン機構などについての複数の剛体の結合系と考える相対運動による振動を扱うのではなく，個々の部品や構造物の理想的には剛体であってほしい物体について，現実には物体の持つ質量と弾性を本質的要因として発生してしまう動的な変形とその振動について解析し，機械の性能を向上させる高度な設計を実現するためのひとつの専門分野である．振動に起因する問題発生に対して，計測からその原因のメカニズムを明らかにして科学的および工学的に改善対策を導き出すための専門分野である．

1.2　なぜ振動するのか

1.2.1　質量と弾性

　構造動力学の観点から，構造物が振動してしまうのはなぜかとの問いに対して，短く本質的かつわかりやすい説明はどう述べるべきかを読者の皆さんと一緒にここで考えることとする．

　著者の答案は「構造物の材料が**質量と弾性**を有しているから」である．弾性は，構造物（材料）が外力を受けると変形し，その外力をなくすとまた元の形に戻る性質である．外力によって変形させられたときにその与えられた力学エネルギー（外力のなした仕事）がひずみエネルギーとして蓄えられる．その変形した状態で，外力が突然消失すると，構造物は「弾性」によって元の形に戻ろうとひずみエネルギーを解放し始める．しかし，このときすでに外力はない．そこで，元に戻るのに抵抗できるのは構造物自身の「質量」だけである．構造物の形（体積）に分布している質量である．ひずみエネルギーの解放は，構造物の質量を元の形となる位置に戻そうとする力となって構造物の質量に加速度を与える．こうして，構造物の各場所に分布している質量が，与えられた加速度の時間積分で速度を持つことになり，運動エネルギーとして力学エネルギーを蓄える．同じ値のひずみエネルギーからでも構造物の質量の大きさによって加速度は当然異なる（質量に反比例）．それはともかくとして，そうして構造物は元

の形まで戻るが，そのときは，運動エネルギー量としてはさきほどのひずみエネルギーと同じ量となる速度を持っている．そこで，自然体とでも表現できる元の形状（位置）に戻ったところでピタッと静止することができない．その位置（形状）を通り過ぎて逆方向形状へと進んでいく．その進行に伴って今度は構造物の弾性が抵抗力となってその運動エネルギーを受け止める役目をして，構造物の変形速度（運動エネルギー）がゼロになるまでひずみエネルギーとして蓄える．抵抗相手（弾性）にはその運動速度を変化させられる程度（負の加速度すなわち減速度：deceleration⇐（反）⇒acceleration）に応じて慣性力として力を与える．この構造物の弾性と質量の間でのエネルギーのやり取りが構造物の振動（自由振動や残留振動）を発生させているのである．

1.2.2　多体動力学による基本的振動解析の例

機械の構成を，各部品は剛体，かつ，一部の部品についてはその質量を無視できると仮定するひじょうに単純化したモデル化によって振動解析をする例として，ピストン・クランク機構の解析例を示す．

これは，本書の構造動力学の範疇外（構造部材を剛体として単純に扱うから）であって機械力学の基本的解析の一例であるが，実際重要で役立つ解析の一例である．これによって本書でこれから学習する構造動力学の位置づけがはっきりしていくと思われる．

図 1.5 に示すピストン・クランク機構モデルを考える．この機構のクランクシャフトが一定角速度 ω で回転している運動について，ピストンの慣性力に基づく振動力を求める．諸元は同図に記したとおりである．クランク中心を座標系原点として，そこを通るピストン中心の往復運動軌道を x 軸として，クランクのなす角度が ωt の時点の図である．このときコネクティングロッドがその軌道となす角を便宜的に ϕ と表す．また，簡単のために $\frac{r}{\ell} \ll 1$ の仮定とピストンだけの質量を考える．この 1 気筒の慣性起振力を導出した後で現実的エンジンの例として 4 サイクル直列 4 気筒エンジンの慣性アンバランス振動 (inertia unbalance vibration) について検討する．そして，直列 6 気筒エンジンについては章末問題とする．

図 1.5 で，ピストンの x 座標位置 x_p は

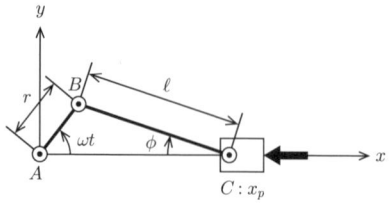

図 1.5　ピストン・クランク機構解析図

$$x_p = r\cos\omega t + \ell\cos\phi \tag{1.1}$$

と表現できる．クランクとコネクティングロッドの結合条件式は

$$r\sin\omega t = \ell\sin\phi \tag{1.2}$$

である．これらの式の連立からパラメータ ϕ を消去すると

$$x_p = r\cos\omega t + \ell\sqrt{1 - \left(\frac{r}{\ell}\right)^2 \sin^2\omega t} \tag{1.3}$$

を得る．この式を時間に関して微分するとピストンの運動速度 v_p を得る．すなわち，

$$v_p = -r\omega\sin\omega t - \ell\left(\frac{r}{\ell}\right)^2 \omega\sin\omega t\cos\omega t\left\{1 - \left(\frac{r}{\ell}\right)^2 \sin^2\omega t\right\}^{-\frac{1}{2}} \tag{1.4}$$

と表現される．もう一度この式を時間微分するとピストンの加速度関数 a_p を得る．すなわち，

$$\begin{aligned}a_p = &-r\omega^2\cos\omega t \\ &-\ell\left(\frac{r}{\ell}\right)^2 \omega^2\left(\cos^2\omega t - \sin^2\omega t\right)\left\{1 - \left(\frac{r}{\ell}\right)^2\sin^2\omega t\right\}^{-\frac{1}{2}} \\ &-\ell\left(\frac{r}{\ell}\right)^4 \omega^2\sin^2\omega t\cos^2\omega t\left\{1 - \left(\frac{r}{\ell}\right)^2\sin^2\omega t\right\}^{-\frac{3}{2}}\end{aligned} \tag{1.5}$$

である．$\frac{r}{\ell} \ll 1$ の仮定と三角関数の公式を使って近似して

$$a_p = -r\omega^2\cos\omega t - r\left(\frac{r}{\ell}\right)\omega^2\cos 2\omega t \tag{1.6}$$

を得る．そこで，この加速度で発生するピストンの慣性力 f_p は，ピストン質量を M_p とすれば

$$f_p = -M_p\left\{-r\omega^2\cos\omega t - r\left(\frac{r}{\ell}\right)\omega^2\cos 2\omega t\right\} \tag{1.7}$$

と求められる．

■ 4サイクル直列4気筒エンジンのピストン慣性不釣り合い起振力解析
(1) 並進起振力（シリンダー中心軸方向のバウンス振動）

4サイクル直列4気筒エンジンのクランク軸のアングルレイアウトは図1.6のとおりであり，第1クランクと第4クランクが同相，第2クランクと第3クランクが同相で，それら2群が互いに180°の位相差となっている．そして，燃焼タイミングは，第1シリンダー ⇒ 第3シリンダー ⇒ 第4シリンダー ⇒ 第2シリンダー，そして第1シリンダーに戻る順序である．

式 (1.7) で得られた単気筒ピストン慣性力に基づいて，この燃焼タイミングを考慮して4気筒分の合力 F_b を求めれば並進起振力を得られる．次のように計算できる．

8   1. 序　　　論

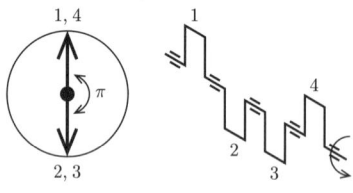

図 1.6　4 サイクル直列 4 気筒クランク軸のクランクアングル線図と燃焼タイミング

$$
\begin{aligned}
F_b = &- M_p \left\{ -r\omega^2 \cos \omega t - r \left(\frac{r}{\ell} \right) \omega^2 \cos 2\omega t \right\} \\
&- M_p \left\{ -r\omega^2 \cos(\omega t + 3\pi) - r \left(\frac{r}{\ell} \right) \omega^2 \cos 2(\omega t + 3\pi) \right\} \\
&- M_p \left\{ -r\omega^2 \cos(\omega t + \pi) - r \left(\frac{r}{\ell} \right) \omega^2 \cos 2(\omega t + \pi) \right\} \quad (1.8) \\
&- M_p \left\{ -r\omega^2 \cos(\omega t + 2\pi) - r \left(\frac{r}{\ell} \right) \omega^2 \cos 2(\omega t + 2\pi) \right\} \\
=& 4 M_p r \left(\frac{r}{\ell} \right) \omega^2 \cos 2\omega t
\end{aligned}
$$

この結果から，この起振力はエンジンの回転数の 2 倍の振動数で，その大きさは回転数の 2 乗に比例して増加することがわかる．4 サイクル直列 4 気筒エンジンは最もポピュラーなエンジンであり，その基本的振動特性としてよく知られた振動メカニズムである．

(2) モーメント起振力（クランク中心軸方向のピッチング振動）

この起振力成分は，第 2 と第 3 クランク間の中点（どこの位置の点でもよいのだが…）についての力のモーメント F_p を計算すればそれが解である．

隣接シリンダー中心線間距離を D として

$$
\begin{aligned}
F_p = &- M_p \left\{ -r\omega^2 \cos \omega t - r \left(\frac{r}{\ell} \right) \omega^2 \cos 2\omega t \right\} \times \left(-\frac{3D}{2} \right) \\
&- M_p \left\{ -r\omega^2 \cos(\omega t + 3\pi) - r \left(\frac{r}{\ell} \right) \omega^2 \cos 2(\omega t + 3\pi) \right\} \times \left(-\frac{D}{2} \right) \\
&- M_p \left\{ -r\omega^2 \cos(\omega t + \pi) - r \left(\frac{r}{\ell} \right) \omega^2 \cos 2(\omega t + \pi) \right\} \times \left(\frac{D}{2} \right) \quad (1.9) \\
&- M_p \left\{ -r\omega^2 \cos(\omega t + 2\pi) - r \left(\frac{r}{\ell} \right) \omega^2 \cos 2(\omega t + 2\pi) \right\} \times \left(\frac{3D}{2} \right) \\
=& 0
\end{aligned}
$$

と求められる．ピッチング振動を引き起こす起振力モーメントはバランスすることがわかる．

章 末 問 題

【1.1】図 1.7 に 4 サイクル直列 6 気筒エンジンのクランクアングル線図と燃焼タイミングを示す．バウンス振動の起振力とピッチング振動の起振力モーメントを 1.2.2 項の解説例と同様に求めなさい．

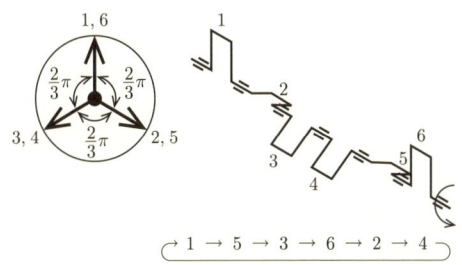

図 1.7　4 サイクル直列 6 気筒エンジンのクランクアングル線図と燃焼タイミング

【1.2】旅客機（図 1.1 参照）について，その性能向上のための振動技術課題を各自が発表して，その改善・解決の方策についてグループで討論しなさい．

【1.3】大型橋梁（図 1.3 参照）について，その建設上および竣工後の振動技術課題を各自が発表して，その改善・解決の方策についてグループで討論しなさい．

【1.4】機械振動を機能化している機械や装置・機器を各自で発表し，その機能特徴と最適化（機能向上法）についてグループで意見交換しなさい．

2

1自由度振動系へのモデル化と解析基礎

本章では,振動系の最も基本的な系として1自由度系の基礎について解説する.現実的にもブランコの揺動運動をはじめとする多くの振動現象はほぼ1自由度とみなせる場合も多い.また,連続体や多自由度系の振動問題についても,問題となる卓越した振動成分について注目すると,1自由度とみなして解析や設計ができる場合も多い.そこで,ここでは多自由度系から1自由度系へのモデル化の基本的な考え方と,1自由度系の振動の基本的特徴について解説する.

2.1 1自由度振動系へのモデル化

2.1.1 弾性支持された剛体のモデル化

現実の機械には,図 2.1 に示すような単にひとつの(質点とみなす)質量とばねで構成されているものはないであろう.しかし,例えば図 2.2(a) に示すスクーターを上下方向に揺すってみるとわかるとおり,そのサスペンションとフレーム車体で構成されるスクーターには (b) と (c) のような 2 種類の基本的な揺れ方があることがわかる.これら 2 種類の揺れ方の形を振動モードと呼ぶ.前者がバウンスモード(跳ね上がりモード:bounce),後者はピッチングモード(縦揺れモード:pitching)と呼ばれる振動モードである.そこで,バウンスモードの振動について最も簡易的なモデル化で解

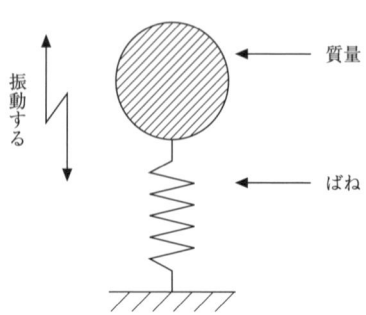

図 2.1 1自由度ばね・質量モデル

2.1 1自由度振動系へのモデル化　　11

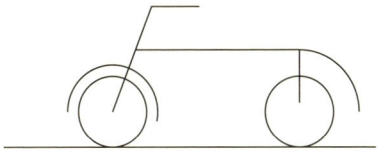

(a) 静止状態

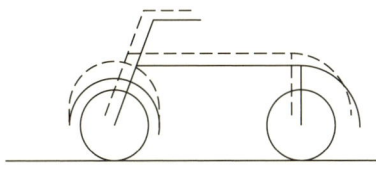

(b) バウンスモード

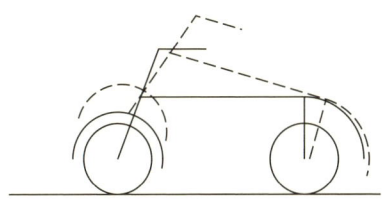

(c) ピッチングモード

図 2.2　スクーターの基本的な車体振動

析する場合には，前後車輪サスペンションをひとつの等価的なばねに置き換え，車体をひとつの質量とみなしてモデル化することができ，図 2.1 のばね・質量モデルをその等価モデルとして作成できる．実際のサスペンションには，振動を適切に減衰させるためのショックアブソーバーも組み込まれているので，その減衰も考慮した等価モ

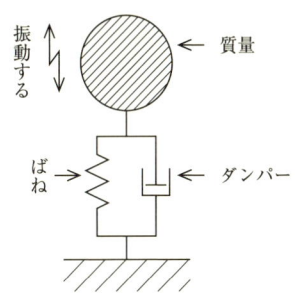

図 2.3　1 自由度ばね・質量ダンパーモデル

デルとしては図 2.3 に描くような 1 自由度ばね・質量・ダンパーモデルが考えられる．

2.1.2 弾性連続体のモデル化

もうひとつ簡単な例を挙げる．図 2.4(a) は片持ち梁である．この梁の先端に静かに荷重を与えていき，静的にたわませてからその荷重を瞬時に取り去ると，(b) に描くような振動モードで上下振動するであろう．単位時間あたりに何回振動するかは梁の材質や形状寸法から固有に決まり，その値は固有振動数と定義される．この梁の固定端から梁の長さの 3 割程度の位置に同じように静的荷重を与えてたわませてから荷重を取り除くと，(b) の振動数よりも高い，ある特定の周波数で (c) に示すような振動モードを発生させることができる．静的な荷重を与えてそれを取り除くことで様々な振動モードを発生させることには限界があるが，動的な荷重を与える場合にはさらに高い特定の周波数でもそれらと異なった別の振動モード形の振動を発生させることができる．

ここでは図 2.4(b) の振動モードについて注目する．さて，(d) にこの振動状態の梁

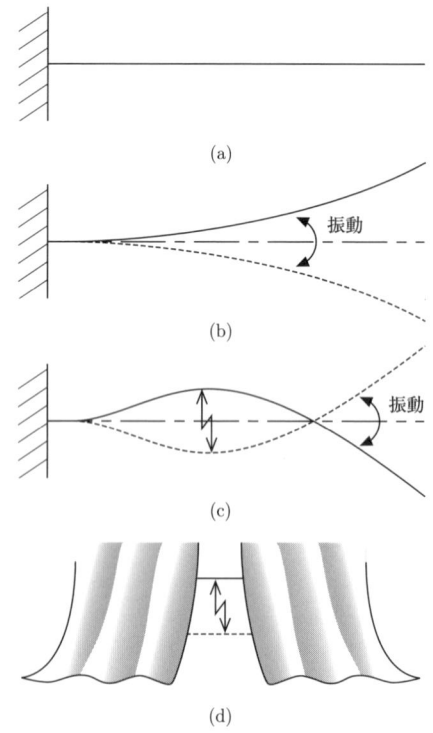

図 **2.4** 片持ち梁の 1 自由度へのモデル化

をカーテンなどでごく一部分のみが見えるように遮蔽し，その見える部分のみの振動に注目しよう．その部分は単に上下方向に振動していると観察できるようになるだろう．すでにこの段階では，振動しているものが実は左右に長い梁であるなどという事実には関心を持たなければ，単にスリット中に見える点（部分）が上下方向に振動していることのみが観察される．そこで，梁の振動の減衰が無視できるほど小さければ，この振動の最も簡易的な等価モデルとして図 2.1 の 1 自由度ばね・質量モデルを用いることができる．減衰が無視できず，粘性減衰とみなせる場合は図 2.3 のモデル化ができる．減衰が構造減衰（変位に比例する抵抗力を発生させる減衰）とみなせる場合はダンパー特性をそのようにモデル化すればよい．ただしここで，その等価 1 自由度ばね・質量モデルのばね剛性や質量の値は，注目している梁の部分の振動と同じ振動（等価）となるような適切な値（等価値）を設定しなければならないことは当然である．等価振動とは，ある値の静的荷重を梁のその点に与えたときのたわみ量と，同じ大きさの荷重を簡易等価モデルの質量に与えた場合のたわみ量が同一になること，さらにその力を解放すると発生する自由振動の振動数（固有振動数）と振動の減衰率が両者同一になることである．

上記の簡単な例から推察されるように最も基礎的な振動モデルは 1 自由度ばね・質量系である．図 2.1 に示す 1 自由度不減衰モデルの動特性と図 2.3 の 1 自由度粘性減衰系モデルの動特性を理解することは，機械力学，構造動力学および動力学分野を対象とする制御工学の基礎である．

2.2　1 自由度振動系の固有特性

2.2.1　感覚的に理解する単振動の基本特性
a.　不減衰系
a–1：なぜ固有振動があるのか

図 2.1 に示す 1 自由度不減衰モデルについて考える．ばねはフックの法則に従い，そのばね剛性は一定値でばね定数を k (N/m) とする．この性質のばねを線形ばねと呼ぶ場合もある．ばねに取り付けられている質点の質量を m (kg) とする．荷重を与えていない状態でのばねの復元力と重力との釣り合いによって平衡状態となっている質点の位置を原点 $(x = 0)$ とし，ばねの伸び方向を + として伸縮方向に座標を設定する．

いま，静的荷重 f_s (N)（考えやすいように $f_s > 0$ としておこう）を与えると，その静的なたわみ x_s は $x_s = \frac{f_s}{k}$ と表現できる．その静的なたわみ状態（ばねが伸びた状態）を実現した後にその静的荷重を一瞬に取り去る．その瞬間を時刻 $t = 0$ とする．このときの質点の自由体図 2.5 を考えると，ばねが復元力として $-kx_s$（座標系マイナス方

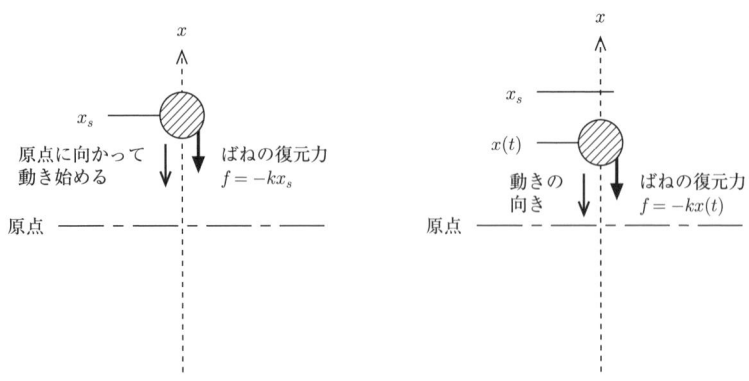

図 2.5 自由振動開始時の質点の自由体図   図 2.6 上死点から原点に戻る途中の質点の自由体図

向) の外力を与えているので，ニュートンの運動方程式は $m\ddot{x} = -kx_s$ $(t=0)$ となる．この運動の法則に従って質点は座標系の原点に向って加速していく運動 (accelerate motion) を開始する．原点に戻るまでの時間中の任意の時刻 $t(>0)$ での質点の位置を $x(t)$ とすると，同じくその自由体図 2.6 をながめて運動方程式は $m\ddot{x}(t) = -kx(t)$ と作成できる．この運動方程式は初期条件を $x = x_s$ と $\dot{x} = 0(t=0)$ で与えられる常微分方程式であるので，その解は

$$x(t) = x_s \cos\left(\sqrt{\frac{k}{m}}t\right) \tag{2.1}$$

と得られる．この式を利用して，静的たわみの x_s から原点まで質点が戻るのに要する時間は

$$\frac{\pi}{2}\sqrt{\frac{m}{k}} \quad \text{(sec.)} \tag{2.2}$$

と計算でき，初期のたわみ x_s に依存せずに，質量 m とばね定数 k の関数となる．

原点に戻った瞬間の時刻 $t = \frac{\pi}{2}\sqrt{\frac{m}{k}}$ (sec.) の質点の速度は式 (2.1) の微分より

$$\dot{x}(t) = -x_s\sqrt{\frac{k}{m}}\sin\left(\sqrt{\frac{k}{m}}t\right) = -x_s\sqrt{\frac{k}{m}}\sin\frac{\pi}{2} = -x_s\sqrt{\frac{k}{m}} \tag{2.3}$$

と得られる．このときの自由体図は図 2.7 のとおりであり，質点に作用する外力の合力はゼロである．したがって，瞬間的に座標系マイナス領域への等速直線運動を行っている．この運動によって質点は原点を通過して座標系のマイナス領域に入る．こうなるとばねは縮まされるので質点にはばねの復元力が一種の外力として作用し，その自由体図は図 2.8 のように描ける．質点の位置を $x(<0)$ としてその運動方程式はやはり $m\ddot{x} = -kx$ と記述できる．質点の運動は減速する加速度運動 (decelerate motion)

2.2 1自由度振動系の固有特性

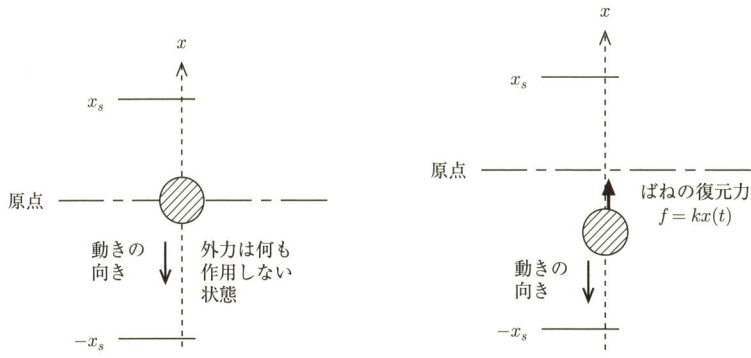

図 2.7 原点位置通過の瞬間の質点の自由体図　　図 2.8 原点位置通過の瞬間の質点の自由体図

となる．質点が原点を等速直線運動として通過する瞬間を新たに $t=0$ として，その初期条件を $x=0$ と $\dot{x}=-x_s\sqrt{\frac{k}{m}}$ とおいて運動方程式である常微分方程式を解けば，変位 $x(t)$ は

$$x(t) = A\sin\left(\sqrt{\frac{k}{m}}t\right) \tag{2.4}$$

と表現される．この $t=0$ での速度は式（2.4）の時間微分からは $A\sqrt{\frac{k}{m}}$ であり，それは式（2.3）と一致しなければならないはずである．そこで，$A=-x_s$ である．したがって，質点は原点を通過して座標系のマイナス方向に運動するが減速運動であり，位置 $-x_s$ で速度が 0 となる．原点通過時からばねが $-x_s$ の最大の縮み状態になるまでの運動にかかった時間を計算すれば，やはり式（2.2）となる．

ばねが縮みきった状態では質点は一瞬速度を 0 とし，次の瞬間にはばねが質点を原点に戻そうとする復元力（プラス方向）によって質点は原点方向に戻る運動を行う．この運動は静的初期変位 x_s から原点に戻る運動とまったく同じで，方向が逆になっているだけである．こうして原点に戻ってきた質点はその瞬間，座標系のプラス方向への等速直線運動を行っており，次の瞬間から静的平衡状態よりも伸びるばねの復元力によって減速運動を行って，静的初期変位 x_s のところまで上がる．以上の運動を繰り返すことがこの振動系の自由振動である．そして，1 周期は初期のたわみ x_s に依存せずに

$$2\pi\sqrt{\frac{m}{k}} \quad (\text{sec.}) \tag{2.5}$$

となるので，振動系の質量 m とばね定数 k に基づく "固有" の周期を有するといえる．言い換えると

$$\frac{1}{2\pi}\sqrt{\frac{k}{m}} \quad (\text{Hz}) \tag{2.6}$$

の固有の振動数で振動する．

a-2：強制調和振動での外力と振動の位相関係はどうなるか

まず，**強制調和振動**とは，任意の一定値の角振動数 ω (rad/s) での正弦波状加振力を与えて構造物を振動させ，その振動応答もやはり同じ角振動数で一定の正弦波状に振動し続けている定常的状態の振動（定常振動）である．

次に，位相とは何かを解説する．力，変位，速度，加速度といった物理量は大きさと向きの 2 つの要素を持ったベクトル量である．正弦波状に時間変化する変位，速度，加速度や力は文字どおり数学的に三角関数の $\sin\omega t$ や $\cos\omega t$ 関数（または指数関数 $e^{j\omega t}$）で表現することができる．ここで j は虚数単位，t は時間，ω は角速度であり，$\frac{2\pi}{\omega}$ (sec.) がその振動の周期，$\frac{\omega}{2\pi}$ (Hz) が振動数である．そこで，例えば時間関数である外力を $f\sin\omega t$ と表現した場合に振動変位が $A\sin(\omega t+\phi)$ と表現されるとすると，それらの位相差は ϕ (rad) といえる．すなわち，位相とは動的な力，変位，速度，加速度など 2 つのベクトル量の "振動" 状態の向きのタイミングの "ズレ" の程度を定量的に表す．高校での三角関数の学習で $\sin(\omega t+\phi)$ の ϕ を**初期位相**と呼ぶことを教わったであろう．それである．

① $\omega<\Omega(=\sqrt{\frac{k}{m}})$ の場合

固有振動数よりゆっくりとした振動をさせるためには，初期変位位置から平衡位置までは自由体図 2.9 と図 2.10 に示すように，ばねによる復元力に対抗するように適切な大きさの外力 f_e を上向き（プラス方向）に作用させる必要がある．

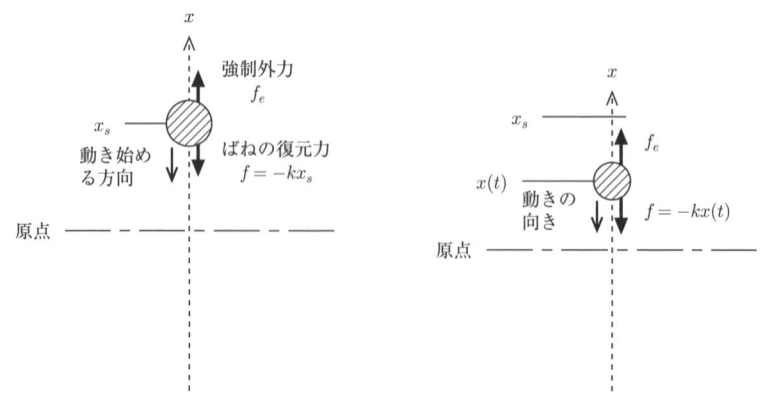

図 2.9　固有振動数よりゆっくりと振動させる場合の質点の自由体図 1　　図 2.10　固有振動数よりゆっくりと振動させる場合の質点の自由体図 2

原点のところではばねの復元力がなくなるので，外力も加える必要がなく，質点は等速直線運動している．しかし，その速度はそれまでの外力の影響で固有振動数での自由振動の場合よりも遅くなっている．そのままでは質点が原点を通過して座標系の

2.2 1自由度振動系の固有特性

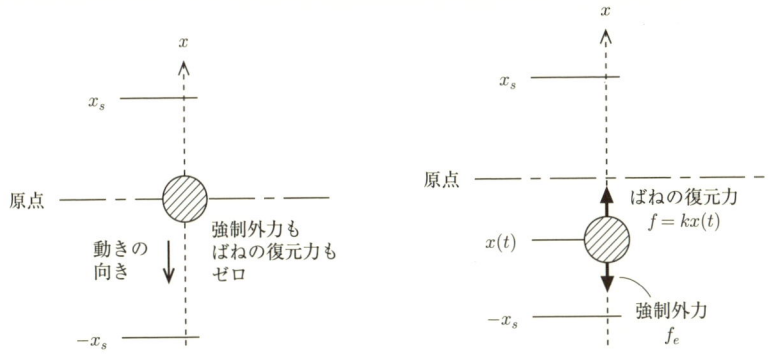

図 2.11 固有振動数よりゆっくりと振動させる場合の質点の自由体図 3

図 2.12 固有振動数よりゆっくりと振動させる場合の質点の自由体図 4

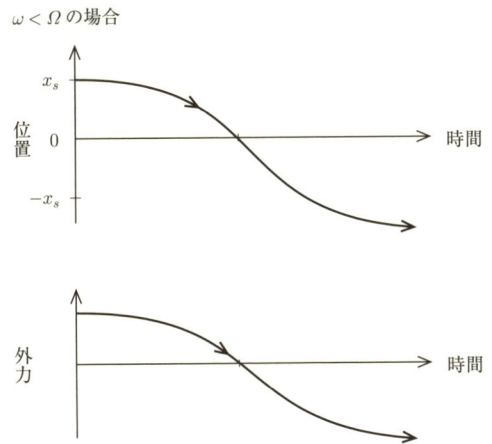

図 2.13 固有振動数よりゆっくり振動させる場合の質点変位と外力の時間波形

マイナス領域に入ると $-x_s$ まで達することができない.そこで,質点がマイナス領域に入ると外力はマイナス向きに作用させる必要があり,そうすることによって質点を $-x_s$ まで運動させる.自由体図 2.12 のような条件となる.この質点の変位と外力の時間波形を描くとどちらも正弦波形状となり,図 2.13 のようになる.位相差がなく,質点変位と外力が同相である.

② $\omega > \Omega(=\sqrt{\frac{k}{m}})$ の場合

固有振動数より高い振動数で強制調和振動させる場合について考える.ここでの話としての初期位置 x_s での自由体図は図 2.14 のように描ける.ばねによる復元力に加勢するように外力をマイナス方向へ加えることで大きな加速度を発生させて固有振動

18   2．1 自由度振動系へのモデル化と解析基礎

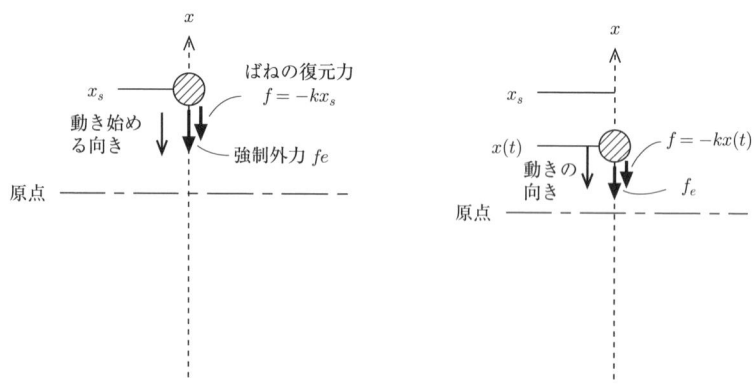

図 2.14 固有振動数より速く振動させる場合の質点の自由体図 1

図 2.15 固有振動数より速く振動させる場合の質点の自由体図 2

数より高い振動数での振動が実現できる．原点に戻る途中での自由体図は図 2.15 のようになる．

　原点通過時は等速直線運動となる．その瞬間は自由体図 2.16 の様相となる．その勢いで座標系マイナス領域に運動した質点は，強制外力を加えないとばねの復元力がいま実現しようとしている振動数での振動を実現するには弱いので，マイナス領域に大きな振幅となるところまで質点を運動させてしまう．そこで，質点がマイナス領域に入ったら自由体図 2.17 のようにプラス方向の強制外力を質点に加え，振幅の増大に伴ってこの外力の大きさも正弦波的に大きくする．これで急激な減速加速度を得る．マイナス領域の最大変位位置 $-x_s$ での自由体図は図 2.18 のようになる．

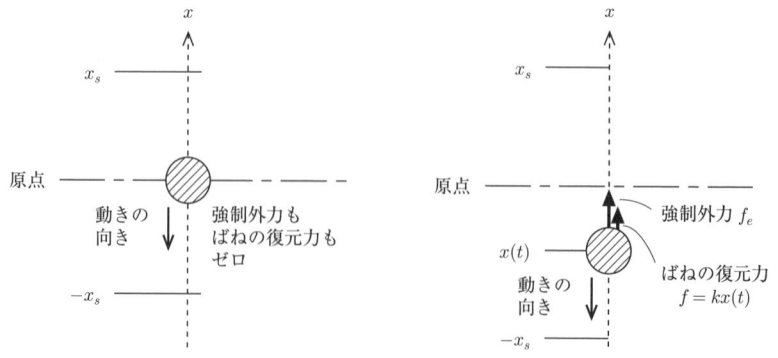

図 2.16 固有振動数より速く振動させる場合の質点の自由体図 3

図 2.17 固有振動数より速く振動させる場合の質点の自由体図 4

2.2 1自由度振動系の固有特性

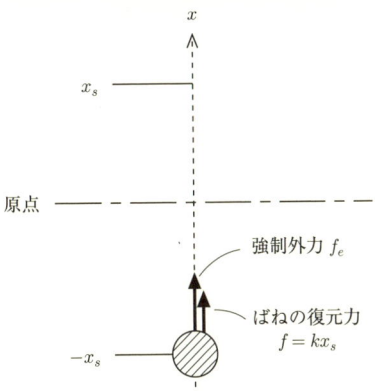

図 2.18　固有振動数より速く振動させる場合の質点の自由体図 5

質点の振動変位と強制外力の時間軸波形を描くと図 2.19 のようになり，両者とも正弦波状ではあるが，位相差が 180° となることが理解される．以上より，強制調和振動ではその振動数が固有振動数より低い場合と高い場合で振動変位と強制加振力の位相差は 180° 変化する基本的力学特性がわかる．

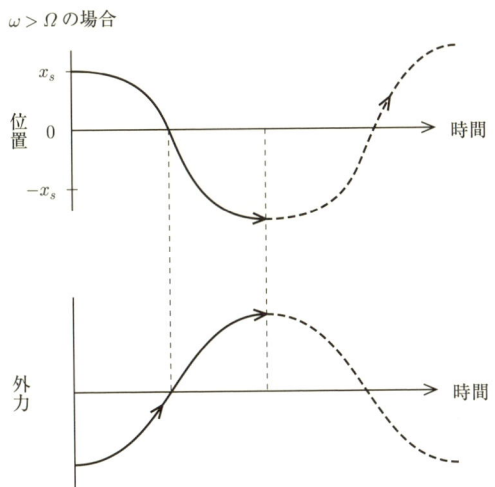

図 2.19　固有振動数より速い振動をさせる場合の質点変位と外力の時間波形

③ $\omega = \Omega(=\sqrt{\frac{k}{m}})$ の場合

不減衰系では，「a–1：なぜ固有振動があるのか」のとおりに，固有振動数での定常振動は何も強制外力を与え続けずに "自然に" 実現される．何らかの外力を加えると

その性質に従った加速度変化が発生し，固有振動数での定常な振動状態の正弦波振動とならない．

外力が加わって発生する現象の典型的なものが共振である．加えられている外力は小さくても時間の経過とともに振動振幅が増大してしまう現象である．なお，現実的には振幅が無限に達することはなく，ある程度の大きな振幅に達したところでばねが破損してしまうか，すべての構造物には必ず減衰成分があるのである一定の大きな振幅で減衰機構が消費してくれるエネルギーと強制外力が振動系に与えるエネルギーが釣り合う状態となり，その一定振幅での振動に落ち着く．

自然な振動である自由振動が正弦波状であるので，強制外力も位相をうまく合わせて正弦波状に与えるとスムーズに共振が発生し，その振動応答は振幅が時間とともに増大する．

一定の振動数で振幅が増大していく振動現象ということは，1 周期の質点の運動距離が増大するにも関わらず時間（周期）が一定な現象なので，振幅が大きくなるにつれて振動系の質点が釣り合い位置の原点を通過するときの速度は速くならなければならない．強制外力が振動系に最大効率でエネルギーを与えるには質点の速度方向に力を加えるとよい．単位時間あたりに与えるエネルギーは力ベクトルと速度ベクトルの内積で定義されることからも理解できる．そこで，振動系の質点の速度の正弦波と同相（位相差ゼロ）の正弦波の強制外力となる．すなわち，変位は速度より位相が $\frac{\pi}{2}$ 遅れる正弦波となるので，強制外力の正弦波は変位の正弦波より $\frac{\pi}{2}$ 進んだ位相となる関係となる．

図 2.20 は 1 自由度振動系が釣り合い位置で静止している状態に，その固有振動数

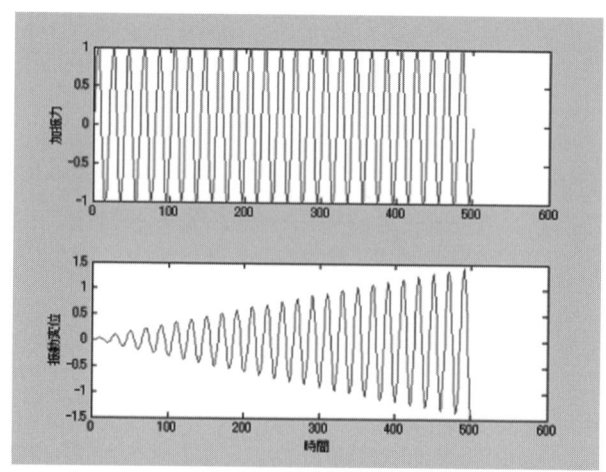

図 **2.20** 一定強制加振力による共振振動発生の様子（上：加振力，下：振動変位）

2.2 1自由度振動系の固有特性

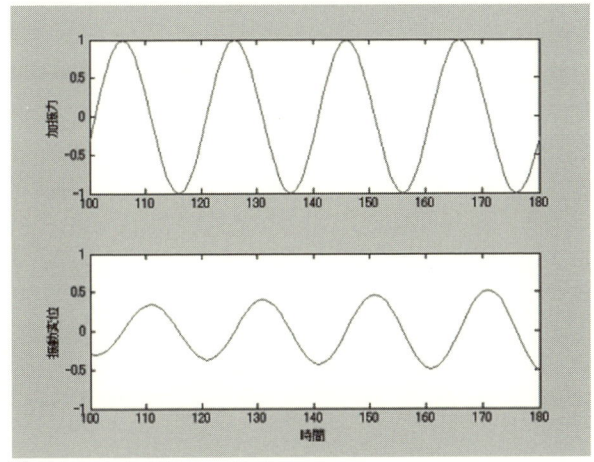

図 2.21 加振力と振動変位の位相差の観察（変位波形は加振力より $\frac{\pi}{2}$ (rad) 遅れている）

に一致する振動数の正弦波の強制外力を加え続けると振動がどのように発生するかをシミュレーションした例である．外力によって質量が振動させられ始め，外力は一定のものが加えられているだけなのに，その振幅はどんどん増大していく現象がわかる．力と変位の位相差をみるために短い時間範囲を拡大した図が図 2.21 である．上述の説明のとおりに外力の正弦波が振動振幅の波形より $\frac{\pi}{2}$ だけ進んだ（早くなっている）タイミングとなっていることがわかるであろう．

b. 減 衰 系

図 2.3 の減衰振動系について考える．

b–1：なぜ減衰固有振動数は不減衰固有振動数より少し低くなるのか

不減衰系についての考察と同じく，質点の初期位置を釣り合い位置の原点から座標系プラス方向の x_s とする．この位置で静的に質点を支えている外力を取り除く（この時刻を $t=0$ とする）と，当然ばねの復元力で質点は原点に向かって運動を始める．ダンパーは速度に比例した抵抗を発生する機構なので，質点を原点に戻そうとするばねの復元力に抵抗する力を発生させる．そこで，$t=0$ での運動方程式は，まだ質点は静止状態なのでダンパーの抵抗は発生せず $m\ddot{x} = -kx$ と表現されるものの，その加速度で質点が原点に戻る方向に動き始めるやいなや，すなわち $t>0$ では速度が発生しダンパーの抵抗力が発生する．そこで，質点が原点に進む途中の位置 x での自由体図は図 2.22 のようになり，質点の運動方程式は $m\ddot{x} = -kx - c\dot{x}$ となる．ダンパーが質点の原点へ戻る運動に抵抗を示すので不減衰系のときより原点に到達するまでの時間は当然長くなる．具体的な周期の導出は 2.2.2 項で示す．さらに，原点に到達したときの質点の速さは不減衰系のときよりも小さくなる．その速度での慣性によって質

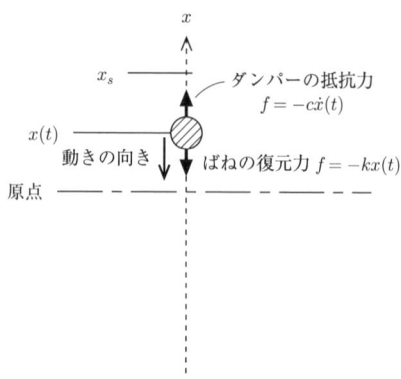

図 2.22 粘性減衰が含まれる振動系の自由体図

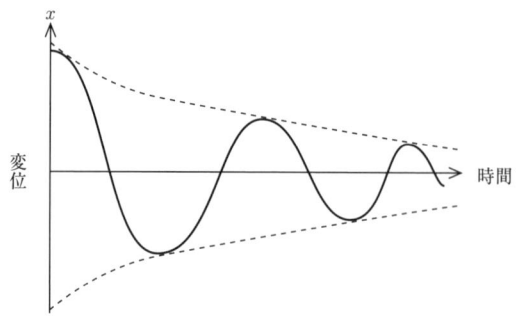

図 2.23 粘性減衰が含まれる振動系の自由振動模式図

点は原点を通過して座標系マイナス方向へ進むが，原点通過時の速度が不減衰系よりも遅くなっている上に，ダンパーは相変わらず質量の運動を止めようとするように質点の速度に比例した大きさの抵抗力を質点に加える．したがって，質点が座標系マイナス領域に到達できる距離は初期変位の x_s より短くなる．そのマイナス領域の最大到達位置では速度がゼロとなり，今度はその位置から原点に戻る方向（座標系プラス方向）に運動を開始する．この繰り返しを模式図で示すと図 2.23 のようになり振動振幅が指数関数的に減少していく自由振動である．なお，同図で振動振幅を連ねる破線は，振動の減衰の程度を表現するために便宜的に描かれた包絡線 (envelope) である．

b–2：共振ではどの程度の振幅まで増大するか

不減衰系について 2.2.1 項 a–2③ で説明したように，共振状態では質点の振動の速度ベクトルと強制外力が同位相になるので，振動系にエネルギーが注入されて振動振幅が時間の経過とともに増大していく．ダンパーが入っていると，ダンパーはその伸縮速度に比例した抵抗力を示す機構であり，ダンパーの抵抗力は質点に，その振動の速度ベクトルとはちょうど逆向きに作用するので，振動系から常にエネルギーを奪い

取って熱エネルギーに変えてしまう．

振動振幅が増大すれば，その振幅の上死点と下死点の間の距離を質点は速い速さで"振動"することになり，ダンパーが消費するエネルギーも増大する．そこで，共振状態での振動の 1 周期分について考えて，強制外力が振動系に与えるエネルギー（振動速度ベクトルと強制外力ベクトルの内積で計算できるパワーを 1 周期分積分した値）とダンパーが消費するエネルギー（振動速度ベクトルとダンパーの抵抗力ベクトルの内積で計算できるパワーを 1 周期分積分した値）が等しくなる振幅の一定値振幅の振動状態を続けることになる．なお，現実的にはその前にばねやダンパーが破損しない条件が必要である．

2.2.2　数学モデルでの解析
a. 不減衰系

図 2.24 に示す 1 自由度ばね・質量モデルについて解析する．ばね剛性を k，質点の質量を m で表し，かつ，重力以外の外力が加わらず静止している状態での質点の位置（静的平衡位置）を原点として上向きに x 座標をとる．

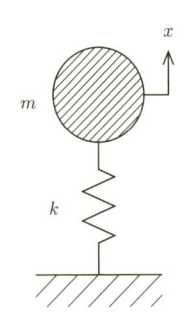

図 2.24　1 自由度ばね・質量モデル

このモデルの運動方程式を導く．運動方程式は，「『質量 × 加速度』のベクトルはその質点に作用する外力ベクトルに等しい」とするニュートンの第 2 法則に則って作成するのであるから，モデルの質点に注目して，それに直接加わっている外力（加振力）を f，質点位置が x で，速度が $\dot{x}$，加速度が $\ddot{x}$ の状態を考える．質点の運動方程式は，ニュートンの第 2 法則に基づいて，

$$m\ddot{x} = f - kx \tag{2.7}$$

と記述できる．状態変数を含む項をすべて左辺に，そして外力項のみ右辺として表現し直す．

$$m\ddot{x} + kx = f \tag{2.8}$$

式 (2.8) が 1 自由度モデルの振動を解析するための運動方程式（微分方程式）の標準的表現である.

それでは，この固有特性の解析を行ってみよう. 1 自由度系なので，振動のモードは質点が上下するだけなので考えるまでもない. そこで，固有特性としての興味は固有振動数である. 外力 f を角振動数 ω の正弦波 $f_0 \sin \omega t$ として，定常加振している状態を考える. ここで，f_0 は振幅として正の値とする. この場合，振動応答も同じ角振動数 ω での振動となる. しかし，位相（加振力正弦波と振動応答正弦波の動きのタイミング）は一般的に異なるので，振動応答は $x_0 \sin(\omega t + \phi)$ と表現することにする. ϕ が加振力と振動応答の位相差を表す定数（三角関数での初期位相）である. これらの定義を式 (2.8) に代入すると，

$$-\omega^2 m x_0 \sin(\omega t + \phi) + k x_0 \sin(\omega t + \phi) = f_0 \sin \omega t \tag{2.9}$$

が得られる. この運動の方程式は常に成立しなければならない. つまり，時間 t の値に無関係に成立しなければならない. そこで，式 (2.9) は三角関数の加法定理を利用して式 (2.10) のように整理できる.

$$(k - \omega^2 m) x_0 \{\cos \phi \sin \omega t + \sin \phi \cos \omega t\} = f_0 \sin \omega t \tag{2.10}$$

ここで，時間関数の $\sin \omega t$ と $\cos \omega t$ は互いに直交関係を有しているので，式 (2.9) の成立は sine の項に関して式 (2.11)，cosine の項に関して式 (2.12) が恒等式として成立しているはずである.

$$(k - \omega^2 m) x_0 \cos \phi = f_0 \tag{2.11}$$

$$(k - \omega^2 m) x_0 \sin \phi = 0 \tag{2.12}$$

式 (2.12) より，$\sin \phi = 0$ でなければならないことが導ける. そこで，位相差 ϕ は 0 (rad) または $\pm \pi$ (rad) となる. 前者 0 (rad) の状態を同相，後者 $\pm \pi$ (rad) となる状態を逆相と呼ぶ. したがって，必然的に式 (2.11) において $\cos \phi = \pm 1$ となり，振幅 x_0 は式 (2.13) で求められる.

$$x_0 = \frac{f_0}{|k - \omega^2 m|} \tag{2.13}$$

式 (2.13) を数学的にながめると，分母が 0 となる角振動数 ω のときは x_0 は無限大になる. 物理的に解釈すると振動応答の振幅が無限大になる. 現実的には無限大の振動にはならず，その前にばねが破断してしまうが，この特別な角振動数

$$\omega = \sqrt{\frac{k}{m}} \quad \text{(rad/s)} \tag{2.14}$$

をこのモデルの**固有角振動数** (natural angular frequency) または**共振角振動数** (resonant angular frequency) と呼ぶ. この系は不減衰系なので，厳密には**不減衰固有角**

2.2 1自由度振動系の固有特性

振動数 (undamped natural angular frequency) と呼ぶ．この特別な角振動数をここでは便宜的に大文字の Ω で表すことにする．すなわち，

$$\Omega = \sqrt{\frac{k}{m}} \quad \text{(rad/s)} \tag{2.15}$$

が不減衰固有角振動数である．実用的には下記のような段取りで固有角振動数を求めればよい．

外力を 0 とする自由振動の運動方程式

$$m\ddot{x} + kx = 0 \tag{2.16}$$

を作成して，状態変数の変位 x を $x = x_0 e^{j\omega t}$ とおいて，式 (2.16) に代入し，式 (2.17) を導出する．なお，$x = x_0 \sin\omega t$ または $x = x_0 \cos\omega t$ とおいて代入してもよいが，微積分の演算操作の利便性とオイラーの公式から推察できるように振動運動の一般的表現法としては $x = x_0 e^{j\omega t}$ の指数関数表現法の方がよい[*1]．

$$-\omega^2 m + k = 0 \tag{2.17}$$

この式を ω について解けば，それが固有角振動数である．結果は式 (2.14) となる．数学的には ω の解として正負値の 2 根が得られるが，物理的には振動数は正の値と考えるので正の値として示せばよい．多自由度系の固有角振動数も同じ概念で計算できる．ただし，その場合には式 (2.17) に相当する式は行列式の表現もしくはそれを展開して ω に関する高次代数方程式になる．このことは多自由度系の章で解説する．

通常は，角振動数 (rad/s) よりも，直感的に理解しやすい 1 秒間の振動回数を意味する "振動数" (単位：ヘルツ (Hz)) を用いる場合が多い．固有振動数 (Hz) は，固有角振動数 (rad/s) を 2π で除して

$$\frac{1}{2\pi}\sqrt{\frac{k}{m}} \quad \text{(Hz)} \tag{2.18}$$

と計算される．

固有振動数を知ることはたいへん重要である．なぜなら，稼働状態で構造物が共振

[*1] オイラーの公式： 三角関数の $\sin\omega t$ と $\cos\omega t$ と指数関数 $e^{j\omega t}$ の間には次の公式がある．これをオイラーの公式と呼ぶ．

$$\left. \begin{aligned} e^{j\omega t} &= \cos\omega t + j\sin\omega t \\ e^{-j\omega t} &= \cos\omega t - j\sin\omega t \end{aligned} \right) \iff \left\{ \begin{aligned} \cos\omega t &= \frac{e^{j\omega t} + e^{-j\omega t}}{2} \\ \sin\omega t &= \frac{e^{j\omega t} - e^{-j\omega t}}{2j} \end{aligned} \right.$$

ここで，j は虚数単位であり，ω を角振動数，t を時間とすると，$e^{j\omega t}$ は複素平面上で原点 (ゼロ) を中心点とする単位円上を反時計回りに角速度 ω で回転する点の運動を表現する時間の関数と解釈できる．

してしまうと，振動や騒音の問題が発生し，機械の基本機能であるなめらかな運動の精度や速さなどの性能低下が生じたり，さらに恐れるべきことは機械が破損して，場合によっては人命にも関わる重大な事故となる危険性がある．例えば，回転機械の回転危険速度問題，精密加工や高速精密位置決め問題，高速運輸機械の操縦安定性問題，機械の信頼性と耐久性問題，環境問題（振動・騒音公害），さらには病気（白ろう病，頭痛やめまいなど体調不良，うつ病など）を引き起こす原因にすらなる可能性がある．

b. 粘性減衰系

不減衰系の固有特性の定式化にならって，そのモデルに粘性減衰のダンパーをばねと並列に取り付けた図 2.3 に示す系について考える．重力以外の外力が加わらず静止している状態での質点の位置（静的平衡位置）を原点として上向きに x 座標をとる．粘性減衰係数を c とする．この運動方程式は

$$m\ddot{x} + c\dot{x} + kx = 0 \tag{2.19}$$

と記述できる．

この 1 自由度モデルは，質量に初期たわみ（静的平行位置から適当な変位）を与えてその変位を与えた外力を解除して質量が元の平衡位置まで戻る運動を観察すると，ダンパーの粘性減衰の効果度合いの違いによって，図 2.25 と図 2.26 の例に示すような 2 種類の異なるモードの挙動を示す．

図 2.25 は減衰効果が比較的小さく自由振動を発生する状態であり，振動が指数関数的に減衰していく．この場合を振動系（数学的には 2 次遅れ系）という．図 2.26 は減衰効果が強く指数関数的に単調に平衡位置に復元する場合であり，もはやその系は振動系ではなく**過減衰系**（数学的には 1 次遅れ系）と呼ばれる．

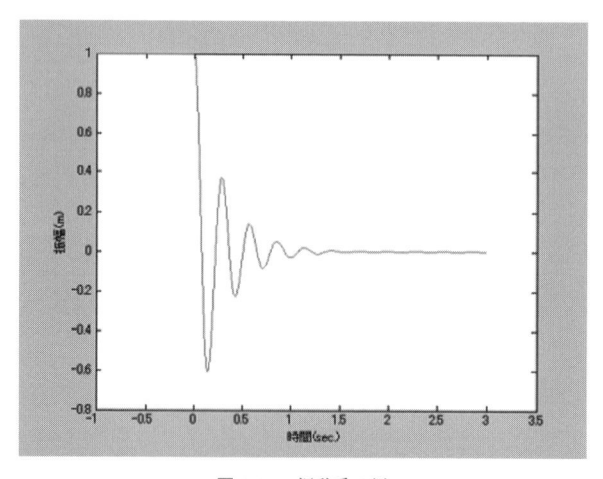

図 2.25 振動系の例

2.2 1自由度振動系の固有特性

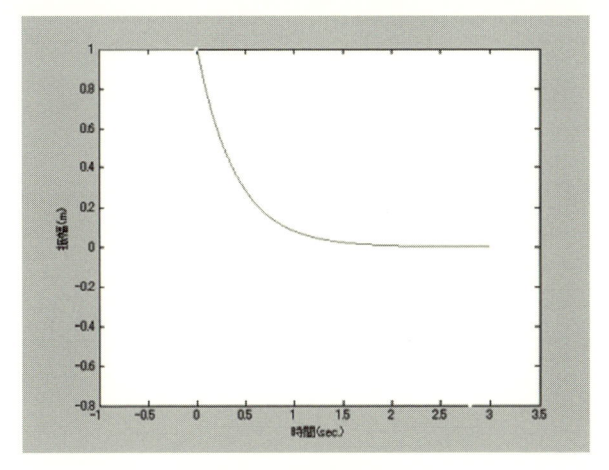

図 2.26 過減衰系の例

この両者の場合について,前者の応答は一般的に $x = x_0 e^{-at} e^{j\omega t} = x_0 e^{(-a+j\omega)t}$ と記述でき,後者の場合には $x = x_0 e^{-at}$ と記述できる.ここで,ω と a は共にそのモデルの特性から値が決定される正の実数のパラメータであり,t と j はそれぞれ時間と虚数単位である.s を複素数として $x = x_0 e^{st}$ として自由振動の運動方程式 (2.19) に代入することで s を求めて,もしその解が負の実数として求まれば過減衰系,負の実部を有する複素数で求まれば振動系であると判別することができる.すなわち,この s を求めるための方程式は

$$ms^2 + cs + k = 0 \tag{2.20}$$

となる.これが 1 自由度粘性減衰系の**特性方程式**である.s に関する 2 次方程式なので,その解は

$$s = -\frac{c}{2m} \pm \frac{\sqrt{c^2 - 4km}}{2m} \tag{2.21}$$

と得られる.分子の平方根の中身 $c^2 - 4km$ が 0 または正ならば過減衰系となり,$c^2 - 4km = 0$ の状態が過減衰系になる最小の減衰係数となるので,そのときの減衰を"**臨界減衰 (critical damping)**"と呼ぶ.**臨界減衰係数** (value of critical damping) は一般的に c_c で表現し

$$c_c = 2\sqrt{km} \tag{2.22}$$

である.

一方,その分子の平方根の中身が負ならば振動系となる.利便性を考えて,振動系となる範囲内における減衰係数 c についての臨界減衰係数に対する比を**減衰比** ζ と設定して

$$\zeta = \frac{c}{c_c} = \frac{c}{2\sqrt{km}} \tag{2.23}$$

と定義する.この減衰比 ζ と不減衰固有角振動数 Ω を用いて式 (2.21) を変形すると

$$\begin{aligned}
s &= -\frac{c}{2m} \pm \frac{\sqrt{c^2 - 4km}}{2m} \\
&= -\frac{c}{2m} \pm j\frac{\sqrt{4km - c^2}}{2m} \\
&= -\sqrt{\frac{k}{m}}\frac{c}{2\sqrt{km}} \pm j\sqrt{\frac{k}{m}}\sqrt{1 - \frac{c^2}{4km}} \\
&= -\zeta\Omega \pm j\Omega\sqrt{1 - \left(\frac{c}{c_c}\right)^2} \\
&= -\zeta\Omega \pm j\Omega\sqrt{1 - \zeta^2}
\end{aligned} \tag{2.24}$$

となる.したがって,この結果の虚数成分から**減衰固有角振動数** (damped angular natural frequency) Ω_d (rad/s) は

$$\Omega_d = \Omega\sqrt{1 - \zeta^2} \tag{2.25}$$

と表現される.

2.2.1 項 b–1 で解説したように,不減衰系にダンパーが追加されることによって復元力が不減衰系に比較して弱められるので振動運動が遅くなることから,減衰固有角振動数は不減衰固有角振動数より低くなる.1 周期の時間 T_p は

$$T_p = \frac{2\pi}{\Omega_d} = \frac{2\pi}{\Omega\sqrt{1 - \zeta^2}} \tag{2.26}$$

と計算され,現実的な工学問題となる比較的減衰の小さな振動系(減衰比がおよそ $\zeta < 0.5$)では数学的に

$$T_p \approx \frac{2\pi}{\Omega}\sqrt{1 + \zeta^2} \tag{2.27}$$

と十分近似が成立し,周期は不減衰系の周期のおよそ $\sqrt{1 + \zeta^2}$ 倍と減衰比の関数として見積もることができる.一般的に振動が問題となる系に関する減衰比は 0.001 ～ 0.2 程度であることが多いので,現実的には不減衰固有角振動数と減衰固有角振動数の差はほとんど無視できるような状況が多い.

2.2.3 実験計測からの解析

実際の構造物では厳密な意味での不減衰系は存在しない.固有振動特性としては固有振動数(別言では共振振動数)と減衰比を求めることである.昔ガリレオ (Galileo Galilei, 1564–1642) が自分の脈拍を測って教会内に吊り下げられた燭台(振り子)の等時性を見出したという有名な話は原始的方法での計測である.図 2.25 のように,自

由減衰振動波形を時間軸のグラフに描いて，その振動周期から固有振動数を求め，減衰比については振動波形の包絡線が指数関数的に振動振幅が減衰する度合いに基づいて求めることが素朴に実施できる方法である．すなわち，式 (2.24) の最適解を与える係数 Ω と ζ をグラフに物差しをあてて求めたり，コンピュータを利用して最小二乗法で求めることができる．

しかし，現代の実用的な方法は，衝撃加振力（打撃力）を対象構造物に与えて，それによる振動応答（衝撃後は自由振動）を計測して，周波数分析装置（デジタルスペクトルアナライザー）を用いて衝撃加振力と振動応答信号をフーリエ変換して**周波数応答関数**を求め，その周波数応答関数に理論モデルの周波数応答関数式が最適にフィットするように固有振動特性を決定する同定法である．典型的な方法は**実験モード解析**と呼ばれる手法である．基本は周波数応答関数をまず計測することであり，その波形の特長から固有振動数と減衰比を同定する．詳細は多自由度系の章（第 4 章）で述べる．

減衰についてはその時々の状況で多種の要因が複雑に絡み合う現象であり，現在でもそのモデル化理論は不完全である．モデル化された代表的減衰として粘性減衰と構造減衰の 2 種類がある．粘性減衰は速度に比例する抵抗力としてモデル化される．式 (2.19) の左辺第 2 項の記述どおりである．構造減衰は変位に比例した減衰力である．ばねの復元力も変位に比例するので，構造減衰はいわゆる**複素ばね**で表現でき，周波数領域での運動方程式では

$$\{-\omega^2 m + (k + jd)\} x(\omega) = f(\omega) \tag{2.28}$$

の左辺第 2 項の虚数部分のように記述される．j は虚数単位である．

2.3 定常加振応答

2.3.1 粘性減衰系

定常加振力を指数関数を用いて $f(\omega) = f_0 e^{j\omega t}$ （f_0 は振幅で定数），その定常応答を $x(\omega) = x_0(\omega) e^{j\omega t}$ と表現してそれらを 1 自由度振動系の運動方程式に代入して振動応答を求めると

$$x_0(\omega) = \frac{f_0}{-\omega^2 m + j\omega c + k} \tag{2.29}$$

となる．この式では分子は正の定数で，分母は，$c > 0$ の条件から複素数なのでゼロになることはない．分子は定数なので，分母の絶対値の変化を検討することとする．分母の絶対値の 2 乗を ω の関数 $y = (k - \omega^2 m)^2 + c^2 \omega^2$ と表して，微分すると

$$\begin{aligned}
\frac{dy}{d\omega} &= -4m\omega\left(k - \omega^2 m\right) + 2c^2\omega \\
&= 4m^2\omega\left\{\omega^2 - \left(\frac{k}{m} - \frac{c^2}{2m^2}\right)\right\} \\
&= 4m^2\omega\left\{\omega^2 - \frac{k}{m}\left(1 - \frac{c^2}{2km}\right)\right\}
\end{aligned} \quad (2.30)$$

である.この導関数を利用して $\omega \geq 0$ の範囲で関数の最小値を求めて,周波数応答(式 (2.29)) の最大値を算出して,固有特性について論じることとする.

a. $c^2 = 2km$ のとき

式 (2.30) の右辺は $4m^2\omega^3$ となるので,$\omega = 0$ で y が最小値となり,周波数応答の最大値は

$$x_0\left(0\right) = \frac{f_0}{k} \quad (2.31)$$

であるといえる.ここで注意することは,$\omega = 0$ の応答ではもはや共振峰は存在しないことである.

b. $c^2 < 2km$ のとき

この場合は

$$\omega = \sqrt{\frac{k}{m}}\sqrt{1 - \frac{c^2}{2km}} \quad (2.32)$$

のときに y は最小値となる.ここで,臨界減衰係数(式 (2.22))といまの減衰係数 c との比

$$\frac{c}{2\sqrt{km}} = \frac{c}{c_c} = \zeta \quad (2.33)$$

を減衰比と定義して,この ζ と不減衰固有角振動数 Ω を用いて式 (2.32) を書き換えると,結局,

$$\Omega_p = \sqrt{\frac{k}{m}}\sqrt{1 - 2\zeta^2} = \Omega\sqrt{1 - 2\zeta^2} \quad (2.34)$$

での周波数応答が振幅最大値となり,その値は

$$x_0\left(\Omega_p\right) = \frac{f_0}{k}\left|\frac{1}{2\zeta^2/\Omega_p + 2j\zeta\sqrt{1 - 2\zeta^2}}\right| \quad (2.35)$$

である.ここで認識したい点は,この振幅最大となる振動数は減衰固有角振動数 Ω_d (式 (2.25))より厳密には若干低くなることである.絶対値部分は,静たわみ量に対する共振時の振幅の倍率を表現するので共振倍率と呼ぶ.なお,いまは振動応答の変位について解析したので上述の結果になったが,もし振動応答速度や加速度についての極大値の振動数を求めると厳密にはこの減衰固有角振動数とは異なることを知ってほしい.

振動系となるこの条件において,任意の加振周波数についての単位力加振に対する振動応答は,周波数に関する振動応答の関数であり,振動系の基本特性を表現するので

2.3 定常加振応答

表 2.1 周波数応答関数の種類

名称	定義	基本の数式表現
コンプライアンス (compliance) またはレセプタンス (receptance)	変位/加振力	$\dfrac{1}{k-\omega^2 m + j\omega c}$
モビリティー (mobility)	速度/加振力	$\dfrac{j\omega}{k-\omega^2 m + j\omega c}$
アクセレランス (accelerance) またはイナータンス (inertance)	加速度/加振力	$\dfrac{-\omega^2}{k-\omega^2 m + j\omega c}$

周波数応答関数 (FRF : frequency response function) と呼ばれる．式 (2.29) より

$$\frac{x_0(\omega)}{f_0(\omega)} = \frac{1}{-\omega^2 m + j\omega c + k} \tag{2.36}$$

と表せる．これは単位加振力に対する振動変位を表すのでコンプライアンス (compliance) と呼ばれる周波数応答関数である．振動応答にはその観察目的や利便性から変位，速度，加速度の 3 通りが考えられるので，周波数応答関数もこれらの 3 種類が利用され，表 2.1 のように名称付けられている．

質量，ばね剛性および粘性減衰係数の値の違いで周波数応答関数は当然様々となるが，不減衰固有角振動数 Ω と減衰比 ζ およびばね剛性 k で表現し直し一種の正規化を行うと，例えばコンプライアンス $h(\omega)$ について

$$h(\omega) = \frac{1}{k}\frac{1}{1-\left(\frac{\omega}{\Omega}\right)^2 + 2j\zeta\left(\frac{\omega}{\Omega}\right)} \tag{2.37}$$

となる．$\frac{1}{k}$ は単位力に対する静たわみ変位を表すので，この静たわみ変位に対する振動振幅の倍率 $\beta(\omega)$ を

$$\beta(\omega) = \frac{h(\omega)}{\frac{1}{k}} = \frac{1}{1-\left(\frac{\omega}{\Omega}\right)^2 + 2j\zeta\left(\frac{\omega}{\Omega}\right)} \tag{2.38}$$

のように表せる．物理的なばね剛性や質量などの値の大きさには関わらず，減衰比と固有角振動数と ω の比率が等しければ構造物の大きさには依存せず，すべて同じ周波数応答特性となることが表されている．それをいくつかの減衰比の値についてグラフで示す例が図 2.27 である．

c.　$c^2 > 2km$ のとき

この場合は，$2km < c^2 < 4km$ の範囲と $c^2 \geq 4km$ の条件の区分で考える必要がある．前者は，減衰比 $\zeta\ (=\frac{c}{2\sqrt{km}})$ で表現し直せば

$$\frac{\sqrt{2}}{2} < \zeta < 1$$

であり，振動系ではあるが，先の a 項「$c^2 = 2km$ のとき」の解説のように，周波数応答関数で共振峰は現れない状態となる減衰の強い系となる．

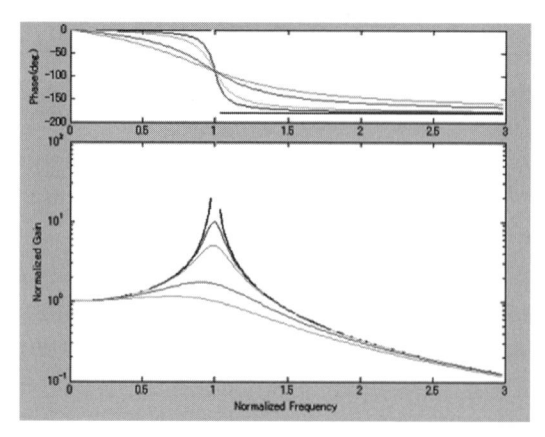

図 2.27　1 自由度振動系の周波数応答関数（減衰比を 5 種類）

後者は，
$$\zeta \geq 1$$
であるから，いわゆる完全な過減衰系であり，もはや振動系ではない（自由振動は生じない）．固有振動数も定義できない状態である．ここで注意すべきことは，定常加振力が作用している場合は，たとえこの構造系が振動系でないとしても，強制振動としてこの系は一種の振動応答を示すことである．その振動応答は式（2.29）で算出される．

2.3.2　振動伝達率

工場などに設置されている機械から床に伝わる振動を低減するための防振支持や，凹凸路面上を走る自動車の好ましい乗り心地を得るためにタイヤから車体へ伝達される振動を低減するサスペンションの機能など，振動伝達の低減は工学的にひじょうに重要なテーマである．ここでは，この振動伝達の最も基礎的な特性について防振（振動伝達の低減）を含めて解説する．

a.　機械から床への振動伝達

図 2.28 に示すように，振動伝達を低減する目的で床上にばねとダンパーで支持された機械のモデル化である質量 m の質点が加振力 $f_0 e^{j\omega t}$ で起振されている場合，この

図 2.28　1 自由度系の質量に加わる外力の床への伝達率

2.3 定常加振応答

1自由度振動系とみなせる機械から床に伝わる力を求めてみよう．

質量 m の変位の周波数応答 $x(\omega)$ は

$$x_p(\omega) = \frac{1}{k - \omega^2 m + j\omega c} f_0 \tag{2.39}$$

$$\Downarrow$$

$$x_p(\omega) = \frac{\frac{1}{k}}{1 - \left(\frac{\omega}{\Omega}\right)^2 + 2j\zeta\left(\frac{\omega}{\Omega}\right)} f_0 \tag{2.40}$$

と表現できる．この機械からの振動に起因して発生する床の機械取り付け位置の振動振幅は小さいとして無視して床に伝達される力は，ばねとダンパーからの力の合力

$$\begin{aligned}f_g(\omega) &= \frac{1}{1 - \left(\frac{\omega}{\Omega}\right)^2 + 2j\zeta\left(\frac{\omega}{\Omega}\right)} f_0 + \frac{\frac{j\omega c}{k}}{1 - \left(\frac{\omega}{\Omega}\right)^2 + 2j\zeta\left(\frac{\omega}{\Omega}\right)} f_0 \\ &= \frac{1 + 2j\zeta\left(\frac{\omega}{\Omega}\right)}{1 - \left(\frac{\omega}{\Omega}\right)^2 + 2j\zeta\left(\frac{\omega}{\Omega}\right)} f_0\end{aligned} \tag{2.41}$$

であり，静荷重 f_0 に対する床への伝達加振力の倍率 $\eta(\omega)$ は

$$\eta(\omega) = \left|\frac{f_g}{f_0}\right| = \sqrt{\frac{1 + 4\zeta^2\left(\frac{\omega}{\Omega}\right)^2}{\left\{1 - \left(\frac{\omega}{\Omega}\right)^2\right\}^2 + 4\zeta^2\left(\frac{\omega}{\Omega}\right)^2}} \tag{2.42}$$

となる．これをいくつかの減衰率について図示したものが図2.29である．

この図から，弾性支持にした場合，固有振動数の $\sqrt{2}$ 倍以上の振動数では剛結合支持よりも防振効果があるが，減衰が小さいほど性能がよいことがわかる．それ以下の振動数では弾性支持すると剛結合支持より悪化してしまう．

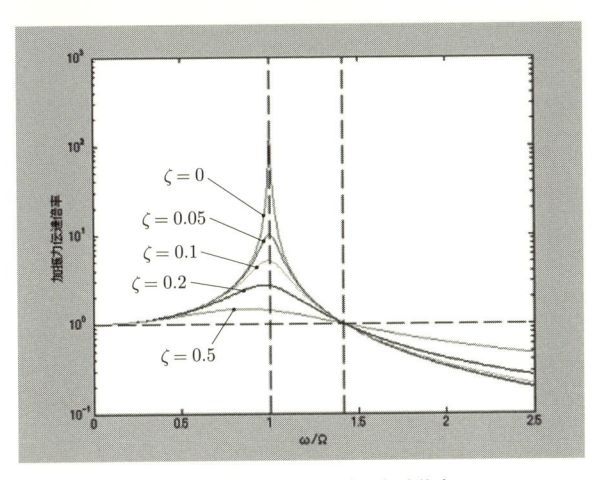

図 2.29 機械から床への力の伝達倍率 1

2.4 時刻歴応答解析

時間領域での1自由度運動方程式

$$m\ddot{x}(t) + c\dot{x}(t) + kx(t) = f(t) \tag{2.43}$$

で表現される系について，任意の時間関数として与えられる外力 $f(t)$ による振動応答をシミュレーションすることを考える．第1の解析方法は，数学的表現では常微分方程式の初期値問題としての解析である．第2の方法は畳み込み積分での解析である．なお，これらの手法は1自由度系に限らず多自由度系に適用できるものであるので，本章の1自由度系で解説しなくてもよいのだが，本書では早い位置づけで解説する考えからここで解説する．

2.4.1 常微分方程式の初期値問題

最も基本的な手法は1次線形近似手法のオイラー法 (Euler method) である．次に2次のルンゲ・クッタ法，4次のルンゲ・クッタ法 (Rung–Kutta method) などと続き，数値計算上での発散問題を緩和するための手法としてウィルソンの Θ 法やニューマークの β 法など実用性を向上させた各種の手法がある．

ここではオイラー法[13]について，式 (2.43) を解く例示で解説する．まず，シミュレーションの時間軸を $t=0$ から始めて適当な $t = t_{\text{end}}$ まで，適切に十分短い時間間隔 Δt 刻みで実行するものと設定する．そして，初期時刻 $t=0$ での初期条件として，方程式が2階微分方程式なので，2本の条件を設定する．ここでは，変位（位置）$x(0)$ と速度 $\dot{x}(0)$ と表す初期条件とする．この与えられた初期条件と $f(0)$ を運動方程式 (2.43) に代入することで $t=0$ での加速度 $\ddot{x}(0)$ を得ることができる．すなわち，

$$\ddot{x}(0) = \frac{1}{m}\{-c\dot{x}(0) - kx(0) + f(0)\} \tag{2.44}$$

である．この加速度（一定値）で微小な刻み時間 Δt の間，すなわち時刻 $t = \Delta t$ までこの振動系の質点が運動すると，速度と変位はそれぞれ

$$\dot{x}(\Delta t) = \dot{x}(0) + \ddot{x}(0)\Delta t \tag{2.45}$$

$$x(\Delta t) = x(0) + \dot{x}(0)\Delta t \tag{2.46}$$

で計算できる．$t = \Delta t$ での速度と変位が得られたので，同時刻での加速度は式 (2.44) に準じて運動方程式の変形で

$$\ddot{x}(\Delta t) = \frac{1}{m}\{-c\dot{x}(\Delta t) - kx(\Delta t) + f(\Delta t)\} \tag{2.47}$$

と計算できる．この値を使って，式 (2.45)，(2.46) と同様に，$t = 2\Delta t$ での速度および変位が計算できる．この単純な演算操作を反復することで所望の最終時刻 $t = t_{\text{end}}$ までの振動応答がシミュレーションできる．注意しなければならない点は刻み時間 Δt を振動周期よりも十分に短く設定することである．そうでないと，数値計算における誤差の累積で，振動応答が発散してしまう．振動周期との関係に加えて，解析したい時間が長くなればなるほど，1 ステップごとでは大した誤差量でなくても累積されて発散してしまうので，刻み時間を短くする必要がある．なお，式 (2.46) の計算においては，すでにその直前に $\dot{x}(\Delta t)$ が得られているので，数値計算精度の向上を期待して

$$x(\Delta t) = x(0) + \frac{1}{2}\{\dot{x}(0) + \dot{x}(\Delta t)\}\Delta t \tag{2.48}$$

と，その刻み時間区間での平均速度を用いる工夫の計算も成立し利用される．

多自由度系のシミュレーションではモード解析の理論（4.1.1 項 c）を使って計算効率を向上させて実行するのが実用的方法であるが，原始的に実行するとすれば $t = k\Delta t$ での変位ベクトル $\boldsymbol{y}(k\Delta t)$ と速度ベクトル $\dot{\boldsymbol{y}}(k\Delta t)$ が求まった段階から次の時刻 $(k+1)\Delta t$ の反復計算は次のとおりとなる．

1) $t = k\Delta t$ での加速度を運動方程式で求める．

$$\ddot{\boldsymbol{y}}(k\Delta t) = \boldsymbol{M}^{-1}\{-\boldsymbol{C}\dot{\boldsymbol{y}}(k\Delta t) - \boldsymbol{K}\boldsymbol{y}(k\Delta t) + \boldsymbol{f}(k\Delta t)\} \tag{2.49}$$

2) 次に，$t = (k+1)\Delta t$ での速度を線形補間で求める．

$$\dot{\boldsymbol{y}}((k+1)\Delta t) = \dot{\boldsymbol{y}}(k\Delta t) + \ddot{\boldsymbol{y}}(k\Delta t)\Delta t \tag{2.50}$$

3) 同様に，$t = (k+1)\Delta t$ での変位も線形補間で求める．

$$\boldsymbol{y}((k+1)\Delta t) = \boldsymbol{y}(k\Delta t) + \dot{\boldsymbol{y}}(k\Delta t)\Delta t \tag{2.51}$$

なお，ここで，$\boldsymbol{M}$，$\boldsymbol{C}$，$\boldsymbol{K}$ はそれぞれ質量行列，粘性減衰行列，剛性行列であり，$\boldsymbol{y}$ は変位ベクトルである．

通常，構造動力学で扱う振動現象は音響も含めれば最高振動数が 12 kHz 程度となる可能性まであり，刻み時間は，解析対象の振動系の最高周波数の $\frac{1}{20} \sim \frac{1}{40}$ 程度に設定されるのでひじょうに小さな値となり，シミュレーション対象時間の解析を終わらせるには計算時間が長くかかってしまう．オイラー法では 1 次近似，すなわち線形近似なのでこの制限が強い．これをいくぶん改善するために 4 次の近似を使った手法が 4 次のルンゲ・クッタ法[13] である．

2.4.2 畳み込み積分

6.2.3 項 c で解説するとおり，単位インパルス応答をフーリエ変換すると周波数応答となる．周波数応答を逆フーリエ変換すると単位インパルス応答となる．そこで，い

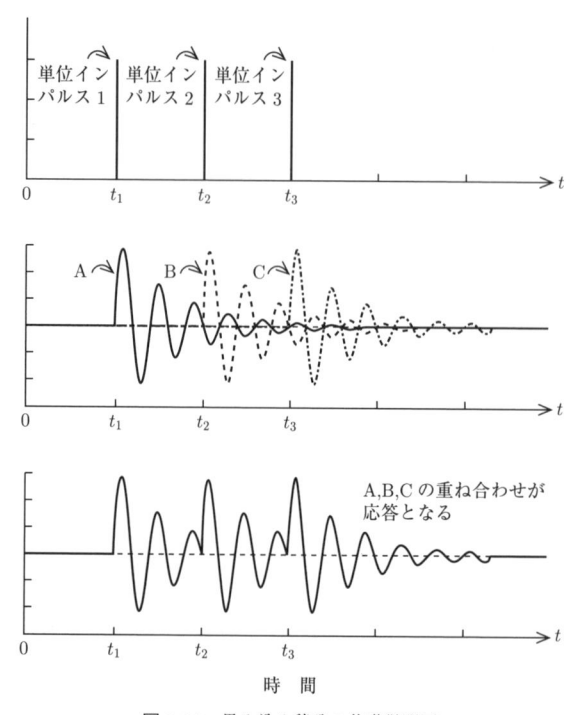

図 2.30 畳み込み積分の基礎説明図

　いま考えている対象の線形時不変システムでは加振力と単位インパルス応答が既知であれば，畳み込み積分で，任意の加振力に対する振動応答のシミュレーションができる．

　まず畳み込み積分の基礎理論を図 2.30 を用いて解説する．単位インパルスの作用する時刻を $t = 0$ としたときの応答を $R(t)$ と表す．数学的に時刻 t の取りうる範囲は $-\infty < t < \infty$ とする．

　ある構造物のある位置に時刻 t_1 のときに単位インパルスが加わると，単位衝撃応答 A が発生する．同じ条件で，時刻 t_2 のときに単位インパルスが作用すると，やはりまったく同じ単位衝撃応答 B が発生する．同様に，時刻 t_3 のときに単位インパルスが加わると，単位衝撃応答 C が発生する．そこで，これら 3 回の単位衝撃力が連続で加わると，同じ測定位置での構造物の振動応答はそれら 3 つの単位衝撃応答の重ね合わせとして得られる．任意の時刻 t におけるその応答 $r(t)$ は

$$r(t) = R(t - t_1) + R(t - t_2) + R(t - t_3) \tag{2.52}$$

と記述できる．

　そこで，図 2.31 に示すように任意の加振力関数を $f(\tau)$ で表し，それに起因した振動応答を $r(t)$ で表すと微分時間幅を $d\tau$ として

2.4 時刻歴応答解析

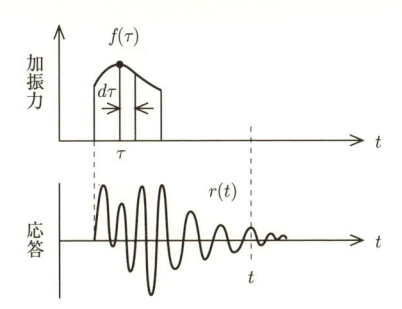

図 2.31 任意の加振力による振動応答の畳み込み積分説明図

$$r(t) = \int_{-\infty}^{\infty} R(t-\tau)f(\tau)d\tau \tag{2.53}$$

で振動応答が計算できる．したがって，現実的なコンピュータを使った離散時間系での計算は，サンプリング速度を Δt，k と τ はともに離散時刻カウンター（整数）として，

$$r(k\Delta t) = \sum_{\tau=-\infty}^{\infty} R((k-\tau)\Delta t) f(\tau\Delta t)\Delta t \tag{2.54}$$

で表せる．

章 末 問 題

【2.1】図 2.32 に示すように，ばね定数 k_1 と k_2 のばねを直列に結合して質量 m の質点を先端に吊り下げたばね・質量系について，2本のばねおよび質点のそれぞれについての自由体図を描く工程を経て，運動方程式を導出しなさい．そして，それら2本の直列結合のばねの等価ばね定数 k_{eq} を導出しなさい．なお，ばねの質量は無視できると仮定する．図において x_1 と x_2 は，静的釣り合い位置からの2本のばねの結合点と質点の下向き変位を表す状態変数として自由体図を描く際の便宜のためにあらかじめ設定したものである．

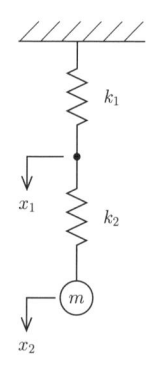

図 2.32 2本のばねを直列にした振動系

【2.2】図 2.33 に示すように，支点からばねとダンパーが並列に配置され，それにもう1本のばねが直列に接続されて質点を下げている系を考える．ばね定数とダンパーの粘性減衰係数はそれぞれ図に示されているとおりに，k_1，k_2 および c とする．また，質点質量は m とする．系中の2点についての静的釣り合い位置からの変位を x_1 と x_2 で表す．次の問に答えなさい．
 (1) 質点に任意の角振動数 ω での調和加振力 f（正弦波加振力）を作用させた場合の定常強制振動の応答式を導出しなさい．
 (2) その角振動数がひじょうに低い場合とひじょうに高い場合にはどのように近似できるかを示しなさい．
 (3) ダンパー減衰係数のばね剛性に対する強さの関係を考慮して，共振角振動数について特徴を述べなさい．

章末問題　　　　　　　　　　　　　　　　　　　　　　　　39

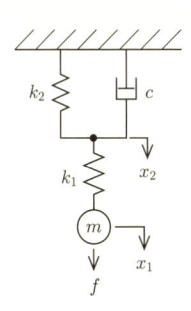

図 **2.33**　ばねダンパー並列にばねが直列する振動系

【2.3】図 2.34 に示す除振台 (vibration isolation platform) の 1 自由度モデルについて，床の上下振動 $x_g(\omega)$ から除振台の振動 $x_p(\omega)$ への振動伝達率を，減衰比 ζ が $0.001, 0.01, 0.1, 0.5$ の場合について，振動周波数 ω を除振台の不減衰固有角振動について正規化した振動数比を横軸にして縦軸常用対数表示で示しなさい．

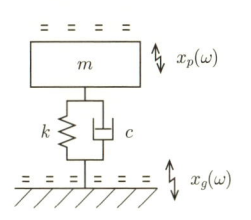

図 **2.34**　除振台 1 自由度系

【2.4】図 2.35 に示すブロック線図で表現された運動方程式を求めなさい．図中において f は時間の関数．k と m はともに定数．s はラプラス演算子であり，$\frac{1}{s}$ は時間についての積分器を示す．

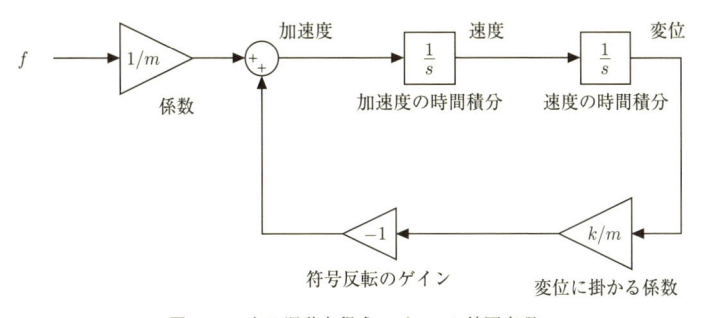

図 **2.35**　ある運動方程式のブロック線図表現

【2.5】1自由度系としてみなせる図2.36の実測周波数応答関数（SI単位）を目測することで，その等価1自由度モデルの質量，ばね定数，粘性減衰係数を算出しなさい．

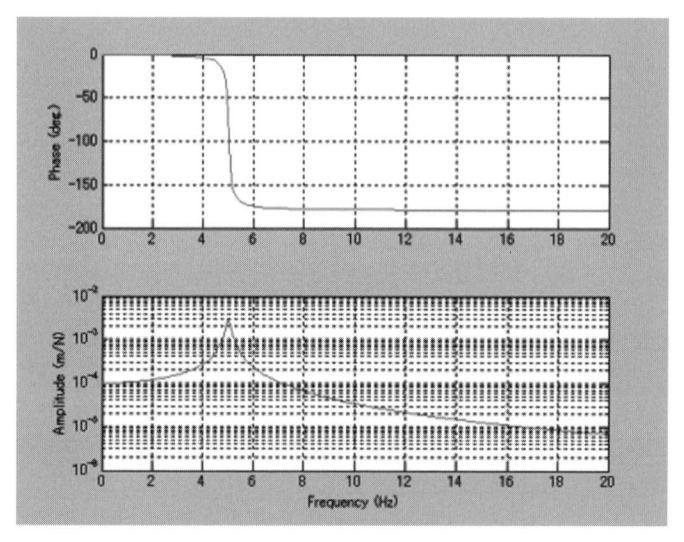

図2.36　1自由度系の周波数応答関数

3

2自由度系の基礎

この章では，後章での多自由度系およびモード解析の理論基礎を明解に理解できるようにするために，帰納法的観点から具体的に2自由度の簡単なばね・質量モデルを取り上げてその固有特性（固有振動数と固有モード）の解析，強制振動応答解析および基礎的制振法などを解説する．その不減衰振動系の学習後に，ダンパーが付加された粘性減衰振動系を取り上げる．

3.1 運動方程式の作成

図3.1に示す2自由度のばね・質量モデルの振動系を取り上げる．図において m_1 と m_2 は，ばねの両端に付いている2つの質量の値，k はばね定数（剛性値），x_1 と x_2 は平衡静止位置からの2つの質点の変位，f_1 と f_2 は2つの質点それぞれに直接加えられている外力（起振力）を表す．この系の運動方程式を立てよう．まず，質点1番の運動方程式を記述する．ニュートンの第2法則に基づいて，

$$m_1\ddot{x}_1 = f_1 + k(x_2 - x_1) \tag{3.1}$$

となる．次に質点2番についての運動方程式は，

$$m_2\ddot{x}_2 = f_2 - k(x_2 - x_1) \tag{3.2}$$

となる．式 (3.1) と (3.2) をまとめて行列表現で記述することで，この2自由度系の運動方程式は式 (3.3) として得られる．

$$\begin{bmatrix} m_1 & 0 \\ 0 & m_2 \end{bmatrix} \begin{bmatrix} \ddot{x}_1 \\ \ddot{x}_2 \end{bmatrix} + \begin{bmatrix} k & -k \\ -k & k \end{bmatrix} \begin{bmatrix} x_1 \\ x_2 \end{bmatrix} = \begin{bmatrix} f_1 \\ f_2 \end{bmatrix} \tag{3.3}$$

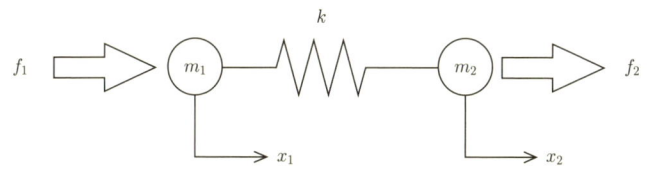

図 3.1　2自由度・ばね質量振動系モデル

3.2 固有振動数と固有モードの計算

式 (3.3) の運動方程式から，固有値解析を行うことでその系の固有振動数と固有モードを求めることができる．固有値解析では数学的には固有値と固有ベクトルが求まるが，固有値の平方根が固有角振動数となり，それを 2π で除した値が固有振動数（単位は Hz）となる．固有モードは固有ベクトルと同一であり，固有振動の"形"を表現する．多自由度の固有値解析法（数値解析法）にはいろいろな手法が開発されている（文献[13~15, 21]など参照）．

3.2.1 固 有 振 動 数

ここでは，2 自由度系であるので固有値問題の基本式に従って求める．固有振動数は，結論的には次の行列式法で解けばよい．

$$\det \left| \begin{bmatrix} k & -k \\ -k & k \end{bmatrix} - \Omega^2 \begin{bmatrix} m_1 & 0 \\ 0 & m_2 \end{bmatrix} \right| = 0 \tag{3.4}$$

この式を成立させる Ω を求めれば，それが固有角振動数（この場合は不減衰固有角振動数）である．固有振動数 (Hz) は固有角振動数を 2π で割れば得られる．

式 (3.3) は 2 階の常微分方程式である．外力を角振動数 ω の調和加振力として

$$\begin{bmatrix} f_1 \\ f_2 \end{bmatrix} = \begin{bmatrix} F_1 \\ F_2 \end{bmatrix} e^{\lambda t} \quad (ここで，\lambda = j\omega) \tag{3.5}$$

と仮定して定常振動応答を考えれば，その振動応答も

$$\begin{bmatrix} x_1 \\ x_2 \end{bmatrix} = \begin{bmatrix} X_1 \\ X_2 \end{bmatrix} e^{\lambda t} \tag{3.6}$$

と記述できる．ここで，式 (3.5) と (3.6) の右辺に記述された係数ベクトルは，振幅を表している．

式 (3.5) と (3.6) を式 (3.3) に代入すると式 (3.7) を得る．

$$\left(\begin{bmatrix} k & -k \\ -k & k \end{bmatrix} + \lambda^2 \begin{bmatrix} m_1 & 0 \\ 0 & m_2 \end{bmatrix} \right) \begin{bmatrix} X_1 \\ X_2 \end{bmatrix} = \begin{bmatrix} F_1 \\ F_2 \end{bmatrix} \tag{3.7}$$

ここで，式 (3.7) の左辺の ( ) 内の係数行列全体は動剛性行列と呼ばれる．さて，この応答振幅は

$$\begin{bmatrix} X_1 \\ X_2 \end{bmatrix} = \left(\begin{bmatrix} k & -k \\ -k & k \end{bmatrix} + \lambda^2 \begin{bmatrix} m_1 & 0 \\ 0 & m_2 \end{bmatrix} \right)^{-1} \begin{bmatrix} F_1 \\ F_2 \end{bmatrix} \tag{3.8}$$

で計算できる．ここで，右辺には逆行列がある．動剛性行列の行列式がゼロとなる場合には式 (3.8) の解は不定である．行列式がゼロとなる状況では，外力がゼロでない状況では X_1 と X_2 は絶対値無限大の値となると数学的に解釈できる．これは，その状態が共振状態を表し，わずかの起振力でも無限大の振幅の振動が発生しうることを示している．この物理的解釈から，その「動剛性行列の行列式の値がゼロ」となる状態の λ を求め，$\lambda = j\omega$ より ω の値を求めると，その値から固有角振動数（または共振角振動数という）を得ることができる．固有角振動数という特別な振動数なので，記述の便宜上，解の ω を大文字の Ω で改め直すことが一般的に行われている．

具体的には式 (3.7) の動剛性行列の行列式を展開すると

$$m_1 m_2 \lambda^4 + k(m_1 + m_2)\lambda^2 = 0 \tag{3.9}$$

を得る．この方程式を，系の特性の固有振動数を求める方程式として，**特性方程式**と呼ぶ．式 (3.9) の 2 つの解は次のように得られる．

$$\lambda_1 = 0 \tag{3.10}$$

$$\lambda_2 = \pm j \sqrt{\frac{k(m_1 + m_2)}{m_1 m_2}} \tag{3.11}$$

ここで，j は虚数単位を表している．第 1 の解は，このばね・質量モデルが周辺自由境界条件なので，剛体運動ができることを意味しており，無理やりに固有角振動数として解釈すれば，0 rad/s の固有角振動数となる．第 2 の解は，式 (3.6) の指数関数の指数部が純虚数となることから素直に解釈できる振動を表す．結局，この振動の固有角振動数を Ω と改めて記述すると，

$$\Omega = \sqrt{\frac{k(m_1 + m_2)}{m_1 m_2}} \tag{3.12}$$

となる．

【例題 3.1】

図 3.2 に示す平面問題の振動系について次の設問に答えなさい．問題の振動系は，傾き $\frac{\pi}{4}$ の斜面上に，幅 h，半径 R で材料密度が均一値の ρ の材料でできた同一の円柱車輪 2 つが，ばね定数が同一値の k である 2 本のばね（質量は無視できる）で直列に接続されたものである．回転軸では摩擦抵抗がまったくなく斜面上を回転しながら並進変位できるものである．なお，車輪と斜面の間では摩擦によってすべりがまったく生じないとする．重力加速度は g とする．

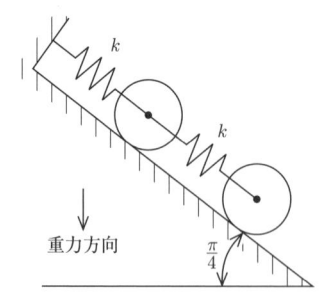

図 3.2 斜面上をすべらずに回転運動する直列 2 車輪の振動系

1) 車輪の中心軸まわりの慣性モーメントを求めなさい．
2) 必要な変数や座標系定義を各自で行い，車輪についての自由体図を利用してこの振動系の運動方程式を導出しなさい．
3) 同じく，ラグランジュの運動方程式の導出法によってこの振動系の運動方程式を導出しなさい．
4) この振動系のすべての固有角振動数を求めなさい．

【解答】
1) 図 3.3 に示すように，車輪中心軸からの任意の半径距離 での微小半径幅 とする微小肉厚の円管要素について考える．その質量は $2\pi\rho h r dr$ と表される．そこで，この微小肉厚円管要素の慣性モーメントは $2\pi\rho h r^3 dr$ と表せるから（なぜ質量に r^2 を乗じることで慣性モーメントになるかについては復習されたい），車輪の慣性モーメントは次式で求めることができる．

$$\int_0^R 2\pi\rho h r^3 dr = \frac{\pi}{2}\rho h R^4 \qquad (3.13)$$

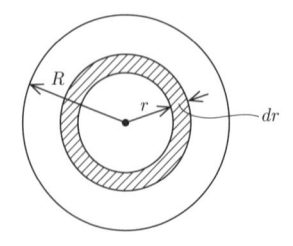

図 3.3 慣性モーメントの積分計算のための図

2) 図 3.4 に示すように，静的釣り合い位置を原点として傾面下方向に並進変位を x_1, x_2 とし，その変位に対応する車輪の角変位を θ_1, θ_2 と定義する．外力

3.2 固有振動数と固有モードの計算

として両車輪の中心軸に作用する斜面下向き並進力をそれぞれ f_1 と f_2, 回転力 (トルク) をそれぞれ T_1 と T_2 と設定する. 静的釣り合い位置を原点とすれば重力の影響は運動方程式から消去できる. 車輪の質量は $\pi\rho hR^2$ であり, 慣性モーメントはすでに前問 1) で $\frac{\pi}{2}\rho hR^4$ と求められている.

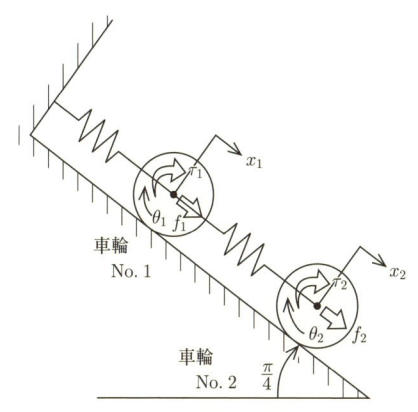

図 3.4 変数の定義

まず車輪 No.1 についての運動方程式を図 3.5 の自由体図に基づいて求めることにしよう. 図中 p_1 は斜面から車輪に作用する摩擦力を表す.

中心軸は質量中心に一致するので, その中心点についての車輪の運動方程式は並進と回転運動に関して互いに独立に作成できる. すなわち, 並進運動について

$$\pi\rho hR^2 \ddot{x}_1 = k(x_2 - x_1) - kx_1 + p_1 + f_1 \tag{3.14}$$

で, 回転運動については

$$\frac{\pi}{2}\rho hR^4 \ddot{\theta}_1 = T_1 - Rp_1 \tag{3.15}$$

と求められる. 車輪と斜面の間にすべりがない仮定より

$$\ddot{\theta}_1 = \frac{1}{R}\ddot{x}_1 \tag{3.16}$$

と表現できる. 式 (3.14)～(3.16) を連立させて $\ddot{\theta}_1$ と p_1 を消去し, 車輪の 1 自由度運動の方程式が

$$\left(\pi\rho hR^2 + \frac{\pi}{2}\rho hR^2\right)\ddot{x}_1 + 2kx_1 - kx_2 = f_1 + \frac{T_1}{R} \tag{3.17}$$

と導出される.

図 **3.5** 車輪 No.1 の自由体図   図 **3.6** 車輪 No.2 の自由体図

同様に車輪 No.2 についての運動方程式を求めよう．図 3.6 がその自由体図となる．p_2 は斜面から車輪に作用する摩擦力である．この図に基づいて中心軸の位置での並進と回転の運動方程式を求めると，

$$\pi\rho h R^2 \ddot{x}_2 = -k(x_2 - x_1) + p_2 + f_2 \tag{3.18}$$

が並進運動についてであり，回転運動については

$$\frac{\pi}{2}\rho h R^4 \ddot{\theta}_2 = T_2 - R p_2 \tag{3.19}$$

と求められる．車輪と斜面の間にすべりがない仮定より

$$\ddot{\theta}_2 = \frac{1}{R}\ddot{x}_2 \tag{3.20}$$

が成立している．これら 3 式の連立によって $\ddot{\theta}_2$ と p_2 を消去することで 1 自由度運動としての車輪 No.2 の運動方程式が

$$\left(\pi\rho h R^2 + \frac{\pi}{2}\rho h R^2\right)\ddot{x}_2 - k x_1 + k x_2 = f_2 + \frac{T_2}{R} \tag{3.21}$$

と導出される．

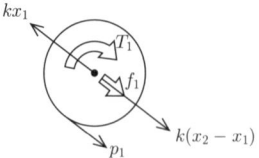

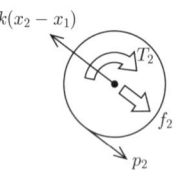

式 (3.17) と (3.21) をまとめて行列表現すると，この 2 自由度振動系の運動方程式が得られる．すなわち，

$$\begin{bmatrix} \frac{3\pi}{2}\rho h R^2 & 0 \\ 0 & \frac{3\pi}{2}\rho h R^2 \end{bmatrix} \begin{bmatrix} \ddot{x}_1 \\ \ddot{x}_2 \end{bmatrix} + \begin{bmatrix} 2k & -k \\ -k & k \end{bmatrix} \begin{bmatrix} x_1 \\ x_2 \end{bmatrix} = \begin{bmatrix} f_1 + \frac{T_1}{R} \\ f_2 + \frac{T_2}{R} \end{bmatrix} \tag{3.22}$$

3) ラグランジュの方法で運動方程式の理論については文献[2]などで学習してほしい．導出過程の簡潔な記述のために，一旦，車輪 No.1 と No.2 の質量をそれぞれ m_1 と m_2，車輪中心軸回りの慣性モーメントを I_1 と I_2 と表すことにする．車輪 No.1 と No.2 の傾面上での静的釣り合い位置から下方向への変位をそれぞれ x_1 と x_2 として，これらを一般化座標とする．これに伴って重力の考慮は不要となる．車輪と傾面との間にすべりがないとの仮定に基づいて，車輪の回転角変位 θ_1 と θ_2 は式 (3.16) と式 (3.20) の 2 階微分記号を消去した変位に関する関係が成立する．車輪中心軸での運動を考えて車輪 No.1 と No.2 の運動エネ

ルギーを E_1 と E_2 として計算すると

$$E_1 = \frac{1}{2}m_1\dot{x}_1^2 + \frac{I_1}{2R^2}\dot{x}_1^2 \tag{3.23}$$

$$E_2 = \frac{1}{2}m_2\dot{x}_2^2 + \frac{I_2}{2R^2}\dot{x}_2^2 \tag{3.24}$$

となる．そこで，振動系の運動エネルギー E はそれらの合計であり

$$E = E_1 + E_2 = \frac{1}{2}m_1\dot{x}_1^2 + \frac{I_1}{2R^2}\dot{x}_1^2 + \frac{1}{2}m_2\dot{x}_2^2 + \frac{I_2}{2R^2}\dot{x}_2^2 \tag{3.25}$$

一般化力を Q_1, Q_2 とすると，一般化力の定義に従ってそれぞれ

$$\begin{aligned}Q_1 &= f_1\frac{\partial x_1}{\partial x_1} + T_1\frac{\partial \theta_1}{\partial x_1} + f_2\frac{\partial x_2}{\partial x_1} + T_2\frac{\partial \theta_2}{\partial x_1} - k_1 x_1 + k(x_2 - x_1) \\ &= f_1 + \frac{1}{R}T_1 - k_1 x_1 + k(x_2 - x_1)\end{aligned} \tag{3.26}$$

$$\begin{aligned}Q_2 &= f_1\frac{\partial x_1}{\partial x_2} + T_1\frac{\partial \theta_1}{\partial x_2} + f_2\frac{\partial x_2}{\partial x_2} + T_2\frac{\partial \theta_2}{\partial x_2} - k(x_2 - x_1) \\ &= f_2 + \frac{1}{R}T_2 - k(x_2 - x_1)\end{aligned} \tag{3.27}$$

と求められる．

以上で求まった力学パラメータを用いてラグランジュの運動方程式の運動エネルギーに関する微分の項を計算すれば

$$\frac{d}{dt}\left(\frac{\partial E}{\partial \dot{x}_1}\right) = m_1\ddot{x}_1 + \frac{I_1}{R^2}\ddot{x}_1 \tag{3.28}$$

$$\frac{d}{dt}\left(\frac{\partial E}{\partial \dot{x}_2}\right) = m_2\ddot{x}_2 + \frac{I_2}{R^2}\ddot{x}_2 \tag{3.29}$$

$$\frac{\partial E}{\partial x_1} = 0 \tag{3.30}$$

$$\frac{\partial E}{\partial x_2} = 0 \tag{3.31}$$

となる．

以上の結果をラグランジュの運動方程式の公式に代入することで

$$\frac{d}{dt}\left(\frac{\partial E}{\partial \dot{x}_1}\right) - \frac{\partial E}{\partial x_1} - Q_1 = 0$$

$$\Downarrow \quad (3.32)$$

$$\left(m_1 + \frac{I_1}{R^2}\right)\ddot{x}_1 - k(x_2 - x_1) + kx_1 - f_1 - \frac{1}{R}T_1 = 0$$

$$\frac{d}{dt}\left(\frac{\partial E}{\partial \dot{x}_2}\right) - \frac{\partial E}{\partial x_2} - Q_2 = 0$$

$$\Downarrow \quad (3.33)$$

$$\left(m_2 + \frac{I_2}{R^2}\right)\ddot{x}_2 - kx_1 + kx_2 - f_2 - \frac{1}{R}T_2 = 0$$

と運動方程式が得られる．これら2式を行列表現で連立表現すると式（3.22）となる．

4) 固有角振動数は，質量行列と剛性行列を用いた一般的固有値問題を解けば得られるので，本題については次の行列式を解いて，λ の平方根が固有角振動数となる．

$$\det\left|\begin{bmatrix} 2k & -k \\ -k & k \end{bmatrix} - \lambda \begin{bmatrix} \frac{3\pi}{2}\rho h R^2 & 0 \\ 0 & \frac{3\pi}{2}\rho h R^2 \end{bmatrix}\right| = 0 \quad (3.34)$$

計算の便宜上，一旦 $m = \frac{3\pi}{2}\rho h R^2$ と変数変換しよう．式（3.34）は

$$\det\begin{vmatrix} 2k - m\lambda & -k \\ -k & k - m\lambda \end{vmatrix} = 0$$

$$\Downarrow$$

$$m^2\lambda^2 - 3km\lambda + k^2 = 0$$

$$\Downarrow$$

$$\lambda_1, \lambda_2 = \frac{(3 \pm \sqrt{5})k}{2m} = \frac{(3 \pm \sqrt{5})k}{3\pi \rho h R^2} \quad (3.35)$$

したがって，1次と2次の固有角振動数 Ω_1 と Ω_2 は

$$\Omega_1 = \sqrt{\lambda_1} = \sqrt{\frac{(3 - \sqrt{5})k}{3\pi \rho h R^2}} \quad (3.36)$$

$$\Omega_2 = \sqrt{\lambda_2} = \sqrt{\frac{(3 + \sqrt{5})k}{3\pi \rho h R^2}} \quad (3.37)$$

と求められる．

3.2.2 固 有 モ ー ド

式 (3.10) と (3.12) で求まった固有角振動数に対応する固有モード（すなわち振動の形：2つの質点の振動方向や振幅比がどのような関係かを示すもの）を求めてみよう．まず，0 rad/s の固有角振動数（1次固有角振動数）に対応する固有モードを求める．式 (3.7) の右辺外力ベクトルをゼロベクトルとした方程式を作成し，その左辺 λ に式 (3.10) で得られているゼロを代入すれば，

$$\begin{bmatrix} k & -k \\ -k & k \end{bmatrix} \begin{bmatrix} X_1 \\ X_2 \end{bmatrix} = \begin{bmatrix} 0 \\ 0 \end{bmatrix} \tag{3.38}$$

となる．したがって，この式が成立するためには振幅ベクトルが

$$\begin{bmatrix} X_1 \\ X_2 \end{bmatrix} = \gamma \begin{bmatrix} 1 \\ 1 \end{bmatrix} \quad (\gamma \text{は任意の定数}) \tag{3.39}$$

となればよい．ここで，γ は任意の定数でよい．式 (3.39) が固有モードである．式 (3.39) は数学的には固有ベクトルと呼ぶ．質点1番と2番は同相（動く方向のタイミングが同じという意味）で同じ振幅の動きをすることを表している．すなわち剛体運動である．実用的には γ は解析者の都合に合わせて適当な値に設定してよい．ここでは便宜上 $\gamma = 1$ としよう．

次に，式 (3.12) の固有角振動数（2次固有角振動数）に対応する固有モードを求める．やはり，式 (3.7) の右辺をゼロベクトルとした方程式の λ に式 (3.11) を代入して

$$\begin{bmatrix} -\frac{km_1}{m_2} & -k \\ -k & -\frac{km_2}{m_1} \end{bmatrix} \begin{bmatrix} X_1 \\ X_2 \end{bmatrix} = \begin{bmatrix} 0 \\ 0 \end{bmatrix} \tag{3.40}$$

の方程式を得る．これより固有モードは

$$\begin{bmatrix} X_1 \\ X_2 \end{bmatrix} = \gamma \begin{bmatrix} -\frac{m_2}{m_1} \\ 1 \end{bmatrix} \quad (\gamma \text{は任意の定数}) \tag{3.41}$$

と得られる．式 (3.41) から，この固有振動では，質点1番と2番は互いに逆位相（動く方向が互いに逆）で振幅比は質点2番を1の大きさとした場合，質点1番は $\frac{m_2}{m_1}$ の値の大きさである．周辺自由境界条件であるから運動量保存の法則に従って，両端の質点がその質量比に逆比例した振幅で互いに逆位相の動きをし，その振動系の"質量中心"は不動状態を保つ振動となっている．3.2.3項では便宜上 $\gamma = 1$ としてこの固有モードを利用することとする．

3.2.3 固有モードの直交性とレイリー商

3.2.2項で得られた $\gamma = 1$ とした1次と2次の固有モードについて内積計算をす

ると

$$\begin{bmatrix}1\\1\end{bmatrix}^t\begin{bmatrix}-\frac{m_2}{m_1}\\1\end{bmatrix}=1-\frac{m_2}{m_1} \tag{3.42}$$

と計算され,その値はゼロではない.すなわち,数学の標準的なベクトルの内積計算ではこれら2つの固有モードは直交していない.しかし,質量行列や剛性行列をはさんで計算する内積計算をすると

$$\begin{bmatrix}1\\1\end{bmatrix}^t\begin{bmatrix}m_1 & 0\\0 & m_2\end{bmatrix}\begin{bmatrix}-\frac{m_2}{m_1}\\1\end{bmatrix}=0 \tag{3.43}$$

$$\begin{bmatrix}1\\1\end{bmatrix}^t\begin{bmatrix}k & -k\\-k & k\end{bmatrix}\begin{bmatrix}-\frac{m_2}{m_1}\\1\end{bmatrix}=0 \tag{3.44}$$

のとおりに1次と2次の固有モードは互いに直交すると解釈できる結果が得られる.この関係は一般的に任意の多自由度系についても成立し,互いに異なる次数の固有モードはその質量行列と剛性行列に関して直交する(重根固有モードについても).この性質を固有モードの直交性と呼ぶ.なお,重根固有モードとは,それに対応する固有値(すなわち固有角振動数)が同じ値である別々の固有モードである.例えば,円板や正方形の形状をした点対称や軸対称の構造物などでは同じ振動数に複数の固有モードが存在する.

次はレイリー商の解説である.1次と2次の固有モードそれぞれについて質量行列と剛性行列に関する2次形式を計算してみよう.2次形式とは数学のことばで,正方行列 $\boldsymbol{A}$ に対して両側から同一の列ベクトル $\boldsymbol{x}$(ただし左側からは転置ベクトル)を乗じる演算 $\boldsymbol{x}^t\boldsymbol{A}\boldsymbol{x}$ のことである.質量行列に関する2次形式の演算結果であるスカラー値をモード質量,剛性行列に関する結果をモード剛性と呼ぶ.

本例での1次固有モードについては,

$$\begin{bmatrix}1\\1\end{bmatrix}^t\begin{bmatrix}m_1 & 0\\0 & m_2\end{bmatrix}\begin{bmatrix}1\\1\end{bmatrix}=m_1+m_2 \tag{3.45}$$

$$\begin{bmatrix}1\\1\end{bmatrix}^t\begin{bmatrix}k & -k\\-k & k\end{bmatrix}\begin{bmatrix}1\\1\end{bmatrix}=0 \tag{3.46}$$

となる.2次の固有モードについては

$$\begin{bmatrix}-\frac{m_2}{m_1}\\1\end{bmatrix}^t\begin{bmatrix}m_1 & 0\\0 & m_2\end{bmatrix}\begin{bmatrix}-\frac{m_2}{m_1}\\1\end{bmatrix}=\frac{m_2}{m_1}(m_1+m_2) \tag{3.47}$$

$$\begin{bmatrix}-\frac{m_2}{m_1}\\1\end{bmatrix}^t\begin{bmatrix}k & -k\\-k & k\end{bmatrix}\begin{bmatrix}-\frac{m_2}{m_1}\\1\end{bmatrix}=\frac{(m_1+m_2)^2}{m_1^2}k \tag{3.48}$$

である.
　レイリー商は「モード剛性 ÷ モード質量」である.1次と2次の固有モードについてそれぞれ計算すると

$$\frac{\begin{bmatrix}1\\1\end{bmatrix}^t \begin{bmatrix}k & -k\\-k & k\end{bmatrix}\begin{bmatrix}1\\1\end{bmatrix}}{\begin{bmatrix}1\\1\end{bmatrix}^t \begin{bmatrix}m_1 & 0\\0 & m_2\end{bmatrix}\begin{bmatrix}1\\1\end{bmatrix}} = 0 \quad \Rightarrow \quad = \lambda_1^2 \quad (3.49)$$

$$\frac{\begin{bmatrix}-\frac{m_2}{m_1}\\1\end{bmatrix}^t \begin{bmatrix}k & -k\\-k & k\end{bmatrix}\begin{bmatrix}-\frac{m_2}{m_1}\\1\end{bmatrix}}{\begin{bmatrix}-\frac{m_2}{m_1}\\1\end{bmatrix}^t \begin{bmatrix}m_1 & 0\\0 & m_2\end{bmatrix}\begin{bmatrix}-\frac{m_2}{m_1}\\1\end{bmatrix}} = \frac{k(m_1+m_2)}{m_1 m_2} \quad \Rightarrow \quad = \lambda_2^2 \quad (3.50)$$

となり,レイリー商はその次数の固有角振動数の二乗,すなわち固有値となる.
　レイリー商の関係は単に数学的に成立することを意味するのではなく,力学的にも解釈できる.すなわち,例として上記の2次固有振動で自由振動している場合を考えてみよう.振動形は2次固有モードと同じになる.当然,振動数は固有角振動数の Ω_2 である.その振動振幅を固有モードを利用して

$$\alpha \begin{bmatrix}-\frac{m_2}{m_1}\\1\end{bmatrix}$$

で表現できる(α は定数).両質量の運動はその角振動数で正弦波状にばねの自然長を平衡点として振動している.振動が最大振幅の状態になった瞬間(ばねが最大に伸縮した瞬間)は両側の質量の速度が反転する瞬間であるから速度はゼロとなる.すなわち,その瞬間では,その振動系はばねに蓄えられたひずみエネルギーのみ有している.この瞬間のひずみエネルギーは,

$$\frac{1}{2}\alpha^2 \begin{bmatrix}-\frac{m_2}{m_1}\\1\end{bmatrix}^t \begin{bmatrix}k & -k\\-k & k\end{bmatrix}\begin{bmatrix}-\frac{m_2}{m_1}\\1\end{bmatrix} \quad (3.51)$$

で表現される.次に,その自由振動において,ばねの長さが自然長となる瞬間(平衡点を通過する瞬間)を考えよう.このときは両質点の相対速度は最大となり,運動エネルギーは有しているが,ばねに蓄えられるひずみエネルギーはゼロとなる瞬間である.両質量の速度は変位振幅を時間で1階微分することで

$$\alpha \Omega_2 \begin{bmatrix}-\frac{m_2}{m_1}\\1\end{bmatrix}$$

のように表現できるので,その運動エネルギーは

$$\frac{1}{2}\alpha^2 \Omega_2^2 \begin{bmatrix} -\frac{m_2}{m_1} \\ 1 \end{bmatrix}^t \begin{bmatrix} m_1 & 0 \\ 0 & m_2 \end{bmatrix} \begin{bmatrix} -\frac{m_2}{m_1} \\ 1 \end{bmatrix} \tag{3.52}$$

となる．外力が作用せず減衰もないのでエネルギー保存則より式 (3.51) のひずみエネルギーと式 (3.52) の運動エネルギーは等しく，

$$\frac{1}{2}\alpha^2 \begin{bmatrix} -\frac{m_2}{m_1} \\ 1 \end{bmatrix}^t \begin{bmatrix} k & -k \\ -k & k \end{bmatrix} \begin{bmatrix} -\frac{m_2}{m_1} \\ 1 \end{bmatrix} = \frac{1}{2}\alpha^2 \Omega_2^2 \begin{bmatrix} -\frac{m_2}{m_1} \\ 1 \end{bmatrix}^t \begin{bmatrix} m_1 & 0 \\ 0 & m_2 \end{bmatrix} \begin{bmatrix} -\frac{m_2}{m_1} \\ 1 \end{bmatrix} \tag{3.53}$$

の方程式が成立し，これより式 (3.50) のレイリー商は固有値（不減衰固有角振動数の二乗）に等しいことを導出できる．

工学的利便性を考慮すると，質量行列に関して固有モードを正規化（モード質量が 1 となるように固有モードの大きさを調整する演算）するとよい．この正規化をすれば，モード質量は 1 となり，モード剛性は固有値そのものとなるから各種の解析上で数式展開が楽になり，振動試験や数値計算で得られる振動パラメータを直接代入して計算もできる利便性を実感できる．本例の場合は 1 次および 2 次の固有モードを

$$\text{1 次固有モード：} \begin{bmatrix} \frac{1}{\sqrt{m_1+m_2}} \\ \frac{1}{\sqrt{m_1+m_2}} \end{bmatrix} \Rightarrow \begin{bmatrix} \phi_{11} \\ \phi_{21} \end{bmatrix} \tag{3.54}$$

$$\text{2 次固有モード：} \begin{bmatrix} -\sqrt{\frac{m_2}{m_1(m_1+m_2)}} \\ \sqrt{\frac{m_1}{m_2(m_1+m_2)}} \end{bmatrix} \Rightarrow \begin{bmatrix} \phi_{12} \\ \phi_{22} \end{bmatrix} \tag{3.55}$$

のとおりに質量行列に関して正規化して 3.3 節で利用する．

3.3 周波数応答関数とモード解析

3.3.1 周波数応答関数

周波数応答関数はその振動系の基本的特性を把握するために非常に便利であるので，機械振動学と制御工学などではその学問初期から現在まで，解析や観察のための最も基本的なデータとして利用されている．周波数応答関数とは，ある自由度（場所）に単位力加振振幅の調和加振力を加えたときの観察したい応答自由度（場所）の調和振動応答をいろいろな周波数に関してプロットした関数である．

式 (3.3) の運動方程式を周波数領域に変換するには，式 (3.5) 以降で使用されているパラメータ λ を $\lambda = j\omega$ のように角振動数と虚数単位の積で表現し直して代入すればよい．すなわち，

$$\left(\begin{bmatrix} k & -k \\ -k & k \end{bmatrix} - \omega^2 \begin{bmatrix} m_1 & 0 \\ 0 & m_2 \end{bmatrix} \right) \begin{bmatrix} X_1 \\ X_2 \end{bmatrix} = \begin{bmatrix} F_1 \\ F_2 \end{bmatrix} \tag{3.56}$$

3.3 周波数応答関数とモード解析　　53

の運動方程式を得て，これより振動応答は

$$\begin{bmatrix} X_1 \\ X_2 \end{bmatrix} = \left(\begin{bmatrix} k & -k \\ -k & k \end{bmatrix} - \omega^2 \begin{bmatrix} m_1 & 0 \\ 0 & m_2 \end{bmatrix} \right)^{-1} \begin{bmatrix} F_1 \\ F_2 \end{bmatrix} \tag{3.57}$$

で求めることができる．そこで，周波数応答関数として例えば質点 1 番を加振点とした場合の質点 1 番と 2 番の周波数応答関数は $F_1 = 1$, $F_2 = 0$ を代入して，

$$\begin{aligned}
\begin{bmatrix} X_1 \\ X_2 \end{bmatrix} &= \left(\begin{bmatrix} k & -k \\ -k & k \end{bmatrix} - \omega^2 \begin{bmatrix} m_1 & 0 \\ 0 & m_2 \end{bmatrix} \right)^{-1} \begin{bmatrix} 1 \\ 0 \end{bmatrix} \\
&= \frac{1}{(k-\omega^2 m_1)(k-\omega^2 m_2) - k^2} \begin{bmatrix} k - \omega^2 m_2 \\ k \end{bmatrix}
\end{aligned} \tag{3.58}$$

と得られる．しかし，このような素朴な解法では，現実的工学問題での大自由度解析をする場合や，実験計測で得ることができる振動特性パラメータ（固有角振動数や固有モードなど）で直接数式表現したい要望に対して不便が生じる．そこで，このような不便さを感じる現実問題の多くの場合には，18 世紀から 19 世紀にかけての応用数学界で研究された固有モードの直交性に基づいて開発されたモード解析の手法を利用する．

3.3.2　モード解析の基本

式 (3.56) の左辺の変位ベクトルを，式 (3.54) と (3.55) で得られている質量行列に関して正規化された固有モードの線形結合で表現することを考える．すなわち，

$$\begin{aligned}
\begin{bmatrix} X_1 \\ X_2 \end{bmatrix} &= \eta_1 \begin{bmatrix} \phi_{11} \\ \phi_{21} \end{bmatrix} + \eta_2 \begin{bmatrix} \phi_{12} \\ \phi_{22} \end{bmatrix} \\
&= \begin{bmatrix} \frac{1}{\sqrt{m_1+m_2}} & -\sqrt{\frac{m_2}{m_1(m_1+m_2)}} \\ \frac{1}{\sqrt{m_1+m_2}} & \sqrt{\frac{m_1}{m_2(m_1+m_2)}} \end{bmatrix} \begin{bmatrix} \eta_1 \\ \eta_2 \end{bmatrix} \\
&= \boldsymbol{\Phi} \boldsymbol{\eta}
\end{aligned} \tag{3.59}$$

を式 (3.56) に代入し，両辺左側から $\boldsymbol{\Phi}^t$ を乗じることで，固有モードの直交性を利用して式変形すれば結局のところ，

$$\left(\begin{bmatrix} \Omega_1^2 & 0 \\ 0 & \Omega_2^2 \end{bmatrix} - \omega^2 \begin{bmatrix} 1 & 0 \\ 0 & 1 \end{bmatrix} \right) \begin{bmatrix} \eta_1 \\ \eta_2 \end{bmatrix} = \begin{bmatrix} \phi_{11} & \phi_{12} \\ \phi_{21} & \phi_{22} \end{bmatrix}^t \begin{bmatrix} F_1 \\ F_2 \end{bmatrix} \tag{3.60}$$

を導出する．これより，

$$\begin{bmatrix} \eta_1 \\ \eta_2 \end{bmatrix} = \begin{bmatrix} \frac{1}{\Omega_1^2 - \omega^2} & 0 \\ 0 & \frac{1}{\Omega_2^2 - \omega^2} \end{bmatrix} \begin{bmatrix} \phi_{11} F_1 + \phi_{21} F_2 \\ \phi_{12} F_1 + \phi_{22} F_2 \end{bmatrix} \tag{3.61}$$

と，方程式を連立せずに簡単に η_1 と η_2 を解くことができる．このモード座標上での変位ベクトル（固有モードの1次結合係数ベクトル）をモード変位ベクトル，または，モード刺激係数と呼ぶ．モード変位ベクトルが求まれば，それを式 (3.59) に代入して物理空間上での変位を

$$\begin{bmatrix} X_1 \\ X_2 \end{bmatrix} = \begin{bmatrix} \frac{\phi_{11}^2}{\Omega_1^2-\omega^2} + \frac{\phi_{12}^2}{\Omega_2^2-\omega^2} \\ \frac{\phi_{21}\phi_{11}}{\Omega_1^2-\omega^2} + \frac{\phi_{22}\phi_{12}}{\Omega_2^2-\omega^2} \end{bmatrix} F_1 + \begin{bmatrix} \frac{\phi_{11}\phi_{21}}{\Omega_1^2-\omega^2} + \frac{\phi_{12}\phi_{22}}{\Omega_2^2-\omega^2} \\ \frac{\phi_{21}^2}{\Omega_1^2-\omega^2} + \frac{\phi_{22}^2}{\Omega_2^2-\omega^2} \end{bmatrix} F_2 \quad (3.62)$$

のとおりに求めることができる．振動特性の表現パラメータである固有角振動数と固有モードを使っての表現となる．この式から，例えば質点1番を加振点とした場合の質点1番と2番の周波数応答関数は，

$$\begin{bmatrix} X_1/F_1 \\ X_2/F_1 \end{bmatrix} = \begin{bmatrix} \frac{\phi_{11}^2}{\Omega_1^2-\omega^2} + \frac{\phi_{12}^2}{\Omega_2^2-\omega^2} \\ \frac{\phi_{21}\phi_{11}}{\Omega_1^2-\omega^2} + \frac{\phi_{22}\phi_{12}}{\Omega_2^2-\omega^2} \end{bmatrix} = \begin{bmatrix} \sum_{i=1}^{2} \frac{\phi_{1i}^2}{\Omega_i^2-\omega^2} \\ \sum_{i=1}^{2} \frac{\phi_{2i}\phi_{1i}}{\Omega_i^2-\omega^2} \end{bmatrix} \quad (3.63)$$

のように表現して求めることができる．振動試験でも得ることができる固有角振動数と固有モードのパラメータを使って，1次と2次のそれぞれの固有振動成分について1自由度振動系の式を作成して，それらを加算する（重ね合わせる）ことで2自由度系の周波数応答関数が得られる．これが**モード解析**の理論の基本である．当然，式 (3.58) と (3.63) でまったく同一の周波数応答関数が得られる．任意の多自由度系についてもこの数式導出の理論を適用することができる．

3.3.3　振動応答のブロック線図表現と数値シミュレーション

式 (3.3) の運動方程式を，加速度を求める式として式 (3.64) のように変形する．

$$\begin{bmatrix} \ddot{x}_1 \\ \ddot{x}_2 \end{bmatrix} = \begin{bmatrix} m_1 & 0 \\ 0 & m_2 \end{bmatrix}^{-1} \begin{bmatrix} f_1 \\ f_2 \end{bmatrix} - \begin{bmatrix} m_1 & 0 \\ 0 & m_2 \end{bmatrix}^{-1} \begin{bmatrix} k & -k \\ -k & k \end{bmatrix} \begin{bmatrix} x_1 \\ x_2 \end{bmatrix} \quad (3.64)$$

$$= \boldsymbol{Af} - \boldsymbol{Bx}$$

初期速度と初期変位（位置）を初期条件として，そこに外力が発生することで加速度が生じ，加速度の時間積分が速度の変化を生じ，速度が時間積分されて変位を生むので，この力学メカニズムに基づいて式 (3.64) をブロック線図で表現すれば図 3.7 のようになる．振動応答の加速度ベクトルは右辺第1項の外力に起因する成分と第2項の応答変位に起因する成分の加算によって発生するメカニズムであることが表現されている．

3.3 周波数応答関数とモード解析　　55

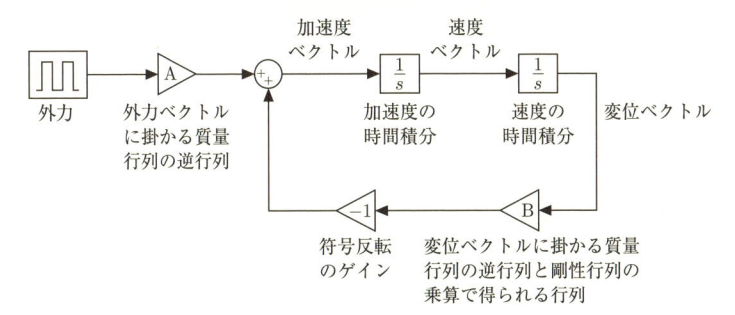

```
外力 → [A] → (+) → [1/s] → [1/s] → 変位ベクトル
              ↑    加速度   速度
              |    ベクトル ベクトル
         加速度の  速度の
         時間積分  時間積分
外力ベクトル
に掛かる質量
行列の逆行列
              ↑           ↓
             [-1] ← [B] ←
         符号反転   変位ベクトルに掛かる質量
         のゲイン   行列の逆行列と剛性行列の
                  乗算で得られる行列
```

図 3.7　2 自由度ばね・質量モデルの振動応答解析のブロック線図

【例題 3.2】
　数値シミュレーションの例題として，図 3.1 の 2 自由度振動系の構造パラメータを $m_1 = 0.01$, $m_2 = 0.01$, $k = 10$ として，初期条件の変位を $[0,0]^t$，速度を $[0,0]$ と仮定し，かつ，インパルス的衝撃力を

$$\begin{bmatrix} f_1 \\ f_2 \end{bmatrix} = \begin{cases} \begin{bmatrix} 0 \\ 0 \end{bmatrix} & (0 \leq t < 2) \\ \begin{bmatrix} 2700 \\ 0 \end{bmatrix} & (2 \leq t < 2.01) \\ \begin{bmatrix} 0 \\ 0 \end{bmatrix} & (2.01 \leq t) \end{cases} \quad (3.65)$$

として与えた場合の $t = 0$ から $t = 10$ までの 10 秒間の振動応答を計算してグラフで示しなさい．

【解答】
　図 3.7 のブロック線図を Matlab の Simulink というソフトウエアを利用して描いてシミュレーション実行すると，2 つの質点の応答はそれぞれ図 3.8 と図 3.9 のように得られる．両図から，境界条件が周辺自由であるので，衝撃力によってばねが伸縮振動し，両端の質点が固有振動数で振動しながら 2 自由度系全体が等速直線運動で移動している様子を読み取ることができる．

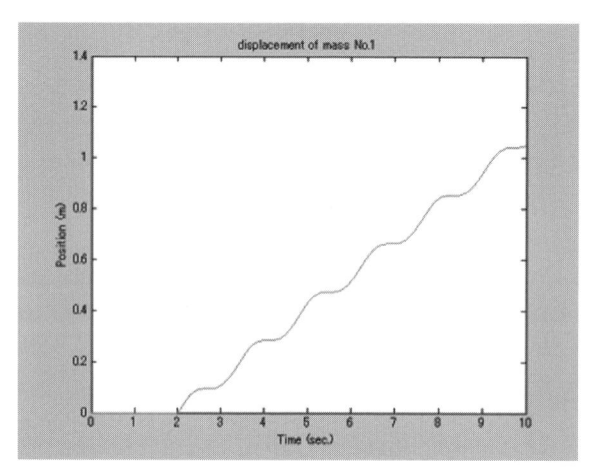

図 3.8 質点 1 番の振動応答

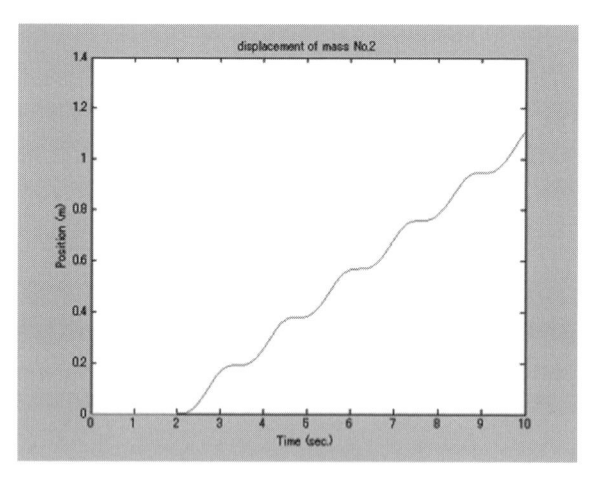

図 3.9 質点 2 番の振動応答

【例題 3.3】
図 3.1 の 2 自由度振動系について,構造パラメータは先述の例題 3.2 と同一と設定して,質点 1 番の位置を直接コントロールする運動(これは振動学では"変位加振"と呼ぶ)を考える.次の設問に答えなさい.
1) 質点 1 番の位置を

$$x_1 = \begin{cases} 0 & (0 \leq t < 2) \\ 1 & (2 \leq t) \end{cases} \tag{3.66}$$

のとおりに強制変位させる指令変位を与える場合の質点 2 番の応答を数値計算しグラフで示しなさい.

2) 前問 1) の結果では質点 2 番は振動し続けてしまっているはずである. そこで, その振動を速やかに減衰させる制振制御 (能動的振動制御) を考える. 質点 1 番の運動について, 式 (3.66) の位置コントロールに加えて, 質点 2 番の速度をリアルタイムでセンシングして, $x_1 = -G\dot{x}_2$ の速度フィードバック制御による x_1 の位置の自動制御系を与える. ここで, G はフィードバックゲインである. この制御系を組み込むことによって, 2 自由度系の振動モデル自体は不減衰系であるにもかかわらず, 質点 1 番の動かし方を元々の単純な指令値に加えて $x_1 = -G\dot{x}_2$ 分だけ巧みに動かす自動制御を組み込むことで質点 2 番の振動を速やかに減衰させるようにする. フィードバックゲインの値を $G = 0.002$ とする数値計算を実行して, 質点 1 番の指令変位に自動制御による変位分も加算された質点 1 番の変位および注目すべき質点 2 番の応答をグラフで示しなさい.

【解答】
1) 運動方程式 (3.3) は, 外力を既知として与えた場合の "力加振" の標準形式である. 本題では x_1 が指令変位 (既知) として与えられ, f_1 は与えられない. すなわち変位加振である. そこで, 式 (3.3) を式 (3.67) のように変形する. なお, 質点 2 番には外力を作用させないので $f_2 = 0$ とする.

$$\begin{bmatrix} m_1 & 0 \\ 0 & m_2 \end{bmatrix} \begin{bmatrix} \ddot{x}_1 \\ \ddot{x}_2 \end{bmatrix} + \begin{bmatrix} k & -k \\ -k & k \end{bmatrix} \begin{bmatrix} x_1 \\ x_2 \end{bmatrix} = \begin{bmatrix} f_1 \\ f_2 \end{bmatrix}$$

$$\Downarrow$$

$$\begin{bmatrix} 0 & 0 \\ 0 & m_2 \end{bmatrix} \begin{bmatrix} \ddot{f}_1 \\ \ddot{x}_2 \end{bmatrix} + \begin{bmatrix} -1 & -k \\ 0 & k \end{bmatrix} \begin{bmatrix} f_1 \\ x_2 \end{bmatrix} = -\begin{bmatrix} m_1 \\ 0 \end{bmatrix} \ddot{x}_1 - \begin{bmatrix} k \\ -k \end{bmatrix} x_1 \tag{3.67}$$

質点 1 番の位置をコントロール (変位加振) するときの質点 2 番の応答を求めるには, 式 (3.67) 中の第 2 式のみで十分なので,

$$m_2 \ddot{x}_2 + k x_2 = k x_1 \tag{3.68}$$

が運動方程式となる. そこで, この運動方程式のブロック線図を描けば図 3.10 のようになる.

Matlab でシミュレーションして, 2 つの質量の変位をグラフに示すと図 3.11 と

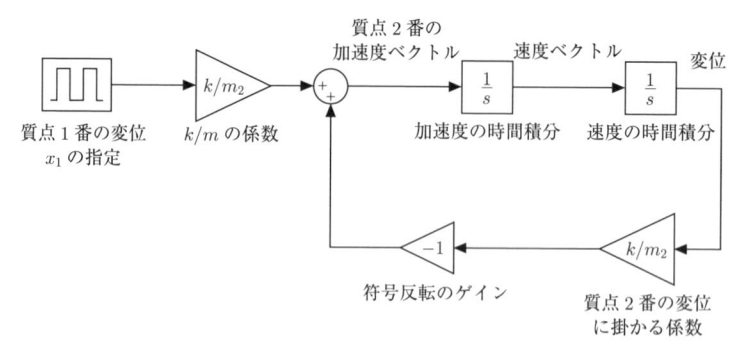

図 3.10　質点 1 番の強制変位による質点 2 番の応答解析のブロック線図

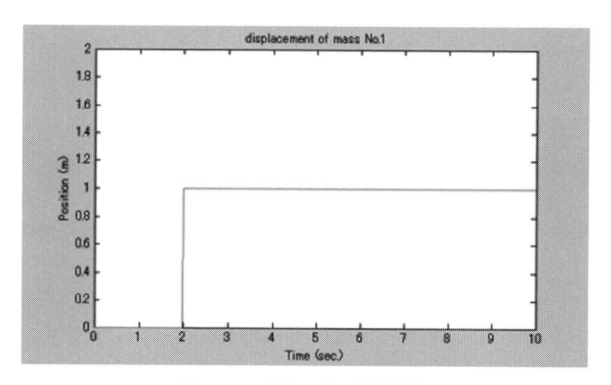

図 3.11　質点 1 番の強制変位

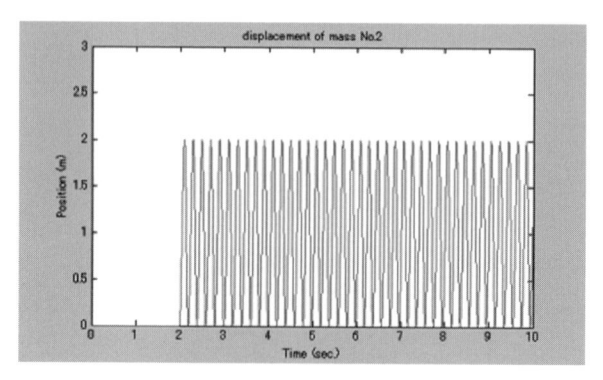

図 3.12　質点 2 番の振動応答

図 3.12 のようになる．不減衰の振動系であるので，質点 1 番のステップ状の強制変位に従って質点 2 番はその変位に加えて固有振動数で振動してしまう様子が

3.3 周波数応答関数とモード解析

シミュレーションされている．

2) さて，速度フィードバックの自動制御系を組み込むことを考える．フィードバック則が $x_1 = -G\dot{x}_2$ と指定されているので，質点 1 番は，元々の指令値の変位にこの制御系によって自動生成される変位成分が加算された変位の運動が実現されることになる．これを組み込んだ運動方程式は式 (3.68) にフィードバック則を加えることで

$$m_2\ddot{x}_2 + kx_2 = k(x_1 - G\dot{x}_2)$$
$$\Downarrow$$
$$m_2\ddot{x}_2 + kG\dot{x}_2 + kx_2 = kx_1 \tag{3.69}$$

と得られる．この方程式の左辺第 2 項をみれば，制御系メカニズムが減衰要素として効果を発揮することが表現されている．このブロック線図は図 3.13 となる．

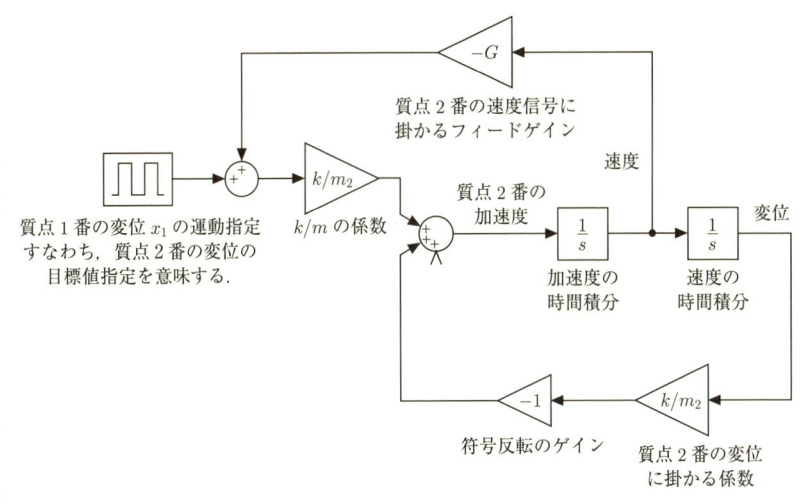

図 3.13 フィードバック制御を組み込んだブロック線図

このシミュレーションを行い，質点 1 番の実際に実現される変位，質点 2 番の応答変位は，それぞれ図 3.14 および図 3.15 のようになる．振動をもっと短時間で減衰させたい場合にはフィードバックゲインをもう少し大きな値に変更すればよい．例えば $G = 0.02$ とすれば図 3.16 のような応答となる．このゲインを最適値にして制御する考え方を**最適フィードバック制御**と呼ぶ．このような自動制御系を組み込むと操作者は指令変位を与えるだけの楽な操作で，高速な位置決め運動のための残留振動の低減を実現することができる．もちろん，このような自動制

御系に頼らず構造系の減衰と剛性を高めるための構造設計上での改良や,動吸振器や減衰材の付加など,様々な構造設計上の工夫によっても実現することができる.どのような手法を使うことが適切かはケースバイケースである.

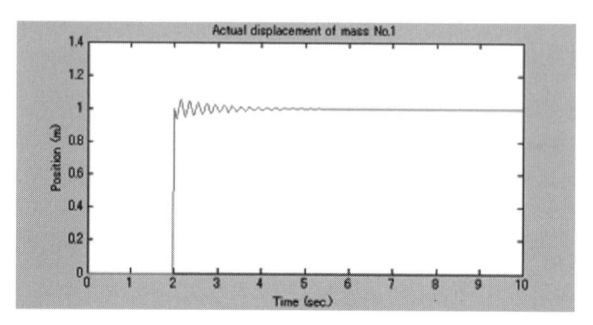

図 3.14 フィードバック制御 ($G = 0.002$) を組み込んだ質点 1 番の変位

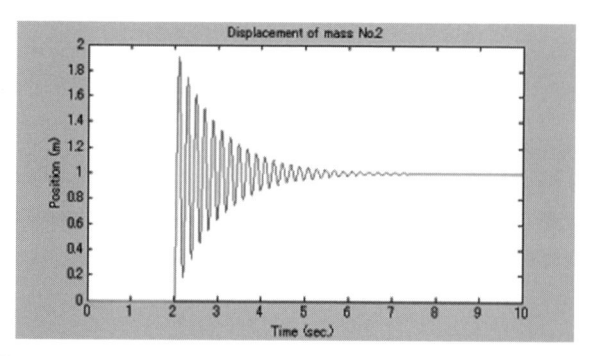

図 3.15 フィードバック制御 ($G = 0.002$) を組み込んだ質点 2 番の変位

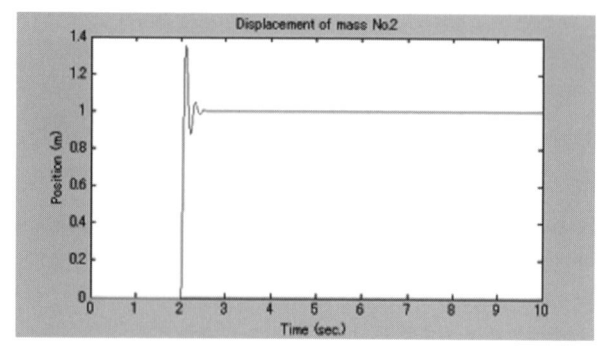

図 3.16 フィードバックゲインを 0.02 とした場合の質点 2 番の応答変位

3.4 動吸振器

3.4.1 基礎理論

機械振動学の創成期に発見された制振力学の基本的メカ機構が動吸振器である[25].減衰が弱く,ある卓越した周波数成分(ある固有振動数での振動成分)を持つ振動を発生させている機械構造物があるとする.動吸振器を取り付けることでその注目する振動成分を大幅に"制振"できる.ただし,力学論理に基づいて,動吸振器の方が制振対象構造物の振動を制振するために大きく振動する.

動吸振器の適切な取り付け位置決定も動吸振器設計に関する重要な最初のステップであるが,ここではとりあえず位置決定はすでになされていると仮定して話を進める.その点を加振して自己周波数応答関数を計測すると,例えば図3.17のような結果が得られる.ここでは約120 Hzのところに共振峰として観察される固有振動成分を動吸振器で制振することを考えよう.その共振峰とその近傍の周波数応答関数を精度よく表現する1自由度ばね・質量モデル(図2.1または図2.3)を考えて,その質量,ばね定数(場合によっては減衰係数も)を同定する.これが等価1自由度系へのモデル化である.最適なモデル化同定ができるとき,その等価1自由度モデルの周波数応答関数を計測結果に重ね合わせて描けば図3.18に右肩下がりの線で示すように,対象の共振峰によくフィットするので確認できる.さて,こうして構造物の制振対象の固有振動についての等価1自由度モデルを,質量,ばね定数,粘性減衰係数をそれぞれ m_s, k_s および c_s として図3.19のように考える.以降,便宜的に,この振動系を主

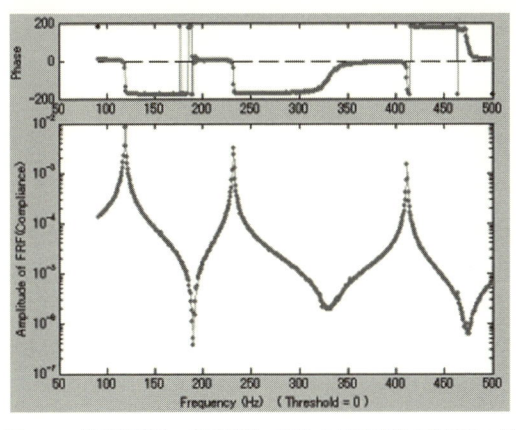

図 3.17 機械構造物の振動試験で得た自己周波数応答関数の例

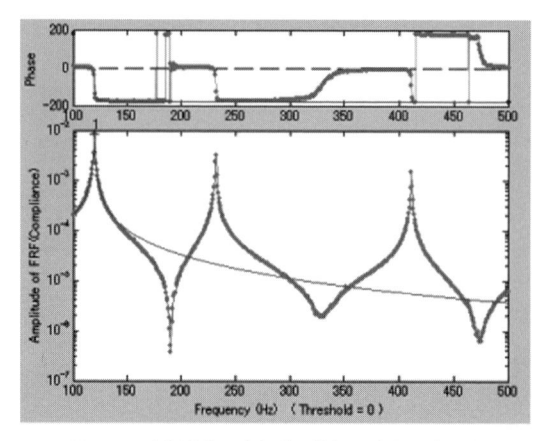

図 3.18 制振対象固有振動の等価 1 自由度系同定

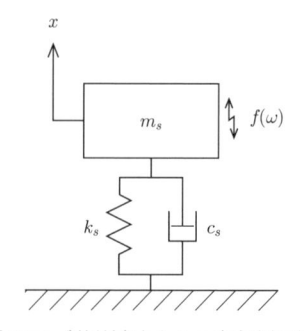

図 3.19 制振対象となる 1 自由度振動系

系と呼ぶことにする．その質量に外力 $f(\omega)$ が直接作用するときの質量の振動の周波数応答関数は

$$h(\omega) = \frac{x(\omega)}{f(\omega)} = \frac{1}{k_s - \omega^2 m_s + j\omega c_s} = \frac{\frac{1}{k_s}}{1 - (\frac{\omega}{\Omega_s})^2 + 2j\zeta(\frac{\omega}{\Omega_s})} \quad (3.70)$$

で表現される．ここで，Ω_s と ζ はそれぞれ不減衰固有角振動数と減衰比である．横軸の周波数と縦軸の振幅をそれぞれ不減衰固有角振動数 Ω_s と静たわみ $\frac{1}{k_s}$ で正規化して，異なる減衰比 ($\zeta = 0.0, 0.05, 0.1, 0.3, 0.5$) について周波数応答関数を描いたボード線図 (Bode plot) が図 3.20 である[*1]．

さて，減衰比が非常に小さな場合を考える．この主系に作用する加振外力の卓越し

[*1] ボード線図： ボード線図は，ベル研（米国）を拠点として制御工学分野で著名な研究業績を上げたボード (Hendrik W. Bode, 1905–1982) の提案による線図である．IEEE 学会の WEB サイト中の History Center で略歴などを知ることができる．

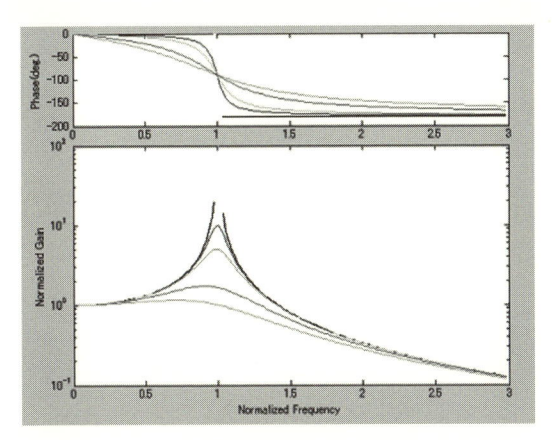

図 3.20 制振対象となる 1 自由度振動系の周波数応答関数（減衰比を 5 種類示す）

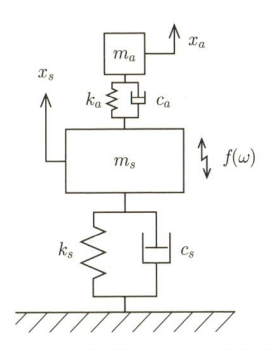

図 3.21 動吸振器を取り付けた振動系

た周波数成分がその振動系の固有振動数にほぼ一致するような場合には当然，"共振"を起こす．この振動を低減する方法のひとつの手段として「動吸振器」が使える．機械振動学の古典名著の一冊である J. P. Den Hartog 著 "*Mechanical Vibration*"（1934年初版）[25]で Vibration Absorber と解説されているものである．基本的な考え方は，図 3.21 のように，その主系に，同じ固有振動数を有する比較的小さな 1 自由度の振動系（これが動吸振器）を取り付けて，その動吸振器の，主系振動とは逆位相となる共振的な大きな振幅での力（振動）によって主系の振動を制振することである．

3.4.2 最 適 設 計

一般的に動吸振器（の質量や寸法）は追加的な装置であるから，できるだけ小さなものにしたい．しかし，質量が小さすぎると主系に与えることができる力の大きさが制限されて十分な制振効果を発揮しないので，一般的に実用上では主系の質量（あく

まで制振対象振動に関する等価質量であって，構造物そのものの質量ではない）の1〜10%の範囲での質量に設計されることが多いようである．

いま，動吸振器の諸元を，

質 量： $m_a = \mu m_s$ （μ は主系質量に対する比で，質量比と定義する）
ばね定数： k_a
粘性減衰定数： c_a （動吸振器の減衰比を $\zeta_a = \frac{c_a}{2\sqrt{k_a m_a}}$）

と表して，主系は不減衰系と仮定する場合についてその制振特性を検討しよう．主系の不減衰固有角振動数は $\Omega_s = \sqrt{\frac{k_s}{m_s}}$ であり，動吸振器の固有角振動数 $\Omega_a = \sqrt{\frac{k_a}{m_a}}$ は，大雑把に言えば，主系の値にほぼ一致させることが大切である．しかし，完全に一致した状態が最適制振ではない．ここで，固有角振動数比 ν を便宜的に

$$\nu = \frac{\Omega_a}{\Omega_s} \tag{3.71}$$

のように定義する．

以上より，動吸振器の設計は，まず質量比 μ と固有角振動数比 ν を決める．例えば，質量比 $\mu = 0.05$，固有角振動数比 $\nu = 0.9$ とした場合で，動吸振器の減衰比を $\zeta_a = 0.01, 0.05, 0.1, 0.2$ の4ケースとした場合の主系の振動振幅と動吸振器の質量の振動振幅の周波数応答関数を図3.20での正規化に準じて求めると，図3.22の(a)と(b)となる．

同様に，質量比 $\mu = 0.05$ は同一にして，固有角振動数比を $\nu = 1.0$ に変更した場合での動吸振器の減衰比を $\zeta_a = 0.01, 0.05, 0.1, 0.2$ の4ケースとした場合の主系の振動振幅と動吸振器質量の周波数応答関数の振幅を求めると図3.23の(a)と(b)となる．

主系の振動周波数応答を観察してみよう．固有角振動数比が決定されるとそれに対応した位置関係で，動吸振器の減衰比に依存せずに定点PとQを通ることがわかる．固有角振動数比 $\nu = 0.9$ の場合には定点Pの方がQより低く，固有角振動数比 $\nu = 1.0$ の場合には逆に高くなっている．そこで，制振という目的からは定点のPもQもできるだけ低くしたい．そのための固有角振動数比の最適値が存在するはずである．さらに，動吸振器の減衰比についても，非常に小さな値から徐々に大きくすると主系の最大振動レベルを小さくできるが，さらに大きな値にすると定点のレベルよりも大きな振動レベルを生み出してしまう性質がわかる．そこで，減衰比についても最適値が存在することがわかる．物理的に考えても，もしダンパーが利き過ぎると，ばねとダンパーの伸縮運動が発生せず，動吸振器はその質量が単に主系の質量に加えられた状態と同じになり，その付加された質量効果のみの制振性能となってしまうことは容易に想像できるであろう．

3.4 動吸振器

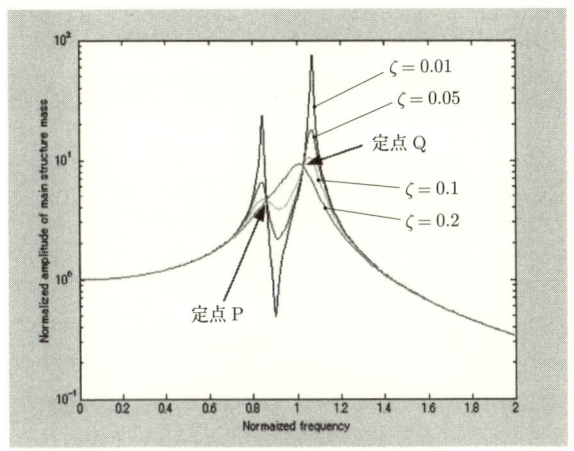

(a) 主系質量の周波数応答関数（振幅）

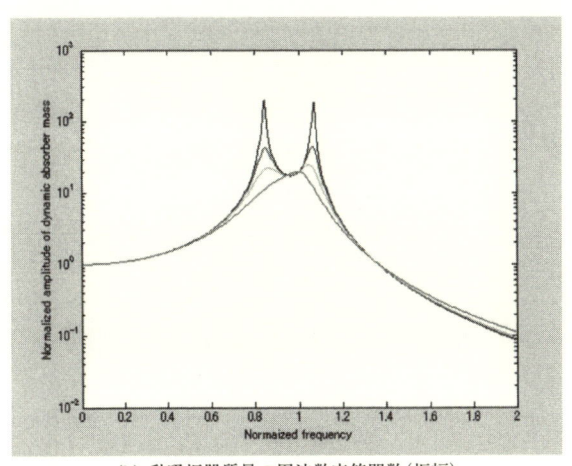

(b) 動吸振器質量の周波数応答関数（振幅）

図 3.22 動吸振器（質量比 $\mu = 0.05$，固有角振動数比 $\nu = 0.9$）を取り付けた主系と動吸振器の周波数応答関数

質量比 μ は設計の都合によって設計者が適当に決定してよいとして，2つの定点 P と Q のレベルを同一（すなわち最小レベル）にして，かつ，その2点が振動応答振幅の最大値となる制振の最適解を得る動吸振器の設計が大切である．その最適な動吸振器の設計として最適な固有角振動数比と減衰比を求める（計算は結構複雑）と，

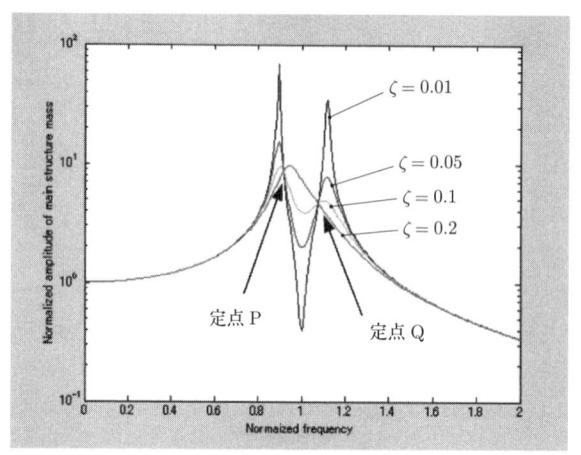

(a) 主系質量の周波数応答関数(振幅)

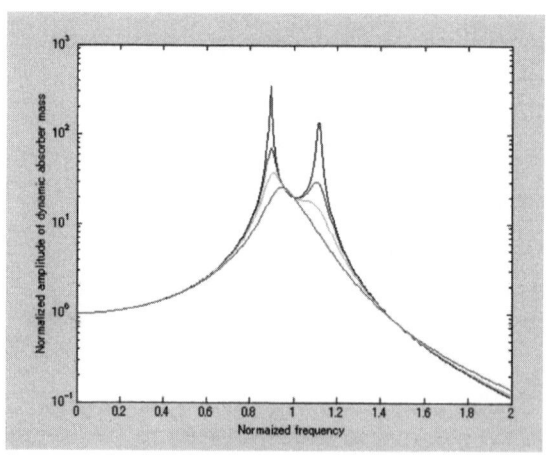

(b) 動吸振器質量の周波数応答関数(振幅)

図 3.23 動吸振器（質量比 $\mu = 0.05$，固有角振動数比 $\nu = 1.0$）を取り付けた主系と動吸振器の周波数応答関数

$$\text{最適固有角振動数比:} \quad \nu = \frac{1}{1+\mu} \tag{3.72}$$

$$\text{最適減衰比:} \quad \zeta = \sqrt{\frac{3\mu}{8(1+\mu)^3}} \tag{3.73}$$

となる．これを定点理論による動吸振器の最適設計法と呼ぶ．

数値計算によって，本例題についての最適解を求めると，

3.4 動吸振器

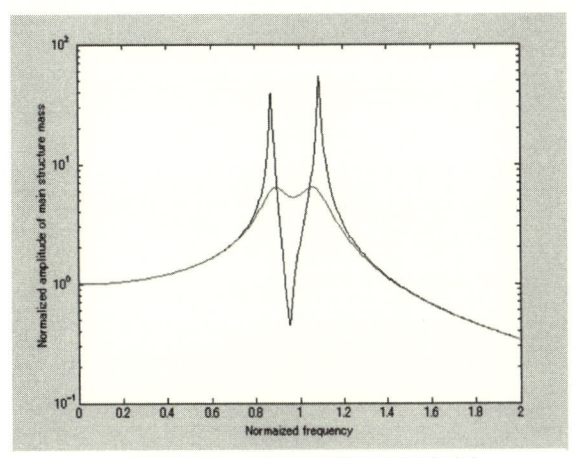

(a) 最適設計での主系の周波数応答関数(振幅)

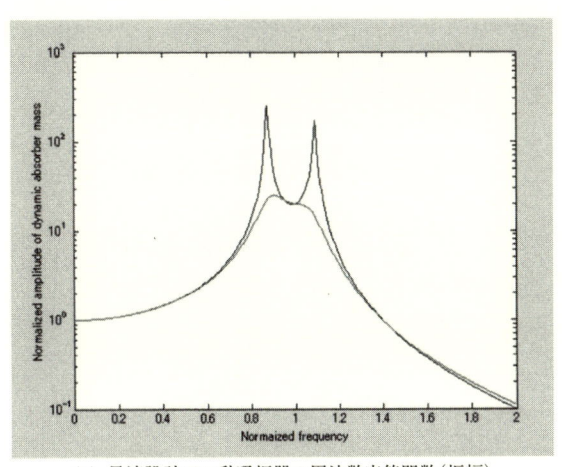

(b) 最適設計での動吸振器の周波数応答関数(振幅)

図 3.24 最適設計された動吸振器（質量比 $\mu = 0.05$）を取り付けた場合の周波数応答関数

$$\nu = \frac{1}{1+\mu} = \frac{1}{1+0.05} \approx 0.9524 \tag{3.74}$$

$$\zeta = \sqrt{\frac{3\mu}{8(1+\mu)^3}} = \sqrt{\frac{3 \times 0.05}{8(1+0.05)^3}} \approx 0.1273 \tag{3.75}$$

となり，主系と動吸振器の質量の振動応答振幅は図 3.24 の (a) と (b) のように得られる．

動吸振器は，実用的に様々な機械構造物に対して制振を狙った共振振動数について機能するように設計できる．動吸振器の最適な取り付け位置は，主系の固有モード（共振モード）において振幅が大きな位置である．こうすることで，制振対象物のその位置での**等価質量**は，振幅の小さな位置における等価質量よりも小さいので，同じ質量比の設計においても動吸振器の実質量を小さくできる．また，動吸振器は，基本的には対象機械構造物の狙った共振振動成分を制振することが目的であるが，動吸振器の固有角振動数よりも大幅に高い主系の共振振動数の（少なくとも動吸振器の固有角振動数の $\sqrt{2}$ 倍より高い）振動成分も制振する効果を発揮する．これは，スカイフックダンパー効果 (sky-hook damper effect) である．1 自由度振動系での振動絶縁特性の学習から理解できるように，動吸振器の固有振動数よりも大幅に高い共振振動数での対象機械構造物の振動に対しては，動吸振器の質量は免振効果であまり振動しない．そこで，主系の振動に対して，動吸振器の質量は空中でほぼ静止状態となり，動吸振器のばねとダンパーの動吸振器の質量側端点は近似的に固定されているようになり，主系側端点は主系の振動によって伸縮する挙動となる．したがって，ダンパーの伸縮運動によって制振効果を発揮するメカニズムとなる．ただし，ここで現実論として注意することは，実際にはばねでもダンパーでも質量を有する材料によって製作されたものであり，高周波数の振動ではそれ自体が多自由度系弾性構造物として振動を発生してしまう挙動が発生する．そうなると，挙動が少し複雑となり，1 自由度系スカイフックダンパーとして単純に見積もる制振性能とは異なってくる．

　ちょっとした技術的工夫によって，実用的動吸振器には様々なタイプのものがある．1 自由度系動吸振器を複数取り付けて複数共振振動数成分を制振したり，見掛けは 1 つの動吸振器であるが，振動学的にはそれが多自由度振動系であり，複数の 1 自由度動吸振器を同時に取り付けたことと等価的にする工夫，さらには能動的に伸縮するアクチュエータを組み込んだ能動制御動吸振器（横浜ランドマークタワーなどに設置されている）もある．また，動吸振器の質量の"慣性力効果"を，オリフィスを流れる流体の速度と加速度の拡大率を利用して発生させるメカニズムなどもある．自動車エンジンの流体封入マウントなどが代表である．このように実用的には様々なタイプのものが開発されているが，どのタイプについても，基本的力学理論と設計法の基礎は上述のとおりである．

章 末 問 題

【3.1】図 3.25 に示す平面問題としての均一棒状の剛体物体の運動について,剛体中心の質量中心位置の並進変位 $y(t)$ と角変位 $\theta(t)$ を状態変数として剛性行列と質量行列を求め,次に自由振動の運動方程式を示しなさい.物体の長さは L,線密度は ρ,質量は m とする.次に,状態変数を棒状物体の両端の y 方向変位,y_L と y_R に変更した運動方程式へ変換しなさい.

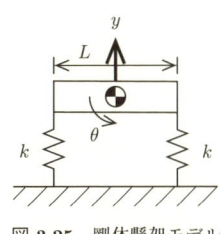

図 3.25 剛体懸架モデル

【3.2】図 3.26 に示す並進変位のみ考える平面問題としての 2 自由度てこ質点モデルの運動について,そのモデルの基礎構造に相当する質点 m_1 の変位を $x_1(t)$,てこ先端の質点 m_2 の変位を $x_2(t)$ と表現して質量行列と剛性行列を導出しなさい.

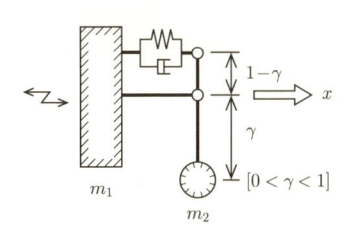

図 3.26 2 自由度てこ質点モデル

【3.3】質点質量が $M = 10\,\mathrm{kg}$ でばね定数が $k = 1.0 \times 10^6\,\mathrm{N/m}$ のばねで構成される 1 自由度ばね・質量系に対して,質量比 1% で最適制振させる動吸振器を設計したい.動吸振器を構成する質点質量,ばね定数,ダッシュポットの減衰係数を求めなさい.

【3.4】図 3.27 と図 3.28 に示す 2 つの振動系を考え,以下の問に答えなさい.

図 3.27 振動系 1

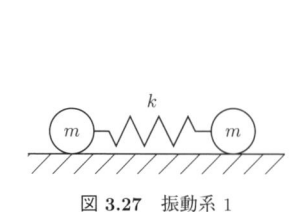

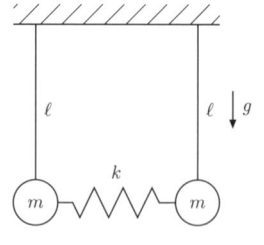

図 3.28 振動系 2

(1) 図 3.27 に示す振動系 1 の固有角振動数を求めよ．また，固有振動のモード形を説明せよ．ただし，2 つの質点の質量を m，ばね定数を k とし，ばねの質量は無視でき，床と質量との間には摩擦はないものとする．

(2) 図 3.28 に示す振動系 2 が微小振動するときの固有角振動数を求めよ．また，固有振動のモード形を説明せよ．2 つの質点の質量を m，ばね定数を k，振り子の長さを ℓ，重力は下向きに作用し，重力加速度を g とする．振り子が最下点で静止しているときのばねの長さを自然長とする．また，振り子の糸の質量は無視でき，支点では摩擦はないものとする．

(3) 2 つの角振動数 ω_o, ω_h を，$\omega_o = \sqrt{\frac{k}{m}}$, $\omega_h = \sqrt{\frac{g}{\ell}}$ と定義し，この 2 つの角振動数の比 $\frac{\omega_o}{\omega_h}$ が 0 から ∞ まで変化するとき，前問 (2) で求めた振動系 2 の固有角振動数を ω_1, ω_2 とし，その比 $\frac{\omega_2}{\omega_1}$ の変化のグラフの概形を示せ．ただし，$\omega_1 < \omega_2$ とする．

(4) 前問 3) の ω_o, ω_h を用いて，$\frac{\omega_o}{\omega_h} \to 0$ のときと $\frac{\omega_o}{\omega_h} \to \infty$ のときを考え，振動系 2 の微小振動の様子をそれぞれ簡潔に説明せよ．

（東京工業大学大学院 平成 24 年度入試問題）

4

多自由度系の基礎

　第 3 章の 2 自由度振動系の具体的な学習を踏まえて，この章では一般的な多自由度系の振動理論と解析法を解説する．多自由度系の理論展開では行列とベクトルによる数学表現がひじょうに重宝である．記述の原則として，大文字の太字で行列を，小文字の太字でベクトルを表現して解説する．

4.1 運 動 方 程 式

　線形時不変の多自由度系（n 自由度とする）の運動方程式は，減衰を粘性減衰と仮定すると

$$\boldsymbol{M}\ddot{\boldsymbol{x}}(t) + \boldsymbol{C}\dot{\boldsymbol{x}}(t) + \boldsymbol{K}\boldsymbol{x}(t) = \boldsymbol{f}(t) \tag{4.1}$$

と表現される．ここで，$\boldsymbol{M}$，$\boldsymbol{C}$，$\boldsymbol{K}$ はそれぞれ質量行列，粘性減衰行列および剛性行列であり，有限要素法などで導出できる．それらはすべて定数成分の実対称行列となる．なお，これらの行列はまとめて特性行列 (spatial matrices) と呼ぶ．$\boldsymbol{x}(t)$ は多自由度の変位をひとまとめに表現した変位ベクトルであり，速度，加速度ベクトルはアインシュタインの微分表記によってその上に [˙] をそれぞれ 1 つと 2 つ付けて表現する．物理学的に運動エネルギーは決して負の値にならないことから理解できるように質量行列は常に正定値行列であり，減衰行列と剛性行列は周辺自由状態での剛体運動を許容する境界条件の場合は非負定値行列，許容しない場合は正定値行列となる[*1)]．$\boldsymbol{x}(t)$ と $\boldsymbol{f}(t)$ はそれぞれ変位ベクトルと外力ベクトルである．線形時不変とは，本題の場合に平易に言えば，式 (4.1) の左辺係数行列の $\boldsymbol{M}$，$\boldsymbol{C}$ および $\boldsymbol{K}$ が定数行列として定義されていて，状態変数（変位，速度，加速度ベクトル）について 1 次式となっ

[*1)] 正定値行列： ある正方行列 $\boldsymbol{A}$ があり，その自由度と一致する自由度の任意のベクトル $\boldsymbol{x}$ を考え，それがゼロベクトルでないときに常に $\boldsymbol{x}^t \boldsymbol{A} \boldsymbol{x} > 0$ が成立する場合に，行列 $\boldsymbol{A}$ は正定値行列であるという．
　　非負定値行列： ある正方行列 $\boldsymbol{A}$ があり，その自由度と一致する自由度の任意のベクトル $\boldsymbol{x}$ を考え，それがゼロベクトルでないときに常に $\boldsymbol{x}^t \boldsymbol{A} \boldsymbol{x} \geq 0$ が成立する場合に，行列 $\boldsymbol{A}$ は非負定値行列であるという．

ており，外力を2倍，3倍，n倍と変化させることに伴い振動応答も2倍，3倍，n倍と変化する'線形'な応答特性と，外力をいつ加えても，それが同じ大きさの外力ならばまったく同じ振動応答を示す'時不変'性を有しているということである．

この運動方程式の周波数領域への変換は，定常振動状態を仮定して外力ベクトルを $\boldsymbol{f}(t) = \boldsymbol{\eta}(\omega)e^{j\omega t}$，振動応答変位ベクトルを $\boldsymbol{x}(t) = \boldsymbol{\delta}(\omega)e^{j\omega t}$ とおいて運動方程式 (4.1) に代入することで

$$(-\omega^2 \boldsymbol{M} + j\omega \boldsymbol{C} + \boldsymbol{K})\boldsymbol{\delta}(\omega) = \boldsymbol{\eta}(\omega) \tag{4.2}$$

となる．ここで j は虚数単位である．

4.1.1 不減衰系

a. 固有値解析

固有振動数と固有モードを求めることは，振動解析の基本であり，多自由度系の理論解析では固有値解析により求めることができる．本質的には，構造物はその体積領域中に質量と弾性の分布を持つので，外力によって波動が発生する．その波動伝播は構造物の端部や折曲がり部分などの各所で反射と屈折の伝播を繰り返す．その進行波と反射波成分が重ね合わさって構造物の振動が現れ，特定の振動数ではきれいな定在波の様相となる．このきれいな定在波状態を実現する振動数が"共振振動数（固有振動数）"であり，定在波が"共振モード（固有モード）"である．しかし，いちいちそのような定在波発生のメカニズムを波動学的に解析しなくても固有値解析の数学手法によってひじょうにシステマチックに固有振動数と固有モードを計算することができる．

基本的な固有値解析は，剛性行列と質量行列での不減衰系の計算であり，数学的には一般的固有値解析と呼ぶ．式 (4.2) を不減衰系とすれば

$$(-\omega^2 \boldsymbol{M} + \boldsymbol{K})\boldsymbol{\delta}(\omega) = \boldsymbol{\eta}(\omega) \tag{4.3}$$

となるので，外力ベクトルをゼロベクトルにして，固有値を $\lambda = \omega^2$，振動応答振幅ベクトル $\boldsymbol{\delta}(\omega)$ を単に数学的に固有ベクトル $\boldsymbol{\phi}$ と置き換えて

$$(\boldsymbol{K} - \lambda \boldsymbol{M})\boldsymbol{\phi} = \boldsymbol{0}$$
$$\Downarrow$$
$$\boldsymbol{K}\boldsymbol{\phi} = \lambda \boldsymbol{M}\boldsymbol{\phi} \tag{4.4}$$

が固有値問題の方程式となる．

具体的に実対称行列として質量行列と剛性行列が与えられてコンピュータによって固有値と固有ベクトルを解く数値解析手法としては，基礎的なヤコビ法から始まり，べき乗法，サブスペース反復法，ランチョス法など多くの実用的アルゴリズム[13,14]が

確立されており，数値計算ライブラリー化されている．

固有値 λ とそれに対応する固有ベクトル ϕ は特性行列の自由度と同じ n 組得られる．値の小さい方から i 番目の固有値（第 i 次固有値）を λ_i，それに対応する固有ベクトルを ϕ_i と表せば，その固有値と固有角振動数 Ω_i および固有振動数 f_i の関係は

$$f_i = \frac{1}{2\pi}\Omega_i = \frac{1}{2\pi}\sqrt{\lambda_i} \tag{4.5}$$

である．固有モードは固有ベクトルに他ならない．

数学的には固有ベクトルと呼ぶベクトル ϕ_i を機械振動学では固有モードと呼ぶ理由は，単語の"モード (mode)"が "A mode is a particular style in art, literature, dress, etc." などの平易な説明どおりに，形態や様態を表す意味であり，構造物の共振振動の形は異なる次数同士で基本的にその様態が異なるからである．例えば曲げ形状の振動モード，ねじれ形状の振動モード，形状伸縮の振動モードなどと，さらには1次の曲げの振動形，2次の曲げの振動形…という具合である．この概念は"固有モードの直交性"としても認識することができる．

b. 固有モードの直交性

式 (4.4) の固有値問題を解いて得られる固有モードの直交性の成立を解説する．なお，前項と重複するが，剛性行列 $\boldsymbol{K}$ と質量行列 $\boldsymbol{M}$ は実対称行列であり，剛性行列は非負定値行列，質量行列は正定値行列であることを認識してほしい．

非負定値行列とは自由度が一致する任意の列ベクトル $\boldsymbol{x}$ を用いた2次形式スカラー値 $\boldsymbol{x}^t \boldsymbol{K} \boldsymbol{x}$ の値が必ずゼロ以上となる行列のことであり，便利な判定方法のひとつとして行列の標準的固有値問題 $\boldsymbol{K}\boldsymbol{x} = \lambda \boldsymbol{x}$ のすべての固有値がゼロ以上となる行列である．正定値行列とは2次形式スカラー値が必ず正となり，換言すればその行列の固有値すべてが正の値となる行列のことである．別の便利な判定方法として，「実対称で正定値行列ならばコレスキー分解が実行可能であり不可能であれば正定値行列でない」という定理も利用できる．その定理とは以下のものである．

【定理：コレスキー分解】

正方行列 $\boldsymbol{A}$ が実対称正定値行列であれば，それは下三角行列 $\boldsymbol{L}$ とその転置行列の積に分解できる．すなわち，

$$\boldsymbol{A} = \boldsymbol{L}\boldsymbol{L}^t \tag{4.6}$$

この分解をコレスキー分解と呼ぶ．

そこで，質量行列をコレスキー分解して式 (4.4) を

$$\boldsymbol{K}\phi = \lambda \boldsymbol{L}\boldsymbol{L}^t \phi \tag{4.7}$$

と記述し直し，変数変換 $\phi = \boldsymbol{L}^{-t}\eta$ を設定して式 (4.7) を変形すると，

4. 多自由度系の基礎

$$KL^{-t}\eta = \lambda L\eta \tag{4.8}$$

となる．この両辺に左側から L^{-1} を乗じると，

$$L^{-1}KL^{-t}\eta = \lambda\eta \tag{4.9}$$

となる．剛性行列 K は対称行列，下三角行列の逆行列 L^{-1} とその転置行列 L^{-t} も相互に対称行列であるので，式 (4.9) の左辺の $L^{-1}KL^{-t}$ も対称行列となる．

【定理：実対称行列の対角化】

行列 A が自由度 n の実対称正方行列であれば，それを対角行列に変換できる行列 R を見出すことができる．すなわち，

$$R^t A R = \hat{\Lambda} \tag{4.10}$$

の関係を成立させる行列 R を見出すことができ，R は行列 A の固有ベクトルを列に並べた固有ベクトル行列である．また，$\hat{\Lambda}$ は対角行列を表し，その i 行 i 列の対角成分は固有ベクトル行列 R 中の i 列に組み込まれた固有ベクトルに対応する固有値である．

そこで，この定理に基づいて式 (4.9) の実対称行列 $L^{-1}KL^{-t}$ の固有ベクトル行列を R，固有値を対角に並べた対角行列（固有値行列と呼ぶ）を $\hat{\Lambda}$ とすると，

$$R^t L^{-1} K L^{-t} R = \hat{\Lambda} \tag{4.11}$$

が成立する．変数変換式 $\phi = L^{-t}\eta$ の関係から $L^{-t}R$ は式 (4.10) の正方行列 A を K に置き換えた標準的固有値問題の固有ベクトル行列である．それはひいては式 (4.7) の固有値問題の固有ベクトル行列（これを Φ と表すことにする）に他ならず，$\Phi = L^{-t}R$ の関係である．したがって，

$$\Phi^t K \Phi = \hat{\Lambda} \tag{4.12}$$

のように固有ベクトル行列 Φ の各列を構成する固有ベクトル（固有モード）ϕ は剛性行列に関して直交性を有していることがわかる．そして，式 (4.12) の成立と式 (4.4) から，

$$\Phi^t K \Phi = \Phi^t M \Phi \hat{\Lambda} = \hat{\Lambda} \tag{4.13}$$

が成立し，

$$\Phi^t M \Phi = I \tag{4.14}$$

のとおりに固有モードの質量行列に関する直交性もいえる．さらに，

$$I = \Phi^t M \Phi = R^t L^{-1} L L^t L^{-t} R = R^t R \tag{4.15}$$

より，行列 $\boldsymbol{R}$ は直交行列であることがわかる．これは，正方行列 $\boldsymbol{L}^{-1}\boldsymbol{K}\boldsymbol{L}^{-t}$ の固有ベクトル行列は直交行列として求まることを意味する．以上より，固有モードは重根固有値の有無にかかわらず，質量行列および剛性行列に関して直交性を有することがわかる．

なお，多くのテキストでは，下記のように 2 つ固有値が互いに異なる値の条件下の簡便な直交性の解説がなされている．第 i 次の固有値を λ_i，固有ベクトルを $\boldsymbol{\phi}_i$ とすると，式 (4.4) より

$$\boldsymbol{K}\boldsymbol{\phi}_i = \lambda_i \boldsymbol{M}\boldsymbol{\phi}_i \tag{4.16}$$

同様に，第 j 次の固有値，固有ベクトルについて，

$$\boldsymbol{K}\boldsymbol{\phi}_j = \lambda_j \boldsymbol{M}\boldsymbol{\phi}_j \tag{4.17}$$

も成立する．そこで，式 (4.16) には両辺左側から $\boldsymbol{\phi}_j^t$ の転置ベクトルを掛け，式 (4.17) にはその両辺左側から $\boldsymbol{\phi}_i^t$ の転置ベクトルを掛ける．すなわち，

$$\boldsymbol{\phi}_j^t \boldsymbol{K}\boldsymbol{\phi}_i = \lambda_i \boldsymbol{\phi}_j^t \boldsymbol{M}\boldsymbol{\phi}_i \tag{4.18}$$

同様に，第 j 次の固有値，固有ベクトルについて，

$$\boldsymbol{\phi}_i^t \boldsymbol{K}\boldsymbol{\phi}_j = \lambda_j \boldsymbol{\phi}_i^t \boldsymbol{M}\boldsymbol{\phi}_j \tag{4.19}$$

を成立させることができる．これら 2 式の両辺それぞれの演算結果はスカラーであり，左辺の $\boldsymbol{\phi}_j^t \boldsymbol{K}\boldsymbol{\phi}_i$ と $\boldsymbol{\phi}_i^t \boldsymbol{K}\boldsymbol{\phi}_j$ の値，そして $\boldsymbol{\phi}_j^t \boldsymbol{M}\boldsymbol{\phi}_i$ と $\boldsymbol{\phi}_i^t \boldsymbol{M}\boldsymbol{\phi}_j$ の値は同一である．そこで，これら 2 式を両辺引き算すると

$$\lambda_i \boldsymbol{\phi}_j^t \boldsymbol{M}\boldsymbol{\phi}_i - \lambda_j \boldsymbol{\phi}_i^t \boldsymbol{M}\boldsymbol{\phi}_j = 0$$
$$\Downarrow$$
$$(\lambda_i - \lambda_j)\boldsymbol{\phi}_j^t \boldsymbol{M}\boldsymbol{\phi}_i = 0 \tag{4.20}$$

となり，一般的に第 i 次と第 j 次の固有値が異なる場合と仮定して式 (4.20) が成立するためには

$$\boldsymbol{\phi}_j^t \boldsymbol{M}\boldsymbol{\phi}_i = 0 \tag{4.21}$$

でなければならず，これより質量行列に関して異なる次数の固有モードの直交性がいえる．この結果を式 (4.18) または (4.19) に代入することで剛性行列に関しての固有モードの直交性も導ける．

c. モード解析

前項までの解説から理解されるように n 自由度振動系の持つすべての固有モードは互いに 1 次独立な関係にあるから，いかなる強制振動応答でもそれらの 1 次結合で表現できる．すなわち

$$\boldsymbol{x}(t) = \eta_1(t)\boldsymbol{\phi}_1 + \eta_2(t)\boldsymbol{\phi}_2 + \cdots + \eta_n(t)\boldsymbol{\phi}_n = \boldsymbol{\Phi}\boldsymbol{\eta}(t) \tag{4.22}$$

$$\boldsymbol{\delta}(\omega) = \eta_1(\omega)\boldsymbol{\phi}_1 + \eta_2(\omega)\boldsymbol{\phi}_2 + \cdots + \eta_n(\omega)\boldsymbol{\phi}_n = \boldsymbol{\Phi}\boldsymbol{\eta}(\omega) \tag{4.23}$$

のとおりに表現できる.ここで,行列 $\boldsymbol{\Phi}$ は 1 次から n 次の固有モードを各列に組み込んでできる固有モード行列である.そして,$\boldsymbol{\eta}(t)$ と $\boldsymbol{\eta}(\omega)$ が 1 次結合の各固有モードの寄与度を表す 1 次結合係数を表現するベクトルである.換言すれば,それらは物理空間座標上での応答変位を固有モードを一般化座標とするモード座標系 (modal coordinate system) で表現するものであり,固有モード行列は物理空間座標とモード座標間の座標変換行列とみなすことができる.ここでは以下に周波数領域のみの運動方程式について取り扱う(時間領域についてもまったく同様の概念で展開できる).式 (4.23) を式 (4.3) に代入し,その両辺に左側から固有モード行列の転置行列を掛ければ

$$(\boldsymbol{\Phi}^t \boldsymbol{K} \boldsymbol{\Phi} - \omega^2 \boldsymbol{\Phi}^t \boldsymbol{M} \boldsymbol{\Phi})\boldsymbol{\eta}(\omega) = \boldsymbol{\Phi}^t \boldsymbol{f}(\omega) \tag{4.24}$$

となり,運動方程式はモード座標上に変換できる.固有モードの直交性から式 (4.24) の左辺の成分について

$$\boldsymbol{\Phi}^t \boldsymbol{K} \boldsymbol{\Phi} = \begin{bmatrix} \ddots & 0 & 0 \\ 0 & k_i & 0 \\ 0 & 0 & \ddots \end{bmatrix} \tag{4.25}$$

$$\boldsymbol{\Phi}^t \boldsymbol{M} \boldsymbol{\Phi} = \begin{bmatrix} \ddots & 0 & 0 \\ 0 & m_i & 0 \\ 0 & 0 & \ddots \end{bmatrix} \tag{4.26}$$

のとおりに対角行列化される.

そこで,物理座標上での自由度 q 番のみに単位加振力 $f_q(\omega)$ を与えた場合の式 (4.24) は

$$\left(\begin{bmatrix} \ddots & 0 & 0 \\ 0 & k_i & 0 \\ 0 & 0 & \ddots \end{bmatrix} - \omega^2 \begin{bmatrix} \ddots & 0 & 0 \\ 0 & m_i & 0 \\ 0 & 0 & \ddots \end{bmatrix} \right) \begin{bmatrix} \vdots \\ \eta_i(\omega) \\ \vdots \end{bmatrix} = \begin{bmatrix} \vdots \\ \phi_{qi} f_q(\omega) \\ \vdots \end{bmatrix} \tag{4.27}$$

となり n 自由度の運動方程式は非連成系となる.これがモード解析の価値の '核' となる数学的特長である.この式から

$$\eta_i(\omega) = \frac{\phi_{qi} f_q(\omega)}{k_i - \omega^2 m_i} \tag{4.28}$$

が容易に求められるから,物理座標上での自由度 p 番の振動応答(変位)は

4.1 運動方程式

$$\delta_p(\omega) = \sum_{i=1}^{n} \frac{\phi_{pi}\phi_{qi}f_q(\omega)}{k_i - \omega^2 m_i} = \sum_{i=1}^{n} \frac{\frac{\phi_{pi}\phi_{qi}}{k_i}}{1 - \left(\frac{\omega}{\Omega_i}\right)^2} f_q(\omega) \quad (4.29)$$

と得られる．解析したい周波数帯域を ω_{low} から ω_{high} と表すと，式 (4.28) の右辺の成分の中で $\Omega_i \ll \omega_{\text{low}}$ のものについては近似として

$$\frac{\phi_{pi}\phi_{qi}f_q(\omega)}{-\omega^2 m_i} \quad (4.30)$$

と，また，$\Omega_i \gg \omega_{\text{high}}$ の成分については

$$\frac{\phi_{pi}\phi_{qi}f_q(\omega)}{k_i} \quad (4.31)$$

と近似表現できる．現実的状況としては解析周波数帯域は第 1 次共振振動数より低いところから，ある適当な第 r 次 ($r \ll n$) までとなるので，式 (4.29) は

$$\delta_p(\omega) = \sum_{i=1}^{r} \frac{\frac{\phi_{pi}\phi_{qi}}{k_i}}{1 - \left(\frac{\omega}{\Omega_i}\right)^2} f_q(\omega) + z_{pq}f_q(\omega) \quad (4.32)$$

と計算できる．ここで，$z_{pq}f_q(\omega)$ は解析周波数帯域より高い周波数に存在する高次の固有モードが励起されて生成される変位応答成分の近似値を表し '剰余' 成分と呼ばれる．この式から，モード解析を利用すると，解析したい周波数帯域とその高周波数側の少しの領域内に存在する固有角振動数と固有モードを固有値解析で求めて，固有モードの直交性と振動応答がモードの重ね合わせで，近似式としての式 (4.32) で計算できるので，計算負荷を大幅に低減できる．これがモード解析の実用上での基本的価値である．多点（多自由度）に同時に外力が作用する場合の振動応答は式 (4.32) を加振自由度についてそれぞれ計算して，振動応答結果を重ね合わせさえすればよい．自由度 q を加振して自由度 p の応答の周波数応答関数（コンプライアンス）は外力 $f_q(\omega) = 1$ とすればよいので，

$$\delta_p(\omega) = \sum_{i=1}^{r} \frac{\frac{\phi_{pi}\phi_{qi}}{k_i}}{1 - \left(\frac{\omega}{\Omega_i}\right)^2} + z_{pq} \quad (4.33)$$

である．

4.1.2 比例粘性減衰系

実際の構造物は，弾性と質量（慣性）に加えて減衰の物理因子を有している．減衰は複雑で複数の異なるメカニズム因子で生成され，弾性や質量のモデル化とは対照的に今日でも精密な一般画一化されたモデル化は完成していない．そこで，構造動力学分野では，基礎的に比例粘性減衰と一般粘性減衰を仮定する．比例粘性減衰は，著者の経験では，減衰比で 0.01 程度以下となるような相当低い減衰の構造物挙動について

便宜的に十分利用できる．それ以上の減衰比となると，真実の挙動と比例粘性でモデル化されて表現（解析）できる挙動の差を認めて利用され，0.1以上などでは一般粘性減衰のモデル化とすべきと考える．もちろん，粘性減衰だけでなく，構造減衰，ヒステリシス減衰とモデル化すべき対象物も存在することには注意が必要である．

比例粘性減衰は，質量行列と剛性行列の1次結合で表現される減衰である．比例粘性減衰行列を C，質量行列と剛性行列をそれぞれ M と K で表せば

$$C = \alpha M + \beta K \tag{4.34}$$

の表現で作られる減衰である．ここで，α と β は適切に減衰の強さをモデル化表現するために設定される比例定数である．著者の経験によると，一般的に $\alpha = 0.01 \sim 1$ 程度の値となり，β の値は βK の計算の対角成分の平均値のオーダーが αM の対角成分の平均値とほぼ同じとなるような値になる（一般的に剛性行列の対角成分のオーダーは質量行列のそれらより相当高い）．

固有値解析は不減衰系の固有値解析を行い，不減衰系の式（4.27）に対応するモード座標上での運動方程式は

$$\left(\begin{bmatrix} \ddots & 0 & 0 \\ 0 & k_i & 0 \\ 0 & 0 & \ddots \end{bmatrix} - \omega^2 \begin{bmatrix} \ddots & 0 & 0 \\ 0 & m_i & 0 \\ 0 & 0 & \ddots \end{bmatrix} \right.$$
$$\left. + j\omega \begin{bmatrix} \ddots & 0 & 0 \\ 0 & \alpha m_i + \beta k_i & 0 \\ 0 & 0 & \ddots \end{bmatrix} \right) \begin{bmatrix} \vdots \\ \eta_i(\omega) \\ \vdots \end{bmatrix} = \begin{bmatrix} \vdots \\ \phi_{qi} f_q(\omega) \\ \vdots \end{bmatrix} \tag{4.35}$$

と構成できる．

第 i 次の固有モードの減衰比 ζ_i は，1自由度の理論に従って

$$\zeta_i = \frac{\alpha m_i + \beta k_i}{2\sqrt{k_i m_i}} = \frac{\alpha}{2\Omega_i} + \frac{\beta \Omega_i}{2} \tag{4.36}$$

である．ここで，Ω_i は第 i 次の不減衰固有角振動数である．減衰固有角振動数 $\Omega_{i(d)}$ は $\Omega_i \sqrt{1 - \zeta_i^2}$ に式（4.36）の減衰比を代入すれば得られる．

不減衰系の式（4.32）に相当するモード解析の振動応答式は

$$\delta_p(\omega) = \sum_{i=1}^{r} \frac{\frac{\phi_{pi}\phi_{qi}}{k_i}}{1 - \left(\frac{\omega}{\Omega_i}\right)^2 + 2j\zeta_i \left(\frac{\omega}{\Omega_i}\right)} f_q(\omega) + z_{pq} f_q(\omega) \tag{4.37}$$

となる．

4.1.3 一般粘性減衰系
a. 固有値解析

減衰行列が一般粘性減衰である場合には，式 (4.1) の本来の運動方程式は 2 階微分方程式で，2 階微分項と 1 階微分項と不微分項からなる．そのままでは固有値解析はできないので，次の工夫を施して実現する．

$$M\dot{x}(t) - M\dot{x}(t) = 0 \tag{4.38}$$

の自明の式を加えて，自由度が $2n$ となる形式的に 1 階微分の方程式をつくる．

$$\begin{bmatrix} C & M \\ M & 0 \end{bmatrix} \begin{bmatrix} \dot{x}(t) \\ \ddot{x}(t) \end{bmatrix} + \begin{bmatrix} K & 0 \\ 0 & -M \end{bmatrix} \begin{bmatrix} x(t) \\ \dot{x}(t) \end{bmatrix} = \begin{bmatrix} f(t) \\ 0 \end{bmatrix} \tag{4.39}$$

左辺の 2 項の係数行列がそれぞれ対称行列となるように構成していることに注意してほしい．この方程式であれば固有値解析を実行して，モード解析を利用して効率よく振動解析できる．

記述の簡易化として式 (4.39) を

$$D\dot{y}(t) + Ey(t) = g(t) \tag{4.40}$$

と改める．固有値問題は，固有値 λ と固有ベクトル y と表現して

$$(\lambda D + E)y = 0 \tag{4.41}$$

となる．この形式の固有値問題で得られる固有値と固有ベクトルは，一般的にともに複素解として得られ，そのため当然であるが，n 組の互いに共役な解として得られる．そこで，固有値を

$$\begin{aligned} \lambda_i &= -\sigma_i + j\Omega_{d(i)} \\ \bar{\lambda}_i &= -\sigma_i - j\Omega_{d(i)} \end{aligned} \tag{4.42}$$

と実部と虚部のパラメータ構成で明示表現する．ここで，パラメータ頭部に付加されている記号⁻は共役記号である．添字 i は次数を表し，$i=1 \sim n$ である．実部 σ_i は構造系であれば常に正値である．この値が負値となると系は不安定系となってしまう．虚部 $\Omega_{d(i)}$ は減衰固有角振動数である．対象としている多自由度系構造物が周辺自由境界条件下など剛体的に運動できる場合には，剛体運動自由度分の数だけ固有値はゼロとして得られる．固有モードについては，減衰の大きさが大きければそれだけ虚数部成分の絶対値が大きいベクトルとして得られ，各成分間の位相は必ずしも完全な同相でも逆相でもなくなるので，固有振動モードの，いわゆる腹や節の位置は，時間的に移動する様相のものとなる．

簡易表現の固有ベクトル y は，その構成を式 (4.39) で確認するとわかるように，

上半分の部分ベクトルが変位固有モード，下半分はその時間微分である速度固有モードで構成されている．そこで，変位固有モードを φ_i で表すと，

$$\boldsymbol{y}_i = \begin{bmatrix} \boldsymbol{\varphi}_i \\ \lambda_i \boldsymbol{\varphi}_i \end{bmatrix}$$
$$\bar{\boldsymbol{y}}_i = \begin{bmatrix} \bar{\boldsymbol{\varphi}}_i \\ \bar{\lambda}_i \bar{\boldsymbol{\varphi}}_i \end{bmatrix}$$
(4.43)

と表現構成される固有ベクトルとして得られる．

b. モード解析

式 (4.43) の表現のように得られた固有ベクトルの n 組の互いに共役なペアの線形結合によって任意の周波数応答変位ベクトルは表現できるので，

$$\boldsymbol{y}(\omega) = \begin{bmatrix} \boldsymbol{\Phi} & \bar{\boldsymbol{\Phi}}_i \\ \boldsymbol{\Phi}\boldsymbol{\Lambda} & \bar{\boldsymbol{\Phi}}_i \bar{\boldsymbol{\Lambda}} \end{bmatrix} \begin{bmatrix} \boldsymbol{\eta}(\omega) \\ \bar{\boldsymbol{\eta}}(\omega) \end{bmatrix} = \boldsymbol{\Gamma}\boldsymbol{\xi}(\omega) \tag{4.44}$$

のように表現する．$\boldsymbol{\Phi}$ は $\boldsymbol{\varphi}_i$ を $i = 1 \sim n$ まで列ベクトル成分として順に並べた正方行列，$\boldsymbol{\Lambda}$ は λ_i を同じく次数順に対角成分に配置した対角行列である．式 (4.44) を式 (4.40) の周波数領域へ変換した運動方程式

$$(j\omega \boldsymbol{D} + \boldsymbol{E})\boldsymbol{y}(\omega) = \boldsymbol{g}(\omega) \tag{4.45}$$

へ代入して，両辺左側から式 (4.44) の右辺係数行列の転置行列 $\boldsymbol{\Gamma}^t$ を乗じると

$$\left(j\omega \boldsymbol{\Gamma}^t \boldsymbol{D} \boldsymbol{\Gamma} + \boldsymbol{\Gamma}^t \boldsymbol{E} \boldsymbol{\Gamma}\right) \boldsymbol{\xi}(\omega) = \boldsymbol{\Gamma}^t \boldsymbol{g}(\omega) \tag{4.46}$$

となり，固有モード（ベクトル）の直交性から左辺は対角行列係数の式として

$$\left(j\omega \begin{bmatrix} d_1 & 0 & \cdots & \cdots & \cdots & 0 \\ 0 & \ddots & \cdots & \cdots & \cdots & 0 \\ \vdots & \vdots & d_n & \cdots & \cdots & 0 \\ 0 & 0 & \cdots & \bar{d}_1 & \cdots & 0 \\ 0 & 0 & \cdots & \vdots & \ddots & 0 \\ 0 & 0 & \cdots & 0 & \cdots & \bar{d}_n \end{bmatrix} + \begin{bmatrix} e_1 & 0 & \cdots & \cdots & \cdots & 0 \\ 0 & \ddots & \cdots & \cdots & \cdots & 0 \\ \vdots & \vdots & e_n & \cdots & \cdots & 0 \\ 0 & 0 & \cdots & \bar{e}_1 & \cdots & 0 \\ 0 & 0 & \cdots & \vdots & \ddots & 0 \\ 0 & 0 & \cdots & 0 & \cdots & \bar{e}_n \end{bmatrix} \right)$$

$$\begin{bmatrix} \eta_1(\omega) \\ \vdots \\ \eta_n(\omega) \\ \bar{\eta}_1(\omega) \\ \vdots \\ \bar{\eta}_n(\omega) \end{bmatrix} = \begin{bmatrix} \sum_{i=1}^n \varphi_{i1} f_i(\omega) \\ \vdots \\ \sum_{i=1}^n \varphi_{in} f_i(\omega) \\ \sum_{i=1}^n \bar{\varphi}_{i1} f_i(\omega) \\ \vdots \\ \sum_{i=1}^n \bar{\varphi}_{in} f_i(\omega) \end{bmatrix} \tag{4.47}$$

のとおりの構成となる．そこで，加振自由度 q での応答自由度 p の周波数応答関数 $h_{pq}(\omega)$ は

$$h_{pq}(\omega) = \sum_{i=1}^{n} \left(\frac{\varphi_{pi}\varphi_{qi}}{j\omega d_i + e_i} + \frac{\bar{\varphi}_{pi}\bar{\varphi}_{qi}}{j\omega \bar{d}_i + \bar{e}_i} \right) \qquad (4.48)$$

と各次数の固有特性成分の重ね合わせで表現できる．

レイリー商として

$$-\sigma_i + j\Omega_{d(i)} = \lambda_i = -\frac{e_i}{d_i} \qquad (4.49)$$

が成立しているので，この関係を式 (4.48) に代入することで，固有振動特性パラメータである減衰 σ_i と減衰固有角振動数 $\Omega_{d(i)}$ と固有モード成分 φ_{pi} について，以下のように表現できる．ただし，固有モードは質量行列 D に関して正規化されて $d_i = 1$ とする．

$$h_{pq}(\omega) = \sum_{i=1}^{n} \left(\frac{\varphi_{pi}\varphi_{qi}}{\sigma_i + j(\omega - \Omega_{d(i)})} + \frac{\bar{\varphi}_{pi}\bar{\varphi}_{qi}}{\sigma_i + j(\omega + \Omega_{d(i)})} \right) \qquad (4.50)$$

これが一般粘性減衰系のモード解析の基本式である．

4.2 等価質量と等価剛性

多自由度系の振動において，自由度 q 番を加振したときの自由度 p 番の振動の周波数応答関数を求めると，その解析または振動試験計測の周波数帯域中の 1 次からある高次までの複数の共振峰を見出すことができる．

その中である任意の 1 つの共振峰の固有特性だけに注目した場合には，仮想的に等価的な特性挙動となる 1 自由度振動系を思い浮かべて，その等価 1 自由度モデルのパラメータを求めたいとする技術要求が発生する．例えば，その共振振動にうまくチューニングさせて，要求される制振効果を確保しながらできるだけ軽量の動吸振器を設計する場合には，制振対象のその共振振動についての動吸振器を取り付ける位置における等価質量を必要とする[4]．

そこで，ここでは理論解析または実験モード解析で得られたモード特性から，次の2つのケースにおける等価 1 自由度振動系の等価質量[12]と等価剛性および等価減衰比の導出を解説する．

a. 自己応答等価質量と等価剛性

図 4.1(a) に示すように，多自由度系の自由度 q を加振するときの，その自由度自身の振動応答に関する等価質量と等価剛性（自己応答等価質量と等価剛性）の導出である．簡単のために多自由度系の構造物について小さな減衰の比例粘性減衰系を考える．第 i 次のモード特性として，不減衰固有角振動数 Ω_i と固有モード ϕ_i（実数成分のモードベクトル）が得られているとする．この固有モードの自由度 q の成分を ϕ_{qi}

と表す.また,この系がモデル化された質量行列と剛性行列は実際には求める必要はないのだが,以下の説明の便宜上,M, K と表して使用する.

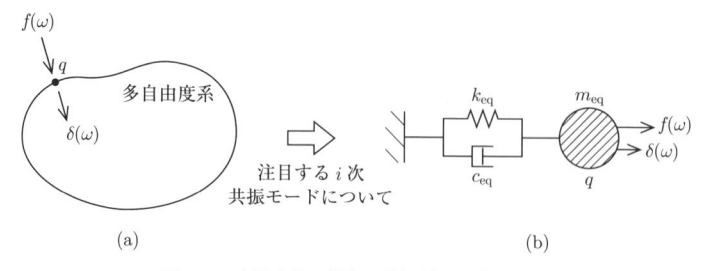

図 4.1 自己応答の場合の等価質量と等価剛性

図 4.1(a) のように,加振振動数 ω を注目する第 i 次の共振振動数付近の値として自由度 q を加振力 $f(\omega)$ で定常加振している状態を考える.定常振動しているこの構造物の振動振幅ベクトルは,第 i の固有モードに適切なスカラーパラメータ s を乗じた $s\phi_i$ で精密に表せる.速度振幅ベクトルは,時間微分して $\omega s \phi_i$ と導出される.そこで,この系の振動がちょうど $\omega s \phi_i$ の振動速度の瞬間の運動エネルギー $E_{k,\text{real}}$ を計算すると

$$E_{k,\text{real}} = \frac{1}{2}\omega^2 s^2 \phi_i^t M \phi_i \tag{4.51}$$

と記述できる[*2)].

一方,図 4.1(b) に示す等価的に考える 1 自由度系について,その質量 m_{eq} に実際の構造物の加振自由度 q に加えている外力と完全に同じ外力 $f(\omega)$ を加えたときに,その質量の定常振動が,同図 (a) の加振自由度の振幅 ϕ_{qi} と完全に同じ振動状態となると設定(等価)する.この時の定常振動での速度振幅は $\omega \phi_{qi}$ となる.運動エネルギー $E_{k,\text{eq}}$ は

$$E_{k,\text{eq}} = \frac{1}{2}\omega^2 s^2 \phi_{qi}^2 m_{\text{eq}} \tag{4.52}$$

と記述できる.したがって,式(4.51)と(4.52)を等置して

[*2)] 複素固有モードの場合: 一般粘性減衰系では固有モードは複素数成分からなるベクトルとなる.この場合の運動エネルギーの算出式は $E_{k,\text{real}} = \frac{1}{2}\omega^2 s^2 \bar{\phi}_i^t M \phi_i$ となる.ここで,i はいま注目している次数を表し,$\bar{\phi}_i$ は複素固有モード ϕ_i の共役ベクトルである.質量行列 M は正定値行列で LU 分解できる($M = LL^t$ (L は下三角行列))ので $\bar{\phi}_i^t M \phi_i = \bar{\phi}_i^t LL^t \phi_i = \bar{\psi}^t \psi \Rightarrow$ 正の実数となる.

$$E_{k,\mathrm{eq}} = E_{k,\mathrm{real}}$$
$$\downarrow$$
$$\frac{1}{2}\omega^2 s^2 \phi_{qi}^2 m_{\mathrm{eq}} = \frac{1}{2}\omega^2 s^2 \boldsymbol{\phi}_i^t \boldsymbol{M} \boldsymbol{\phi}_i \tag{4.53}$$
$$\downarrow$$
$$m_{\mathrm{eq}} = \frac{1}{\phi_{qi}^2}\boldsymbol{\phi}_i^t \boldsymbol{M} \boldsymbol{\phi}_i = \left\{\frac{1}{\phi_{qi}}\boldsymbol{\phi}_i\right\}^t \boldsymbol{M} \left\{\frac{1}{\phi_{qi}}\boldsymbol{\phi}_i\right\}$$

を得る．すなわち，自由度 q での等価質量は固有モードを自由度 q の成分が 1 となるように正規化して，質量行列の両側から乗じた値である．したがって現実的導出は，固有モードは通常，質量行列に関して正規化（$\boldsymbol{\phi}_i^t \boldsymbol{M} \boldsymbol{\phi}_i = 1$）したベクトルとして得られるので，この状態からの導出であれば

$$m_{\mathrm{eq}} = \frac{1}{\phi_{qi}^2} \tag{4.54}$$

である．この式から，固有モードの節の位置では $\phi_{qi} \to 0$ となるので，等価質量は無限大になる．制御工学的表現をすると「ある注目する固有振動モードについて，その節をアクチュエートしようとしても不可制御でその振動モードは制御できない」ことがわかる．逆に言えば，振動モードの一番大きな腹で最小値となることが理解できるので，動吸振器や能動的制御のアクチュエータ配置の基本は「制御対象として注目する振動モードの大きな腹を狙え」である．

等価剛性 k_{eq} は，同様に固有モードからひずみエネルギーの計算によって導出することが原則的方法とは思うが，すでに等価質量が得られているので，等価的に 1 自由度に置き換えるということは，共振振動数も一致させることであり，レイリー商

$$\Omega_i = \sqrt{\frac{k_{\mathrm{eq}}}{m_{\mathrm{eq}}}} \tag{4.55}$$

から

$$k_{\mathrm{eq}} = \Omega_i^2 m_{\mathrm{eq}} = \frac{\Omega_i^2}{\phi_{qi}^2} \tag{4.56}$$

と簡単に導出できる．

等価粘性減衰係数 c_{eq} は，第 i 次のモード減衰比 ζ_i と 1 自由度系に関する減衰比の定義式 $\zeta = \frac{c}{2\sqrt{km}}$ に基づいて

$$c_{\mathrm{eq}} = 2\zeta_i \sqrt{k_{\mathrm{eq}} m_{\mathrm{eq}}} \tag{4.57}$$

と導出される．

実際の対象物は連続体としての構造物であり，実験モード解析の振動試験で得られる周波数帯域中にも多くの共振峰が現れる状況が通常である．このような条件下で複

数の固有モードの連成効果も考慮した実用的なものに**多自由度等価質量同定法**[12]がある．まず対象構造物の等価質量を計測したい位置での自己周波数応答関数を計測して共振峰から共振振動数を求める．次に，その位置に質量が既知の分銅（構造物との大きさからほぼ質点とみなせるような付加質量）を取り付けて再度周波数応答関数を計測して共振振動数を求める．付加質量のために，元の共振振動数からやや低周波に変化しているはずである．この複数の次数の共振振動数のわずかな変化を入力データとして各次数の固有モードに関する等価質量を簡単に計算する方法である．

b. 相互応答等価質量と等価剛性

図 4.2(a) に示すように，多自由度系の自由度 q を加振するときの，別の自由度 p の振動応答に関する等価質量と等価剛性（相互応答等価質量と等価剛性）である．

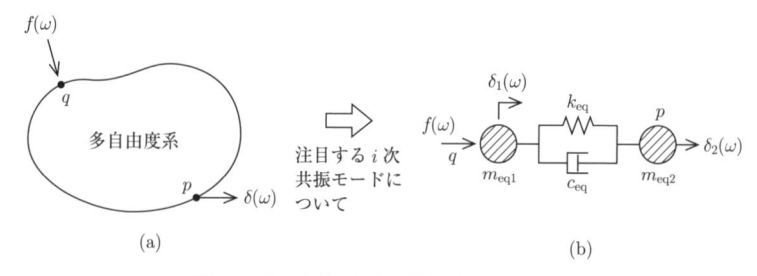

図 4.2 相互応答の場合の等価質量と等価剛性

相互応答の等価モデルは同図 (b) に示すように 2 質点モデルを考える．2 質点モデルは 2 自由度系であるが，周辺自由境界条件であれば，1 次の固有値はゼロで，剛体運動を表現するので，ばね・ダッシュポットが伸縮する**振動**としては実質的に 1 自由度系である．したがって，未知数は $k_\text{eq}, m_\text{eq1}, m_\text{eq2}, c_\text{eq}$ である．周波数領域の運動方程式は

$$\left(\begin{bmatrix} k_\text{eq} & -k_\text{eq} \\ -k_\text{eq} & k_\text{eq} \end{bmatrix} - \omega^2 \begin{bmatrix} m_\text{eq1} & 0 \\ 0 & m_\text{eq2} \end{bmatrix} + j\omega \begin{bmatrix} c_\text{eq} & -c_\text{eq} \\ -c_\text{eq} & c_\text{eq} \end{bmatrix}\right) \begin{bmatrix} \delta_1(\omega) \\ \delta_2(\omega) \end{bmatrix}$$
$$= \begin{bmatrix} f(\omega) \\ 0 \end{bmatrix} \qquad (4.58)$$

となるので，周波数応答関数はモード解析を利用して

$$\frac{\delta_1(\omega)}{f(\omega)} = \frac{1}{k_\text{eq}\left(1+\frac{m_\text{eq1}}{m_\text{eq2}}\right)^2 - \omega^2 \frac{m_\text{eq1}(m_\text{eq1}+m_\text{eq2})}{m_\text{eq2}} + j\omega c_\text{eq}\left(1+\frac{m_\text{eq1}}{m_\text{eq2}}\right)^2}$$
$$= \frac{1}{\alpha - \omega^2\beta + j\omega\gamma} \qquad (4.59)$$

と

4.2 等価質量と等価剛性

$$\frac{\delta_2(\omega)}{f(\omega)} = \frac{-\frac{m_{\text{eq1}}}{m_{\text{eq2}}}}{k_{\text{eq}}\left(1+\frac{m_{\text{eq1}}}{m_{\text{eq2}}}\right)^2 - \omega^2 \frac{m_{\text{eq1}}(m_{\text{eq1}}+m_{\text{eq2}})}{m_{\text{eq2}}} + j\omega c_{\text{eq}}\left(1+\frac{m_{\text{eq1}}}{m_{\text{eq2}}}\right)^2} \quad (4.60)$$
$$= \frac{-\tau}{\alpha - \omega^2 \beta + j\omega\gamma}$$

と導出される.そこで,実際の多自由度系で得られた自己(加振自由度 q の応答自由度 q)と相互周波数応答関数(加振自由度 q の応答自由度 p)に対してモード解析の曲線適合手法を行い,α,β,γ および τ を同定する.同定結果は

$$\begin{aligned}
k_{\text{eq}}\left(1+\frac{m_{\text{eq1}}}{m_{\text{eq2}}}\right)^2 &= \alpha \\
\frac{m_{\text{eq1}}(m_{\text{eq1}}+m_{\text{eq2}})}{m_{\text{eq2}}} &= \beta \\
c_{\text{eq}}\left(1+\frac{m_{\text{eq1}}}{m_{\text{eq2}}}\right)^2 &= \gamma \\
\frac{m_{\text{eq1}}}{m_{\text{eq2}}} &= \tau
\end{aligned} \quad (4.61)$$

の等式であるから,この連立方程式を解くことで等価モデルの力学パラメータは

$$\begin{aligned}
m_{\text{eq1}} &= \frac{\beta}{1+\tau} \\
m_{\text{eq2}} &= \frac{\beta}{\tau(1+\tau)} \\
k_{\text{eq}} &= \frac{\alpha}{(1+\tau)^2} \\
c_{\text{eq}} &= \frac{\gamma}{(1+\tau)^2}
\end{aligned} \quad (4.62)$$

と決定でき,これらは等価質量,等価剛性,等価減衰係数である.これらの値の等価モデルによって,注目している固有モード振動(のみ)に関する構造物の自由度 p と q の間の等価運動方程式を構成することができる.

以上での解説の相互応答での導出では次の注意が必要である.図 4.3 に,多自由度系と,そのある次数の共振振動について考える等価モデルの周波数応答関数(コンプライアンス)の模式図を (a) と (b) として並べて示す.

多自由度系の相互応答では,図 4.3(a) に例示するように,加振自由度(加振点)と応答自由度(応答計測点)の間に固有モードの節がどのように位置づけられるかによって,相互周波数応答関数の振幅における反共振溝が共振峰間に現れるかどうかは異なる.換言すれば,周波数軸について共振峰を通過する位置での位相の変化が次数によって異なる.

一方で,いま構想している等価モデルでは理論的に図 4.3(b) に示されるような周波

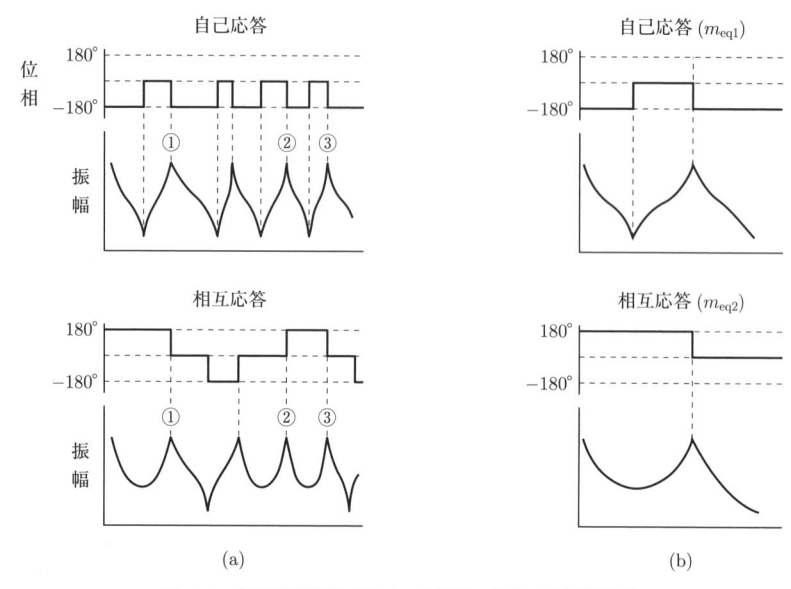

図 4.3 相互応答等価パラメータ同定の場合の適用性検討

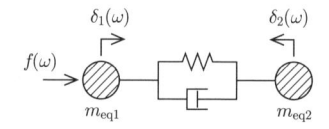

図 4.4 相互応答等価パラメータ同定での座標軸の便宜的逆転化

数応答関数になる．そこで，例えば，(a) の周波数応答関数で①と③で示すような位相変化の共振峰を形成する次数の等価パラメータの同定は素直に可能であるが，② で指し示す共振峰の次数の固有特性についての等価変換は，応答自由度の座標系向きを図 4.4 に示すように便宜的に逆に考えた上で行わなければならない．

4.3 変位加振応答の解析

運動方程式は，ニュートンの第 2 法則の「質量 × 加速度 = 力」に基づいて作成され，数学の微分方程式の標準形（高次微分項から降べき順に記述）として式 (4.1) のように右辺を外力ベクトルで表し，外力に対する系の応答を解析する方程式として広く解説されている．本書でも基本的には同様である．しかし，力は力学において第 2 次概念であるから，実用的には外力を与えて解析できる場合は必ずしも多くはない．例えば図 4.5 のように，多自由度モデルと考える物体をビルと想定してみよう．地震に

4.3 変位加振応答の解析

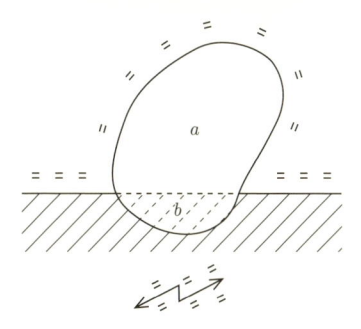

図 4.5 多自由度系の変位加振応答解析解説の図

よって地面（地盤）が震動してビルが揺れるわけであるが，地面からそのビルに加わる外力は通常未知であり，直接計測すること（既知とすること）ができない[*3]．現実的にはビルの基礎部分（またはその近傍の地面）の振動加速度が計測できるので，ビルの振動解析にはこの基礎部分の振動加速度を与えることで解析することが実用的である．すなわち，地面に固定されているビルの基礎部分は地面の震動と同じ変位・速度・加速度で振動すると仮定して，'変位加振' による強制振動解析として解析する．

そこで，ここでは変位加振応答解析の基本について図 4.5 の構造物を例に不減衰系として理論展開して解説する．図に示すように，この構造物の地面に埋め込まれていて地面の変位に伴って強制的に変位が与えられる自由度領域を b で表し，それ以外の地上部分の自由度を a とする．多自由度で導出される質量行列と剛性行列をそれらの自由度に分けて運動方程式を記述すれば

$$\begin{bmatrix} M_{aa} & M_{ab} \\ M_{ba} & M_{bb} \end{bmatrix} \begin{bmatrix} \ddot{\delta}_a \\ \ddot{\delta}_b \end{bmatrix} + \begin{bmatrix} K_{aa} & K_{ab} \\ K_{ba} & K_{bb} \end{bmatrix} \begin{bmatrix} \delta_a \\ \delta_b \end{bmatrix} = \begin{bmatrix} 0 \\ f_b \end{bmatrix} \tag{4.63}$$

となる．右辺の外力ベクトル中の f_b が強制変位加振に対応する地面から構造物へ与えられている "外力" で，未知パラメータである．そして，その構造物自由度に対応する加速度部分ベクトル $\ddot{\delta}_b$ と変位ベクトル δ_b が実際に計測できるパラメータであり，既知パラメータとして解析に与えられるものである．そこで，既知パラメータは右辺，未知パラメータは左辺に移行して運動方程式を変形すると，

$$\begin{bmatrix} M_{aa} \\ M_{ba} \end{bmatrix} \ddot{\delta}_a + \begin{bmatrix} K_{aa} & 0 \\ K_{ba} & -I \end{bmatrix} \begin{bmatrix} \delta_a \\ f_b \end{bmatrix} = - \begin{bmatrix} M_{ab} \\ M_{bb} \end{bmatrix} \ddot{\delta}_b - \begin{bmatrix} K_{ab} \\ K_{bb} \end{bmatrix} \delta_b \tag{4.64}$$

とできる．通常は，地上部分の構造の応答解析に関心を持ち，強制変位加振に対応す

[*3] "しんどう" の漢字表記には "振動" と "震動" がある．前者の "振" は手部が付いてる "辰" であり，人工的または人工物からの振動 (vibration, oscillation) を表す．後者の "震" は雨部が付いた "辰" であり，自然現象で発生する震動 (quake) を意味する．

る地面から構造物に与えられる加振外力 f_b までは求める要求がないであろう．この場合の解析の運動方程式は上半分部分の

$$M_{aa}\ddot{\delta}_a + K_{aa}\delta_a = -M_{ab}\ddot{\delta}_b - K_{ab}\delta_b \tag{4.65}$$

となる．この式の右辺は，強制変位が与えられる構造物自由度部分が加速度 $\ddot{\delta}_b$ と変位 δ_b で動き，構造物の残りの地上部分の変位・加速度はゼロと考えた場合のその両者自由度間の構造物変形に起因した弾性力と慣性力が構造物の地上部分に加わる外力と解釈でき，それを表現した数式であることがわかる．

周波数応答解析であれば

$$\left(K_{aa} - \omega^2 M_{aa}\right)\delta_a(\omega) = \left(\omega^2 M_{ab} - K_{ab}\right)\delta_b(\omega)$$
$$\Downarrow$$
$$\delta_a(\omega) = \left(K_{aa} - \omega^2 M_{aa}\right)^{-1}\left(\omega^2 M_{ab} - K_{ab}\right)\delta_b(\omega) \tag{4.66}$$

が解析式の基本である．

実際の解析上で注意すべき点がある．式 (4.66) を素直に計算して解析するのであればまったく問題ないが，もしも自由度 a が非常に大きい，すなわち剛性行列 K_{aa} と質量行列 M_{aa} の自由度が大きい，などの理由で採用モードを 1 次から適当な次数までで打ち切ったモード解析によって計算してしまうと誤差がひじょうに大きな振動応答結果となり，事実上正しくない結果となってしまう．なぜならば，式 (4.64) の左辺で明示されているように，その方程式の特性行列（質量行列と剛性行列）は自由度 b を固定した境界条件の構造物の運動方程式となっているからである．しかし，自由度 b を強制変位させる場合の応答を求めるものであるので，次のことを考えてみてほしい．例えば自由度 b 部分が内部変形を伴わずに剛体的かつ準静的に変位した場合には，自由度 a もその強制変位に従った剛体的変位が生じるはずである．この基本的な変位表現が運動方程式の変位場でできなければいけない．剛性行列 K_{aa} と質量行列 M_{aa} での固有値解析では b 領域を固定条件とした固有モードしか得られないので，すべてのモードの線形結合である場合だけ精度よくその変位場が表現でき，採用モードの打ち切りは避けなければいけない．したがって，本解析を単純にモード解析で実行する場合には，モード解析の基本的な長所の 2 点，

1) 多自由度連立方程式である運動方程式の非連成化
2) 高次モードの適切な程度の省略における計算負荷の低減

の実用的メリットの内の前者のみが有効となる．後者のメリットを生かすには，第 9 章の部分構造合成法の理論に基づいたアルゴリズムが有効である．

本例については次のように定式化できる．静的に自由度 b の変位 $\delta_b(\omega)$ に従属した自由度 a の変位は式 (4.65) より

$$\delta_a(\omega) = -K_{aa}^{-1} K_{ab} \delta_b(\omega) \tag{4.67}$$

と得られる．剛性行列 K_{aa} と質量行列 M_{aa} での固有値解析

$$(K_{aa} - \lambda M_{ab})\phi = 0 \tag{4.68}$$

で 1 次から適当な p 次（$p<a$）までの固有モード $\phi_1 \sim \phi_p$（質量行列に関して正規化されたものとして）とそれに対応した固有値 $\lambda_1 \sim \lambda_p$ を求めて，固有モードは順に列ベクトル成分として配置した固有モード行列 Φ を作成し，固有値については対角成分として並べた固有値行列 Λ を作成する．以上で算出されたデータを使って，自由度 a の変位場を

$$\delta_a = \begin{bmatrix} -K_{aa}^{-1} K_{ab} & \Phi \end{bmatrix} \begin{bmatrix} \delta_b \\ \eta \end{bmatrix} \tag{4.69}$$

と近似表現する．この表現で，自由度 b が変位したことによる自由度 a の変位と，自由度 a 自体の変形変位の重ね合わせによって剛体的変位も表現できる．式 (4.69) を式 (4.65) に代入して，さらに両辺左側から Φ^t を乗じて

$$\Phi^t M_{aa} \begin{bmatrix} -K_{aa}^{-1} K_{ab} & \Phi \end{bmatrix} \begin{bmatrix} \ddot{\delta}_b \\ \ddot{\eta} \end{bmatrix} + \Phi^t K_{aa} \begin{bmatrix} -K_{aa}^{-1} K_{ab} & \Phi \end{bmatrix} \begin{bmatrix} \delta_b \\ \eta \end{bmatrix}$$
$$= \Phi^t \left(-M_{ab} \ddot{\delta}_b - K_{ab} \delta_b \right) \tag{4.70}$$

と変形して，これを数式展開して整理すると

$$\Phi^t M_{aa} \Phi \ddot{\eta} + \Phi^t K_{aa} \Phi \eta = \Phi^t \left(M_{aa} K_{aa}^{-1} K_{ab} - M_{ab} \right) \ddot{\delta}_b$$
$$\Downarrow$$
$$I \ddot{\eta} + \Lambda \eta = \Phi^t \left(M_{aa} K_{aa}^{-1} K_{ab} - M_{ab} \right) \ddot{\delta}_b \tag{4.71}$$

となる．この運動方程式を解析すればよい．周波数応答を求めたければ，周波数領域にこの運動方程式を変換して

$$\left(\Lambda - \omega^2 I \right) \eta(\omega) = -\omega^2 \Phi^t \left(M_{aa} K_{aa}^{-1} K_{ab} - M_{ab} \right) \delta_b(\omega) \tag{4.72}$$

を解けばよい．これら式 (4.71) または (4.72) で示された非連成化された運動方程式から η を求めて，既知として与えられている自由度 b（構造物の基礎部分）の変位とともに式 (4.69) に代入すれば構造物の自由度 a の部分の振動応答が求められる．

式 (4.71) から次のことがわかる．自由度 b を強制変位させられる場合の構造物の共振振動数は式 (4.68) の固有値問題の固有値から得られる．すなわち，強制変位を条件づけられる自由度 b を固定境界条件に設定した場合の構造物の共振振動数である．

章 末 問 題

【4.1】図 4.6 に示す 3 質点系モデルについて次の問に答えなさい．

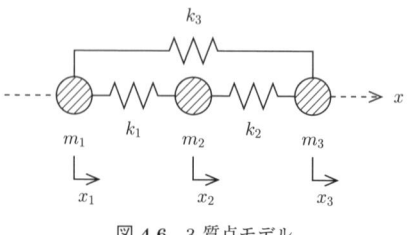

図 4.6 3 質点モデル

(1) 剛性行列と質量行列を求め，質点 m_1 のみに外力 $f(t)$ が作用する場合の運動方程式を示しなさい．
(2) 質点 m_1 を強制変位させる場合の質点 m_2 と m_3 の応答を求める運動方程式を導出しなさい．なお，強制変位される質点 m_1 の変位は既知変数として $x_1(t)$ と表すこととする．

【4.2】正定値行列 $\boldsymbol{K}$ はその標準的固有値問題 $\boldsymbol{K}\boldsymbol{\phi} = \lambda\boldsymbol{\phi}$ のすべての固有値が正となる．すべての固有値が正となる正方行列は正定値行列であることを示せ．

【4.3】下記の数値成分で示される質量行列と剛性行列とからなる 3 自由度のばね・質量モデルの図示と，そのモデルを構成するそれぞれの質点およびばねの値を求めなさい．

$$\text{質量行列：}\begin{bmatrix} 1 & 0 & 0 \\ 0 & 2 & 0 \\ 0 & 0 & 1 \end{bmatrix}$$

$$\text{剛性行列：}\begin{bmatrix} 3.5 \times 10^6 & -1.0 \times 10^6 & 0 \\ -1.0 \times 10^6 & 2.0 \times 10^6 & -1.0 \times 10^6 \\ 0 & -1.0 \times 10^6 & 1.0 \times 10^6 \end{bmatrix}$$

5

分布定数系解析基礎

　連続体の振動，例えば図 5.1 に示す張力をもって両壁間にピーンと張られた柔軟で均一な弦の振動を考えよう．弦は一様断面を有して質量が連続的に分布している**連続体**である．この弦の振動を解析する場合に，分布質量の連続体として素直に何らかの連続関数でモデル化し厳密解を得ることができる解析法がある．この種のモデルを**分布定数モデル**という．図 5.2 に示すように，実際の質量の連続分布に対応して，その任意の位置の弦の微小部分について運動方程式を立てて解析する方法である．ニュートン (Isaac Newton, 1643–1727) をはじめとする学者によって確立された微分学に基づいて 17 世紀に研究された方法であり，その解は環境媒体（空気など）の影響は考慮しない条件での"厳密解"となる．このモデル化で解析できる対象物は幾何学的

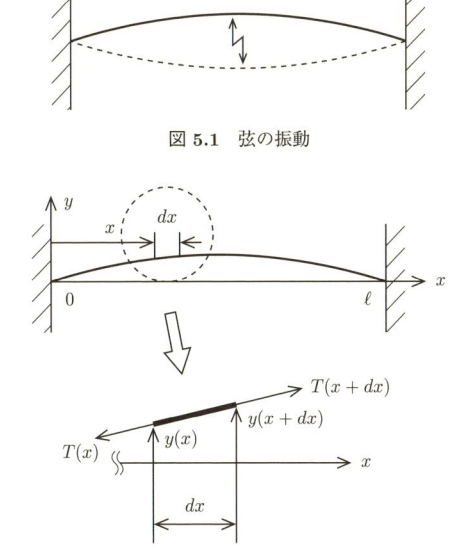

図 5.1　弦の振動

図 5.2　微分法に基づく弦の運動方程式導出法

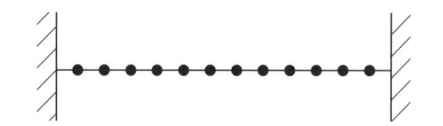

図 5.3 弦の集中質量モデル化 (lumped mass modeling)

に単純な構造物，例えば弦，均一な梁，矩形や円形の膜や平板やシェルなどであるので，今日の実機について直接的に実用できる範囲は制限される．なお，別のモデル化としては図 5.3 に示すように実際の弦の分布質量に対応させて適当に多数の質点が質量なしの弦で等分布に取り付けられた多自由度系として近似モデル化して解く考えがある．1700 年代中頃にダランベール (Jean Le Rond d'Alembert, 1717–1783) が有限個の質量が取り付けられた弦の運動の解析で，多自由度の連立運動方程式を適切な係数乗算と方程式間の加減算から非連成化して解いた研究活動を見つけることができる[7]．この種のモデルを**集中質量モデル**や**有限離散モデル**という．集中質量モデルではその自由度よりも低次の固有振動数までの低い周波数帯域でしか精度を保った解析はできない．しかし，そこから発展した現代の有限要素法は，任意形状の構造物の解析が可能なコンピュータを使った実用的近似数値解析法となっており，世界的に汎用プログラムが普及して多くのエンジニアや研究者に利用されている．

本章では，分布定数系の振動解析法の基礎として，梁と弦の曲げ振動の固有振動数解析について解説する．これらの基礎的例題の学習をふまえれば，膜や平板の振動や，直方体閉空間やチューブ内に発生する音響の共鳴周波数解析など容易に応用できる．

5.1 梁の振動解析

図 5.4 に示す片持ち梁の曲げ振動を考える．梁の張り出し方向を x 座標，梁の静的釣り合い位置を x 軸上として，曲げのたわみ方向に y 座標を定義する．梁は均一断面で，その断面積を A，張り出し長さを ℓ，材料密度を ρ とする．梁の断面形状は梁の長さに比べて十分小さいとして，かつ，曲げ振動の振幅（最大たわみ）も十分小さいものとする（梁の最大振動時にすべての部分の傾きが x 軸に対して約 $10°$ までならば十分にこの条件は成立する）．

さて，同図に示すように固定端からの梁の任意の位置 x のところの微小長さ要素について考える．梁振動のたわみは時間と位置の関数となるので，$y(x,t)$ と丁寧に表すことにし，簡単には y と記すことにする．その微小要素の自由体図を考えれば両端断面に外部から曲げモーメント $M(x,t)$ とせん断力 $Q(x,t)$ が外力として作用している．なお重力の作用は，梁の静的釣り合い位置からたわみを定義すれば運動方程式から消

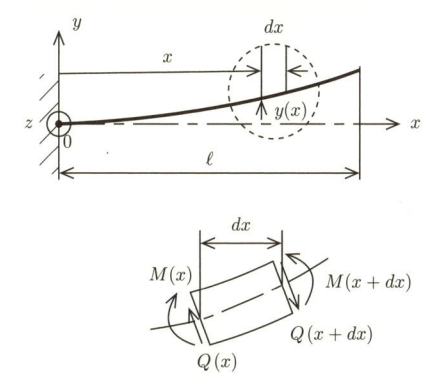

図 5.4 片持ち梁の曲げ振動のモデル化

去されるので,いまの場合に考慮する必要はない.

梁の曲げ剛性は,梁の縦弾性係数(ヤング率)E と断面形状から決定される断面2次モーメント I の積となる.曲げに関する応力とひずみはそれぞれ曲げモーメントと曲率である.曲率は梁のたわみ角度の変化率であるので $\frac{\partial^2 y}{\partial x^2}$ と表せる.曲率と曲げモーメントの関係式は

$$M = -EI\frac{\partial^2 y}{\partial x^2} \tag{5.1}$$

である.位置 x における曲げモーメントは,図 5.4 に示されるように,いま注目している微小要素の左側断面に作用し z 軸まわりに負方向となるのでマイナス符号を付けている.

せん断力は,Q で表して

$$Q = -\frac{\partial M}{\partial x} = EI\frac{\partial^3 y}{\partial x^3} \tag{5.2}$$

と記述できる.微小要素の右側断面に作用するせん断力 $Q(x+dx)$ は微分論理から $-\{Q(x) + \frac{\partial Q(x)}{\partial x} \cdot dx\}$ と計算できるので,結局のところ

$$Q(x+dx) = -\left(Q(x) + \frac{\partial Q(x)}{\partial x}dx\right) = -EI\frac{\partial^3 y}{\partial x^3} - EI\frac{\partial^4 y}{\partial x^4}dx \tag{5.3}$$

と求められる.以上の結果を利用して注目している微小要素の y 方向の運動方程式をたてれば,質量が $\rho A dx$ であるから

$$\rho A dx \frac{\partial^2 y}{\partial t^2} = EI\frac{\partial^3 y}{\partial x^3} + \left(-EI\frac{\partial^3 y}{\partial x^3} - EI\frac{\partial^4 y}{\partial x^4}dx\right) \quad (5.4)$$

$$\Downarrow$$

$$\rho A dx \frac{\partial^2 y}{\partial t^2} = -EI\frac{\partial^4 y}{\partial x^4}dx$$

$$\Downarrow$$

$$\frac{\partial^2 y}{\partial t^2} + \frac{EI}{\rho A}\frac{\partial^4 y}{\partial x^4} = 0 \quad (5.5)$$

となる．これが梁の曲げ振動の基礎運動方程式である．数式展開の便宜から $c^2 = \frac{EI}{\rho A}$ とパラメータを置き換えて解説を進める．梁の自由振動解は

$$y(x,t) = \phi(x)e^{j\omega t} \quad (5.6)$$

とおいて式 (5.5) に代入して

$$c^2 \frac{d^4 \phi(x)}{dx^4} - \omega^2 \phi(x) = 0$$

$$\Downarrow$$

$$\frac{d^4 \phi(x)}{dx^4} - \left(\frac{\omega}{c}\right)^2 \phi(x) = 0 \quad (5.7)$$

を得る．もはや x だけに関する ϕ の微分方程式なので常微分を用いる．式 (5.7) の解は，式の形から $\phi(x) = Ce^{sx}$ と設定して代入することで

$$s^4 - \left(\frac{\omega}{c}\right)^2 = 0$$

$$\Downarrow$$

$$s = \pm\sqrt{\frac{\omega}{c}}, \pm j\sqrt{\frac{\omega}{c}} \quad (5.8)$$

と計算できる．そこで，$\phi(x)$ の一般解は

$$\phi(x) = C_1 e^{\sqrt{\frac{\omega}{c}}x} + C_2 e^{-\sqrt{\frac{\omega}{c}}x} + C_3 e^{j\sqrt{\frac{\omega}{c}}x} + C_4 e^{-j\sqrt{\frac{\omega}{c}}x} \quad (5.9)$$

と得られる．ここで，$C_1 \sim C_4$ は梁の境界条件で決定されるべき未定係数（積分定数）である．数学的には式 (5.7) は x に関する 4 階微分方程式なので，その解の $\phi(x)$ を求めるためには 4 階積分することと解釈できるから積分定数が 4 つ現れる．

【例題 5.1】
　　両端単純支持の長さ ℓ の梁の固有振動数と固有モード形を求めなさい．なお，梁は材料密度 ρ で縦弾性係数 E の材料で作られ，断面は一様形状で断面積を A，その断面 2 次モーメントは I で表すこととする．

5.1 梁の振動解析

【略解】

境界条件を考える．片方の端点の座標を $x=0$，もう一方を $x=\ell$ と座標設定する．両端単純支持の境界条件であるから，どちらの支点でも，たわみがゼロ，曲げモーメントがゼロ（すなわち，曲率がゼロ）の条件である．したがって，次のように，4つの境界条件式を設定できる．

$$\phi(0) = 0 \tag{5.10}$$

$$\left.\frac{d^2\phi(x)}{dx^2}\right|_{x=0} = 0 \tag{5.11}$$

$$\phi(\ell) = 0 \tag{5.12}$$

$$\left.\frac{d^2\phi(x)}{dx^2}\right|_{x=\ell} = 0 \tag{5.13}$$

式 (5.9) とその2階微分の式に境界条件式を当てはめると次の未定係数 C_1〜C_4 についての4元連立方程式を構成できる．

$$C_1 + C_2 + C_3 + C_4 = 0 \tag{5.14}$$

$$C_1 + C_2 - C_3 - C_4 = 0 \tag{5.15}$$

$$C_1 e^{\ell\sqrt{\frac{\omega}{c}}} + C_2 e^{-\ell\sqrt{\frac{\omega}{c}}} + C_3 e^{j\ell\sqrt{\frac{\omega}{c}}} + C_4 e^{-j\ell\sqrt{\frac{\omega}{c}}} = 0 \tag{5.16}$$

$$C_1 e^{\ell\sqrt{\frac{\omega}{c}}} + C_2 e^{-\ell\sqrt{\frac{\omega}{c}}} - C_3 e^{j\ell\sqrt{\frac{\omega}{c}}} - C_4 e^{-j\ell\sqrt{\frac{\omega}{c}}} = 0 \tag{5.17}$$

式 (5.14) と (5.15) の連立より $C_1 = -C_2$ と $C_3 = -C_4$ を容易に得て，それらを残りの式に代入すると

$$-C_2 e^{\ell\sqrt{\frac{\omega}{c}}} + C_2 e^{-\ell\sqrt{\frac{\omega}{c}}} - C_4 e^{j\ell\sqrt{\frac{\omega}{c}}} + C_4 e^{-j\ell\sqrt{\frac{\omega}{c}}} = 0 \tag{5.18}$$

$$-C_2 e^{\ell\sqrt{\frac{\omega}{c}}} + C_2 e^{-\ell\sqrt{\frac{\omega}{c}}} + C_4 e^{j\ell\sqrt{\frac{\omega}{c}}} - C_4 e^{-j\ell\sqrt{\frac{\omega}{c}}} = 0 \tag{5.19}$$

を得る．式 (5.18) と (5.19) の加算からは

$$C_2 \left(-e^{\ell\sqrt{\frac{\omega}{c}}} + e^{-\ell\sqrt{\frac{\omega}{c}}}\right) = 0 \tag{5.20}$$

を得るが，左辺（　）内がゼロとなるには $\omega = 0$ とならなければならず，その解は振動学的には無意味である．そこで，$C_2 = 0$ が解となる．したがって，C_1 もゼロとなる．

式 (5.18) と (5.19) の減算からは

$$C_4 \left(e^{j\ell\sqrt{\frac{\omega}{c}}} - e^{-j\ell\sqrt{\frac{\omega}{c}}}\right) = 0 \tag{5.21}$$

を導出できる．この式が成立するためには $C_4 = 0$ または（　）内がゼロとなら

なければならない．$C_4 = 0$ では 4 つの未定係数がすべてゼロとなり振動学的には無意味な解となるので，（　）内がゼロとならなければならない．（　）内を三角関数で表現すると

$$2\sin\left(\ell\sqrt{\frac{\omega}{c}}\right) = 0 \tag{5.22}$$

であるので，これより，求めるべき固有角振動数 Ω_s は

$$\ell\sqrt{\frac{\omega}{c}} = \pi, \quad 2\pi, \quad 3\pi, \quad 4\pi, \cdots$$

$$\Downarrow$$

$$\Omega_s = \left(\frac{\pi}{\ell}\right)^2\sqrt{\frac{EI}{\rho A}}, \quad \left(\frac{2\pi}{\ell}\right)^2\sqrt{\frac{EI}{\rho A}}, \quad \left(\frac{3\pi}{\ell}\right)^2\sqrt{\frac{EI}{\rho A}}, \quad \left(\frac{4\pi}{\ell}\right)^2\sqrt{\frac{EI}{\rho A}}, \cdots \tag{5.23}$$

である．

その振動モード形は式 (5.9) に上記の解を代入することで，

$$C_4\left(e^{j\ell\sqrt{\frac{\Omega_s}{c}}} - e^{-j\ell\sqrt{\frac{\Omega_s}{c}}}\right)$$

$$\Downarrow$$

$$C\sin\left(\ell\sqrt{\frac{\Omega_s}{c}}\right)$$

$$\Downarrow$$

$$\sin\left(\ell\sqrt{\frac{\Omega_s}{c}}\right)$$

$$\Downarrow$$

$$\sin\left(\frac{i\pi x}{\ell}\right) \quad (i = 1, 2, 3, \cdots) \tag{5.24}$$

と得られる．正弦波状のモード形となり，両端のところで変位はゼロとなる．未定の係数 C は振幅を表す．固有モード形ではそれは決定できず，初期条件（振動開始時の初期たわみなど）を与えての自由振動の振幅として具体的に決定される．

【例題 5.2】
図 5.4 の片持ち梁の固有振動数を求めなさい．

【略解】
　境界条件について考える．固定端 $x = 0$ においては，変位とたわみ角ともにゼロであるので，

$$\phi(0) = 0 \tag{5.25}$$

$$\left.\frac{d\phi(x)}{dx}\right|_{x=0} = 0 \tag{5.26}$$

が設定できる．

自由端側 $x = \ell$ においては，曲げモーメントがゼロ，すなわち曲率がゼロであるから

$$\left.\frac{d^2\phi(x)}{dx^2}\right|_{x=\ell} = 0 \tag{5.27}$$

が設定できる．すなわち，式 (5.25) から式 (5.27) の境界条件は具体的に同順で

$$C_1 + C_2 + C_3 + C_4 = 0$$

$$(C_1 - C_2) + j(C_3 - C_4) = 0 \tag{5.28}$$

$$C_1 e^{\ell\sqrt{\frac{\omega}{c}}} + C_2 e^{-\ell\sqrt{\frac{\omega}{c}}} - C_3 e^{j\ell\sqrt{\frac{\omega}{c}}} - C_4 e^{-j\ell\sqrt{\frac{\omega}{c}}} = 0$$

と連立できるので，最初の 2 式より $C_1 = -C_4$, $C_2 = -C_4$, $C_3 = C_4$ が得られ，第 3 式に代入することで

$$C_4 \left(e^{\ell\sqrt{\frac{\omega}{c}}} + e^{-\ell\sqrt{\frac{\omega}{c}}} + e^{j\ell\sqrt{\frac{\omega}{c}}} + e^{-j\ell\sqrt{\frac{\omega}{c}}} \right) = 0 \tag{5.29}$$

を得る．C_4 がゼロの解では振動学的に無意味なので，（　）内がゼロとなることが条件式として得られる．そこで，

$$e^{\ell\sqrt{\frac{\omega}{c}}} + e^{-\ell\sqrt{\frac{\omega}{c}}} + 2\cos\left(\ell\sqrt{\frac{\omega}{c}}\right) = 0 \tag{5.30}$$

の条件式を得る．式 (5.30) に関しては残念ながら解析的には解けそうもない難しい非線形方程式である．そこで数値計算によって求めることになる．これは演習問題とする．

> 定性的には，梁の固有振動数は，一般的に梁の長さの二乗に反比例し，材料密度と断面積の平方根に反比例し，縦弾性係数と断面 2 次モーメントの平方根に比例する．そして，さらに境界条件に影響されて決まる．

5.2 弦の振動解析

図 5.2 に示す線密度が均一の弦の振動を考える．なお，弦は曲げ剛性を無視できるほど十分な柔軟性を有すると仮定する．弦は張力 T で距離 ℓ の 2 点に張られている．その弦の長さに比べて振動振幅は十分に小さく，そのために振動中の張力の変化分は初期張力 T に対して無視できるほど小さいと仮定する（現実的に妥当な場合が多い）．

弦の左端を x 座標の原点，右端を ℓ として，その間の任意の位置 x における微小長さ dx の弦要素を考え，その要素の時刻 t での振動変位を $y(x,t)$ と表す．すなわち，振動変位は時間と位置の関数である．ただし，これ以降の数式展開では便宜的に $y(x,t)$ を省略して y と記述することにする．

この微小要素の質量は，ρ を線密度とすると ρdx と表せる．y 方向の加速度は $\frac{\partial^2 y}{\partial t^2}$ と表せる．位置 x における微小要素の左端に作用する張力を T とすると，その y 成分は弦の傾きの幾何学を考えることで

$$-T\frac{\partial y}{\partial x} \tag{5.31}$$

と求められる．微小要素の右端（位置は $x+dx$）に作用する張力の y 成分は次のように求められる．y 座標の正方向となることを考慮して，位置 x における弦の傾きが $\frac{\partial y}{\partial x}$ であるので，そこから x の正方向に微小量 dx だけ移動したところでの傾きは位置 x とは変化する可能性があり，その増分は $\frac{\partial}{\partial x}\left(\frac{\partial y}{\partial x}\right)dx$ と表現できるので，

$$\frac{\partial y}{\partial x} + \frac{\partial}{\partial x}\left(\frac{\partial y}{\partial x}\right)dx \tag{5.32}$$

と表現できる．そこで，微小要素の右端に作用する張力 $T(x+dx)$ の y 成分は

$$\left(T+\frac{\partial T}{\partial x}dx\right)\left\{\frac{\partial y}{\partial x}+\frac{\partial}{\partial x}\left(\frac{\partial y}{\partial x}\right)dx\right\} \approx T\left\{\frac{\partial y}{\partial x}+\frac{\partial}{\partial x}\left(\frac{\partial y}{\partial x}\right)dx\right\} \tag{5.33}$$

と求められる．以上より，この微小要素についてのニュートンの運動方程式（質量 × 加速度 = 外力）を作成する．すなわち，

$$\rho dx\frac{\partial^2 y}{\partial t^2} = T\left\{\frac{\partial y}{\partial x}+\frac{\partial}{\partial x}\left(\frac{\partial y}{\partial x}\right)dx\right\} - T\frac{\partial t}{\partial x}$$

$$\Downarrow$$

$$\rho\frac{\partial^2 y}{\partial t^2} = T\frac{\partial}{\partial x}\left(\frac{\partial y}{\partial x}\right)$$

$$\Downarrow$$

$$\rho\frac{\partial^2 y}{\partial t^2} = T\frac{\partial^2 y}{\partial x^2} \tag{5.34}$$

と得られる．式 (5.34) は

$$\rho\frac{\partial^2 y}{\partial t^2} = T\frac{\partial^2 y}{\partial x^2}$$

$$\Downarrow$$

$$\frac{\partial^2 y}{\partial t^2} = \frac{T}{\rho}\frac{\partial^2 y}{\partial x^2}$$

$$\Downarrow$$

$$\frac{\partial^2 y}{\partial t^2} = c^2\frac{\partial^2 y}{\partial x^2} \tag{5.35}$$

と変形できる．この式 (5.35) は**波動方程式** (wave equation) である．$c = \sqrt{\frac{T}{\rho}}$ は便宜的に設定しただけでなく，その波の速度を表す（次元解析すればわかる）．この運動方程式を解いて固有角振動数を求めるには，弦の横振動関数

$$y(x,t) = \phi(x)e^{j\omega t} \tag{5.36}$$

の単振動を考えればよい．ここで，$\phi(x)$ は x の関数であり，弦全長にわたる振動の形状（振動モード）を表す．その形で角振動数 ω で横振動することを表現している．式 (5.36) を式 (5.35) に代入すれば

$$-\omega^2 \phi(x) e^{j\omega t} = c^2 \frac{d^2\phi(x)}{dx^2} e^{j\omega t}$$
$$\Downarrow$$
$$\frac{d^2\phi(x)}{dx^2} + \left(\frac{\omega}{c}\right)^2 \phi(x) = 0 \tag{5.37}$$

と変形できる．式 (5.37) の形の微分方程式の一般解は

$$\phi(x) = A\cos\left(\frac{\omega}{c}x\right) + B\sin\left(\frac{\omega}{c}x\right) \tag{5.38}$$

である．A と B は 2 階微分方程式の解の積分定数（未定係数）であり，それぞれ cosine と sine の振動成分の振幅と解釈できる．

具体的に境界条件を設定して固有角振動数を求める．弦の両端は固定されており曲げ剛性は無視できるので，境界条件として

$$\begin{aligned}\phi(0) &= 0 \\ \phi(\ell) &= 0\end{aligned} \tag{5.39}$$

が設定できる．これらの境界条件式を式 (5.38) に代入すると

$$\begin{aligned}A &= 0 \\ B\sin\left(\frac{\omega\ell}{c}\right) &= 0\end{aligned} \tag{5.40}$$

の 2 式が得られる．定数 A と B の両者がともにゼロになる解は静止している状態であり無意味なので，$A = 0$ は認めるとして，式 (5.40) が振動について意味をなすためには B はゼロではなく，

$$\sin\left(\frac{\omega\ell}{c}\right) = 0 \tag{5.41}$$

が成立しなければならない．これを満足するためには

$$\frac{\omega\ell}{c} = \pi, \quad 2\pi, \quad 3\pi, \cdots \tag{5.42}$$

とならなければならない．これを満足する角振動数 ω が固有角振動数であるので，結

(a)

(b)

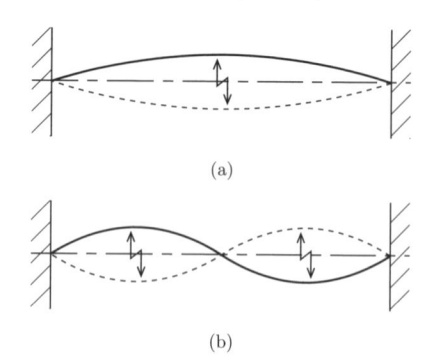

図 5.5 弦の 1 次と 2 次の固有モード形
(a) 1 次, (b) 2 次.

局,1 次から無限次までの任意の次数の固有角振動数 Ω_i $(i=1,2,3,\cdots)$ は

$$\Omega_i = \frac{i\pi c}{\ell} = \frac{i\pi}{\ell}\sqrt{\frac{T}{\rho}} \qquad (i=1,2,3,\cdots) \tag{5.43}$$

である.第 i 次固有モードは式 (5.43) の Ω_i を式 (5.38) の ω に代入して,$A=0$ も代入することで

$$\phi(x) = B\sin\left(\frac{i\pi}{\ell}x\right) \qquad (i=1,2,3,\cdots) \tag{5.44}$$

と得られる.例えば,1 次と 2 次の固有モードを描けば,図 5.5 に示すような形状であることがわかる.1 次は弦の全長がちょうど半波長,2 次は 1 波長分となるモード形である.

定性的に,弦の固有振動数は,弦の長さと線密度の平方根に反比例し,張力の平方根に比例し,2 次,3 次,$\cdots$ の固有振動数は 1 次固有振動数のそれぞれ 2 倍,3 倍,$\cdots$ ときれいに等間隔であることがわかる.固有角振動数を式 (5.38) に代入すれば弦の振動の形状が求まる.

章 末 問 題

【5.1】 図 5.6 に示す平均律音階の 1 点イ (a1) の振動数は 440 Hz と規定されている（ただし，演奏者の好み等により多少変化させる場合もある）．さて，縦弾性係数 $E = 206\,\mathrm{GPa}$，材料密度 $\rho = 7860\,\mathrm{kg/m^3}$，有効長さ $\ell = 1\,\mathrm{m}$，直径 $\phi = 1.175\,\mathrm{mm}$ のピアノ線で，そのイ音を出すための張力 $T(\mathrm{N})$ を計算しなさい[*1)]．なお，計算式の導出は文字式で行い，与えられた数値は最後に代入して答えの数値解を求めなさい．

図 5.6 平均律音階のイ音 (a1)

【5.2】 図 5.7 はオルゴールの音源である櫛とメロディー回転筒の例である．縦弾性係数 $E = 206\,\mathrm{GPa}$，材料密度 $\rho = 7860\,\mathrm{kg/m^3}$，厚さ $h = 0.6\,\mathrm{mm}$ の金属板でオルゴールの櫛を作ることを考える．各櫛の歯は幅一定の片持ち梁と仮定して，440 Hz の音を出すための櫛の歯の長さを求めよ．

図 5.7 小形安価なオルゴールの音源装置と櫛歯の例

[*1)] 楽器用ピアノ線について： ミュージックワイヤに用いる素材は，JIS の SWRS82A, SWRS87A, SWRS92A という 0.80〜0.95 の炭素を含有し，傷，脱炭，不純物元素含有量を厳格に規定したピアノ線材が用いられている．この線材は，ばねなどに用いられている一般のピアノ線材の仕様と大きな違いはない．しかし，ミュージックワイヤは，ばね用ピアノ線より厳格な規格内に，丁寧に手をかけてつくられている．

まず，その第 1 は真円度．第 2 は機械的性質として平打ち性とベンチ曲げ性である．（鈴木金属工業（株）の WEB サイトから引用．詳しくは http://www.suzuki-metal.co.jp/story/index.html 参照）．

6

実験モード解析

6.1 歴 史 概 観

　モード解析の根幹である多自由度の連成問題を座標変換で非連成化して解く概念と実際の試みとしては，1700年代中頃にダランベールが有限個の質量が取り付けられた弦の運動の解析で，多自由度の連立運動方程式を適切な係数乗算と方程式間の加減算から非連成化して解いた研究活動を見つけることができる[7]．この解析方法の研究の流れとして，"matrix"（行列）の単語を案出したのがシルベスター (James Joseph Sylvester, 1814–1897) で，最初に固有値問題を扱った人物として伝わっている．そして，彼の友人であり同僚であるケイリー (Arthur Cayley, 1821–1895) が1858年に正式に「行列論」を提起したそうである．すなわち，彼らを含めた著名な数学者を中心に19世紀の解析幾何学の研究でモード解析は誕生したようである．このように数学・物理学者による力学の科学的な研究が19世紀に行われた．産業革命は18世紀に英国で最初に始まり，やがて19世紀には欧州大陸や北米に広がり，日本には19世紀末に伝わった．蒸気機関の発達とその汎用利用，加えて各種の本格的な機械が発明され，工学的に機械振動学が生み出された．J.P.Den Hartog が Westinghouse 社での設計教育に基づいて著した1934年の "Mechanical Vibration" は世界的に最も古いテキストのひとつと思われる[25]．

　1自由度系を基本に多自由度振動系についても，固有振動数と固有モードやモード減衰比の動特性表現のパラメータの定義や同定法はすでにこの時点で考えられていた．そして，第2次世界大戦以降になると電気電子工学の発達によってアナログ式計測機器が開発され，正弦波加振実験によって機械構造物の振動特性を調べるための周波数応答関数計測が広まった．データシートに記録された周波数応答関数の曲線の特徴点の計測によって固有振動数や固有モード（共振モード形），モード減衰比を算出した．1947年には C.C. Kennedy と C.D.P. Pancu によるサークルフィット法が提案されている．これらの手法がやがてコンピュータの登場によって実際にスピーディーに実現可能となるのである．1946年に世界最初のコンピュータ Eniac がペンシルバニア

州立大学（米国）で開発され，ここからコンピュータによる数値計算が始まった．1956年の M.J. Turner, R.W. Clough, H.C. Martin and L.J. Topp の共著論文が有名で，この年を有限要素法誕生の年として解説する本も多い．有限要素法は，多自由度離散モデルによる振動解析を実現し，比較的大規模な固有値解析を実行可能としてモード解析の有効性を工学の観点から明らかにした．

1965 年には離散フーリエ変換を高速に実行できる手法である高速フーリエ変換法（FFT）がベル研の J.W. Cooley と J.W. Tukey によって考案された．これにより，従来は正弦波加振法だけであった周波数応答関数計測が打撃加振法や多重正弦波加振法，ランダム波加振法で短時間に実行できるようになった．多自由度の振動モデルの理論式に基づいた最小二乗法による理論式係数の決定法としてのモード特性同定手法（モード特性とは固有振動数，固有モード形，モード減衰比）もコンピュータでスピーディーに実行され，ルーベン大学（Katholieke Universiteit Leuven, ベルギー）が世界で最初にコンピュータモニター上に緑色のワイヤーフレームモデル形式で乗用車ボディーの振動モード形のアニメーションを表示させてみせた．そして，商業的には米国で HP 社や GenRad 社などがミニコンピュータと FFT を一体化した実験モード解析装置を開発した．これらなどが先導役となり，周波数応答関数波形をフィットさせる周波数領域の同定法をはじめ，単位衝撃応答波形をフィットさせる時間領域法の手法の提案や，関連する多様な検討項目に関する研究報告がなされた．実験モード解析の実用普及においてそれに適した計測機器やセンサーの発達も重要な貢献をしている．ピエゾ素子による高精度小型加速度センサーや力センサー，レーザー振動速度計測計，打撃試験用ロードセル組込みハンマー，小型音響粒子速度計測センサー，多点高速スキャン計測にシステム化されたレーザー振動計，AD 変換の高ビット化による精度向上と 100 チャンネル以上の多点までも同時計測できる計測・解析システムなどである．また，Graphical User Interface を用いたコンピュータプログラムによる解析システムの操作利便性向上も指摘できる．実験的に得られたモード特性を従来よりも大幅に有効利用して設計支援の解析を行おうとする考えとそれに基づく多くの研究活動の報告が米国と欧州から発表され，1971 年にはシンシナティー大学（University of Cincinnati, 米国）の D.L. Brown 教授の下で A.L. Klosterman が学位論文として "Experimental determination and use of modal representation of dynamic characteristics" をまとめあげ，これがビルディング・ブロック・アプローチ法として有名となった．設計支援の解析の中心的項目は，感度解析法・最適化設計，構造変更・構造結合系シミュレーション，起振力・構造伝達力同定，有限要素モデル高精度化自動修正法などであった．

実験モード解析の研究では，ルーベン大学とシンシナティー大学，インペリアル大学（Imperial College of London, 英国）が有名であり，これらの大学からはモード解析

の技術を提供する,いわゆる大学起業の会社も創出された.ルーベン大学は1976年から International Seminar of Modal Analysis (ISMA) と称したセミナーと国際研究発表会を主催している.米国中心のモード解析の国際会議としては SEM (Society of Experimental Mechanics) が1983年以来 IMAC (International Modal Analysis Conference) を開催している.

実験モード解析の基本技術は次のとおりである.モード解析の基盤理論に基づいて,実際の振動試験によって,または,実稼働状態の機械(構造物)の振動応答計測によって得たデータを分析することにより,その機械の構造動特性を定量的に求めることが第1の技術である.定量的に求める構造動特性のうち,固有モードはコンピュータで動画化して表示することで直感的に振動変形の形(モード)を見せることができる.このモード形を定性的にでも観察することで機械構造物の動特性改善のための,いわゆる'トラブルシューティング'に大いに有益な情報とアイデアを得ることができる.さらに得られた動特性パラメータを定量的に応用すれば,設計支援のための振動解析シミュレーションや構造変更指針を得るためのシミュレーションなど多様な解析が可能となる.

本章では,実験モード解析の基本技術について解説する.

6.2 モード振動試験

実験モード解析は文字通り,何らかの方法や,ある状況下で計測された機械構造物の振動データから解析を始める.その標準的計測方法が'モード試験'と呼ばれる振動試験(振動実験)である.

モード試験では,通常既知と想定できる加振(入力)を与えて,それに対する振動応答(出力)を計測して入力と出力の関係からシステム(計測対象構造物)の動特性を表すデータを得る.動特性を表すデータとは具体的には'周波数応答関数'である.通常計測される周波数応答関数は,振動応答を加速度計またはレーザードップラー速度計(振動計)で計測するので,アクセレランスまたはモビリティーである場合が多い(表 2.1 参照).

動特性を求めたいとする対象構造物(時不変線形系)を既知の調和加振力(サイン波での定常加振)の入力 $a(\omega)$ で加振すると,その周波数の関数である特性 $x(\omega)$ と対象構造物の動特性は表現できる.計測される振動応答の出力が $y(\omega)$ と得られれば,

$$y(\omega) = x(\omega)a(\omega) \quad \Longrightarrow \quad x(\omega) = \frac{y(\omega)}{a(\omega)} \qquad (6.1)$$

の関係が成立する.

6.2.1 加 振 方 法

標準的な加振方法の一種は電磁加振器による加振である（図 6.1）．図の電磁加振器程度のサイズの主な性能諸元を下記に示す．

1) 重量：約 25 kg
2) 駆動ストローク：peak–to–peak で $A \leq 7\,\mathrm{mm}$ 程度
   （ただし鉛直向きで使用したり，静荷重を与えて加振したりする場合には，中立位置が次項の軸方向 stiffness の割合で偏るので，それだけ駆動振幅は減少する）
3) 軸方向 stiffness：約 12 N/mm
4) 最大加振力：$F\sin(2\pi ft)$ と表現すると，$F \leq 50\,\mathrm{N}$ 程度
   （ここで，f は駆動振動数（Hz），t は時間 (sec.) を表す）
5) 駆動可能周波数：$2\,\mathrm{Hz} \leq f \leq 30000\,\mathrm{Hz}$ 程度

図 **6.1** 電磁加振器によるロッドと力センサーを介した加振

加振器と加振対象構造物の結合には，引張と圧縮強度が十分あり，曲げに対しては適度な柔軟性のあるロッドが用いられ，そのロッドの先端には力センサーが取り付けられる．その力センサーを介して加振対象物と電磁加振器が接続される．ロッドとして手に入りやすい具体的材料の代表はピアノ線である．加振力は力センサーで計測できる．図 6.2 は加振器による乗用車用エンジンのモード試験の例である．加振器は，信号発生器で発生させた振動波形信号どおりに駆動される．どのような加振波形信号を使うかについては後述する．

もう一種の手軽にできる標準的な加振方法は，打撃試験用ハンマーによる打撃加振である．図 6.3 が打撃試験用ハンマーの例である．このハンマー程度のサイズのものの主な性能諸元を下記に示す．

図 6.2 電磁加振器によるエンジン加振試験風景

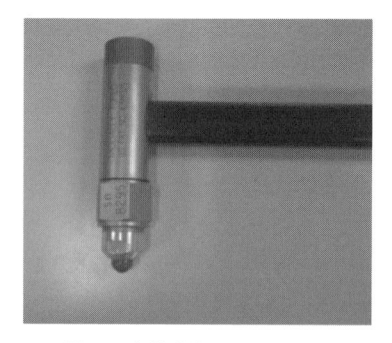

図 6.3 打撃試験用ハンマーの例

1) 重量：約 160 g
2) 最大加振力：F と表現すると，$F \leq 450\,\mathrm{N}$ 程度
3) 力センサーの感度：$10\,\mathrm{mV/N}$ 程度
4) 加振力スペクトル帯域（上限）：約 $\leq 8000\,\mathrm{Hz}$
　　（なお，打撃点材料と打撃試験者の技量に多少左右される）

ハンマーヘッド先端近くの六角ナット状に見える部分（図中ハンマーヘッドの下側部分）が力センサーである．センサー信号はハンマーヘッド内部および柄（ハンドル）の内部を通りグリップ端点の外部のコネクターにつながっている．図においてハンマーの先端（打撃点）は，加振したい周波数帯域に合わせて適切な硬度の材料による打撃点チップを取り付けることが重要である．基本的には高周波帯域まで加振したい場合は，発生時間がより瞬間的となる鋭いインパルス的衝撃力で加振する必要があるので高い硬度のもの（例えばチタン，アルミなど）を，逆に比較的低周波数帯域の加振をしたい場合には硬度の低い材料チップ（例えばプラスチック，ゴム材料など）を用いる．打撃試験ハンマー用のチップとしては 5 段階程度の異なる硬度のものが付属品およびオプション品として市販されている．図 6.4 はボールペンサイズの小形打撃試験

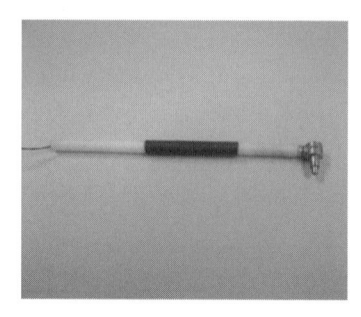

図 6.4 ボールペンサイズの小形打撃試験用ハンマーの例

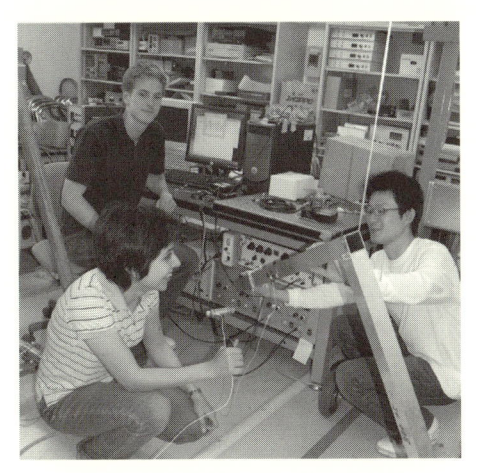

図 **6.5** 打撃試験風景の例（2009 年撮影）

用ハンマーの例である．情報機器関係などの小型構造物の振動試験に利用される．図 6.5 に著者研究室の学生たちによる基礎打撃試験風景を示す．

a. 加振器での加振信号波形

加振器による加振法で実用的に広く使われている主な加振力信号は

1) 正弦波
2) 重畳正弦波（マルチサイン波）
3) 高速掃引正弦波（スウェプトサイン波）
4) 不規則波（ランダム波）

である．

理論的および歴史的（FFT が実用化される以前からの）に，基本の波形は正弦波加振による定常加振（調和加振）である．波効率が一番高くて定常加振（一定の周波数で加振し続けて加振対象物の振動もその振動数成分だけになった状態で計測）するので，最も精度よく周波数応答関数を得ることができる．しかし，この方法では計測時間がひじょうに長くかかるので，現在では，マルチサイン波，高速掃引サイン波（スウェプトサイン波）またはランダム波が，広く実用的に使われている上位 3 種類の加振波信号であろう．これらの加振波信号でのモード試験は，使用する FFT アナライザーと同調設定された信号発生器を用いて行うことが肝要である．

計測時間の模式図 6.6 を使って，基礎的に実際のデジタル計測機器による加振波を解説する．サンプリング速度（計測速度）を Δt，サンプリング点数を n と表して，図 (A) においてサンプリング時間を T と表す．希望する計測最高周波数（ナイキスト周波数）を $f_{\max}$ とすれば，フーリエ変換（7.1.4 節の式（7.35））での解説のとおりに

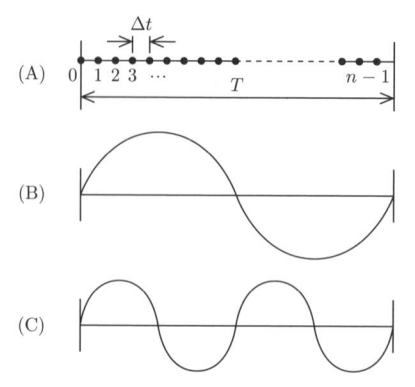

図 6.6 加振波形信号説明のためのサンプリング時間の模式図

$$\Delta t = \frac{1}{2f_{\max}}$$

の関係を成立させなければならない．そして，測定点数が n であるから，計測時間は

$$T = n\Delta t = \frac{n}{2f_{\max}}$$

と理論的に設定されることになる．

例えば，使用する FFT アナライザー設定において，計測最高周波数を $f_{\max} = 1000\,\mathrm{Hz}$，サンプリング点数を $n = 1024$ と設定すれば，FFT アナライザーは自動的に $\Delta t = 0.0005\,\mathrm{sec.}$，$T = 0.512\,\mathrm{sec.}$ をセットする．

周波数応答関数はフーリエ変換（実際には高速フーリエ変換使用）の演算処理を経て求めるので，リーケージ誤差の回避（または低減）が重要である．そのために信号発生器と FFT アナライザーを次のように同調させて加振信号を生成（出力）する．

■正弦波

最低加振周波数は，図 6.6 の (B) に描くように，サンプリング時間 T がちょうど 1 周期となる周波数，すなわち，

$$f_1 = \frac{1}{T} \quad (\mathrm{Hz})$$

に設定する．これであれば，サンプリング時間の最初と最後で信号が完全に連続となりリーケージ誤差を回避できるからである．

同様に考えて，2 番目に低い定常加振周波数は，図 (C) に示すように，サンプリング時間 T がちょうど 2 周期となる周波数，すなわち，

$$f_2 = \frac{2}{T} \quad (\mathrm{Hz})$$

に設定する．こうして，最高加振周波数は，ナイキスト周波数の

$$f_{\frac{n}{2}} = \frac{n}{2T} \quad (\mathrm{Hz})$$

となる．結論として正弦波信号は

$$A\sin\left(\frac{2\pi i}{T}t\right) \qquad \left(i=1 \sim \frac{n}{2}\right) \tag{6.2}$$

である．ここで，振幅 A は信号発生器の信号出力ボリュームを設定できる値である．

リーケージ誤差を発生させないように正弦波周波数をデジタルコントロールしているので，窓関数は不要（値が 1 の矩形窓関数を設定したと解釈できる）である．

■重畳正弦波（マルチサイン波）

これは，最低周波数がちょうど $\frac{1}{T}$ の正弦波，次の周波数が $\frac{2}{T}$，その次が $\frac{3}{T}$，…最高周波数がナイキスト周波数までと複数の正弦波の重ね合わせ信号である．リーケージ誤差を回避するために波長の整数倍がちょうどサンプリング時間になるよう各正弦波成分を設定する．著者は加振器加振の振動試験ではこの信号を最も多用している．上記の調和正弦波 $\omega_1 \sim \omega_{\frac{n}{2}}$ をすべて重ね合わせ（同時発信し）生成される信号波である．すなわち，サンプリング時間を T として

$$s(t) = \sum_{i=1}^{\frac{n}{2}} \sin\left(\frac{2\pi i}{T}t\right) \tag{6.3}$$

で生成される加振信号である．この波形での加振でも，リーケージ誤差を発生させないような正弦波周波数成分の重畳をデジタル処理で実現しているので，窓関数は不要（値が 1 の矩形窓関数を設定したと解釈できる）である．

■高速掃引正弦波（スウェプトサイン波）

この信号は，1 回のサンプリング時間内で希望に応じて設定した最低周波数 f_1 (Hz) から最高周波数 $f_{\max}$ (Hz) まで連続的に正弦波を掃引変化させる加振信号である．サンプリング時間を $0 \sim T$ として，その中で，t_0 の時点で最低周波数 f_1 (Hz) の正弦波信号を発生させ始めて，t_s の時点まで信号周波数を高速掃引して最高周波数 $f_{\max}$ (Hz) に達して信号を停止するとした場合，サンプリング時間内の任意の時刻 t でこの掃引正弦波信号（振幅 1 として）$s(t)$ は，

1) $0 \leq t < t_0$ のとき

$$s(t) = 0$$

2) $t_0 \leq t \leq t_s$ のとき

$$s(t) = \sin\left(2\pi \int_{t_0}^{t} \left[\frac{f_s - f_0}{t_s - t_0}\tau + f_0\right] d\tau\right) \tag{6.4}$$

3) $t_s < t < T$ のとき

$$s(t) = 0$$

の時間関数で生成できる．

図 6.7 には，サンプリング時間 $15\,\text{sec}$. で $t_0 = 2\,\text{sec}$., $t_s = 13\,\text{sec}$. の間に $0.1 \sim$

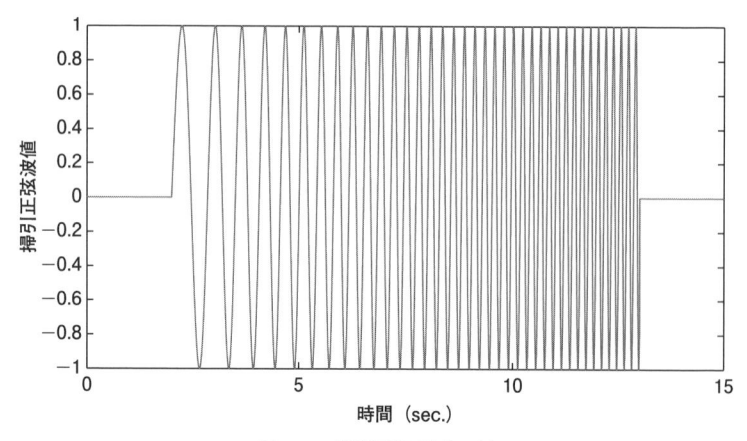

図 6.7 高速掃引正弦波の例

5 Hz まで掃引するように設定した掃引正弦波（式 (6.4)）の例を示す．

■不規則波（ランダム波）

この信号は，名称どおりに，完全不規則信号を理想波として，人工的（疑似的）に最低周波数 $f_1 \sim f_{\max}$ (Hz) の周波数帯域だけのスペクトル分布となるランダム波（擬似白色信号）である．

この波形の場合には，リーケージ誤差を緩和するために，標準としてはハニング窓関数を利用する．ハニング窓関数は，サンプリング時間を $0 \sim T$ とすると

$$\sin^2\left(\frac{\pi t}{T}\right) \tag{6.5}$$

の関数で表現される計測信号に乗じられる'重み付け関数'である．図 6.8 に時間軸での形を示す．計測時間 $0 \sim T$ の範囲でサンプリングされた信号にそれぞれのサンプリング時点でのこの窓関数の値を積算すると，計測開始時と終了時の付近での信号は強制的にゼロに収束させられるので，信号の最初と最後の連続性を人為的に保たせて，リーケージ誤差を緩和する．

なお，信号処理などのほとんどの書籍では，図 6.8 に対応する計測時間（横軸目盛）

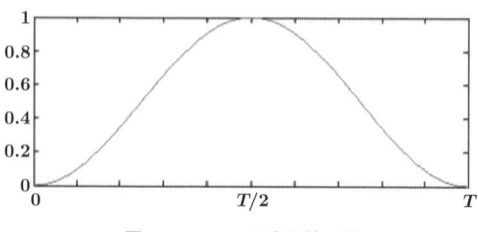

図 6.8 ハニング窓関数の形

は $-\frac{T}{2} \sim \frac{T}{2}$ と設定しているので，ハニング窓関数は

$$W(t) = \cos^2\left(\frac{\pi t}{T}\right) \tag{6.6}$$

の数式で示されている．

6.2.2 打撃試験と打撃力特性および窓関数

打撃試験での理想形は，インパルス加振力を与えて，構造物のインパルス応答を計測して周波数応答関数を求めることである．しかし，現実的には以下のような課題がある．
1) 理想のインパルス波形の加振力は発生できない．
2) 比較的低周波帯域の振動成分を集中的に起振するには，加振エネルギーをその帯域に集中させないと精度よい周波数応答関数を得られない．
3) 構造物が低減衰であると，サンプリング時間内にはインパルス応答が収束せずに，窓関数をまったく考慮しないとリーケージ誤差が大きな信号処理となってしまう．この対処として，加振力信号側には Force 窓関数と呼ぶ部分的矩形窓関数が，振動応答信号側には指数窓関数が適用される．
4) 一般的な打撃試験では，実施者が打撃試験用ハンマーを構造物にフリーハンドで打ち付ける要領で実施されるので，打撃点位置や打撃の向き，打撃力の大きさが毎回かなり変化してしまう．そのため，手軽に実施できる加振方法ではあるが，精度と安定性の点で加振器加振に比べて低い．
5) 1 打撃試行で 2 度叩き（加振対象構造物の加振点振動でハンマーヘッドとキックバック接触を発生させる）などを起こしてしまう場合もある．最初の打撃の直後（打撃された構造物の加振点が振動して戻ってくる前）に打撃者の筋力によってハンマーを後ろに引き戻すことは困難なので，ハンマーヘッドに構造物の加振点付近の表面がキックバックの打撃的接触を起こしてしまう．すなわち，2 度叩きとなる．場合によっては 3 度叩き，4 度叩きすら発生させてしまう．このような状況での打撃試験を実施すると，何度もやり直しが発生し，実験担当者は精神的および生理的ストレスを感じ[20]，本来手軽にできると言われる打撃試験法も時間がかかり，得られるデータの精度もよくない事態になりかねない．

6.2.3 打撃試験実施上の技術

そこで，ここでは上手な打撃試験実施のための基本的知識と技術を述べる．

a．2 度叩きを防ぐために

力学の「2 体問題」として，おはじき遊びにおける 2 つの質点を考える．静止している質点 A にもうひとつの質点 B が自由運動で飛んできて衝突する場合に，もし質

点 A の質量が質点 B よりも大きければ質点 B は衝突後に衝突地点からはじき返される．質点 A の質量が B よりも小さいと質点 B は衝突後に衝突地点よりもさらに前進する．両者の質量が同一であれば，質点 B は衝突後ちょうど衝突地点に静止する．

振動試験の場合には打撃対象構造物の打撃点慣性（等価質量）がハンマーの質量よりも大きいと，打撃瞬間後に自然にハンマーは後ろにはじき返される．こうして 2 度叩きを防ぐことができる．

この理屈から，打撃試験ハンマーは，構造物の打撃点における 1 次から計測周波数帯域内のすべての次数の固有振動に関する慣性（等価質量）よりも小さな質量（重量）のものを使うことが肝要である．もちろん，振動試験前には構造物の被打撃点位置での各次数固有振動の等価質量は未知であるのだが，試し打撃や経験に基づいて両者の関係を定性的に判定して，適切な質量のハンマーヘッドを選定するか，もしくは構造物上の被打撃点として等価質量がハンマーヘッド質量より大きなところに変更するとよい．

b. 低減衰構造物の試験におけるリーケージ誤差の抑制

サンプリング時間内に打撃による応答振動が完全に減衰してしまう場合には，矩形窓関数を選べばよい．すなわち，窓関数による信号の加工は一切不要である．

しかし，図 6.9 の例図のように，サンプリング時間内で完全に減衰し終えない場合には，図 6.10 に示すような指数窓関数を使う．振動応答信号にはサンプリング時間全体にわたって指数窓関数を，そして，打撃力信号にはサンプリング開始時から打撃力が発生し終える時間までの区間に関して同じ指数関数であって，それ以降はゼロとなる部分区間指数窓関数を使う．このペアの窓関数を 'Force & response 窓関数' と呼ぶ．

サンプリング時間を T として，その終端時に元々の計測信号を α 倍（例えば $\alpha = 0.1$ 倍とか $\alpha = 0.01$ 倍など）に設定する指数窓関数として

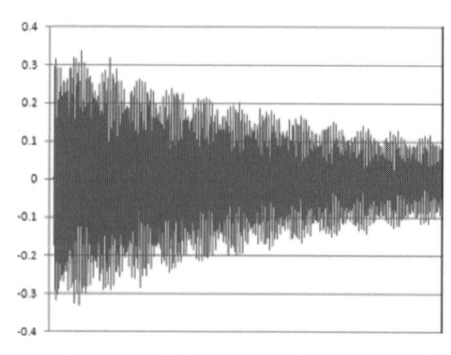

図 6.9 サンプリング時間内で減衰しない打撃試験応答信号

6.2 モード振動試験

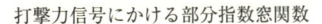

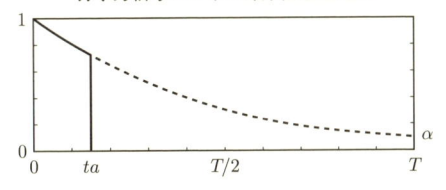

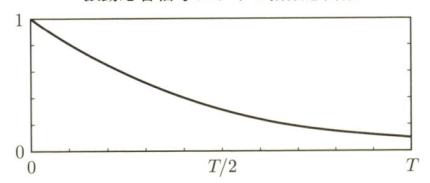

図 6.10 打撃試験用の指数窓関数（Force & response 窓関数）

$$c = \ln \alpha$$
$$\downarrow \qquad (6.7)$$
$$W(t) = e^{\frac{c}{T}t}$$

のように指数窓関数を利便的パラメータ定義して設定するとよい．

例として図 6.9 に $\alpha = 0.001$ の指数窓関数をかけると図 6.11 のようになり，サンプリング時間終端での信号がほぼゼロとなってリーケージ誤差を緩和することができる．

重要な点は，現実的に計測信号取り込み開始のトリガー位置はサンプリング開始時点から少し遅らせて（サンプリング時間開始後に）設定しなければならないから，打撃力信号に対しても振動応答信号とまったく同じ指数減衰窓関数（ただし，部分的区間のみで，打撃作用終了後のサンプリング区間については窓関数をゼロとする）を使

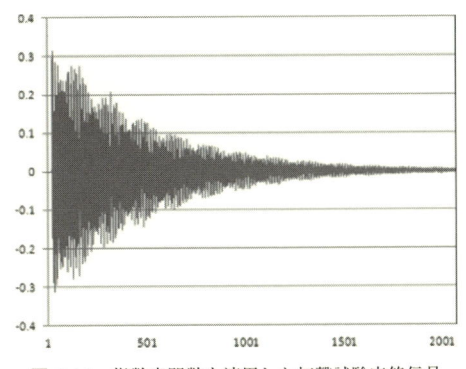

図 6.11 指数窓関数を適用した打撃試験応答信号

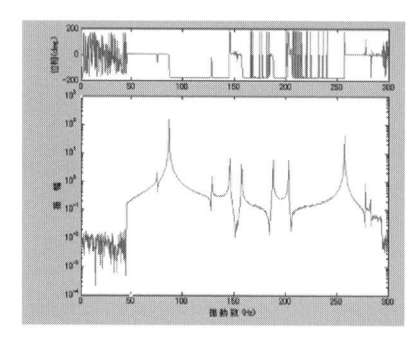

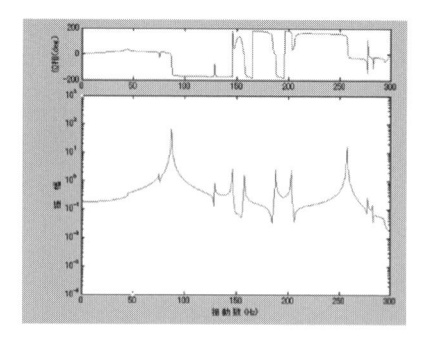

図 6.12　指数窓関数を処理有無による周波数応答関数計算の差異の例

う必要があることである．もし部分的矩形窓関数を用いてしまうと，トリガー位置を遅らせれば遅らせるほど各固有モードのモード剛性とモード質量（等価質量）が正解値より大きな値として同定されてしまう[18]．

図 6.12 の左に図 6.9 の信号から離散フーリエ変換で求めた周波数応答関数を，また右側に図 6.11 から求めた周波数応答関数を比較して示す．左側のグラフに比べて右側のグラフは窓関数処理を通したためにリーケージ誤差が大幅に緩和されて，位相と振幅ともに関数の乱れが小さくなっていることがわかる．また，右の振幅図において共振峰の高さは低くなっている．すなわち，指数窓関数の設定分，見かけ上，減衰が大きな構造物としての応答関数が得られている．

この窓関数を使って得た周波数応答関数に対して実験モード解析のモード特性同定法を実施して得たモード減衰比の値は，窓関数で設定した人為的成分を取り除く必要がある．モード特性同定法で得られた各次数 i の固有振動のモード減衰比を ζ_i とすると，式 (6.7) の指数窓関数定義に従って，

$$\zeta_{(i,org)} = \zeta_i - \frac{c_i}{\Omega_i T} = \zeta_i - \frac{\ln \alpha}{\Omega_i T} \tag{6.8}$$

の補正計算で，本来同定すべきモード減衰比 $\zeta_{(i,org)}$ を求める．ここで，Ω_i は i 次の固有角振動数である．

c.　ハンマーヘッドの硬度と信頼できる計測周波数帯域

理論的基礎検討をする．打撃力信号を $x(t)$ と表し，図 6.13 に描くような時間幅 W,

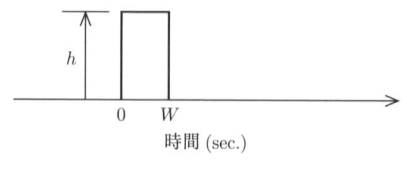

図 6.13　矩形信号

高さ h の矩形波と仮定して行う．フーリエ変換でそのスペクトル $X(\omega)$ を解析計算すれば

$$\begin{aligned}
X(\omega) &= \frac{1}{2\pi}\int_{-\infty}^{\infty} x(t)e^{-j\omega t}dt \\
&= \frac{1}{2\pi}\int_{0}^{W} he^{-j\omega t}dt \\
&= \frac{h}{2\pi}\left[-\frac{1}{j\omega}e^{-j\omega t}\right]_{0}^{W} \\
&= \frac{h}{2\pi}\cdot\frac{1-e^{-j\omega W}}{j\omega} \\
&= \frac{hW}{2\pi}\cdot\frac{1-e^{-j\omega W}}{j\omega W}
\end{aligned} \quad (6.9)$$

である．任意の周波数 ω (rad/s) を振動数 f (Hz) に変換してこのスペクトルの絶対値を表すと

$$|X(f)| = \frac{hW}{2\pi}\left|\frac{1-e^{-2j\pi fW}}{2j\pi fW}\right| \quad (6.10)$$

となる．グラフに描くと図 6.14 のようになる．

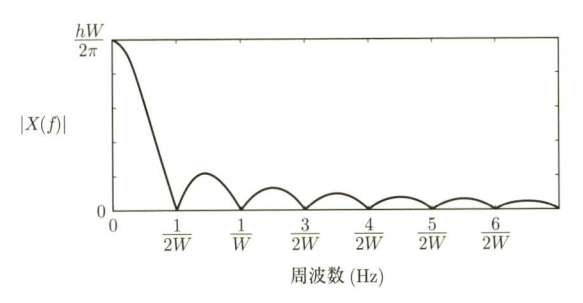

図 **6.14** 矩形信号のスペクトル解析関数の絶対値

例として W の値を 0.001 sec., 0.0005 sec. および 0.00025 sec. の 3 通りに設定した場合について描くと図 6.15 のようになる．矩形の幅値 W が小さくなればこのように 0 Hz で値 $\frac{hW}{2\pi}$ のスペクトルは，正弦波の 4 分の 1 波長形状的に周波数 $\frac{1}{W}$ (Hz) まで伸びて，そこで一度ゼロとなり，それより高周波数では $\frac{1}{W}$ (Hz) ごとに極大値をもつスペクトル構成となる．そこで，打撃試験では，構造物励振の周波数 $\frac{1}{W}$ (Hz) 以下で十分に値の高い周波数帯域のみが相対的に十分な加振エネルギーを持っているので，その周波数帯域の周波数応答関数を有効範囲と判断する．したがって，高周波数帯域まで周波数応答関数を求めたければ W を狭くしなければならないのでハンマー

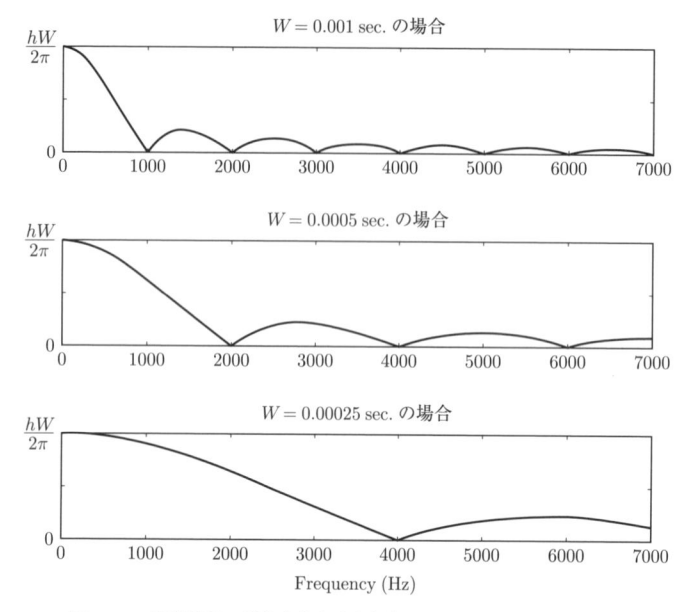

図 6.15 矩形信号の幅を変化させたときのスペクトルの絶対値の例

ヘッドの先端チップを硬度の高いものとする．そして，加振エネルギーを十分にするために h を大きく，すなわち比較的強い打撃をする．一方，比較的低い周波数帯域の周波数応答関数でよい場合にはハンマーヘッド先端チップを比較的柔らかいものとして W を広くして，打撃試験を実施する．

理論的に，矩形波の $W \to 0$ の極限を求めるとインパルス波となる．そのスペクトルは式 (6.9) から

$$\lim_{W \to 0} X(f) = \lim_{W \to 0} \frac{hW}{2\pi} \cdot \frac{1 - e^{-2j\pi fW}}{2j\pi fW} = \frac{hW}{2\pi} \quad (6.11)$$

と計算でき，無限に高い周波数まで一定値のパワースペクトルとなる．ここで，$hW = 1$ と設定して，$W \to 0$ の極限とした矩形波を単位インパルスと呼ぶ．周波数応答関数は'出力（振動応答）÷入力（加振力）'であるから，周波数応答関数は単位インパルス応答のスペクトルと同じである．言い換えると，**周波数応答関数を逆フーリエ変換して得られる時間軸波形は単位インパルス応答である**．

実際に3種類の硬度のハンマーヘッドの例を図 6.16 に示す．(a), (b), (c) の順に，プラスチック，アルミ，チタン材のヘッドチップで硬度が異なる．それらで，ある片持ち平板を打撃したときの打撃力スペクトルを図 6.17 に示す．前述の基礎理論のとおりのスペクトルの様相となっている．

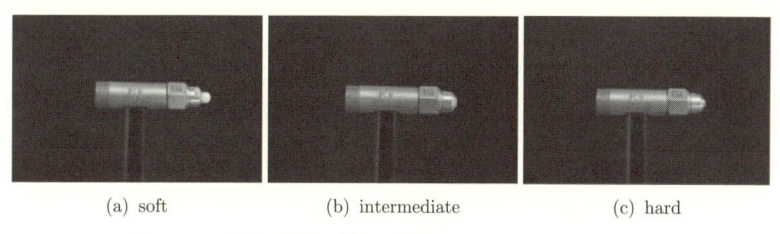

(a) soft　　　　　(b) intermediate　　　　(c) hard

図 **6.16**　3 種類の硬度の異なる打撃ハンマーヘッドチップの例

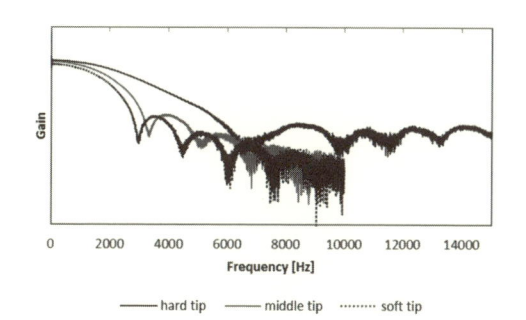

―― hard tip　　―― middle tip　　……… soft tip

図 **6.17**　3 種類の硬度の異なるハンマーヘッドチップによる加振力スペクトルの比較

6.2.4　振動応答計測法

モード試験での基本的な加振方法は，前述のとおりであるが，それによって加振された対象構造物の振動応答は次のようなセンサーで計測される．

まず，最も手軽に広く使われているセンサーが加速度センサーである．図 6.18 に 3 軸加速度計の一例を示す．14 mm 角のサイズで重量約 8 g，$10\,\mathrm{mV/(m/s^2)}$ 程度の感度で周波数帯域 $0.3 \sim 6\,\mathrm{kHz}$ 程度まで $\pm 500\,\mathrm{m/s^2}$ の範囲の加速度を計測できる．図 6.19 は重量 210 g，感度 $100\,\mathrm{mV/(m/s^2)}$，周波数帯域 $0.15 \sim 1000\,\mathrm{Hz}$ の 1 軸高感度

図 **6.18**　加速度計の例（3 軸加速度計） 　　図 **6.19**　加速度計の例（1 軸高感度加速度計）

計測加速度計の例である．

図 6.20 はレーザー振動計の例である．レーザー光線の照射と構造物振動面からの反射光の周波数の差（ドップラー効果）に基づいて振動速度を非接触で計測する．

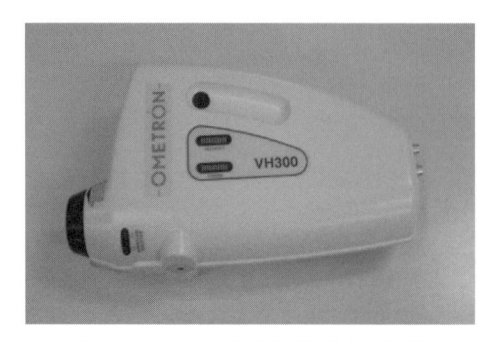

図 6.20 レーザー振動計（振動速度計測）

6.3 周波数応答関数と基本的図示形式

6.3.1 周波数応答関数

モード振動試験では，対象構造物を加振して計測された入出力信号（加振力信号と振動応答信号）について，フーリエ変換を中心とした信号処理によって周波数応答関数を得たいわけである．周波数応答関数とともにその入出力の相関度をチェックするためのコヒーレンス関数も付随データとして得るのが通常である．ここでは，周波数応答関数とコヒーレンス関数の実際的な求め方を解説する．

計測対象構造物のある加振点に加える加振力を $f(t)$，振動測定点の応答を $x(t)$ とする．これらの周波数スペクトルを $F(\omega)$ と $X(\omega)$ と表し，その 2 点間の周波数応答関数を $H(\omega)$ とすれば，これら三者の定義は

$$H(\omega) = \frac{X(\omega)}{F(\omega)} \tag{6.12}$$

である．しかし，現実的には計測信号には誤差が混入しているので次のような演算で周波数応答関数を求める．演算方法には誤差混入の考え方から 3 種類ある．

a. H_1 推定

まず，H_1 推定と呼ばれる標準的な方法を説明する．通常，実験モード解析計測システムで計測される周波数応答関数は H_1 推定である．加振力の計測信号，すなわち入力信号は誤差なく得られると仮定し，振動応答の計測信号，すなわち出力信号のみに偶然誤差（誤差の分布が正しい信号値を中心に正規分布するような誤差）が混入して

いると仮定する．

振動応答スペクトル $X(\omega)$ を，真の応答スペクトル $R(\omega)$ と計測上での偶然誤差スペクトル $E(\omega)$ の和として表現する．すなわち，

$$X(\omega) = R(\omega) + E(\omega) \tag{6.13}$$

と考える．これに加振力スペクトル $F(\omega)$ の共役スペクトル $\bar{F}(\omega)$ を乗じると

$$W_{fx}(\omega) = \bar{F}(\omega)\left(R(\omega) + E(\omega)\right) = \bar{F}(\omega)R(\omega) + \bar{F}(\omega)E(\omega) \tag{6.14}$$

と計算でき，入出力のクロススペクトルとなる．ここで，$\bar{F}(\omega)E(\omega)$ の項は $E(\omega)$ が $F(\omega)$ とは無相関な偶然誤差であるとの仮定から，理想的には（無限回平均をとれば）無視できるものとなる．一方，入力信号のパワースペクトルは

$$W_{ff}(\omega) = \bar{F}(\omega)F(\omega) \tag{6.15}$$

で計算できる．したがって，H_1 推定の周波数応答関数（伝達関数）$H(\omega)$ は

$$H(\omega) = \frac{W_{fx}(\omega)}{W_{ff}(\omega)} = \frac{\bar{F}(\omega)R(\omega) + \bar{F}(\omega)E(\omega)}{\bar{F}(\omega)F(\omega)} = \frac{\bar{F}(\omega)R(\omega)}{\bar{F}(\omega)F(\omega)} \tag{6.16}$$

の演算で求める．実際の振動試験では，何回かの加算平均処理（著者の場合は，打撃試験法では 4 回程度，加振器加振の場合は 16〜32 回程度）により，出力に含まれる偶然誤差は統計的に縮小され，精度のよい周波数応答関数を得ることができる．

コヒーレンス関数

周波数応答関数を求める際に，加振入力と振動応答出力の相関度合いを観察する関数としてコヒーレンス関数が定義され利用されている．ここでは内積の概念に基づいて簡潔に現実的な説明をする．

n 回の試行による入力信号スペクトルと出力信号スペクトルを次のように複素数成分のベクトルにまとめて表現する．

$$\begin{aligned} I(\omega) &= [F_1(\omega), F_2(\omega), F_3(\omega), \cdots, F_n(\omega)] \\ O(\omega) &= [X_1(\omega), X_2(\omega), X_3(\omega), \cdots, X_n(\omega)] \end{aligned} \tag{6.17}$$

これら 2 つの複素数成分ベクトルの相関度であるコヒーレンス関数（γ_{fx}^2 と表す）は，内積計算の定義で表現される．すなわち，2 つのベクトルが互いに直交していれば完全無相関（相関性ゼロ），平行であれば完全相関（相関性 1）と考え，その間の相関度合いを $0 \sim 1$ の値で表現する．内積計算で現れるベクトル間のなす角度の cosine の二乗の値がコヒーレンス関数の値である．数式で示せば

$$\begin{aligned}
\gamma_{fx}^2 &= \frac{\left(\sum_{i=1}^n F_i(\omega)\bar{X}_i(\omega)\right)\left(\sum_{i=1}^n \bar{F}_i(\omega)X_i(\omega)\right)}{\left(\sum_{i=1}^n F_i(\omega)\bar{F}_i(\omega)\right)\left(\sum_{i=1}^n \bar{X}_i(\omega)X_i(\omega)\right)} \\
&= \frac{\bar{W}_{fx}W_{fx}}{W_{ff}W_{xx}} \\
&= \frac{\left(\sum_{i=1}^n \bar{H}_i(\omega)\right)\left(\sum_{i=1}^n H_i(\omega)\right)}{n\sum_{i=1}^n \bar{H}_i(\omega)H_i(\omega)}
\end{aligned} \tag{6.18}$$

で計算できる.ここで $H_i(\omega)$ は n 回の試行のうちの i 番目の試行で得られた周波数応答関数を表している.

コヒーレンス関数の値の取り得る範囲は,$0 \sim 1$ の範囲である.値が 0 のときは入出力が完全に無相関であることを意味し,1 のときは完璧な相関であることを意味し,得られた周波数応答関数は入出力の相関性の視点からは完璧なものが得られていると解釈できることになる(ただし,現実的には系統誤差など他の誤差要因があるので,完璧に誤差がないとは必ずしも言えない点にも注意が必要である).

b. H_2 推定

H_2 推定は,加振力の計測信号,すなわち入力信号のみに偶然誤差が混入すると仮定し,振動応答の計測信号,すなわち出力信号には誤差がないと仮定するものである.

加振力信号周波数スペクトル $F(\omega)$ を真の加振力スペクトル $G(\omega)$ と偶然誤差のスペクトル $E(\omega)$ の和として表現する.すなわち,

$$F(\omega) = G(\omega) + E(\omega) \tag{6.19}$$

となる.これに振動応答の共役スペクトル $\bar{X}(\omega)$ を乗ずれば

$$W_{xf}(\omega) = \bar{X}(\omega)\left(G(\omega) + E(\omega)\right) = \bar{X}(\omega)G(\omega) + \bar{X}(\omega)E(\omega) \tag{6.20}$$

と計算でき,入出力のクロススペクトルとなる.$\bar{X}(\omega)E(\omega)$ の項は $E(\omega)$ が出力 $X(\omega)$ とは無相関との仮定から理想的には無視できるものとなる.一方,振動応答出力のパワースペクトルは

$$W_{xx}(\omega) = \bar{X}(\omega)X(\omega) \tag{6.21}$$

したがって,入力のみに偶然誤差(不規則信号)が混入する場合の H_2 推定の周波数応答関数(伝達関数)は

$$H(\omega) = \frac{X(\omega)}{G(\omega)} = \frac{\bar{X}(\omega)X(\omega)}{\bar{X}(\omega)G(\omega)} = \frac{W_{xx}}{W_{xf}} \tag{6.22}$$

の計算のとおりに,出力のパワースペクトルを入出力のクロススペクトルで割り算すれば得られる.

c. H_v 推定

入力と出力の両方に偶然誤差が混入すると仮定しての周波数応答関数導出は H_v 推定と呼ばれる．そこで，H_v 推定はその絶対値が H_1 推定と H_2 推定の相乗平均，位相が入出力のクロススペクトルの位相と定義されたものである．すなわち，

$$H(\omega) = \sqrt{H_1(\omega)H_2(\omega)} = \frac{W_{fx}}{|W_{xf}|} \cdot \sqrt{\frac{W_{xx}}{W_{ff}}} \tag{6.23}$$

で計算される．

6.3.2 基本的図示形式

周波数応答関数は複素数で得られ，まず図示して，計測の妥当性を確認してから，モード特性同定法などの次の解析工程に進む．周波数応答関数の図示法として最も広く使われているものが，ボード線図である．図 6.21 に周波数応答関数のコンプライアンス（変位/力）の例を示すように，位相と振幅での表現法である．振幅のグラフを見てピーク（共振峰と呼ぶ）となっている周波数が共振振動数（固有振動数）である．位相でみれば ±90° 位置をよぎる周波数である．

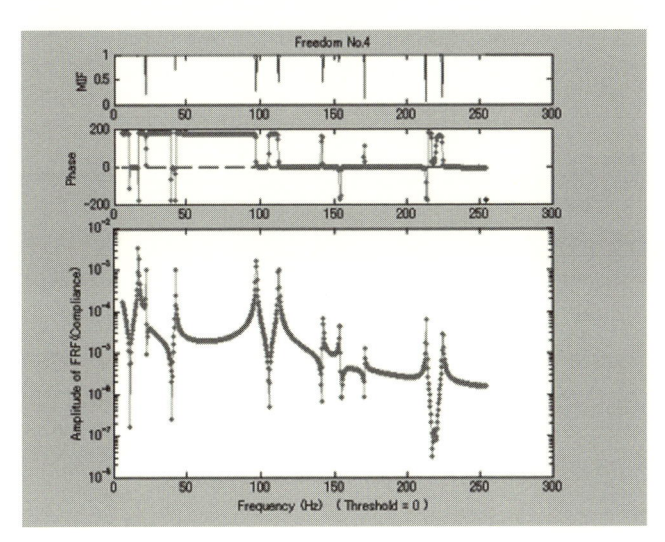

図 6.21 ボード線図（コンプライアンスの表示）の例

加振点の自己周波数応答関数のボード線図は図 6.22 の例のように，共振峰と反共振溝が交互に現れる特長がある．表示周波数応答関数がコンプライアンスであれば位相は理論的に 0°～−180° の範囲となる．したがって，モード振動試験を実施するとき

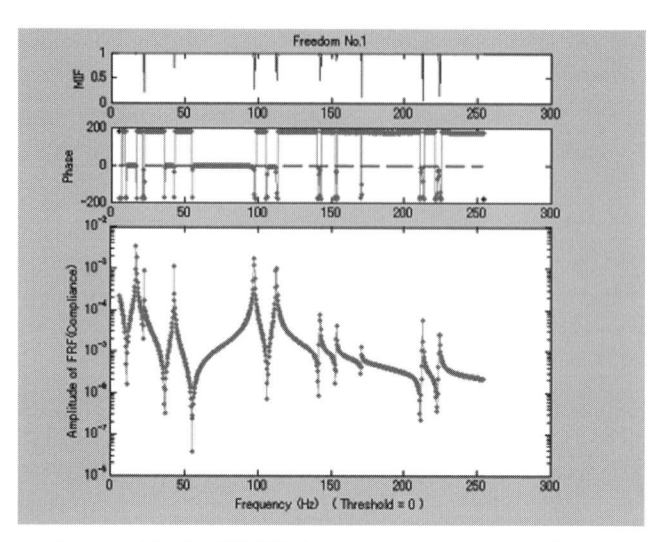

図 6.22 自己応答周波数関数（コンプライアンス）のボード線図の例

には，まず最初に自己周波数応答関数を計測してこの特徴をボード線図で確認してから，加振点以外および加振点ではあるが加振力方向と振動応答計測方向が異なる間での周波数応答関数の計測を行うことを，失敗のない計測作業として勧める．

図 6.23 はコクアド線図と呼ばれる表示法である．周波数応答関数の実部と虚数部を

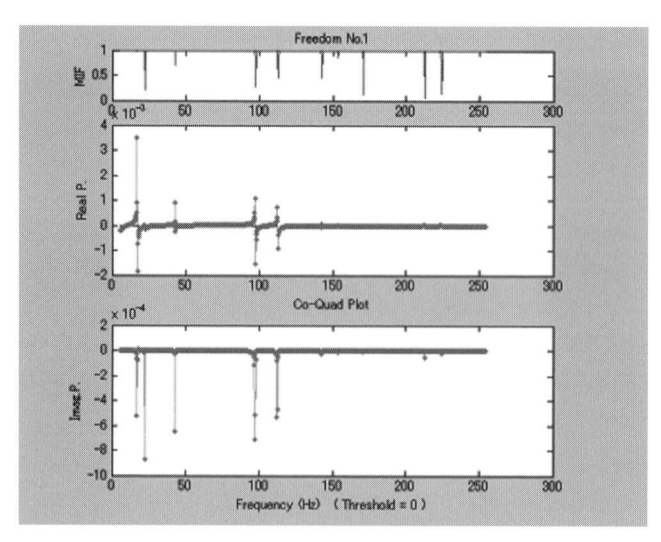

図 6.23 コクアド線図の例

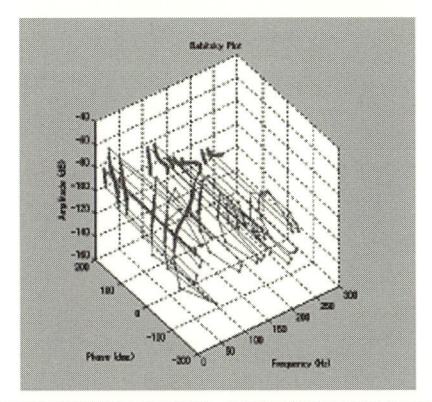

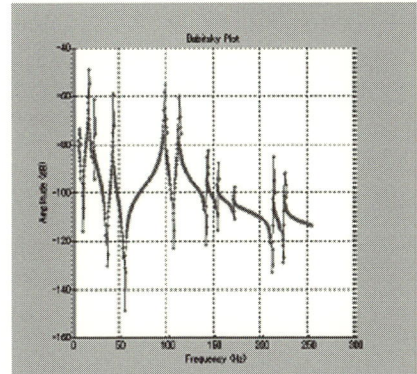

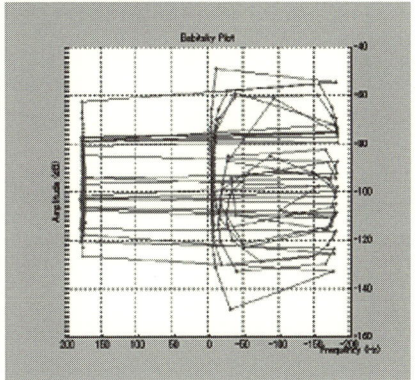

図 **6.24** バビスキー線図の例
カラー口絵 1 参照.

別々にグラフにする形式である.

図 6.24 はバビスキー線図（厳格には Babitsky–Sokolov 線図）と名付ける周波数応答関数表現で，周波数軸，位相軸，振幅軸で 3 次元的に表示するものである．同図左下図に示すように周波数軸・振幅軸に対して正面から見るとボード線図の振幅の図と同じで，右下図に示すように位相軸・振幅軸に対して正面からみると共振振動数付近で求められた周波数応答プロットを明確に識別できる．この線図を提案した Babitsky らは，位相軸と振幅軸に対して正面からみる周波数応答関数プロットの性質を利用して，非線形振動メカニズムにおける自動共振状態維持の制御法[22]を提案している．

6.3.3 自己周波数応答関数での共振峰と反共振溝の交互出現特性

6.3.2 項の第 2 段落目で解説した自己周波数応答関数の共振峰と反共振溝が交互に現れる特長について，第 4 章の多自由度不減衰系の理論解説に関連付けて解説する．

式 (4.33) を再掲する.

$$\delta_p(\omega) = \sum_{i=1}^{r} \frac{\frac{\phi_{pi}\phi_{qi}}{k_i}}{1 - \left(\frac{\omega}{\Omega_i}\right)^2} + z_{pq} \tag{6.24}$$

この式の右辺第 1 項が，注目する周波数帯域内に存在する 1 次からある次数 r 次までの固有振動成分である．自己周波数応答関数では加振自由度と応答自由度が同一であるから，分子は常に

$$\frac{\phi_{qi}^2}{k_i} > 0 \tag{6.25}$$

となる．したがって，分母の符号が固有角振動数より低周波と高周波側で正から負に変化することを考慮すると，3 つの共振峰の重ね合わせの模式図 6.25 に例示するように，矢印で示す各共振峰の間で各次数成分の周波数応答関数の合計値がゼロとなる周波数点（反共振溝）が必ず存在することになる.

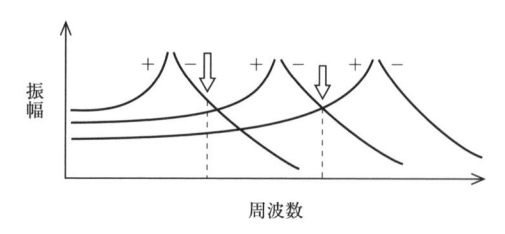

図 6.25 自己周波数応答関数の共振峰と反共振溝の交互配置の原理模式図

この反共振溝の周波数の物理的な意味は，振動試験や理論解析上でその構造物にすでに設定されている境界条件に加えて，その加振自由度（応答自由度も同一）を固定にした状態での構造物の共振振動数（固有振動数）である．このことを次に説明する．

不減衰系の周波数応答は，式 (4.3) から何の工夫もなく求めようとすれば

$$\boldsymbol{\delta}(\omega) = \left(-\omega^2 \boldsymbol{M} + \boldsymbol{K}\right)^{-1} \boldsymbol{f}(\omega) \tag{6.26}$$

であるので，加振自由度 q の自己周波数応答関数は，クラメルの公式を用いて数式表現とすると

$$\delta_q(\omega) = \frac{\text{adj}\,|\boldsymbol{K} - \omega^2 \boldsymbol{M}|_{qq}}{\det |\boldsymbol{K} - \omega^2 \boldsymbol{M}|} \tag{6.27}$$

となる．ここで，分子は，分母の行列式を構成する行列の第 q 列目を q 行 q 列成分（対角成分）のみ 1 として，他の成分をゼロとした行列の行列式であり，分母の行列 $(\boldsymbol{K} - \omega^2 \boldsymbol{M})$ の q 行 q 列成分に対する余因子行列の行列式である．具体的には

$$\mathrm{adj}\left|\boldsymbol{K}-\omega^2\boldsymbol{M}\right|_{qq}$$

$$\Downarrow 第\ q\ 列$$

$$=\det\begin{vmatrix} k_{11}-\omega^2 m_{11} & k_{12}-\omega^2 m_{12} & \cdots & 0 & \cdots & k_{1n}-\omega^2 m_{1n} \\ k_{21}-\omega^2 m_{21} & k_{22}-\omega^2 m_{22} & \cdots & 0 & \cdots & k_{1n}-\omega^2 m_{2n} \\ \vdots & \vdots & \ddots & \vdots & \vdots & \vdots \\ 0 & 0 & \cdots 0\cdots & 1 & \cdots 0\cdots & 0 \\ \vdots & \vdots & \vdots & \vdots & \ddots & \vdots \\ k_{n1}-\omega^2 m_{n1} & k_{n2}-\omega^2 m_{n2} & \cdots & 0 & \cdots & k_{nn}-\omega^2 m_{nn} \end{vmatrix}$$

(6.28)

のように構成されている．反共振溝の周波数はこの余因子行列式がゼロとなる周波数であるから，まさに対象構造物の加振自由度 q に拘束を付加した場合の固有振動数を意味している．そして，反共振溝付近の伝達関数の振幅レベルはすべての次数成分について比較的低いので，図 6.25 の模式図でも推察できるように，解析対象周波数帯域よりかなり高い固有振動数の固有モードの成分も，反共振峰の周波数位置にはある程度の影響をはっきり与える．

このことから，構造物に亀裂が発生した場合に，亀裂が小さいと非常に高い次数の固有振動数のみがその影響で変化（亀裂のためにモード剛性が変化）し，亀裂が大きくなるにつれて低次の固有振動数まで影響を受けて変化する特長があるので，もしも低い振幅レベルでの振動応答もノイズの影響をさけて精度よく測定できて反共振溝の振動数の微少な変化をモニタリングすることができれば，構造物の健全性（亀裂発生の有無と位置）の診断ができるのではないかと思われる．

6.4 共振モードを漏れなく同定するための計測技術

モード解析理論で導出される周波数応答関数の式 (4.37) などからわかるように，周波数応答関数を作り上げる各次数の固有モードによる成分は，加振自由度の固有モード成分と応答自由度の固有モード成分の積が分子となる分数計算であるので，加振点がモードの節に当たっていたり，応答点の方が節上に位置していると，その固有モード成分は現れない．そして，単点加振多点応答周波数応答関数によるモード特性同定では，自己周波数応答関数に共振峰が現れていないモード次数についてはモード特性を同定できない．この問題を回避する 1 つの方法としては，多点同時加振法が古くに提案されている．しかし，この方法では，複数台の加振器を配置して互いに無相関となるランダム信号で同時駆動し，多点の測定点の振動応答も同時計測しなければなら

ない．当然それだけの多数のセンサーも必要とする．複数加振器を駆動制御して多数のセンサー信号を取り込み周波数応答関数を演算できる同時計測システムは大規模で高額なものとなる．そのために手軽に広くどこでも実施できる加振法ではないと著者は考える．

そこで，加振点（厳格には，加振点の加振方向自由度）は計測対象周波数帯域に含まれるすべての次数の共振モードの腹（固有モード形で振幅が大きい位置）のところに設定しなければならない．しかし当然のことであるが，モード試験を行う時点ではモード特性である固有モードは未知であるので，実用的実施対象の複雑な機械構造物の場合などでは適切な加振点を選び出すことは必ずしも容易ではない．

この問題は，6.3.2項で「モード振動試験を実施するとき，まず最初に自己周波数応答関数を計測」と解説する段取りで実施しても解決しない．その後の多くの測定点についての計測で相互周波数応答関数を計測していくと，その中のいくつかについては，自己周波数応答関数では共振峰としてまったく現れていない周波数位置で共振峰が現れる場合がある．この場合，その次数のモード特性は同定できない．同定したい場合には加振点を変更して最初から振動試験を実施し直さなければならない．

このような場合の効率的な対処技術を，簡単な基礎的例題で紹介する．図6.26のフレーム構造物を周辺自由境界条件下でモード試験するとき，読者諸兄はどの点をどの方向に加振するであろうか？

一般論として構造物で端点のような位置は節とならない知識があるので，図6.26で1番または13番の番号付けをしたどちらかの端点を選ぶ傾向があるのではないかと想像する．著者の研究室で，この単純な形状の供試体を使って学生たちが実施した基礎事例検討では，実際，13番の端点を図中矢印 (Driving point) で示した方向 (y 方向) に加振点を選んだ．その自己周波数応答関数を実際に打撃試験で求めたところ図6.27で示すように得られた．同じ加振点で他の測定点自由度を応答自由度とした相互周波数応答関数も求めたところ，例えば，図6.28に示す測定点5番 z 方向の周波数応答

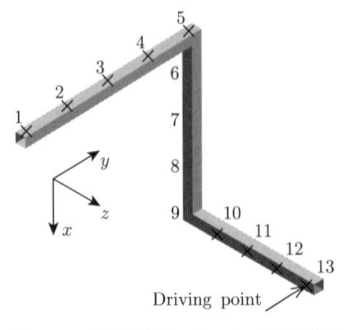

図 **6.26** 直交非対称フレーム構造供試体

6.4 共振モードを漏れなく同定するための計測技術

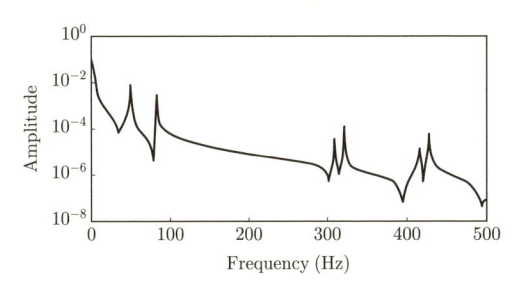

図 **6.27** 測定点 13 番 y 方向加振の自己周波数応答関数

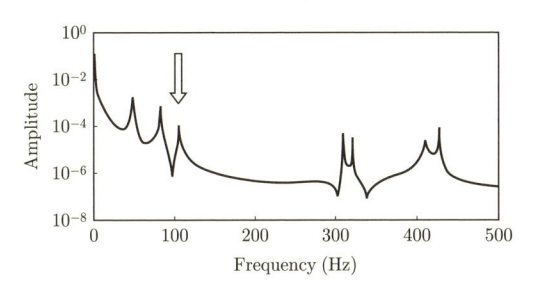

図 **6.28** 測定点 5 番 z 方向の相互周波数応答関数（加振点 13 番 y 方向．図中の⇩に 3 次モード峰が現れている）

関数などには，100 Hz を少し超えた周波数位置に，自己周波数応答関数には現れていなかった共振峰がはっきりと現れていることがわかった．設定したすべての測定点についての相互周波数応答関数を求めて，この共振峰の高さを比較したところ，測定点 5 番 z 方向のものが最も高く，はっきりとした共振峰であった．

そこで，この共振モードに関するモード特性を同定するために，最小限の追加振動試験として測定点 5 番 z 方向の自己周波数応答関数（図 6.29）だけを計測して，まず固有モードの測定点 5 番 z 方向成分 ϕ_{5z} をモード特性同定して求める．その値を既知値として，加振自由度 13 番 y 方向で測定点 5 番 z 方向の相互周波数応答関数（図

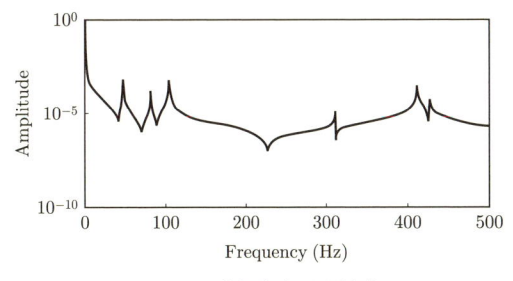

図 **6.29** 追加計測した測定点

6.28) を使ってモード特性同定することで固有モードの加振自由度 13 番 y 方向成分 ϕ_{13y} を同定できる．同定された ϕ_{13y} を既知値として，加振自由度 13 番 y 方向の単点加振によるすべての測定点自由度で得られている周波数応答関数についてモード特性を同定することで，3 次モードのモード特性も含めてモード特性同定を実現できた．

この例示による計測方法を振動試験計測システムに組み込むことによって，振動試験計測を効率的に実施でき，得たデータを無駄にせずに的確にモード特性同定を実現することができる．

6.5　実験モード解析に基づく基礎的構造変更手法 (SDM)

実験モード解析に基づく基礎的構造変更手法 (SDM：structural dynamic modification) を解説する．この手法は，実験モード解析のレベルが旧来の利用手法（構造物の共振振動モード形をコンピュータを使ってグラフィカルにアニメーション表示することで，設計技術者が構造設計変更方法を考える上での参考とすること）から一歩前進させた構造変更予測解析の手法である．すなわち，実験モード解析で同定した構造物のモード特性の結果を使って，その構造物に付加質量や付加剛性を取り付けた場合に変化する共振振動数を定量的に推定できる手法である．

いま，簡潔な説明のために減衰が弱く，比例粘性減衰を十分仮定できる構造物を想定し，SDM は不減衰系としての解析とする．まず，その実体としての構造物上に適当な数の複数の測定点を設定してモード試験から実験モード解析のモード特性同定まで実施し，1 次から b 次までのモード特性（不減衰固有角振動数，モード減衰比，固有モード）が得られたとする．第 s 次の不減衰固有角振動数を Ω_s，固有モードは ϕ_s で，モード減衰比は ζ_s でそれぞれ表すこととする．固有モードは自由度 n のベクトルで，質量行列に関して正規化されたものが同定されているとする．さらに，SDM の解説の便宜上，この構造物の質量行列を M，剛性行列を K と表すこととする．

さて，実験モード解析を実施した構造物（元の構造物）のある適当な部分的場所に，何か付加構造物を完全結合することを考える．例えば，最も単純な付加は分銅のような質点とみなせる小さな「付加質量」である．もう少し現実的な想定であれば補強用のリブ材を溶接接合するとかであろう．いずれにしても，そのような付加構造物について，下記の数式展開上での都合によって，元の構造物の質量行列と剛性行列の自由度に一致させる自由度で質量行列 ΔM と剛性行列 ΔK を表現すると，この付加構造物取り付け後の構造物の運動方程式は

$$\{(K + \Delta K) - \omega^2 (M + \Delta M)\} \delta(\omega) = f(\omega) \tag{6.29}$$

と記述できる．この変位を，元の構造物について実験モード解析で得ている固有モー

6.5 実験モード解析に基づく基礎的構造変更手法 (SDM)

ドの 1 次結合で十分よい精度で表現できると仮定して，

$$\boldsymbol{\delta}(\omega) = \eta_1\boldsymbol{\phi}_1 + \eta_2\boldsymbol{\phi}_2 + \cdots + \eta_b\boldsymbol{\phi}_b = \boldsymbol{\Phi}\boldsymbol{\eta}(\omega) \tag{6.30}$$

で規定する．この式を式 (6.29) に代入して両辺左側から $\boldsymbol{\Phi}^t$ を乗じれば

$$\left\{\left(\boldsymbol{\Phi}^t\boldsymbol{K}\boldsymbol{\Phi} + \boldsymbol{\Phi}^t\Delta\boldsymbol{K}\boldsymbol{\Phi}\right) - \omega^2\left(\boldsymbol{\Phi}^t\boldsymbol{M}\boldsymbol{\Phi} + \boldsymbol{\Phi}^t\Delta\boldsymbol{M}\boldsymbol{\Phi}\right)\right\}\boldsymbol{\eta}(\omega) = \boldsymbol{\Phi}^t\boldsymbol{f}(\omega) \tag{6.31}$$

となり，モード解析の固有モードの直交性からこの運動方程式は

$$\left\{\left(\boldsymbol{\Omega}^2 + \boldsymbol{\Phi}^t\Delta\boldsymbol{K}\boldsymbol{\Phi}\right) - \omega^2\left(\boldsymbol{I} + \boldsymbol{\Phi}^t\Delta\boldsymbol{M}\boldsymbol{\Phi}\right)\right\}\boldsymbol{\eta}(\omega) = \boldsymbol{\Phi}^t\boldsymbol{f}(\omega) \tag{6.32}$$

となる．行列 $\boldsymbol{\Omega}^2$ は対角成分に 1 次から b 次までの固有角振動数の二乗（固有値）を順に並べた対角行列である．この運動方程式の自由度は b であり，実験モード解析で得られているモード特性と付加構造に関する質量と剛性だけで構成されている．元の構造物からの固有角振動数の変化を知りたければ，

$$\left(\boldsymbol{\Omega}^2 + \boldsymbol{\Phi}^t\Delta\boldsymbol{K}\boldsymbol{\Phi}\right)\boldsymbol{\eta} = \lambda\left(\boldsymbol{I} + \boldsymbol{\Phi}^t\Delta\boldsymbol{M}\boldsymbol{\Phi}\right)\boldsymbol{\eta} \tag{6.33}$$

の固有値を解析すればよい．第 4 章 4.2 節 a 項での多自由度等価質量同定法はこの理論の応用で提案された手法である．

章 末 問 題

【6.1】式（6.23）について

$$\sqrt{H_1(\omega)H_2(\omega)}$$

から結果の

$$\frac{W_{fx}}{|W_{xf}|} \cdot \sqrt{\frac{W_{xx}}{W_{ff}}}$$

を導出せよ．

【6.2】図 6.22 を例示して，自己応答周波数関数では共振峰と反共振溝が交互に現れる特長があると本文で解説されているが，その理由を理論モード解析の周波数応答関数の数式を使って説明せよ．

【6.3】モード試験での 4 回の繰り返し計測で，周波数 ω に関する加振力スペクトルと振動応答スペクトルが下記に示すように得られたとする．このデータに対するコヒーレンス関数の値を計算せよ．

加振力スペクトル：

$$\begin{bmatrix} 1.0 \\ 1.1 \\ 0.8 \\ 0.9 \end{bmatrix}$$

振動スペクトル：

$$\begin{bmatrix} 4.8 \times 10^{-1} + 0.83j \times 10^{-1} \\ 5.3 \times 10^{-1} + 0.64j \times 10^{-1} \\ 3.9 \times 10^{-1} + 0.47j \times 10^{-1} \\ 4.3 \times 10^{-1} + 0.30j \times 10^{-1} \end{bmatrix}$$

ここで，j は虚数単位である．

【6.4】実験モード解析およびその結果に基づく基礎的構造変更予測手法 SDM について，下記のデータを使って設問 (1)～(3) に答えなさい．

　ある複雑な機械構造物において，測定点 5 点（1 測定点 1 自由度）について振動試験を実施し，FRF を計測した．それら FRF から実験モード解析のモード特性同定法でモード特性を同定したところ，下記のような結果を得た．なお，ここでは手計算による演習のために減衰項は無視する．固有モードは質量行列に関して正規化

した大きさで得られている．

1次固有振動数：4.03 (Hz)

固有モード

-3.048×10^{-7}
1.581×10^{-7}
1.704×10^{-7}
1.880×10^{-7}
-2.791×10^{-7}

2次固有振動数：18.5 (Hz)

固有モード

4.674×10^{-8}
-6.647×10^{-9}
-5.624×10^{-9}
3.570×10^{-8}
2.243×10^{-8}

(1) 第1次固有モード形において等価質量が最大となる測定点番号を答えよ．

(2) 第1次固有振動数のモード質量とモード剛性の値を求めよ．

(3) 固有モードで第3成分に対応する測定点（自由度）に構造物の寸法から鑑みると質点とみなせる付加質量 $m = 10\,\mathrm{kg}$ を付着させると，この構造物の1次固有振動数は何 Hz に変化するか．

【6.5】振動試験の加振方法で高速掃引正弦波加振法がある．下記の条件でのこの波形生成の数式を求めなさい．

自明のことであるが，振動数と周期は互いに反比例の関係である．そこで，高速

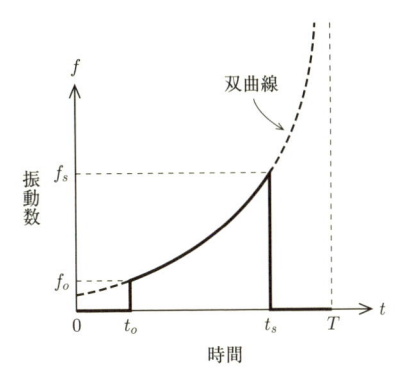

図 6.30 掃引正弦波信号の振動数制御関数の図

掃引正弦波加振を考える場合に，掃引周波数帯の低い所では相対的に長い時間加振（振動数掃引速度を低くすること）し，高くなるにつれて掃引速度を速くするアイデアが考えられる．掃引振動数を図 6.30 に示す双曲線のように制御する高速掃引正弦波信号を数式で示しなさい．なお，同図において，サンプリング時間を T，掃引開始の最低振動数を f_0，その発生開始時間位置がサンプリング時間内の t_0，掃引終了の時間位置が t_s で最高振動数が f_s で 1 掃引としている．

（参考：式 (6.4)）

7

実験的同定法

材料定数をはじめ,いかなる物理量もすべて元々は工夫された手法による計測によって精密に求めなければ得られない.機械構造物の動特性の把握においても,基本はまず対象物を振動試験して,得られた計測データに対して同定法を行い特性のパラメータを求めることである.本章では,構造動力学における実験的同定法の基盤技術として,FFT によるデータ処理,モード特性同定法および実験的特性行列同定法,さらには剛体特性同定法について解説する.

7.1 フーリエ変換の基礎理論

フーリエ変換の本質的理論を明解に説明するために,"フーリエ変換はベクトルの内積だ"と題して説明することを試みる.フーリエ変換は,最も広く利用されている基本的信号処理法である.その名称は発明者であるフランス人の数学物理学者フーリエ (Jean Baptiste Joseph Fourier, 1768–1830) の名に由来する.音や振動の計測信号(時間関数)をフーリエ変換すると,それを構成する周波数スペクトルを得ることができ,支配的な周波数成分の分析ができる.また,空間分布する現象量(例えば円盤の円周方向の振動応答分布)を取り扱うと,その空間的現象量の構成成分を空間領域の正弦波成分に分離できる.フーリエ変換についてはすでに実に数多くの教科書があるが,ここでは他書の解説と異なる視点から解説する.すなわち,フーリエ変換はベクトルの内積計算にすぎないことを平易に解説し,フーリエ変換についての理解を深める.

7.1.1 関数の内積

ここでは読者の理解のために,まず内積の話をする.先述のとおり,フーリエ変換も内積の原理に基づいた一手法と解釈できるからである.

n 個の実数成分 (n 次元) からなる 2 つの列ベクトル $\boldsymbol{a}$ と $\boldsymbol{b}$ の内積 $(\boldsymbol{a} \cdot \boldsymbol{b})$ の計算は

$$(\boldsymbol{a} \cdot \boldsymbol{b}) = \boldsymbol{a}^t \boldsymbol{b} = \sum_{i=1}^{n} a_i b_i \qquad (7.1)$$

7. 実験的同定法

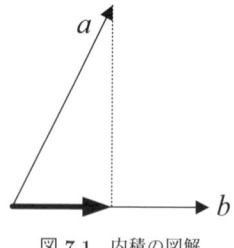

```
       a
       ↑
      /|
     / |
    /  |
   /   |
  /    |
 ───────→ b
```

図 7.1 内積の図解

と定義される．なお，式（7.1）で t はベクトルの転置記号を，a_i と b_i はそれぞれのベクトルの第 i 成分を表す．図 7.1 に示すように，ベクトル $\boldsymbol{b}$ を基準とした視点で解釈すると，この内積の値は，ベクトル $\boldsymbol{b}$ の長さの値と，ベクトル $\boldsymbol{a}$ のベクトル $\boldsymbol{b}$ 方向の成分の値の積である．そこで，あらかじめベクトル $\boldsymbol{b}$ の長さを 1 としておくと，内積の値は，直接ベクトル $\boldsymbol{a}$ に関するベクトル $\boldsymbol{b}$ 方向の成分の大きさを表す．すなわち，ベクトル $\boldsymbol{b}$ と平行な単位長さベクトルを $\boldsymbol{b}'$ とすると，

$$\boldsymbol{b}' = \frac{1}{\|\boldsymbol{b}\|} \cdot \boldsymbol{b} \tag{7.2}$$

と計算できるので，図 7.1 に示すベクトル $\boldsymbol{a}$ のベクトル $\boldsymbol{b}$ 方向成分ベクトル $\boldsymbol{a}_b$ の計算式は

$$\boldsymbol{a}_b = (\boldsymbol{a} \cdot \boldsymbol{b}')\boldsymbol{b}' = \frac{(\boldsymbol{a} \cdot \boldsymbol{b})}{\|\boldsymbol{b}\|} \cdot \frac{1}{\|\boldsymbol{b}\|} \cdot \boldsymbol{b} = \frac{(\boldsymbol{a} \cdot \boldsymbol{b})}{\|\boldsymbol{b}\|^2} \cdot \boldsymbol{b} \tag{7.3}$$

となる．ここで，$\|\boldsymbol{b}\|$ はベクトル $\boldsymbol{b}$ の長さを表す．

この演算は，皆さんは明示的意識をもっては実行していないかもしれないが，例えば 3 次元空間の任意のベクトルについて，互いに直交する 3 つの基準ベクトル（または基底ベクトルと呼ぶ）を準備して，上記の内積演算を施してそのベクトルに関して各基準ベクトル方向の成分を求める演算に利用される．通常，直角座標系（xyz 座標系）でベクトルを x 成分，y 成分，z 成分で表現しているのは，まさにこの演算の結果と解釈できる．n 次元ベクトル空間についてもまったく同じことがいえる．n 次元ベクトル空間では，広義な意味で互いに直交する n 個の基底ベクトルを一組定義すれば，任意のベクトルを完璧にその基底ベクトル方向の成分に分解できる．換言すれば，任意のベクトルはその基底ベクトル方向の成分の値を係数として基底ベクトルの 1 次結合（加算）で表現できる．

それでは，上記の概念を 2 つの時間関数 $f(t)$ と $g(t)$ の関係に応用してみよう．均一な時間間隔 Δt ごとの時刻 $t = 0, \Delta t, 2\Delta t, 3\Delta t, \cdots, (n-1)\Delta t$ の n 個の時点でのそれぞれの関数値を成分とする n 次元のベクトルを作成する．すなわち，

$$\boldsymbol{f} = (f(0), f(\Delta t), f(2\Delta t), f(3\Delta t), \cdots, f((n-1)\Delta t))^t$$
$$\boldsymbol{g} = (g(0), g(\Delta t), g(2\Delta t), g(3\Delta t), \cdots, g((n-1)\Delta t))^t$$

7.1 フーリエ変換の基礎理論

を作成する．これら2つのベクトルの内積は，

$$(\boldsymbol{f} \cdot \boldsymbol{g}) = \sum_{i=0}^{n-1} f(i\Delta t)g(i\Delta t) \tag{7.4}$$

であり，ベクトル $\boldsymbol{g}$ の長さは

$$\|\boldsymbol{g}\| = \sqrt{\sum_{i=0}^{n-1} g^2(i\Delta t)} \tag{7.5}$$

と計算できる．そこで，ベクトル $\boldsymbol{f}$ について，ベクトル $\boldsymbol{g}$ と平行な方向成分の大きさ $\|\boldsymbol{f}_g\|$ は

$$\|\boldsymbol{f}_g\| = \frac{(\boldsymbol{f} \cdot \boldsymbol{g})}{\|\boldsymbol{g}\|} \tag{7.6}$$

と計算できる．したがって，ベクトル $\boldsymbol{f}$ のベクトル $\boldsymbol{g}$ 方向成分ベクトル $\boldsymbol{f}_g$ は

$$\boldsymbol{f}_g = \|\boldsymbol{f}_g\| \cdot \boldsymbol{g}' = \frac{(\boldsymbol{f} \cdot \boldsymbol{g})}{\|\boldsymbol{g}\|} \cdot \frac{1}{\|\boldsymbol{g}\|} \boldsymbol{g} = \frac{(\boldsymbol{f} \cdot \boldsymbol{g})}{\|\boldsymbol{g}\|^2} \boldsymbol{g} = \frac{\sum_{i=0}^{n-1} f(i\Delta t)g(i\Delta t)}{\sum_{i=0}^{n-1} g^2(i\Delta t)} \boldsymbol{g} \tag{7.7}$$

と計算できる．

それでは，時間 $T = n\Delta t$ を一定として，Δt を無限に小さく，n を無限に大きくする場合を考えよう．この場合には，式 (7.4), (7.5), (7.6), (7.7) に相当する式は定積分の式として

$$(\boldsymbol{f} \cdot \boldsymbol{g}) = \int_0^T f(t)g(t)dt \tag{7.8}$$

$$\|\boldsymbol{g}\| = \sqrt{\int_0^T g^2(t)dt} \tag{7.9}$$

$$\|\boldsymbol{f}_g\| = \frac{(\boldsymbol{f} \cdot \boldsymbol{g})}{\|\boldsymbol{g}\|} = \frac{\int_0^T f(t)g(t)dt}{\sqrt{\int_0^T g^2(t)dt}} \tag{7.10}$$

$$\boldsymbol{f}_g = \|\boldsymbol{f}_g\| \cdot \boldsymbol{g}' = \frac{\int_0^T f(t)g(t)dt}{\int_0^T g^2(t)dt} \boldsymbol{g} \tag{7.11}$$

となる．

【例題 7.1】

下記に成分表示された2つのベクトルについて，ベクトル a のベクトル b 方向成分ベクトルとその大きさを求めなさい．

$$a = \left\{ \begin{array}{c} 3 \\ 5 \\ 1 \end{array} \right\} \qquad b = \left\{ \begin{array}{c} -2 \\ 2 \\ -2 \end{array} \right\}$$

【略解】

求めるべきベクトル a のベクトル b 方向成分ベクトルを a_b とすると，式 (7.3) の演算によって，

$$a_b = \frac{(a \cdot b)}{\|b\|^2} \cdot b = \frac{3 \times (-2) + 5 \times 2 + 1 \times (-2)}{(-2)^2 + 2^2 + (-2)^2} b = \frac{1}{6} b = \frac{1}{6} \left\{ \begin{array}{c} -2 \\ 2 \\ -2 \end{array} \right\}$$

$$\|a_b\| = \frac{\sqrt{3}}{3}$$

と計算される．

7.1.2 三角関数の性質

次に，フーリエ変換の説明準備として，時間関数の三角関数に関する公式とその意味する性質を示す．ここで，$\cos\left(\frac{2p\pi t}{T}\right)$ と $\sin\left(\frac{2p\pi t}{T}\right)$ をとりあげ，パラメータ p と q は $p = 0, 1, 2, 3, \cdots$，$q = 0, 1, 2, 3, \cdots$ のように0以上の任意の整数とする．

①三角関数に関して次の積分公式がある．これらは三角関数の積和の公式（加法定理から導き出される公式）を利用して素直に計算すれば得られる．

$$\int_0^T \cos\left(\frac{2p\pi t}{T}\right) \cos\left(\frac{2q\pi t}{T}\right) dt$$

$$= \begin{cases} T & : p = 0 \text{ かつ } q = 0 \text{ の場合} \\ \frac{T}{2} & : p \neq 0 \text{ かつ } q \neq 0 \text{ で } p = q \text{ の場合} \\ 0 & : p \neq q \text{ の場合} \end{cases} \qquad (7.12)$$

7.1 フーリエ変換の基礎理論

$$\int_0^T \sin\left(\frac{2p\pi t}{T}\right)\sin\left(\frac{2q\pi t}{T}\right)dt$$

$$= \begin{cases} 0 & : p=0 \text{ かつ } q=0 \text{ の場合} \\ \dfrac{T}{2} & : p\neq 0 \text{ かつ } q\neq 0 \text{ で } p=q \text{ の場合} \\ 0 & : p\neq q \text{ の場合} \end{cases} \quad (7.13)$$

$$\int_0^T \sin\left(\frac{2p\pi t}{T}\right)\cos\left(\frac{2q\pi t}{T}\right)dt = 0 \quad : \text{任意の } p \text{ と } q \quad (7.14)$$

先述のベクトルの内積の知識を使ってこれらの公式をながめると，パラメータ p と q の値が互いに異なる余弦波同士，正弦波同士は互いに直交すること，余弦波と正弦波相互についてはパラメータ p と q が同一であろうとなかろうと互いに直交することがわかる．

②初期位相 ϕ を持った正弦波 $\sin\left(\frac{2p\pi t}{T}+\phi\right)$ に関して下記の分配公式（加法定理）がある．

$$\sin\left(\frac{2p\pi t}{T}+\phi\right) = \cos\phi\sin\left(\frac{2p\pi t}{T}\right)+\sin\phi\cos\left(\frac{2p\pi t}{T}\right) \quad (7.15)$$

この公式は，ϕ が定数であるので，任意の初期位相の正弦波は初期位相ゼロの同一周波数の余弦波 $\left(\cos\left(\frac{2p\pi t}{T}\right)\right)$ と正弦波 $\left(\sin\left(\frac{2p\pi t}{T}\right)\right)$ の1次結合で完璧に表現できることを意味している．

7.1.3 フーリエ級数展開

上述の知見を利用して，フーリエ級数展開を考えよう．いま，ある一定時間 T で同一の時間変動を繰り返す信号 $F(t)$ を取り上げる．信号が繰り返すこの時間 T は周期と呼ばれる．

まず，その信号に含まれている時間関数 $\cos\left(\frac{2\pi t}{T}\right)$ に対応する成分（平行な成分）の大きさ a_1 を求めてみよう．ベクトルの内積の概念から，

$$a_1 = \frac{\int_0^T F(t)\cos\left(\frac{2\pi t}{T}\right)dt}{\int_0^T \cos^2\left(\frac{2\pi t}{T}\right)dt} = \frac{\int_0^T F(t)\cos\left(\frac{2\pi t}{T}\right)dt}{\dfrac{T}{2}}$$

$$= \frac{2}{T}\int_0^T F(t)\cos\left(\frac{2\pi t}{T}\right)dt \quad (7.16)$$

のように計算できる．それでは，$\sin\left(\frac{2\pi t}{T}\right)$ に対応する成分 b_1 はどのように計算でき

るであろうか. それは

$$b_1 = \frac{\int_0^T F(t)\sin\left(\frac{2\pi t}{T}\right)dt}{\int_0^T \sin^2\left(\frac{2\pi t}{T}\right)dt} = \frac{\int_0^T F(t)\sin\left(\frac{2\pi t}{T}\right)dt}{\frac{T}{2}}$$

$$= \frac{2}{T}\int_0^T F(t)\sin\left(\frac{2\pi t}{T}\right)dt \quad (7.17)$$

となる. 式 (7.16) と (7.17) から時間関数 $F(t)$ を構成している周期 T の三角関数成分は

$$a_1\cos\left(\frac{2\pi t}{T}\right) + b_1\sin\left(\frac{2\pi t}{T}\right) \quad (7.18)$$

となる.

そこで, $F(t)$ を構成しているこれ以外の周期の成分も同様に求めることができる. 上記の三角関数の公式で用いた振動数を変化させるパラメータ p を利用して記述すれば, まず, $p=0$ (周期無限大とみなせる直流電圧成分のような意味合いの成分) の周期成分 a_0 (余弦波成分) と b_0 (正弦波成分) については,

$$a_0 = \frac{1}{T}\int_0^T F(t)dt \quad (7.19)$$

$$b_0 = 0 \quad (7.20)$$

と得られる.

$p = 1, 2, 3, \cdots, \infty$ の周期の成分 a_p (余弦波成分) と b_p (正弦波成分) は

$$a_p = \frac{2}{T}\int_0^T F(t)\cos\left(\frac{2p\pi t}{T}\right)dt \quad (7.21)$$

$$b_p = \frac{2}{T}\int_0^T F(t)\sin\left(\frac{2p\pi t}{T}\right)dt \quad (7.22)$$

と計算できる. かくして, 時間関数 $F(t)$ は

$$F(t) = a_0 + \sum_{p=1}^{\infty}\left\{a_p\cos\left(\frac{2p\pi t}{T}\right) + b_p\sin\left(\frac{2p\pi t}{T}\right)\right\} \quad (7.23)$$

に示すようにフーリエ級数として表現できることが理解できる.

式 (7.23) はオイラーの公式, すなわち,

$$\sin x = \frac{e^{jx} - e^{-jx}}{2j}, \quad \cos x = \frac{e^{jx} + e^{-jx}}{2} \quad (\text{ただし, } j \text{ は虚数単位}) \quad (7.24)$$

を利用して式変形すると

$$F(t) = a_0 + \sum_{p=1}^{\infty}\left\{\frac{1}{2}(a_p - jb_p)e^{j\frac{2p\pi t}{T}} + \frac{1}{2}(a_p + jb_p)e^{-j\frac{2p\pi t}{T}}\right\} \quad (7.25)$$

とも記述することができる. 式 (7.25) について注目してほしい点は下記の 4 点である.

1) 右辺 { } 中の第 1 項係数 $(a_p - jb_p)$ と第 2 項係数 $(a_p + jb_p)$ は互いに共役複素数であること.
2) $e^{j\frac{2p\pi t}{T}}$ は絶対値が 1 の複素数で，複素平面上で周期が $\frac{T}{p}$ (sec.) で原点を中心点とする半径 1 の円周上を反時計回りに一定角速度で回転する点の動きを意味する時間関数であること.
3) $e^{-j\frac{2p\pi t}{T}}$ は $e^{j\frac{2p\pi t}{T}}$ の共役複素数で，同一の円周上を時計回りに回転する点の動きを意味する時間関数であること.
4) したがって，右辺は複素数を用いた数式表現であるが虚数成分は相殺されて実数成分のみが残る．確かに左辺の時間関数 $F(t)$ は実数であるのでこの点について整合性が成立している．

7.1.4 離散フーリエ変換

上記の説明を理解した上では，もはや離散フーリエ変換の理解は容易であろう．

いま，何かの時間関数の信号 $F(t)$ を時間 T の間で観測したとする．この $F(t)$ は同一の時間 T で同じ変動を繰り返す周期 T の関数とする．すると，式 (7.23) もしくは (7.25) を適用して，$F(t)$ を構成する周期無限大 $(p = 0)$ の直流成分，周期 T の周波数成分，さらに続けて周期 $\frac{T}{p}$ の成分を計算することができる．ここで，時間 $T \to \infty$ としたものは連続フーリエ変換と呼ばれ，周期 T に対応する周波数は $\frac{1}{T} \to 0$ となり連続的な周波数成分を得ることができる．

しかし，現実的なデータ計測は有限時間の信号を一定時間間隔で A/D 変換して行われるので，下記の式で計算されるような離散フーリエ変換が用いられる（ただし実用では高速フーリエ変換アルゴリズムによる）．すなわち時間 T の計測時間に，一定時間間隔 Δt で信号 $F(t)$ が計測されたとする．計測データ数は n 点（偶数として特に実用的には 2 の累乗の値が好ましい）として，時刻 $t = 0, \Delta t, 2\Delta t, \cdots, (n-1)\Delta t$ の時点での信号の計測である．T, Δt と n の三者の関係は

$$T = n\Delta t \tag{7.26}$$

となる．

計測データ列は n 次元ベクトルであるので，n 本の直交ベクトルとして余弦波と正弦波をペアにして周波数 $0, \frac{1}{T}, \frac{2}{T}, \cdots, \frac{(n/2)-1}{T}$ (Hz) のものを設定すれば，これらの直交ベクトルの 1 次結合で計測データ列のベクトルを表現することができる．上述のとおりベクトルの内積に基づいて各周波数成分の値を求めることができるのである．そこで，式 (7.19)〜(7.22) に対応する離散フーリエ変換のためのそれぞれの式は

$$a_0 = \frac{1}{T}\sum_{i=0}^{n-1} F(i\Delta t)\Delta t \tag{7.27}$$

$$b_0 = 0 \tag{7.28}$$

$$a_p = \frac{2}{T}\sum_{i=0}^{n-1} F(i\Delta t)\cos\left(\frac{2p\pi i\Delta t}{T}\right)\Delta t \tag{7.29}$$

$$b_p = \frac{2}{T}\sum_{i=0}^{n-1} F(i\Delta t)\sin\left(\frac{2p\pi i\Delta t}{T}\right)\Delta t \tag{7.30}$$

$$\text{ただし } p \text{ は } 1 \sim \left(\frac{n}{2}-1\right) \text{ の整数}$$

となる.

これら n 個の基底ベクトル成分の重ね合わせとしての式 (7.23) あるいは式 (7.25) に基づいて信号列を再表現するのが基本である.しかし,式 (7.28) は常にゼロであることから,この成分項は無意味である.その分,この n 次元ベクトル空間における次の振動数に対応する $p=\frac{n}{2}$ の余弦波成分か正弦波成分を追加できる.これが実用的に有利な手段であると考えるのは当然である.これらの追加候補の成分を計算してみると,

$$\begin{aligned}
a_{\frac{n}{2}} &= \frac{2}{T}\sum_{i=0}^{n-1} F(i\Delta t)\cos\left(\frac{n\pi i\Delta t}{T}\right)\Delta t \\
&= \frac{2}{T}\sum_{i=0}^{n-1} F(i\Delta t)\cos(\pi i)\Delta t \\
&= \frac{2}{T}\sum_{i=0}^{n-1} F(i\Delta t)(-1)^i\Delta t
\end{aligned} \tag{7.31}$$

$$\begin{aligned}
b_{\frac{n}{2}} &= \frac{2}{T}\sum_{i=0}^{n-1} F(i\Delta t)\sin\left(\frac{n\pi i\Delta t}{T}\right)\Delta t \\
&= \frac{2}{T}\sum_{i=0}^{n-1} F(i\Delta t)\sin(\pi i)\Delta t \\
&= 0
\end{aligned} \tag{7.32}$$

となる.$b_{\frac{n}{2}}$ は都合良くゼロとなってしまうので,$a_{\frac{n}{2}}$ の方を追加できる.この1つの追加項で周波数 $\frac{n}{2T}$ (Hz) の信号成分を不足なく抽出できることになる.したがって,離散フーリエ変換の信号表現は

7.1 フーリエ変換の基礎理論

$$F(i\Delta t) = a_0 + \sum_{p=1}^{\frac{n}{2}-1} \left\{ a_p \cos\left(\frac{2p\pi i\Delta t}{T}\right) + b_p \sin\left(\frac{2p\pi i\Delta t}{T}\right) \right\}$$
$$+ a_{\frac{n}{2}} \cos\left(\frac{n\pi i\Delta t}{T}\right) \tag{7.33}$$

または

$$F(i\Delta t) = a_0 + \sum_{p=1}^{\frac{n}{2}-1} \left\{ \frac{1}{2}(a_p - jb_p)e^{j\frac{2p\pi i\Delta t}{T}} + \frac{1}{2}(a_p + jb_p)e^{-j\frac{2p\pi i\Delta t}{T}} \right\}$$
$$+ \left\{ \frac{1}{2}a_{\frac{n}{2}} e^{j\frac{n\pi i\Delta t}{T}} + \frac{1}{2}a_{\frac{n}{2}} e^{\frac{-n\pi i\Delta t}{T}} \right\} \tag{7.34}$$

のように表現されて公式のように扱われている.

上式でパラメータ p の設定を $1 \sim \frac{n}{2}$ までの整数とした理由は上述のとおりであるが,ここでナイキスト周波数の説明のために次のように再解説する. n 次元ベクトル空間の任意のベクトルは n 個の互いに直交する基底ベクトルの 1 次結合で表現できる.そこで,時間 T の間に Δt 間隔で n 点信号が計測されたとするので,それは n 次元のベクトルとみなせる.同一の周波数の正弦波と余弦波は互いに直交し,パラメータ p と q が異なる正弦波同士,余弦波同士も直交する.0 (Hz) と $\frac{n}{2T}$ (Hz) 正弦波の成分である b_0 と $b_{\frac{n}{2}}$ は 0 であるので,最低周波数の 0 (Hz) から $\frac{1}{T}$ (Hz) 間隔の周波数で $\frac{n}{2T}$ (Hz) までの $\left(\frac{n}{2}+1\right)$ 個の余弦波と, $\frac{1}{T}$ (Hz) から $\frac{1}{T}$ (Hz) 間隔の周波数で $\frac{(n/2)-1}{T}$ (Hz) までの $\left(\frac{n}{2}-1\right)$ 個の正弦波を基底ベクトルとすれば, n 点計測された n 次元ベクトルとみなす信号を無駄な項なく 1 次結合で表現できる.そのためにパラメータ p の値は $1 \sim \frac{n}{2}$ の範囲の整数とする.この範囲での最高周波数 $\frac{n}{2T}$ (Hz) に関して,

$$\frac{n}{2T} = \frac{1}{\frac{2T}{n}} = \frac{1}{2\Delta t} \tag{7.35}$$

の関係が導ける. $\frac{1}{\Delta t}$ はデータ計測の時間間隔 Δt (サンプリング周期)の逆数で,サンプリングの速さを表すのでサンプリング周波数と呼ばれる.単位は Hz である.式 (7.35) の結果は,サンプリング周波数の半分の周波数を意味しており,これをナイキスト周波数と呼び,離散フーリエ解析できる最高周波数を示す.以上のことより,「あるサンプリング周波数で計測された信号はその半分までの周波数成分の三角関数の **1 次結合で表現できる**」ことが理解される.

さて,式 (7.26) から $n = \frac{T}{\Delta t}$ なので,式 (7.27),式 (7.29)〜(7.31) および式 (7.33)〜(7.34) はそれぞれ式 (7.36)〜(7.41) のように Δt を消去した表現にできる.ただし,離散計測時刻が $i\Delta t$ での信号 $F(i\Delta t)$ は計測信号の前から数えて i 番目のデータであるので, $F(i)$ と表現を変えることとする.

$$a_0 = \frac{\Delta t}{T}\sum_{i=0}^{n-1} F(i\Delta t) = \frac{1}{n}\sum_{i=0}^{n-1} F(i) \tag{7.36}$$

$$a_p = \frac{2\Delta t}{T}\sum_{i=0}^{n-1} F(i\Delta t)\cos\left(\frac{2p\pi i}{\frac{T}{\Delta t}}\right)$$

$$= \frac{2}{n}\sum_{i=0}^{n-1} F(i)\cos\left(\frac{2p\pi i}{n}\right) \tag{7.37}$$

$$b_p = \frac{2\Delta t}{T}\sum_{i=0}^{n-1} F(i\Delta t)\sin\left(\frac{2p\pi i}{\frac{T}{\Delta t}}\right)$$

$$= \frac{2}{n}\sum_{i=0}^{n-1} F(i)\sin\left(\frac{2p\pi i}{n}\right) \tag{7.38}$$

ただし p は $1 \sim \left(\frac{n}{2}-1\right)$ の整数

$$a_{\frac{n}{2}} = \frac{2\Delta t}{T}\sum_{i=0}^{n-1} F(i\Delta t)\cos\left(\frac{n\pi i}{\frac{T}{\Delta t}}\right)$$

$$= \frac{2}{n}\sum_{i=0}^{n-1} F(i)\cos(\pi i)$$

$$= \frac{2}{n}\sum_{i=0}^{n-1} F(i)(-1)^i \tag{7.39}$$

$$F(i) = a_0 + \sum_{p=1}^{\frac{n}{2}-1}\left\{a_p\cos\left(\frac{2p\pi i}{n}\right) + b_p\sin\left(\frac{2p\pi i}{n}\right)\right\} + a_{\frac{n}{2}}\cos(\pi i) \tag{7.40}$$

$$F(i) = a_0 + \sum_{p=1}^{\frac{n}{2}-1}\left\{\frac{1}{2}(a_p - jb_p)e^{j\frac{2p\pi i}{n}} + \frac{1}{2}(a_p + jb_p)e^{-j\frac{2p\pi i}{n}}\right\}$$

$$+ \left\{\frac{1}{2}a_{\frac{n}{2}}e^{j\pi i} + \frac{1}{2}a_{\frac{n}{2}}e^{-j\pi i}\right\} \tag{7.41}$$

式 (7.41) について説明する. すでに記したように式 (7.41) の右辺の 2 つの (   ) 内の数値は互いに共役であるので, 実際のフーリエ変換では a_0 と $(a_p + jb_p)$ と $a_{\frac{n}{2}}$ のみを計算すればよいことになる. これが周波数スペクトルと呼ばれる. 直接 $\frac{a_p - jb_p}{2}$ と $\frac{a_p + jb_p}{2}$ を計算する式は, 式 (7.24) の関係を利用して, 次のように導かれる. これを複素フーリエ変換と呼ぶ. 便宜的に $\frac{a_p - jb_p}{2}$ と $\frac{a_p + jb_p}{2}$ をそれぞれ A_p と B_p とする.

$$A_p = \frac{1}{2}(a_p - jb_p)$$

$$= \frac{1}{2}\left(\frac{2}{n}\sum_{i=0}^{n-1} F(i)\cos\left(\frac{2p\pi i}{n}\right) - j\frac{2}{n}\sum_{i=0}^{n-1} F(i)\sin\left(\frac{2p\pi i}{n}\right)\right)$$

$$= \frac{1}{n}\left(\sum_{i=0}^{n-1} F(i)\frac{e^{j\frac{2p\pi i}{n}} + e^{-j\frac{2p\pi i}{n}}}{2} - j\sum_{i=0}^{n-1} F(i)\frac{e^{j\frac{2p\pi i}{n}} - e^{-j\frac{2p\pi i}{n}}}{2j}\right)$$

$$= \frac{1}{n}\sum_{i=0}^{n-1} F(i)e^{-j\frac{2p\pi i}{n}} \tag{7.42}$$

$$B_p = \frac{1}{2}(a_p + jb_p)$$

$$= \frac{1}{n}\sum_{i=0}^{n-1} F(i)e^{j\frac{2p\pi i}{n}} \tag{7.43}$$

他書では，式 (7.19) と (7.27) に相当する式の分数係数の分子が 2 となっているが，これはパラメータ p が 1 以上に対する式 (7.21)，(7.22)，(7.29) および (7.31) の記述と同じにする便宜上のものである．したがって，他書では式 (7.23)，(7.25)，(7.33) および (7.34) の a_0 の項が $\frac{a_0}{2}$ となっている．

以上から次のように複素離散フーリエ変換をまとめる．
1) 信号 $F(t)$ をサンプリング周期 Δt(sec.) で n 点計測する．
2) 最初の計測時刻を 0 sec. として，前から数えて i 番目の信号を $F(i-1)$ とする．すなわち，信号は順に $F(0), F(1), F(2), \cdots, F(n-1)$ の信号列である．
3) 下記の複素離散フーリエ変換公式で周波数スペクトルが計算される．

$$f(\omega_p) = \frac{1}{n}\sum_{i=0}^{n-1} F(i)e^{j\frac{2p\pi i}{n}} \qquad \left(p = 0, 1, 2, \cdots, \frac{n}{2}\right) \tag{7.44}$$

ここで，ω_0 は 0 (Hz)，ω_1 は $\frac{1}{T}$ (Hz)，$\omega_{(n/2)}$ は $\frac{n}{2T}$ (Hz) を表現する．この式 (7.44) は，計測信号が次のように各離散周波数の三角関数波の 1 次結合で表現されるようにした条件である．

$$F(i) = \sum_{p=0}^{\frac{n}{2}}\left\{f^*(\omega_p)e^{j\frac{2p\pi i}{n}} + f(\omega_p)e^{-j\frac{2p\pi i}{n}}\right\} \tag{7.45}$$

ここで，f^* は f の複素共役を表す．

7.1.5　逆フーリエ変換

すでに式 (7.25)，(7.34) および (7.45) で記されているが，ここで簡単に逆フーリエ変換について解説する．フーリエ変換の目的は，ある時間関数をいくつかの周波

数の三角関数波成分に分解してそれぞれの周波数の成分（複素数であり，周波数スペクトルと呼ぶ）を求めることである．一方，逆フーリエ変換は，求まった周波数スペクトルから逆に元の時間関数の信号（実数）列を計算することが目的の演算である．

7.1.6 フーリエ変換実用上の留意点

工学上幅広く利用されるフーリエ変換（またはフーリエ解析）において留意しなければならない基本的な2種類の誤差要因について述べ，実用的には高速フーリエ変換のアルゴリズムを用いることについても記す．詳細についてはフーリエ解析によるデータ解析の専門書を参照されたい．

【リーケージ (leakage) 誤差】：解析対象の信号が実際に計測時間 T の周期関数であれば問題ないが，現実はそうでない解析対象の連続信号から時間 T の区間だけ計測して n 点のデータを得るので，その切り出された信号列の最初と最後の信号の連続性（周期 T の周期性）が保障されない．例えば，図 7.2(a) に示すように，計測された信号は計測時間 T の周期信号でないが，同図 (b) のイメージのようにフーリエ変換ではそれが無限に繰り返す信号として処理され，つなぎ合わせの所で本来信号が有していない不連続を発生してしまう．フーリエ変換はその不連続性も信号が本来的に有している時間変化であると処理してスペクトルを計算するので誤差となる．この誤差を小さくする解析処理上の工夫として，人為的な重み

(a) 計測された信号例

ここで不連続
(b) 計測信号が周期 T で無限に繰り返す信号として解析される

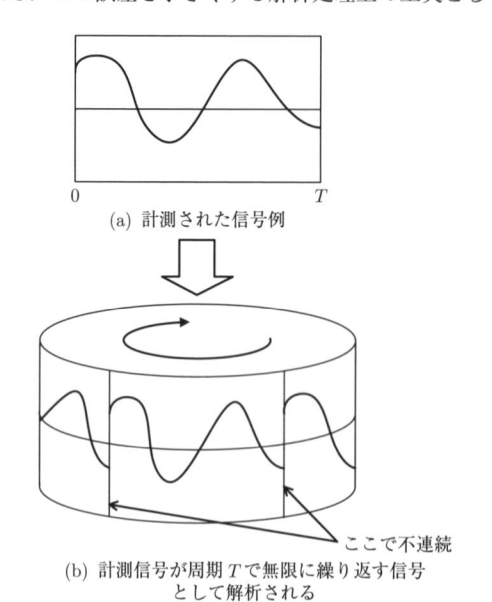

図 **7.2** リーケージ誤差の発生原因

関数（窓関数と呼ぶ）を解析対象信号に乗じてその不連続性を小さく（なく）してフーリエ変換する．連続信号に対するハニング窓関数をはじめ各種の窓関数が提案されており，周波数分析装置にはプログラムされているので，解析者はその中から最適な窓関数を選択して使うようにする．

【エリアジング (aliasing) 誤差】：サンプリング時間が Δt の場合，直流成分からナイキスト周波数の $\frac{1}{2\Delta t}$ (Hz) までのスペクトルを解析できる．しかし，解析対象の信号にナイキスト周波数より高い周波数成分が含まれていると，その解析周波数より高い周波数成分があたかもナイキスト周波数以下のスペクトルとして数学的に取り扱われてしまい，誤差を発生する．例えば，図 7.3(a) に描く信号では，

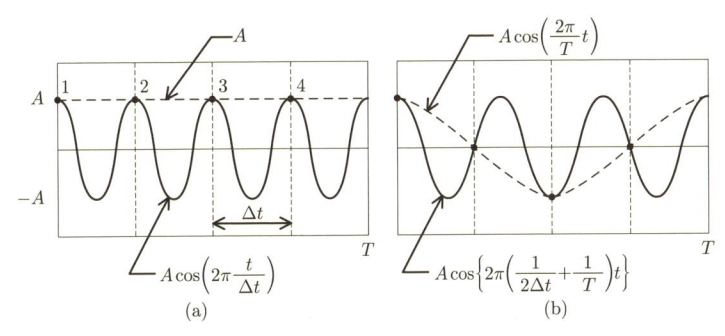

図 7.3 エリアジング誤差の発生原因

真の波形が $A\cos\left(2\pi\frac{t}{\Delta t}\right)$ であるが，サンプリング点はすべて一定値の値となる時点であり，フーリエ解析では直流成分と誤って解析される．同図 (b) の例では，真の波形として $A\cos\left\{2\pi\left(\frac{1}{2\Delta t}+\frac{1}{T}\right)t\right\}$ を与えているが，サンプリングされた 4 点を使ったフーリエ変換では $A\cos\left(2\pi\frac{t}{T}\right)$ と誤って解析される．エリアジング誤差を回避するためにはデータ計測するときにナイキスト周波数より高い周波数成分をカットするローパスフィルターを用いればよい．計測装置には解析者の設定した解析周波数上限値に自動的に対応するローパスフィルター機能が組み込まれており，エリアジング対策フィルター (anti–aliasing filter) と呼ばれている．

【高速フーリエ変換】：実用上においてサンプリング点数は 1024 点や 2048 点など，かなり大きな値が設定される場合が多い．したがって，上述の離散フーリエ変換式のプログラムでは大量の信号データを処理するのに時間がかかる．この問題点を大幅に改善するアルゴリズムとして 1965 年に Cooley と Tukey が**高速フーリエ変換** (FFT: fast Fourier transformation) を開発した．高速フーリエ変換はそれ以来，世界中のデジタル周波数分析装置に組み込まれることになり，実用的にはフーリエ変換はすべてこのアルゴリズムで行われている．FFT では，その

アルゴリズムを 7.2 節で解説するとおりに，サンプリングデータ点数を 2 の累乗（例えば $2^9 = 512$, $2^{10} = 1024$, $2^{11} = 2048$, … など）の値とすることが推奨される．

【例題 7.2】
1) 振幅 1 で周波数が 10 Hz の方形波をサンプリング周波数 400 Hz で 1 秒間サンプリングした場合の時系列データを作成しなさい．
2) 作成したデータを離散フーリエ変換し周波数スペクトルを求めなさい．

【略解】
1) 振幅 1 で周波数が 10 Hz の方形波を $F(t)$ とすると

$$F(t) = \begin{cases} 1 & \left(\frac{k}{10} \leq t < \frac{2k+1}{20}\right) \\ -1 & \left(\frac{2k+1}{20} \leq t < \frac{k+1}{10}\right) \end{cases}$$

のように表現できる．ただし k は任意の整数である．サンプリング周波数は 400 Hz なので $\Delta t = \frac{1}{400}$ sec. となり時系列データ $F(i)$ は

$$\begin{aligned} F(i) &= F(i\Delta t) \\ &= F\left(\frac{i}{400}\right) \\ &= \begin{cases} 1 & (40k \leq i < 40k + 20) \\ -1 & (40k + 20 \leq i < 40(k+1)) \end{cases} \end{aligned}$$

のようになる．例題ではサンプリング時間が 1 秒なので $i = 0 \sim 399$ の 400 点のデータとなる．

2) データの点数が 400 点なので $n = 400$ となり，式 (7.44) より周波数スペクトル $f(\omega_p)$ は

$$f(\omega_p) = \frac{1}{400} \sum_{i=0}^{399} F(i) e^{j\frac{2p\pi i}{400}} \qquad (p = 0, 1, 2, \cdots, 200)$$

として求まる．

図 7.4 は横軸に周波数 ω_p (Hz) をとって $f(\omega_p)$ の絶対値を示したもので，よく知られているように方形波は基本周波数 10 Hz の奇数倍の成分で構成されていることがわかる．

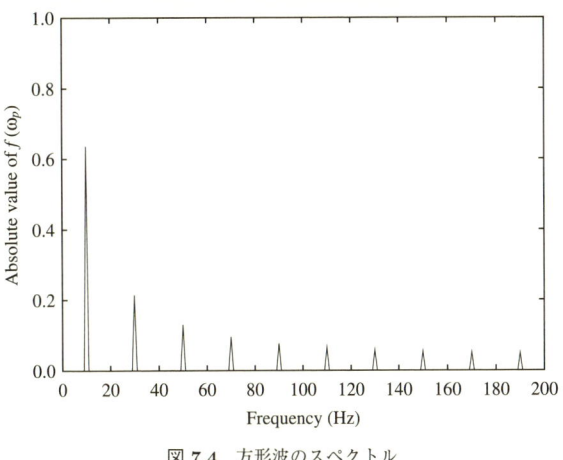

図 **7.4** 方形波のスペクトル

7.2 高速フーリエ変換の基礎理論

上記のようにフーリエ変換の概念とその基本的な演算方法は明確になったが,実用的な信号解析の現場では,データ数(測定点の数と各測定点での信号サンプリング点数)が多いこともあり,かつ,コンピュータの演算速度の問題もあり,フーリエ変換には比較的長時間のコンピュータ演算が必要であった.その問題点を大幅に改善する方法として 1965 年に Cooley と Tukey が高速フーリエ変換 (FFT: fast Fourier transformation) のアルゴリズムを発表[24]し,それが今日まで実用的に利用されている.このアルゴリズムの登場とデジタルコンピュータの普及と発達は機械振動学の分野に大きな貢献をした.振動試験方法はデジタルコンピュータ処理されるようになり,打撃試験法,リーケージ誤差を防止できるようにデータサンプリングと調和の取れた多重正弦波加振法やランダム加振法によってそれまでとは比較にならないほどスピーディーに多くの測定点についての振動計測とそのデータ処理が実現され,周波数応答関数を精度よく求められるようになった.

FFT アルゴリズムを,データ数 8 点 $(8 = 2^3)$ の少ない例題で説明しよう.この例題に対しては,式 (7.44) において $n = 8$, $p = 0 \sim 3$ となる.さて,まず $p = 1$ と $i = 1$ での $e^{j\frac{2ip\pi}{n}}$ の値,すなわち,$e^{j\frac{2\pi}{8}}$ の値について考察しよう.これは実数 1 の 8 乗根である.そこで,便宜的にこれを

$$z = e^{j\frac{2\pi}{8}} \tag{7.46}$$

と表現しておく.すると式 (7.44) の $p = 0$ についての式は

$$f(\omega_0) = \frac{1}{8}\Big\{F(0) + F(1) + F(2) + F(3) + \cdots + F(7)\Big\} \tag{7.47}$$

である．$p = 1$ については

$$f(\omega_1) = \frac{1}{8}\Big\{F(0) + zF(1) + z^2 F(2) + z^3 F(3) + \cdots + z^7 F(7)\Big\} \tag{7.48}$$

である．$p = 2$ については

$$f(\omega_2) = \frac{1}{8}\Big\{F(0) + z^2 F(1) + z^4 F(2) + z^6 F(3) + \cdots + z^{14} F(7)\Big\} \tag{7.49}$$

であり，$p = 3$ については

$$f(\omega_3) = \frac{1}{8}\Big\{F(0) + z^3 F(1) + z^6 F(2) + z^9 F(3) + \cdots + z^{21} F(7)\Big\} \tag{7.50}$$

である．

z が 1 の 8 乗根であること，すなわち $z^8 = 1$，$z^2 = j$，$z^4 = -1$ や $z^9 = z$ などの 8 乗根の一巡関係を考慮して，以上の 4 式を一括行列表示すると

$$\begin{bmatrix} f(\omega_0) \\ f(\omega_1) \\ f(\omega_2) \\ f(\omega_3) \end{bmatrix} = \frac{1}{8} \begin{bmatrix} 1 & 1 & 1 & 1 & 1 & 1 & 1 & 1 \\ 1 & z & j & jz & -1 & -z & -j & -jz \\ 1 & j & -1 & -j & 1 & j & -1 & -j \\ 1 & jz & -j & z & -1 & -jz & j & -z \end{bmatrix} \begin{bmatrix} F(0) \\ F(1) \\ F(2) \\ \vdots \\ F(7) \end{bmatrix} \tag{7.51}$$

のようになる．ただし，ここで j は虚数単位である．式 (7.51) の右辺係数行列の構造をみて奇数列成分から構成する行列を，

$$\boldsymbol{U} = \frac{1}{8} \begin{bmatrix} 1 & 1 & 1 & 1 \\ 1 & j & -1 & -j \\ 1 & -1 & 1 & -1 \\ 1 & -j & -1 & j \end{bmatrix} \tag{7.52}$$

と表現すると，式 (7.51) の構造は

$$\begin{bmatrix} f(\omega_0) \\ f(\omega_1) \\ f(\omega_2) \\ f(\omega_3) \end{bmatrix} = \boldsymbol{U} \begin{bmatrix} F(0) \\ F(2) \\ F(4) \\ F(6) \end{bmatrix} + \begin{bmatrix} 1 & 0 & 0 & 0 \\ 0 & z & 0 & 0 \\ 0 & 0 & j & 0 \\ 0 & 0 & 0 & jz \end{bmatrix} \boldsymbol{U} \begin{bmatrix} F(1) \\ F(3) \\ F(5) \\ F(7) \end{bmatrix} \tag{7.53}$$

と書き改められる．そこで FFT は，次のような段取りで，簡単で計算負荷の少ない演算で周波数スペクトルを求めることができる．

【第 1 ステップ】データ数が 8 なので，1 の 8 乗根 z を計算する．

7.2 高速フーリエ変換の基礎理論

【第 2 ステップ】下記の式 (7.54) と式 (7.55) の 2 つの演算をする. 形式的には行列の乗算であるが, ± 1 か $\pm j$ (虚数単位) の単純な値の乗算なので, 実質的には列ベクトルとして収まっている計測信号 $F(*)$ の加減演算のみで式 (7.54) と式 (7.55) を計算できる.

$$\boldsymbol{v}_0 = \boldsymbol{U} \begin{bmatrix} F(0) \\ F(2) \\ f(4) \\ F(6) \end{bmatrix} \text{(偶数番目の計測信号を加減していく演算)} \quad (7.54)$$

$$\boldsymbol{v}_1 = \boldsymbol{U} \begin{bmatrix} F(1) \\ F(3) \\ f(5) \\ F(7) \end{bmatrix} \text{(奇数番目の計測信号を加減していく演算)} \quad (7.55)$$

【第 3 ステップ】式 (7.55) の演算結果のベクトルに対して, 第 2 成分には z を, 第 3 成分には虚数単位 j を, 第 4 成分には jz を乗ずる. すなわち, 形式的には $\boldsymbol{u}_1$ を計算する.

$$\boldsymbol{u}_1 = \begin{bmatrix} 1 & 0 & 0 & 0 \\ 0 & z & 0 & 0 \\ 0 & 0 & j & 0 \\ 0 & 0 & 0 & jz \end{bmatrix} \boldsymbol{v}_1 \quad (7.56)$$

【第 4 ステップ】周波数スペクトル $f(\omega)$ は次のように $\boldsymbol{v}_0$ と $\boldsymbol{u}_1$ の加算で求められる.

$$\begin{bmatrix} f(\omega_0) \\ f(\omega_1) \\ f(\omega_2) \\ f(\omega_3) \end{bmatrix} = \boldsymbol{v}_0 + \boldsymbol{u}_1 \quad (7.57)$$

上記は, 理解しやすいようにデータ数を 8 とした例題でのアルゴリズム解説である. これとまったく同じ段取りとしてデータ数が実用的に大きな場合の FFT アルゴリズムは, データ数を 2 の任意の指数倍の数 $n = 2^q$ (q は正の整数 (自然数) で, 実用的に通常は $2^{10} = 1024$, $2^{11} = 2048$, $2^{12} = 4096$ 点など) にすると, 次のような段取りとなる.

【第 1 ステップ】1 の n 乗根 z を計算する. $n = 2^q$ の関係から, $z^{\frac{n}{4}} = j$, $z^{\frac{n}{2}} = -1$, $z^{\frac{3n}{4}} = -j$ および $z^0 = z^n = 1$ の関係などが成り立つことに注意し, この特長を生かして計算効率を高める.

【第 2 ステップ】フーリエ変換の定義式の式 (7.44) より,スペクトルのベクトル形式で

$$\begin{bmatrix} f(\omega_0) \\ f(\omega_1) \\ f(\omega_2) \\ \cdots \\ f(\omega_{(\frac{n}{2}-1)}) \end{bmatrix} = \frac{1}{n} \begin{bmatrix} 1 & 1 & 1 & 1 & \cdots & 1 & \cdots \\ 1 & z & z^2 & z^3 & \cdots & j & \cdots \\ 1 & z^2 & z^4 & z^6 & \cdots & -1 & \cdots \\ \vdots & \vdots & \vdots & \vdots & \cdots & \vdots & \cdots \\ 1 & z^{(\frac{n}{2}-1)} & z^{2(\frac{n}{2}-1)} & z^{3(\frac{n}{2}-1)} & \cdots & -j & \cdots \end{bmatrix}$$

$$\begin{bmatrix} 1 & \cdots & 1 & \cdots & 1 & 1 \\ -1 & \cdots & -j & \cdots & z^{(n-2)} & z^{(n-1)} \\ 1 & \cdots & -1 & \cdots & z^{2(n-2)} & z^{2(n-1)} \\ \vdots & \cdots & \vdots & \cdots & \vdots & \vdots \\ -1 & \cdots & j & \cdots & z^{(n-2)(\frac{n}{2}-1)} & z^{(n-1)(\frac{n}{2}-1)} \end{bmatrix} \begin{bmatrix} F(0) \\ F(1) \\ F(2) \\ F(3) \\ \vdots \\ F(\frac{n}{4}) \\ \vdots \\ F(\frac{n}{2}) \\ \vdots \\ F(\frac{3n}{4}) \\ \vdots \\ F(n-2) \\ F(n-1) \end{bmatrix}$$

$$= \frac{1}{n} \left(\begin{bmatrix} 1 & 1 & 1 & 1 \\ 1 & j & -1 & -j \\ 1 & -1 & 1 & -1 \\ \vdots & \vdots & \vdots & \vdots \\ 1 & -j & -1 & j \end{bmatrix} \begin{bmatrix} F(0) \\ F(\frac{n}{4}) \\ F(\frac{n}{2}) \\ F(\frac{3n}{4}) \end{bmatrix} \right.$$

$$\left. + \begin{bmatrix} 1 & 0 & 0 & \cdots & 0 \\ 0 & z & 0 & \cdots & 0 \\ 0 & 0 & z^2 & \cdots & 0 \\ \vdots & \vdots & \vdots & \ddots & \vdots \\ 0 & 0 & 0 & \cdots & z^{(\frac{n}{2}-1)} \end{bmatrix} \begin{bmatrix} 1 & 1 & 1 & 1 \\ 1 & j & -1 & -j \\ 1 & -1 & 1 & -1 \\ \vdots & \vdots & \vdots & \vdots \\ 1 & -j & -1 & j \end{bmatrix} \begin{bmatrix} F(1) \\ F(\frac{n}{4}+1) \\ F(\frac{n}{2}+1) \\ F(\frac{3n}{4}+1) \end{bmatrix} \right.$$

$$+ \begin{bmatrix} 1 & 0 & 0 & \cdots & 0 \\ 0 & z^2 & 0 & \cdots & 0 \\ 0 & 0 & z^4 & \cdots & 0 \\ \vdots & \vdots & \vdots & \ddots & \vdots \\ 0 & 0 & 0 & \cdots & z^{(n-2)} \end{bmatrix} \begin{bmatrix} 1 & 1 & 1 & 1 \\ 1 & j & -1 & -j \\ 1 & -1 & 1 & -1 \\ \vdots & \vdots & \vdots & \vdots \\ 1 & -j & -1 & j \end{bmatrix} \begin{bmatrix} F(2) \\ F(\frac{n}{4}+2) \\ F(\frac{n}{2}+2) \\ F(\frac{3n}{4}+2) \end{bmatrix} + \cdots$$

$$\cdots + \begin{bmatrix} 1 & 0 & 0 & \cdots & 0 \\ 0 & z^{(\frac{n}{4}-1)} & 0 & \cdots & 0 \\ 0 & 0 & z^{2(\frac{n}{4}-1)} & \cdots & 0 \\ \vdots & \vdots & \vdots & \ddots & \vdots \\ 0 & 0 & 0 & \cdots & z^{(\frac{n}{2}-1)(\frac{n}{4}-1)} \end{bmatrix} \begin{bmatrix} 1 & 1 & 1 & 1 \\ 1 & j & -1 & -j \\ 1 & -1 & 1 & -1 \\ \vdots & \vdots & \vdots & \vdots \\ 1 & -j & -1 & j \end{bmatrix} \begin{bmatrix} F(\frac{n}{4}-1) \\ F(\frac{n}{2}-1) \\ F(\frac{3n}{4}-1) \\ F(n-1) \end{bmatrix} \Biggr)$$

(7.58)

と記述できるので

$$\boldsymbol{v}_0 = \begin{bmatrix} 1 & 1 & 1 & 1 \\ 1 & j & -1 & -j \\ 1 & -1 & 1 & -1 \\ \vdots & \vdots & \vdots & \vdots \\ 1 & -j & -1 & j \end{bmatrix} \begin{bmatrix} F(0) \\ F(\frac{n}{4}) \\ F(\frac{n}{2}) \\ F(\frac{3n}{4}) \end{bmatrix} \quad (7.59)$$

$$\boldsymbol{v}_1 = \begin{bmatrix} 1 & 1 & 1 & 1 \\ 1 & j & -1 & -j \\ 1 & -1 & 1 & -1 \\ \vdots & \vdots & \vdots & \vdots \\ 1 & -j & -1 & j \end{bmatrix} \begin{bmatrix} F(1) \\ F(\frac{n}{4}+1) \\ F(\frac{n}{2}+1) \\ F(\frac{3n}{4}+1) \end{bmatrix} \quad (7.60)$$

$$\boldsymbol{v}_2 = \begin{bmatrix} 1 & 1 & 1 & 1 \\ 1 & j & -1 & -j \\ 1 & -1 & 1 & -1 \\ \vdots & \vdots & \vdots & \vdots \\ 1 & -j & -1 & j \end{bmatrix} \begin{bmatrix} F(2) \\ F(\frac{n}{4}+2) \\ F(\frac{n}{2}+2) \\ F(\frac{3n}{4}+2) \end{bmatrix} \quad (7.61)$$

$$\vdots$$

$$\boldsymbol{v}_{(\frac{n}{4}-1)} = \begin{bmatrix} 1 & 1 & 1 & 1 \\ 1 & j & -1 & -j \\ 1 & -1 & 1 & -1 \\ \vdots & \vdots & \vdots & \vdots \\ 1 & -j & -1 & j \end{bmatrix} \begin{bmatrix} F(\frac{n}{4}-1) \\ F(\frac{n}{2}-1) \\ F(\frac{3n}{4}-1) \\ F(n-1) \end{bmatrix} \quad (7.62)$$

の単純な加算演算を行う.

【第3ステップ】式 (7.58) の右辺構成に従って

$$\boldsymbol{u}_k = \begin{bmatrix} 1 & 0 & 0 & \cdots & 0 \\ 0 & z^k & 0 & \cdots & 0 \\ 0 & 0 & z^{2k} & \cdots & 0 \\ \vdots & \vdots & \vdots & \ddots & \vdots \\ 0 & 0 & 0 & \cdots & z^{(\frac{n}{2}-1)k} \end{bmatrix} \boldsymbol{v}_k \quad \left(k = 1 \sim \left(\frac{n}{4}-1\right)\right) \quad (7.63)$$

を計算する.この演算も左側から乗じる行列は n 乗根 z から簡単に計算できる値を対角成分とする対角行列であるので,実質的計算は $\boldsymbol{v}_k$ の成分にそれらの値を乗じて加算するだけの演算である.

【第4ステップ】周波数スペクトルは

$$\begin{bmatrix} f(\omega_0) \\ f(\omega_1) \\ f(\omega_2) \\ \vdots \\ f(\omega_{(\frac{n}{2}-1)}) \end{bmatrix} = \boldsymbol{v}_0 + \sum_{k=1}^{\frac{n}{4}-1} \boldsymbol{u}_k \quad (7.64)$$

で求められる.

特別な計算効率の工夫を何もせずに離散複素フーリエ変換式 (7.44) を計算すると,n 回の乗算と n 回の加算演算を $\frac{n}{2}$ 回繰り返し,その結果に $\frac{1}{n}$ を乗ずる計算負荷がかかる.すなわち,$\frac{n^2}{2} + \frac{n}{2}$ 回の乗算と $\frac{n^2}{2}$ 回の加算が必要である.一方,上記の FFT 演算では,第1段階の計算は $n-1$ 回の乗算,第2段階では 4 個の計測信号の加算を $\frac{n}{4} \times \frac{n}{2}$ 回行い,第3段階では $\frac{n}{4}-1$ 回の乗算を $\frac{n}{4}-1$ 回,第4段階では $\frac{n}{4}$ 回の加算を $\frac{n}{2}$ 回行う.すなわち,$\frac{n^2}{8} + \frac{n}{4}$ 回の乗算と $\frac{n^2}{4}$ 回の加算の演算で済む.計算負荷が大幅に軽減されるのである.

以上の解説のように,高速フーリエ変換は 2 の累乗 ($N = 2^q$) となるサンプリング点数 N の変換において離散フーリエ変換の基本式どおりに計算するよりも大幅な高速化を達成することができる.一般的に離散フーリエ変換の基本式どおりの計算では

計算時間が N^2 的に増加するが，高速フーリエ変換の計算時間は $N \log N$ 的に増加する．そこで，例えば $N = 1024$ とすると，高速フーリエ変換は，離散フーリエ変換を基本式どおりに計算する場合の約 0.7% の時間で演算できる．

なお，この高速フーリエ変換をサンプリング点数 N が $N = 4^q$ の場合にさらに高速化する改良法として Radix–4 FFT[41] や Modified split–radix FFT[28] も存在する．しかし，FFT が離散フーリエ変換の計算時間を劇的に高速化できたことに比べれば，これらの手法の効果は限定的である．

7.3 モード特性同定法

固有振動数と減衰比および多自由度系であれば固有モードも含めたモード特性の実験的同定は機械振動を把握する基本技術であるので古くから重要な技術であった．最も古くは，注目するひとつの共振振動数について 1 自由度系として固有振動数と減衰比を同定し，その共振振動について構造物の各所の点の振幅比情報から固有モード形の情報を得る手段を取っていた．1980 年代になるとデジタルコンピュータの発達の恩恵を得て，モード特性をスピーディーに同定するためのひじょうに多くの数値解析手法（モード特性同定法）が提案された．今日の著者の判断ではその多くは特段実用的ではなく，今日に残るほど広く普及するものではなかった．著者は図 7.5 のように，実用的なモード特性同定法の主なものを整理できると考える．実用性が高くて最も基本的な同定法は，周波数領域の実験データとして一般的に求められている"周波数応答関数 (FRF: frequency response function)" から同定する手法である．他方，単位インパルス応答の時間領域データから同定する手法もある．単位インパルス応答は，一旦求まっている FRF をコンピュータで逆 FFT して得る．いずれの方法でも，基本

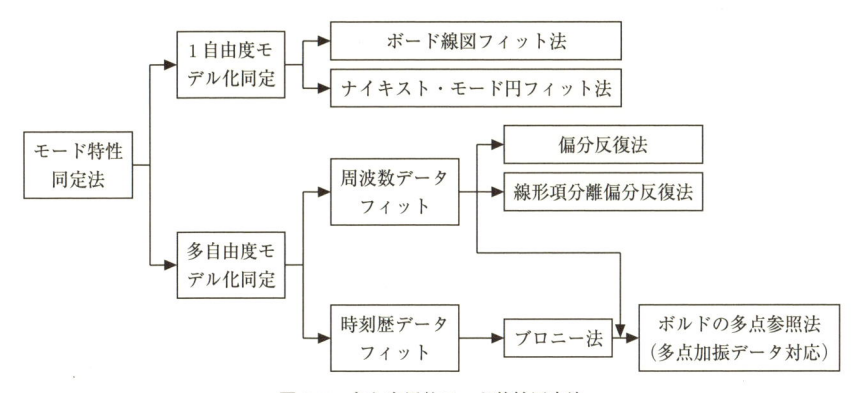

図 7.5 主な実用的モード特性同定法

的な同定法概念は，実験で得られた多くのデータに最適フィットする機械振動の理論式の係数（これがモード特性を意味する）を最小二乗法的に決定することである．そこで，しばしばモード特性同定法は実験モード解析の"カーブフィット"と呼ばれる．

ここでは最も基本的で実用性も高い多自由度モード特性同定法として，線形項と非線形項を分離してモード特性を同定する手法（線形項分離偏分反復法）を解説する．減衰については一般粘性減衰や構造減衰およびそれら両者を仮定する系についても本手法は適用できるが，アルゴリズムの考え方はまったく同一なので，ここでは数式の複雑化を避けて明解な解説とするために比例粘性減衰と仮定する場合の定式化を取り上げる．

モード解析による多自由度振動系の FRF の式として，減衰を比例粘性減衰と仮定する系については，自由度 q を単位力で加振したときの自由度 p の振動変位応答である変位周波数応答関数 (compliance) は

$$h_{pq}(\omega) = \sum_{i=1}^{n} \frac{\phi_p^{(i)} \phi_q^{(i)}}{(\Omega_i^2 - \omega^2) + 2j\zeta_i \Omega_i \omega} \tag{7.65}$$

と表現される（第 4 章を参照）．本手法はこの分母に含まれる係数であるところの固有角振動数 Ω_i とモード減衰比 ζ_i を非線形パラメータと解釈し，それらを独立未知数としてまず同定し，それに続いて，分子に現れている他の同定すべきパラメータ $\phi_p^{(i)}$ と $\phi_q^{(i)}$ を従属的に決定される線形パラメータとして扱ってモード特性を同定しようとするものである．なお，式 (7.65) は固有振動数（共振振動数）の数を n としており，下添字 i は固有振動の次数を表す．分子の成分は振動系の質量行列について正規化された固有モード成分を表し，上添字の (i) は次数，下添字の p と q はそれぞれ加振力の作用する自由度と振動応答点を示す自由度の番号を表す．j は虚数単位である．

さて，図 7.6 に，ある構造物について加振点と応答計測点の位置が異なる変位周波数応答関数の実例をボード線図で示す．このように減衰がかなり小さい構造物については，減衰を比例粘性減衰と仮定してよい場合が多い．粘性減衰か構造減衰かの判断は，FRF を逆 FFT 処理して時間領域の単位インパルス応答の図を描き，その振動の包絡線の時間減衰の様相が指数関数的に減衰しているように観察されれば粘性減衰，1 次関数的に減衰しているように観察されれば構造減衰と結論づければよい．一般的にはあまりこの判別作業はなされていないと思われるが，例えば図 7.6 の逆 FFT 結果は図 7.7 となる．これをながめると 1 次関数よりも指数関数的に減衰していると判断できる．

以下では，実験的モード特性同定の作業手順（第 1 ステップから第 6 ステップ）に従って理論（アルゴリズム）を解説する．第 4 ステップと第 5 ステップは解が収束するまで反復する．

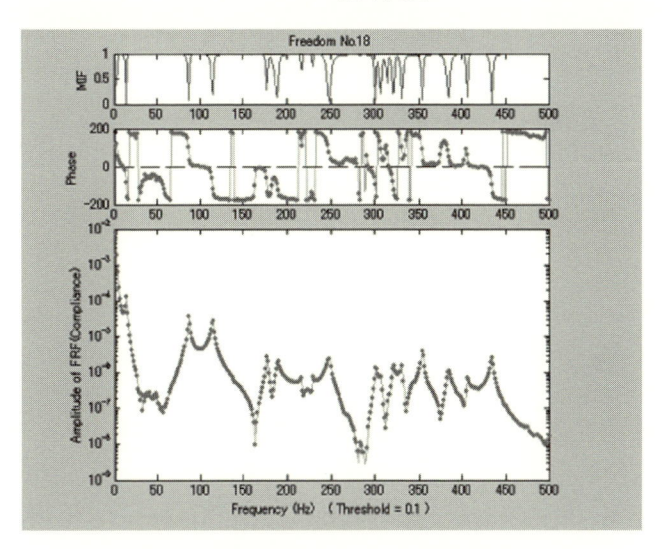

図 7.6 実験計測された FRF の例（相互応答）

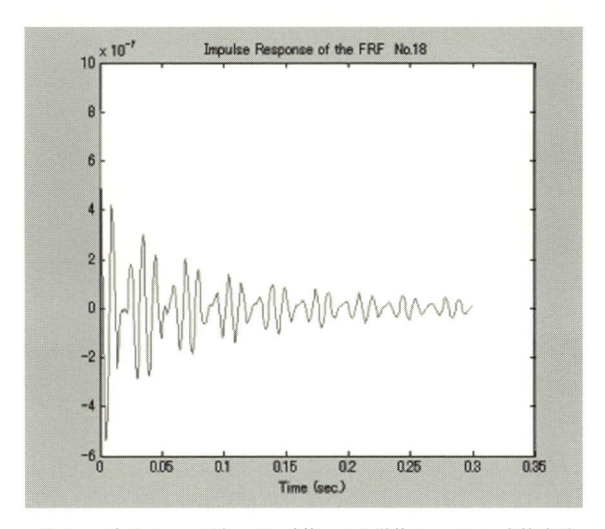

図 7.7 計測 FRF の逆 FFT 計算による単位インパルス応答波形

【第 1 ステップ：振動試験】
　振動実験を実施し，自由度 q 番を加振して，自由度 1 番～N 番までの振動測定位置の振動応答についての FRF を計測する．自由度とは大雑把にいえば測定点である．

【第 2 ステップ：FRF の妥当性確認と FRF の近似式設定】

モード特性同定の開始である．まず計測された FRF の中で加振自由度自身の応答での FRF（これを自己応答関数と呼ぶ）をコンピュータ画面に表示する．簡単な例題として，自己応答関数が図 7.8 の例を取り上げる．まずは同定対象としたい周波数帯域を設定する．ここでは 50～275 Hz の帯域内に現れている共振についてのモード特性同定を考えることにする．この周波数帯域内の周波数応答の周波数点数を $k = 1 \sim f_n$（周波数サンプリング点数）の f_n 個とする．同定周波数帯域内に存在する共振峰の数を ℓ とする．

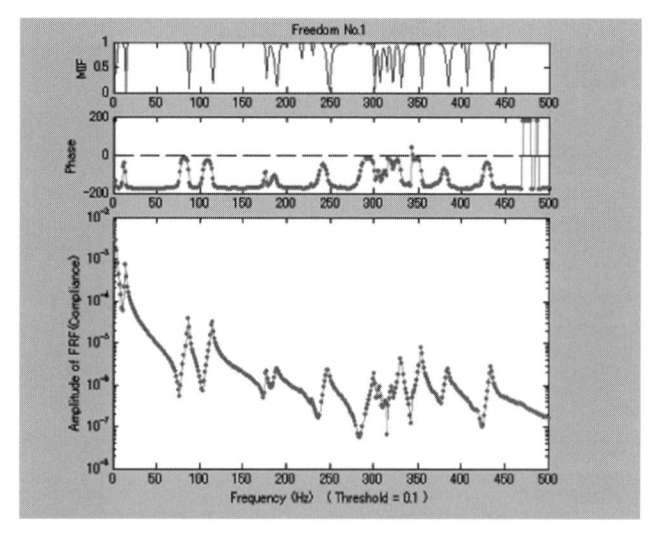

図 7.8 実験計測された FRF の例（自己応答）

理論的には式 (7.65) に基づいて，同一次数の共振峰の位置の周波数はどの測定自由度についての FRF でも一致するはずである．また，減衰比の値についても一致するはずである．そこで，図 7.9 に例を示すように，自己応答でない FRF（これを相互応答関数と呼ぶ）を自己応答関数に次々に重ね合わせて描くことで，自己応答関数に同定周波数帯域内に存在するすべての共振峰が現われているかを確認する．自己応答関数には共振峰がない周波数のところに，相互応答関数にははっきりとした共振峰が現れているものがあれば，加振自由度 q はその次数の固有モードの節に近い位置になってしまっていて不運だったと解釈し，加振点を変更して再度すべての測定点の FRF を取り直す．ただし，これは面倒なことなので最初から慎重に加振点を決定することを心がけたり，著者提案の援用手法を用いて振動試験を実施するとよいと思われる．

変位周波数応答関数 (compliance) 理論的には式 (7.65) であるが，いま設定した同

7.3 モード特性同定法

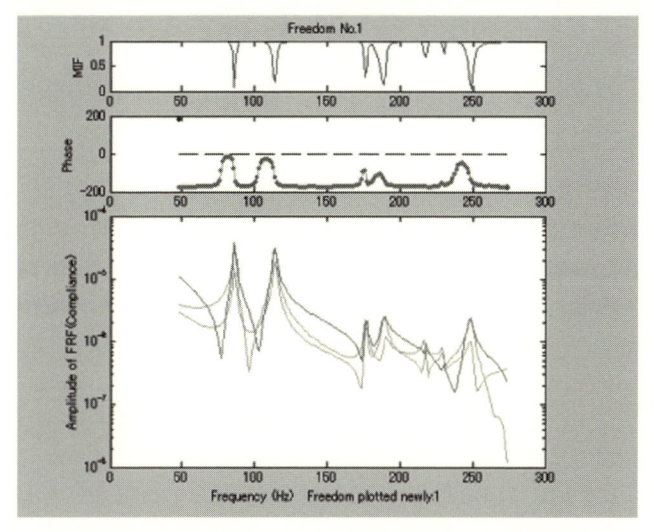

図 7.9 FRF の重ね合わせで共振峰の周波数の一致を確認

定周波数帯域内の FRF しか使用しないのであるから，その同定周波数帯域から外れる低周波数側の周波数に共振峰が存在している場合や，周辺自由境界条件では存在する剛体運動（0 Hz の共振とみなすことができる）が発生する場合には，その影響を表現する"慣性項"と，高周波数側に外れた高い共振峰の影響を考慮する"剰余項"を設定することで同定周波数帯域内の FRF の理論的表現式を

$$h_{pq}(\omega_k) = -\frac{1}{\omega_k^2 I_{pq}} + \sum_{i=1}^{\ell} \frac{\phi_p^{(i)} \phi_q^{(i)}}{(\Omega_i^2 - \omega_k^2) + 2j\zeta_i \Omega_i \omega_k} + Z_{pq} \qquad (7.66)$$

と近似する．右辺第 1 項が慣性項，第 3 項が剰余項である．なぜなら

$$\lim_{\omega \to \omega \gg \Omega} \frac{\phi_p \phi_q}{(\Omega^2 - \omega^2) + 2j\zeta\Omega\omega} = -\frac{1}{\omega^2 I_{pq}} \qquad (7.67)$$

$$\lim_{\omega \to \omega \ll \Omega} \frac{\phi_p \phi_q}{(\Omega^2 - \omega^2) + 2j\zeta\Omega\omega} = Z_{pq} \qquad (7.68)$$

の近似が成立するからである．慣性項については考慮する必要がなければ省略してよい．

【第 3 ステップ：初期値（固有角振動数とモード減衰比）の設定】

モード特性同定法は反復計算アルゴリズムとなるので，同定周波数帯域内の共振峰として現れている固有角振動数とモード減衰比の初期値を設定する．素朴にはマニュアルで行う．固有角振動数は共振峰の位置の周波数を直読すればよい．減衰比については少し経験を積めば，ある程度大雑把な精度で値を設定できる．機械的な自動設定

アルゴリズムは皆さんもいろいろ考えることができるであろう．例えば，固有角振動数についてはモード指示関数 (mode indicator function) が古くに提案されており，それからモード減衰比も設定できる．ただし，複雑な実際の機械構造物についての実験計測 FRF ではノイズの影響などによってこの手法は適切に機能しない．

【第 4 ステップ：最適線形項パラメータ（最適なモード留数）の計算】

現時点（第 3 ステップの直後または第 5 ステップから反復計算のためにこの演算に戻ってきた時点）で設定されている固有角振動数とモード減衰比の値を定数として，式 (7.66) の右辺に残された未知パラメータの最適値を線形最小二乗法で決定する．右辺第 1 項については $\frac{1}{I_{pq}}$ を未知パラメータとして，第 2 項の分子である加振自由度と応答自由度に対応する固有モード成分の積についてはひとつの未知パラメータ $A_{pq}^{(i)}(=\phi_p^{(i)}\phi_q^{(i)})$ と一旦置き換えることでそれらの最適値を決定する．その結果を利用して，本来的に決定したいパラメータである固有モード成分を求める．なお，$A_{pq}^{(i)}$ は自由度 p–q 間 FRF の第 i 次モード留数と呼ばれる．同定周波数帯域内の加振点自由度 q での応答点自由度 $p = 1 \sim N$ までの FRF（周波数点数は n 点とする）について，それぞれ最小二乗法の理論に基づいて，

$$\boldsymbol{W}\begin{bmatrix}h_{pq}(\omega_1)\\h_{pq}(\omega_2)\\\vdots\\h_{pq}(\omega_n)\end{bmatrix} = \boldsymbol{W}\begin{bmatrix}-\frac{1}{\omega_1^2} & \frac{1}{\Omega_1^2-\omega_1^2+2j\zeta_1\omega_1} & \cdots & \frac{1}{\Omega_\ell^2-\omega_1^2+2j\zeta_\ell\omega_1} & 1\\-\frac{1}{\omega_2^2} & \frac{1}{\Omega_1^2-\omega_2^2+2j\zeta_1\omega_2} & \cdots & \frac{1}{\Omega_\ell^2-\omega_2^2+2j\zeta_\ell\omega_2} & 1\\\vdots & \vdots & \vdots & \vdots & \vdots\\-\frac{1}{\omega_{f_n}^2} & \frac{1}{\Omega_1^2-\omega_n^2+2j\zeta_1\omega_n} & \cdots & \frac{1}{\Omega_\ell^2-\omega_n^2+2j\zeta_\ell\omega_n} & 1\end{bmatrix}\begin{bmatrix}\frac{1}{I_{pq}}\\A_{pq}^{(1)}\\\vdots\\A_{pq}^{(\ell)}\\Z_{pq}\end{bmatrix}$$
(7.69)

を構築する．ここで右辺の $\boldsymbol{W}$ は対角行列で重み関数行列の役割をする．この $\boldsymbol{W}$ に設定する最も基本的な重み関数行列は単位行列である．この連立方程式は，その数が右辺の列ベクトルを構成する未知数の数より多くなるので，最小二乗法で解ける．ただし，左辺の列ベクトルは振動試験で得られた FRF であるので複素数，右辺係数行列も第 2 列目から第 $(\ell+1)$ 列目までは複素数である．求めたい未知数はすべて実数なので，実際の最小二乗法演算ではこの連立方程式を実数部と虚数部に分離して，すべて実数だけからなる連立方程式（方程式の数が 2 倍となる）にすることで確実に数値計算誤差なく未知数を実数値として解く．式 (7.69) を実数部と虚数部に分けて便宜的に簡単に

$$\begin{bmatrix}\boldsymbol{W} & 0\\0 & \boldsymbol{W}\end{bmatrix}\begin{bmatrix}\text{Real}[\boldsymbol{h}_{pq}]\\\text{Imag}[\boldsymbol{h}_{pq}]\end{bmatrix} = \begin{bmatrix}\boldsymbol{W} & 0\\0 & \boldsymbol{W}\end{bmatrix}\begin{bmatrix}\text{Real}[\boldsymbol{E}]\\\text{Imag}[\boldsymbol{E}]\end{bmatrix}\boldsymbol{x} \quad (7.70)$$

$$\Downarrow$$

$$\tilde{\boldsymbol{W}}\tilde{\boldsymbol{h}}_{pq} = \tilde{\boldsymbol{W}}\tilde{\boldsymbol{E}}\boldsymbol{x} \quad (7.71)$$

と表す.これより解は

$$\boldsymbol{x} = (\tilde{\boldsymbol{E}}^t \tilde{\boldsymbol{W}}^t \tilde{\boldsymbol{W}} \tilde{\boldsymbol{E}})^{-1} \tilde{\boldsymbol{E}}^t \tilde{\boldsymbol{W}}^t \tilde{\boldsymbol{W}} \tilde{\boldsymbol{h}}_{pq} \tag{7.72}$$

の線形代数演算で得ることができる.

重み関数の設定は次のようにするとよい.振動試験でFRFを得るときに,加振力信号と振動応答信号の入出力の相関性を評価するデータとしてコヒーレンス関数も通常得られるのでこれを利用する.重み付き最小二乗法の基本的な理論から,誤差が小さいと考えられる信頼性の高いデータには大きな重み付けをし,誤差が大きいと判断されるデータには小さい重みをつけてその誤差の影響を小さくすることをめざす.統計学の最尤推定法の理論に基づいてコヒーレンス関数の値 $\gamma_{pq}^2(\omega_k)$,分散 $\sigma_{pq}^2(\omega_k)$ および重み係数 $w_{pq}(\omega_k)$ の関係は

$$w_{pq}(\omega_k) = \frac{1}{\sigma_{pq}^2(\omega_k)} = \frac{\gamma_{pq}^2(\omega_k)}{(1-\gamma_{pq}^2(\omega_k))\mid h_{pq}(\omega_2) \mid^2} \tag{7.73}$$

と導ける[20].式 (7.73) は,理論的にはコヒーレンス関数が1に対応する重みを無限大にすべきことを意味している.しかし,現実的にはコヒーレンス関数は単に入出力信号の相関性を表現しているのであって,決して,測定されたFRFが必ず誤差なしで正確であることは意味していない.そこで,重み無限大の計算は不適当であろうから著者作成のプログラムでは,0.999以上のコヒーレンス関数の値は強制的に0.999と修正する便宜的な処置をしている.

本モード特性同定法をはじめとする周波数領域の同定法に適する重み関数行列 $\boldsymbol{W}$ (対角行列なので,diag[∗∗∗]で表現) は,これに基づいて対数グラフ表示での実験値と理論式の一致度合いをFRFのフィットの評価とすることを考慮することで,次の7種類を推奨することができる.

$$\boldsymbol{W}_1 = \operatorname{diag} \left[\frac{\gamma_{pq}^2(\omega_1)}{1-\gamma_{pq}^2(\omega_1)} \quad \frac{\gamma_{pq}^2(\omega_2)}{1-\gamma_{pq}^2(\omega_2)} \quad \cdots \quad \frac{\gamma_{pq}^2(\omega_{f_n})}{1-\gamma_{pq}^2(\omega_{f_n})} \right] \tag{7.74}$$

$$\boldsymbol{W}_2 = \operatorname{diag} \left[\frac{\omega_1 \gamma_{pq}^2(\omega_1)}{1-\gamma_{pq}^2(\omega_1)} \quad \frac{\omega_2 \gamma_{pq}^2(\omega_2)}{1-\gamma_{pq}^2(\omega_2)} \quad \cdots \quad \frac{\omega_{f_n} \gamma_{pq}^2(\omega_{f_n})}{1-\gamma_{pq}^2(\omega_{f_n})} \right] \tag{7.75}$$

$$\boldsymbol{W}_3 = \operatorname{diag} \left[\frac{\omega_1^2 \gamma_{pq}^2(\omega_1)}{1-\gamma_{pq}^2(\omega_1)} \quad \frac{\omega_2^2 \gamma_{pq}^2(\omega_2)}{1-\gamma_{pq}^2(\omega_2)} \quad \cdots \quad \frac{\omega_{f_n}^2 \gamma_{pq}^2(\omega_{f_n})}{1-\gamma_{pq}^2(\omega_{f_n})} \right] \tag{7.76}$$

$$\boldsymbol{W}_4 = \operatorname{diag} \left[\frac{\gamma_{pq}^2(\omega_1)}{(1-\gamma_{pq}^2(\omega_1))|h_{pq}(\omega_1)|} \quad \frac{\gamma_{pq}^2(\omega_2)}{(1-\gamma_{pq}^2(\omega_2))|h_{pq}(\omega_2)|} \right.$$
$$\left. \cdots \quad \frac{\gamma_{pq}^2(\omega_{f_n})}{(1-\gamma_{pq}^2(\omega_{f_n}))|h_{pq}(\omega_{f_n})|} \right] \tag{7.77}$$

$$W_5 = \mathrm{diag}\left[\frac{\gamma_{pq}^2(\omega_1)}{(1-\gamma_{pq}^2(\omega_1))|h_{pq}(\omega_1)|^2} \quad \frac{\gamma_{pq}^2(\omega_2)}{(1-\gamma_{pq}^2(\omega_2))|h_{pq}(\omega_2)|^2} \\ \cdots \quad \frac{\gamma_{pq}^2(\omega_{f_n})}{(1-\gamma_{pq}^2(\omega_{f_n}))|h_{pq}(\omega_{f_n})|^2}\right] \tag{7.78}$$

$$W_6 = \mathrm{diag}\left[\frac{\omega_1\gamma_{pq}^2(\omega_1)}{(1-\gamma_{pq}^2(\omega_1))|h_{pq}(\omega_1)|} \quad \frac{\omega_2\gamma_{pq}^2(\omega_2)}{(1-\gamma_{pq}^2(\omega_2))|h_{pq}(\omega_2)|} \\ \cdots \quad \frac{\omega_{f_n}\gamma_{pq}^2(\omega_{f_n})}{(1-\gamma_{pq}^2(\omega_{f_n}))|h_{pq}(\omega_{f_n})|}\right] \tag{7.79}$$

$$W_7 = \mathrm{diag}\left[\frac{\omega_1^2\gamma_{pq}^2(\omega_1)}{(1-\gamma_{pq}^2(\omega_1))|h_{pq}(\omega_1)|^2} \quad \frac{\omega_2^2\gamma_{pq}^2(\omega_2)}{(1-\gamma_{pq}^2(\omega_2))|h_{pq}(\omega_2)|^2} \\ \cdots \quad \frac{\omega_{f_n}^2\gamma_{pq}^2(\omega_{f_n})}{(1-\gamma_{pq}^2(\omega_{f_n}))|h_{pq}(\omega_{f_n})|^2}\right] \tag{7.80}$$

この中から最も適したものを選択して用いることが理想である．しかし，一般的にはその選択は面倒であったり，その最適選択によってカーブフィットの向上が図れることが十分認識されていないので，ひとつの対象物について画一的に解析しようとする先入観から，すべての測定点でのFRFについて同一種類の重み関数を利用する場合が多いようだ．それでも同定結果の利用目的に応じて十分な精度で同定されていれば問題ない．ただし少なくとも，最適な重み関数は加振自由度と応答自由度の違い，すなわちFRFのグラフ形状によって違うので，測定自由度ごとのFRFに対応して最適なものを独立に選ぶことでフィット精度を最大化できる[33]ことを知っておくことは意義がある．

さて，現時点で得られているモード特性であるところの，慣性項成分 $\frac{1}{I_{pq}}$, Ω_i, ζ_i, Z_{pq} の値を定数として，理論式によって実験FRFに対応する周波数点のFRFを計算して，この計算結果と実験FRFとのズレ（誤差ノルム）を求める．コンピュータ画面上では実験FRFと計算FRFをグラフに重ね合わせて描くとともに誤差ノルムの履歴をプロットするグラフも表す．反復計算によって，この誤差ノルムが小さくなり十分に収束し，ここに至る第5ステップの増分計算においても固有角振動数とモード減衰比の更新もほぼ収束していると判定された場合には第6ステップに飛び，そうでなければ第5ステップに進む．

【第5ステップ：非線形項パラメータの更新計算】
　この時点でのモード留数と剰余項定数および必要に応じて慣性項の係数を定数として，非線形項パラメータである固有角振動数とモード減衰比の更新計算を行う．すなわち，最急降下法または共役勾配法の手法に基づく1回の更新計算を行う．

7.3 モード特性同定法

FRF の第 i 次固有角振動数とモード減衰比に関する 1 次感度 (1 次導関数) はそれぞれ

$$\frac{\partial h_{pq}(\omega_k)}{\partial \Omega_i} = -\frac{2A_{pq}^{(i)}(\Omega_i + j\zeta_i\omega_k)}{(\Omega_i^2 - \omega_k^2 + 2j\zeta_i\omega_k\Omega_i)^2} \tag{7.81}$$

$$\frac{\partial h_{pq}(\omega_k)}{\partial \zeta_i} = -\frac{2jA_{pq}^{(i)}\omega_k\Omega_i}{(\Omega_i^2 - \omega_k^2 + 2j\zeta_i\omega_k\Omega_i)^2} \tag{7.82}$$

で計算できる.したがって,1 次感度解析式としては

$$\Delta h_{pq}(\omega_k) = \begin{bmatrix} \frac{\partial h_{pq}(\omega_k)}{\partial \Omega_1} & \frac{\partial h_{pq}(\omega_k)}{\partial \Omega_2} & \cdots & \frac{\partial h_{pq}(\omega_k)}{\partial \Omega_\ell} & \frac{\partial h_{pq}(\omega_k)}{\partial \zeta_1} & \frac{\partial h_{pq}(\omega_k)}{\partial \zeta_2} & \cdots & \frac{\partial h_{pq}(\omega_k)}{\partial \zeta_\ell} \end{bmatrix} \begin{bmatrix} \Delta\Omega_1 \\ \Delta\Omega_2 \\ \vdots \\ \Delta\Omega_\ell \\ \Delta\zeta_1 \\ \Delta\zeta_2 \\ \vdots \\ \Delta\zeta_\ell \end{bmatrix} \tag{7.83}$$

と基礎的に構成される.$\Delta h_{pq}(\omega_k)$ を実験 FRF とのズレとして同定周波数帯域内の周波数点 $(\omega_1 \sim \omega_{f_n})$ の FRF についてこの式を連立させ,かつ,コヒーレンス関数と振動試験 FRF の絶対値を使った重み付けを考慮して

$$\boldsymbol{W} \begin{bmatrix} \Delta h_{pq}(\omega_1) \\ \Delta h_{pq}(\omega_2) \\ \vdots \\ \Delta h_{pq}(\omega_{f_n}) \end{bmatrix} = \boldsymbol{W} \begin{bmatrix} \frac{\partial h_{pq}(\omega_1)}{\partial \Omega_1} & \cdots & \frac{\partial h_{pq}(\omega_1)}{\partial \zeta_1} & \cdots & \frac{\partial h_{pq}(\omega_1)}{\partial \zeta_\ell} \\ \frac{\partial h_{pq}(\omega_2)}{\partial \Omega_1} & \cdots & \frac{\partial h_{pq}(\omega_2)}{\partial \zeta_1} & \cdots & \frac{\partial h_{pq}(\omega_2)}{\partial \zeta_\ell} \\ \vdots & & \vdots & & \vdots \\ \frac{\partial h_{pq}(\omega_{f_n})}{\partial \Omega_1} & \cdots & \frac{\partial h_{pq}(\omega_{f_n})}{\partial \zeta_1} & \cdots & \frac{\partial h_{pq}(\omega_{f_n})}{\partial \zeta_\ell} \end{bmatrix} \begin{bmatrix} \Delta\Omega_1 \\ \Delta\Omega_2 \\ \vdots \\ \Delta\Omega_\ell \\ \Delta\zeta_1 \\ \Delta\zeta_2 \\ \vdots \\ \Delta\zeta_\ell \end{bmatrix} \tag{7.84}$$

の最小二乗法方程式を作成して解く.これは複素数を含んだ連立方程式で,求めようとする固有角振動数とモード減衰比の増分は実数でなければならないので,やはりここでも実際の演算においては,実数部と虚数部に分解して実数型の連立方程式に変換して解く.

求められた増分を使って,非線形項パラメータである固有角振動数とモード減衰比を

$$新\Omega_i = 現\Omega_i + \mu\Delta\Omega_i \tag{7.85}$$

$$新\zeta_i = 現\zeta_i + \mu\Delta\zeta_i \tag{7.86}$$

の演算で更新する．そして，第 4 ステップに戻る．なおここで，μ は反復計算での発散を防ぐためのステップパラメータである．通常は $\mu = 0.01 \sim 0.5$ の範囲から適当な値を選んで使えばよい．

【第 6 ステップ：固有モードの計算】

反復計算によって得られたモード留数から固有モードの成分を算出する．まず，自己周波数応答関数について求まったモード留数 $A_{qq}^{(i)}$ から

$$\phi_q^{(i)} = \sqrt{A_{qq}^{(i)}} \quad (i = 1 \sim \ell) \tag{7.87}$$

を求める．この結果を利用して測定点自由度 $p = 1 \sim N(\neq q)$ の固有モード成分を

$$\phi_p^{(i)} = \frac{A_{pq}^{(i)}}{\phi_q^{(i)}} \quad (i = 1 \sim \ell) \tag{7.88}$$

によって次々と求める．ここで得られる固有モードは質量行列に関して正規化された大きさのベクトルである．

一般粘性減衰系については理論モード解析の Compliance–FRF の数式が

$$h_{pq}(\omega) = -\frac{1}{\omega^2 I_{pq}} + \sum_{i=1}^{\ell}\left(\frac{\phi_p^{(i)}\phi_q^{(i)}}{\sigma_i + j(\omega - \Omega_{di})} + \frac{\bar{\phi}_p^{(i)}\bar{\phi}_q^{(i)}}{\sigma_i + j(\omega + \Omega_{di})}\right) + Z_{pq} \tag{7.89}$$

の式に変化するだけである．なお，ここで，$\bar{\phi}$ は ϕ の共役複素数を示し，$\sigma_i(>0)$ と Ω_{di} はそれぞれ第 i 次のモード減衰率と減衰固有角振動数を示す．その振動数での自由振動は時間を t として $\Phi e^{(-\sigma_i t + j\Omega_{di} t)}$ と表される．

7.4 実験的特性行列同定法

本同定法[5,6]は，同定対象構造物上に適切な数で適切な位置へ配置した測定点について，単点加振多点応答計測される周波数応答関数を用いて，その対象構造物の動特性を物理空間座標系上で表現される多自由度系運動方程式

$$\boldsymbol{M\ddot{x}} + \boldsymbol{C\dot{x}} + \boldsymbol{Kx} = \boldsymbol{f} \tag{7.90}$$

の左辺係数行列である特性行列（質量行列 $\boldsymbol{M}$，減衰行列 $\boldsymbol{C}$，剛性行列 $\boldsymbol{K}$）を同定する．なお，式 (7.90) では粘性減衰を仮定しているが，必要に応じて構造減衰の仮定や両者の減衰を同時に組み込む運動方程式でも適用できる．また，振動試験では周波数応答関数に加えてコヒーレンス関数（入出力信号の相関関数）も得ておいて，それ

も入力データとすると同定解析中でのデータ処理と最適化計算部分でコヒーレンス関数から適切な重み関数を生成して利用できるので，実用的となる．

周辺自由境界条件で計測された周波数応答関数による同定では，単点加振多点応答計測される周波数応答関数だけから対象物の剛体特性のすべてのパラメータ（質量，質量中心，主慣性モーメントとその主軸の向き）を動特性同定に加えて導出できる特長を有している．この単点加振多点応答の実験データからすべての剛体特性パラメータを同定できる能力は他に類をみない，ひじょうにユニークな特長である．剛体特性は同定された多自由度系としての質量行列から力学の基礎理論に従った簡単な演算で求めることができる（式 (7.94)）．

本同定法実施の標準的手順に従ってそのアルゴリズムを簡潔明解に説明することを試みる．図 7.10 に描く抽象単純化した構造物の模式図を同定対象物と考える．座標系は基準的なものとして O–xyz の直角座標系を設定する．

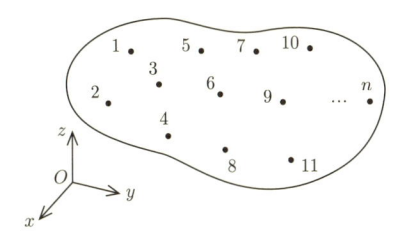

図 **7.10** 構造物と n 点の測定点設定の模式図 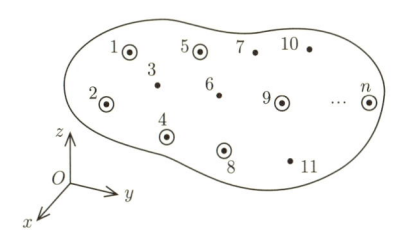 　　図 **7.11** 実測定点◉と仮想測定点●の区別化の模式図

7.4.1　振　動　試　験

図 7.10 で測定点を 1 番から n 番まで黒点で設定した様子を示す．まず，その構造物に都合のよいように直角座標系 O–xyz を設定してすべての測定点の座標を計測する．次に，この対象物を柔軟支持して擬似的に周辺自由境界条件を実現して振動試験を実施する．測定点の内のひとつを加振点として選び，その点の x, y, z 方向のどれか 1 方向（これを加振自由度と呼ぶことにする）への加振を行い，すべての測定点の x, y, z 方向の振動応答を計測する．加振器加振よりは計測精度はやや低下するが，簡単で時間のかからない加振方法としては打撃試験用ハンマーを用いた打撃加振法がある．一方，基本的な振動応答計測法は 3 軸加速度センサーを用いて振動加速度を計測する方法である．

ここでは説明の便宜上，測定点 1 番の x 方向を加振する想定とする．原則的な計測方法は，測定点 1 番から n 番までのすべての測定点の x, y, z 方向の振動応答についての周波数応答関数を得ることである．しかし本手法では，その原則的方法に加え

て,図 7.11 に示すように,例えば測定点 1, 2, 4, 5, 8, 9, n 番という具合に,実際に振動試験では構造物全体の振動モード形が大まかに把握できる程度の数の測定点のみについて周波数応答関数を計測して,残りの測定点については測定しないで同定を進めることもできる.便宜的に,この測定しない測定点を仮想測定点,実際に測定する点を実測定点と区別して呼ぶことにする.この実測定点に仮想測定点を追加する手法によって,それら両者の合計自由度のサイズを持った比較的大きな自由度の特性行列の同定が可能となる.仮想測定点を設置する手法を利用すると,振動試験の実施の効率化と同定解析の高速化および同定精度と同定解析の安定性の向上を実現できる.

7.4.2 実験的特性行列同定法

振動試験が終了したら,次のデータを入力データとして実験的特性行列同定法を開始する.

1) n 点すべての測定点(実測定点と仮想測定点のすべて)の座標値
2) 実測定点についての周波数応答関数
3) 実測定点についての周波数応答関数計測に対応するコヒーレンス関数

なお,次の項目の a と b の実行は順不同で可能である.

a. モード特性の同定の実施

実測定点の周波数応答関数について実験モード特性同定法[44]を実行して,同定周波数帯域内に存在する 1 次共振からすべての次数の共振峰についてのモード特性(固有角振動数と固有モードおよびモード減衰比)を求める.なお,固有モードは実固有モードの形式で求める.

b. 特性行列成分間の制約条件の生成

測定点間の構造的結合のモデル化を行う.有限要素法のモデル化でもモデル作成者によって要素分割方法が異なるように,このモデル作成工程でも,複雑な構造物については人によって異なるモデル化が行われる.このように作業者の違いによって多少異なる結合モデル化がなされる可能性はあるが,結合のモデル化が決定されれば,それに対応した特性行列中の非ゼロ成分位置が自動的に決定されるように論理化される.力学原理に基づいて構造的に直接結合する隣接構造要素間の測定点に対応する行列成分の位置に非ゼロ成分は配置されるからである.

例えば,図 7.12 に示す平面曲げ問題の均一梁を測定点 5 点で同定することを考えてみよう.単純な梁なので,人による違いはほとんどなく,測定点 1 番と 2 番が構造的に直接結合し,2 番が 3 番と,3 番が 4 番と,4 番が 5 番と,という具合に順々に隣接測定点間を直列結合で構造結合するモデル化がなされるであろう.剛体要素と回転ばねで直列に構造的に結合されたモデル化と考えることができるので,各剛体要素は一様断面形状で長さをそれぞれ $\ell_i (i=1 \sim 4)$,質量を $m_i (i=1 \sim 4)$,回転ばね定

7.4 実験的特性行列同定法

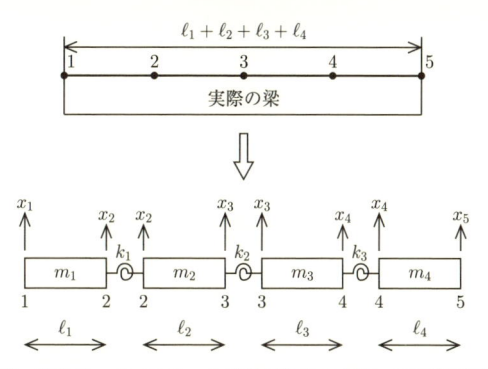

図 7.12 4 要素・測定点 5 点での均一曲げ梁の模式図（概念では質量要素間のギャップはなく，梁全長は $\ell_1 + \ell_2 + \ell_3 + \ell_4$ と考える）

数を $k_i (i = 1 \sim 3)$ として，曲げ振動表現の自由度（実験とすれば測定点に相当）を点 1~5 番の曲げたわみ方向の変位（一般に振動応答計測は並進成分を計測するが角変位は計測困難なので）とすると，その質量行列は三重対角行列として

$$M = \begin{bmatrix} \frac{1}{3}m_1 & \frac{1}{6}m_1 & 0 & 0 & 0 \\ \frac{1}{6}m_1 & \frac{1}{3}m_1 + \frac{1}{3}m_2 & \frac{1}{6}m_2 & 0 & 0 \\ 0 & \frac{1}{6}m_2 & \frac{1}{3}m_2 + \frac{1}{3}m_3 & \frac{1}{6}m_3 & 0 \\ 0 & 0 & \frac{1}{6}m_3 & \frac{1}{3}m_3 + \frac{1}{3}m_4 & \frac{1}{6}m_4 \\ 0 & 0 & 0 & \frac{1}{6}m_4 & \frac{1}{3}m_4 \end{bmatrix} \quad (7.91)$$

のように求められ，ゼロ要素の配置を決定できる．剛性行列は，

$$K = \begin{bmatrix} k(1,1) & k(1,2) & k(1,3) & 0 & 0 \\ k(2,1) & k(2,2) & k(2,3) & k(2,4) & 0 \\ k(3,1) & k(3,2) & k(3,3) & k(3,4) & k(3,5) \\ 0 & k(4,2) & k(4,3) & k(4,4) & k(4,5) \\ 0 & 0 & k(5,3) & k(5,4) & k(5,5) \end{bmatrix} \quad (7.92)$$

と 5 重対角行列となる．ここで，

$$k(1,1) = \frac{k_1}{\ell_1^2}$$

$$k(2,1) = k(1,2) = \frac{k_1}{\ell_1}\left(\frac{1}{\ell_1} + \frac{1}{\ell_2}\right)$$

$$k(2,2) = \frac{k_1}{\ell_1}\left(\frac{1}{\ell_1} + \frac{1}{\ell_2}\right) + \frac{k_1}{\ell_2}\left(\frac{1}{\ell_1} + \frac{1}{\ell_2}\right) + \frac{k_2}{\ell_2^2}$$

$$k(3,1) = k(1,3) = \frac{k_1}{\ell_1^2 \ell_2}$$

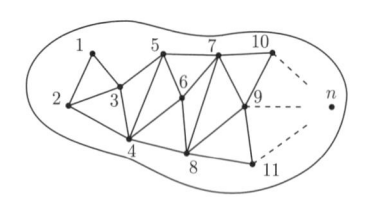

図 7.13 測定点間の構造結合モデル化の例

$$\vdots$$

$$k(5,5) = \frac{k_3}{\ell_4^2}$$

この簡単な例のように,力学原理に基づいて図 7.10 と図 7.11 に示す構造物の測定点間を,例えば図 7.13 のように構造結合するモデル化をすれば,剛性行列の非ゼロ成分配置は模式図的な式として式 (7.93) のようになる.式 (7.93) の剛性行列中の N は 3 行 3 列の小行列成分で非ゼロ成分となる部分を,O は 3 行 3 列の小行列成分でゼロ行列成分となる部分を表す.

$$\begin{bmatrix} N & & & & & & & & & \\ N & N & & & & & sym. & & & \\ N & N & N & & & & & & & \\ N & N & N & N & & & & & & \\ 0 & 0 & N & N & N & N & & & & \\ 0 & 0 & N & N & N & N & \ddots & & & \\ 0 & 0 & N & N & N & N & \ddots & \ddots & & \\ \vdots & \vdots & 0 & 0 & N & N & & \ddots & \ddots & \\ \vdots & \vdots & \vdots & & & & & & & \ddots \end{bmatrix} \quad (7.93)$$

この例のように,デザインされる構造結合モデルに従って非ゼロ成分配置を力学の原理に基づいてコンピュータにより自動的に決定することができ,さらに測定点座標データを利用して次のアルゴリズムによって非ゼロ成分間の制約条件式をも自動生成することができる.

まず,3 次元構造物について作成される質量行列 M(任意の多自由度)は式 (7.94) の左辺の演算で 6 行 6 列の剛体質量行列 $M_{\text{rigid}} (\in R^{6\times 6})$ に必ず変換できる.この力学の変換原理[2]を利用して,M の非ゼロ成分間の連立 1 次方程式を作成する.

$$\boldsymbol{\Phi}^t \boldsymbol{M} \boldsymbol{\Phi} = \boldsymbol{M}_{\text{rigid}} \quad (7.94)$$

7.4 実験的特性行列同定法

ここで，行列 $\boldsymbol{\Phi}$ は n 行 6 列の行列（$\in R^{n\times 6}$）であり，6 本の互いに独立な剛体運動ベクトルで構成される．具体的には，入力データの一部である測定点座標値を利用して，剛体運動表現点が x 軸方向，y 軸方向，z 軸方向に単位並進変位するときの構造物上の測定点の変位を表すベクトルをそれぞれ第 1 列，第 2 列，第 3 列に当てはめ，剛体運動表現点がその点を通って x 軸と平行な軸まわり，y 軸と平行な軸まわりおよび z 軸と平行な軸まわりに微小角変位する剛体角変位運動に関する構造物上の測定点の並進変位を線形近似表現するベクトルを第 4 列，第 5 列，第 6 列に当てはめることで行列 $\boldsymbol{\Phi}$ は容易に作成できる．

例えば，図 7.14 を参考に，剛体中に設定した剛体運動表現点座標を (x_R, y_R, z_R)，測定点 i 番の x, y, z 座標を (x_i, y_i, z_i) として，剛体が単に x 軸方向へ δ_{Rx} だけ並進変位すると，それに伴って測定点 i 番の変位は

$$\begin{bmatrix}\delta_{ix}\\ \delta_{iy}\\ \delta_{iz}\end{bmatrix} = \begin{bmatrix}1\\ 0\\ 0\end{bmatrix}\delta_{Rx} \tag{7.95}$$

と，δ_{Rx} に定数で構成される変換行列（この場合は列ベクトル）を乗じることで表現できる．

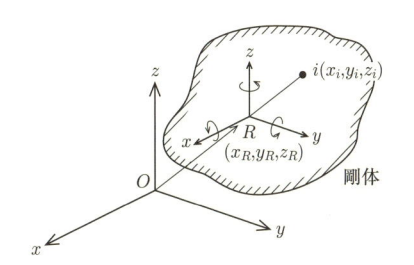

図 7.14 剛体運動表現点と測定点 i の変位の関係

剛体が剛体運動表現点で単に x 軸に平行な軸まわりに角度 θ_x だけ右手に回転することによる測定点 i 番の変位は，幾何学から

$$\begin{bmatrix}\delta_{ix}\\ \delta_{iy}\\ \delta_{iz}\end{bmatrix} = \begin{bmatrix}0\\ -(z_i - z_R)\sin\theta_x + (y_i - y_R)\cos\theta_x - (y_i - y_R)\\ (y_i - y_R)\sin\theta_x + (z_i - z_R)\cos\theta_x - (z_i - z_R)\end{bmatrix} \tag{7.96}$$

と代数表現できる．そこで，いま対象としている機械振動の並進振幅や角変位振幅は小さい値であることを考慮して $\sin\theta_x \simeq \theta_x$，$\cos\theta_x \simeq 1$ の近似を十分適用（文献[2]の p.184 参照）することができるので，式 (7.96) は

$$\begin{bmatrix} \delta_{ix} \\ \delta_{iy} \\ \delta_{iz} \end{bmatrix} = \begin{bmatrix} 0 \\ -(z_i - z_R) \\ (y_i - y_R) \end{bmatrix} \theta_x \tag{7.97}$$

と線形近似の変形ができる．式 (7.95) と同様に座標データに基づく定数で構成される変換行列を運動表現点の角変位に乗じることで測定点 i の変位が表現できる．

このようにして 6 自由度のすべての剛体運動を考えると，行列 $\boldsymbol{\Phi}$ の成分構成は測定点 i の x, y, z 方向変位成分についてのみ明記した形式として

$$\boldsymbol{\Phi} = \begin{bmatrix} \vdots & \vdots & \vdots & \vdots & \vdots & \vdots \\ 1 & 0 & 0 & 0 & (z_i - z_R) & -(y_i - y_R) \\ 0 & 1 & 0 & -(z_i - z_R) & 0 & (x_i - x_R) \\ 0 & 0 & 1 & (y_i - y_R) & -(x_i - x_R) & 0 \\ \vdots & \vdots & \vdots & \vdots & \vdots & \vdots \end{bmatrix} \tag{7.98}$$

のように作成できる．

剛体質量行列は

$$\boldsymbol{M}_{\mathrm{rigid}} = \begin{bmatrix} m & 0 & 0 & 0 & c & -b \\ 0 & m & 0 & -c & 0 & a \\ 0 & 0 & m & b & -a & 0 \\ 0 & -c & b & I_{xx} & -I_{yx} & -I_{xz} \\ c & 0 & -a & -I_{yx} & I_{yy} & -I_{zy} \\ -b & a & 0 & -I_{zx} & -I_{zy} & I_{zz} \end{bmatrix} \tag{7.99}$$

のとおりに独特な成分配置となる[2]．式 (7.99) の成分配置の特長を利用して，式 (7.94) から質量行列 $\boldsymbol{M}$ の非ゼロ成分に関する連立方程式を生成できる．例えば，剛体質量行列の 1 行 1 列成分と 2 行 2 列成分および 3 行 3 列成分の対角成分は常に同一値であり，その値は対象構造物の質量の値であること，2 行 1 列成分など 12 か所の成分は常にゼロとなること，5 行 1 列成分と 4 行 2 列成分などは絶対値は同一で符号が互いに逆の値となること，などの成分間の恒等関係を有する．そこで，式 (7.99) の非ゼロ値となる成分の値そのものは未知であるにしても，それらの成分間の関係の特長を利用して，式 (7.94) からその左辺の質量行列の非ゼロ成分に関する 11 本の等式制約条件式をコンピュータを利用して生成することができる．この連立方程式は互いに独立な方程式よりも未知数である非ゼロ成分の数の方が必ず多くなるので方程式の数だけの未知数（非ゼロ成分）を他の未知数（非ゼロ成分）の従属変数とできる．これが等式制約条件となり，本同定法に利用される．式 (7.99) 中で，m は質量，I_{xx}, I_{yy}, I_{zz} は剛体運動表現点を通り各座標軸と平行な軸まわりの慣性モーメント，$-I_{yx}$, $-I_{zx}$,

$-I_{zy}$ はそれら 3 軸相互間についての慣性乗積である．a, b および c は剛体運動表現点で立てる運動方程式の並進運動成分と回転運動成分の練成度を表すパラメータであり，構造物の質量中心座標を (x_G, y_G, z_G) と表せば

$$a = m(x_G - x_R)$$
$$b = m(y_G - y_R)$$
$$c = m(z_G - z_R)$$

の値となる．剛体表現点が質量中心と一致すれば a, b および c はすべてゼロとなる．

式 (7.91) は理論理解のための簡単な解析モデルから導出した質量行列であるが，その例に対応する制約条件式を本手法による自動生成法で作成すると，次式でそのいくつかを示すように非ゼロ成分間の等式形式で求めることができる．

$$\begin{aligned}
m(1,1) &= 2m(2,1) \\
m(2,2) &= 2m(2,1) + 2m(3,2) \\
m(3,3) &= 2m(3,2) + 2m(4,3) \\
&\vdots
\end{aligned} \tag{7.100}$$

ここで，$m(i,j)$ は質量行列の i 行 j 列成分を表し，左辺の成分が従属設計変数となり右辺の各項の成分が独立設計変数である．どの成分が独立設計変数や従属設計変数に割り当てられるかはプログラミングに依存する．

剛性行列と減衰行列については，「剛体運動状態ではその構造物のどの位置もひずみが生じず応力もゼロである」という基本的力学原理に基づいて制約条件式を自動生成する．すなわち，剛性行列についてのその力学原理は

$$\boldsymbol{K\Phi} = \boldsymbol{0} \tag{7.101}$$

と数式表現できる．減衰行列についても

$$\boldsymbol{C\Phi} = \boldsymbol{0} \tag{7.102}$$

である．式 (7.101) と (7.102) の右辺の $\boldsymbol{0}$ は n 行 6 列のゼロ行列である．そこで，それぞれの行列中の非ゼロ成分に関する連立 1 次方程式を生成し，互いに独立な方程式の数に等しい非ゼロ成分を他の成分の従属変数とする等式制約条件を汎用的にプログラム化して自動作成する．本書ではこれ以降，ここの説明の従属変数の非ゼロ成分を従属設計変数，それを導出する非ゼロ成分（未知数）を独立設計変数と呼ぶことにする．すなわち，本同定法は上記のように導出された等式制約条件を満足させながら，実験で得られた周波数応答関数に表現されている動特性に最適合する独立設計変数を決定する数学問題となる．

c. 質量行列と剛性行列の同定

b項の解説の工程で得られている等式制約条件をすべて課しながら，先のa項ですでに求まっている固有角振動数と固有モードを目標値として，

$$(\boldsymbol{K} - \lambda \boldsymbol{M})\psi = \boldsymbol{0} \tag{7.103}$$

の固有値問題から得られる固有振動数と固有モードがその目標値に一致するように質量行列と剛性行列の独立設計変数の最適値を決定する解析を行う．

著者作成のプログラム（本書を執筆中の時点）では，初期値を乱数で設定して感度解析法[26,35)]に基づいて多くの局所最適解を求めて，それらの中で最もよいものを採用することでできるだけ大域的な最適解を探索しようとする手法を使う．このプロセスを可能な限り安定させて高速に最適化できる数学アルゴリズムを見出していくことは，今後も続けなければならない研究テーマである．

質量行列についてはその成分の最大絶対値を1とする正規化条件を保持しながら，固有角振動数（不減衰固有角振動数）と固有モードの一致化の最適化を実行する．固有値についての1次感度は，第j次の固有値λ_jと固有モードψ_jについて式(7.103)を独立設計変数p_iに関して微分して式変形し

$$\frac{\partial \lambda_j}{\partial p_i} = \frac{\psi_j^t \left(\frac{\partial \boldsymbol{K}}{\partial p_i} - \lambda_j \frac{\partial \boldsymbol{M}}{\partial p_i} \right) \psi_j}{\psi_j^t \boldsymbol{M} \psi_j} \tag{7.104}$$

で求める．固有モードの感度は，式(7.103)と固有モードの質量行列に関する正規化の方程式 $\psi_j^t \boldsymbol{M} \psi_j = 1$ を固有モードの直交性条件 $\psi_j^t \boldsymbol{M} \psi_i = 0 (i \neq j)$ を利用しながら微分操作することによって固有モードの1次結合の形式で求めることができる．すなわち，

$$\frac{\partial \psi_j}{\partial p_i} = \eta_1 \psi_1 + \eta_2 \psi_2 + \eta_3 \psi_3 \ldots + \eta_n \psi_n \tag{7.105}$$

の計算で求める．ここで，

$$\eta_r = -\frac{\psi_r^t \left(\frac{\partial \boldsymbol{K}}{\partial p_i} - \lambda_j \frac{\partial \boldsymbol{M}}{\partial p_i} - \frac{\partial \lambda_j}{\partial p_i} \boldsymbol{M} \right) \psi_j}{\psi_r - \psi_j} \qquad (r = 1 \sim n, r \neq j)$$

$$\eta_j = -\frac{\psi_j^t \frac{\partial \boldsymbol{M}}{\partial p_i} \psi_j}{2}$$

である．これらの感度を用いて，固有角振動数および固有モードの最適化法としての独立設計変数の更新計算のための増分の計算式として，それぞれ

$$\Omega_{\text{target}}^2 - \Omega_{\text{current}}^2 = \begin{bmatrix} \frac{\partial \lambda}{\partial p_1} & \frac{\partial \lambda}{\partial p_2} & \cdots \end{bmatrix} \begin{bmatrix} \Delta p_1 \\ \Delta p_2 \\ \vdots \end{bmatrix} \tag{7.106}$$

$$\psi_{\text{target}} - \psi_{\text{current}} = \begin{bmatrix} \frac{\partial \psi}{\partial p_1} & \frac{\partial \psi}{\partial p_2} & \cdots \end{bmatrix} \begin{bmatrix} \Delta p_1 \\ \Delta p_2 \\ \vdots \end{bmatrix} \quad (7.107)$$

の方程式を構成して解く．この最適化操作を反復計算することで質量行列と剛性行列の独立設計変数を適当に設定した初期値から最適化する．

質量行列と剛性行列の初期値は乱数から生成するので，この最適化プロセス中では，質量行列についてはまず正定値化を，剛性行列については非負定値化（周辺自由境界条件下では剛体運動できるのでゼロの固有値が存在する）を行う．これは力学的に妥当な特性行列となるための基本条件である．正定値化への最適化では式 (7.103) の代わりに，標準的固有値問題

$$(\boldsymbol{A} - \lambda \boldsymbol{I})\boldsymbol{y} = \boldsymbol{0} \quad (7.108)$$

の行列 $\boldsymbol{A}$ に質量行列と剛性行列をそれぞれ代入して計算される固有値がすべて正値またはゼロになるように感度解析を実行すればよい．

仮想測定点を追加する手法では，この固有モードの最適フィット処理プロセスで，実測定点に対応する固有モード成分のみについて目標値への最適化を式 (7.107) に基づいて実行する．仮想測定点自由度に対応する成分については，目標値となる実験計測がないので，当然行わない．本同定法では測定点間の構造的結合のモデル化による厳密な等式制約条件を課しており，実測定点が固有モードの形状を適切に表現できるように試験対象構造物上に十分適切に配置されれば，実測定点間に配置される仮想測定点の変位や固有モード成分は実測定点の変位や固有モード成分に基づいて内挿補間的に表現できるので，このアルゴリズムが機能する．これによって固有モードの最適化解析の計算負荷が従来法に比べて軽減され，かつ仮想測定点配置による十分な自由度の大きさを確保できて固有モードのなめらかな形状表現を実現できることから，同定解析の計算速度と安定性の向上が期待できる．

d． 周波数応答関数レベルの最適化

c 項では，質量行列についてその成分の最大絶対値を 1 とする正規化条件を保持しながら最適化プロセスを実行するので，そこで得られた特性行列を用いて計算される振動試験結果に対応する周波数応答関数は共振周波数と，共振モード形は振動試験結果と最適合するものの，ゲインは一致しない．適切に定数倍すると両者が一致する関係となっている．そこで，ゲインも最適フィットするように，共振峰周波数近傍を除外した周波数応答関数について

$$\alpha(\boldsymbol{K} - \omega^2 \boldsymbol{M})\boldsymbol{h}(\omega) = \boldsymbol{f}(\omega) \quad (7.109)$$

で計算される周波数応答関数が振動試験結果に最適合するようにゲイン調整パラメータ α を決定し，$\alpha \boldsymbol{M}$ と $\alpha \boldsymbol{K}$ を質量行列と剛性行列の同定結果とする．

e. 減衰行列の同定

質量行列と剛性行列を同定した後で，減衰行列を同定する．本アルゴリズムでは減衰行列の成分間の物理的制約条件式は剛性行列のものと同一となるので，まずは暫定的に比例減衰となる．そこで，a 項ですでに求めている各固有振動についてのモード減衰比に最適合するように，まず初期値は $C = \beta K$ と設定して

$$\zeta_i = \frac{\beta \psi_i^t K \psi_i}{2\sqrt{\psi_i^t K \psi_i \psi_i^t M \psi_i}} \tag{7.110}$$

で計算される減衰比が，適合させるべきすべての次数 i 次について a 項で得られている結果と最適フィットするように補正係数 β を決定し，減衰行列 C を決定する．

さらに，この決定された減衰行列を初期値として減衰行列成分中の独立設計変数 p_j に関する第 i 次のモード減衰比 ζ_i の感度を

$$\frac{\partial \zeta_i}{\partial p_j} = \frac{\psi_i^t \frac{\partial C}{\partial p_j} \psi_i}{2\sqrt{\psi_i^t K \psi_i \psi_i^t M \psi_i}} \tag{7.111}$$

の計算で求めて 1 次感度解析法（反復計算）によって目標値にさらに最適フィットさせ，減衰行列を決定する．減衰行列は必ずしも比例減衰ではなくなる．

以上が，仮想測定点追加の手法概念も含めた実験的特性行列同定法の理論とアルゴリズムである．

7.4.3 基礎適用事例

実験的特性行列同定法の基本的有用性を示す基礎適用の 1 事例を簡潔に紹介する．1999 年に著者がベルギーのルーベン大学でデモンストレーションしたものである．

図 7.15 が同定対象のフレーム構造物である．断面が中空長方形の部材を溶接してつくられている．ゴムベルトで天井から吊り下げて，擬似的に周辺自由境界条件を実

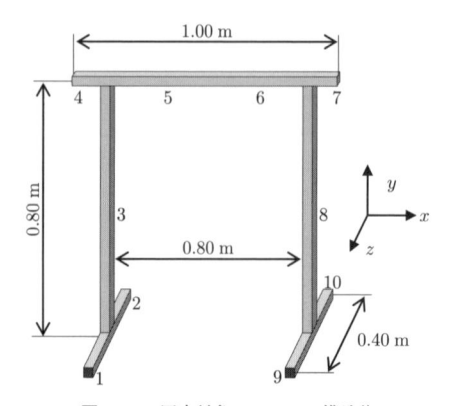

図 **7.15** 同定対象のフレーム構造物

現して打撃振動試験を実施した．図中に示す番号 1〜10 番の 10 点の位置を測定点として，測定点 1 番を x 軸方向に打撃試験ハンマーで打撃することで 10 点の測定点の 3 軸方向の加速度を小型の 3 軸加速度計で計測し，周波数応答関数 (FRF) を求めた．すなわち，単点加振多点応答 FRF を求めた．周波数帯域は 10〜250 Hz である．この単点加振多点応答 FRF を入力データとして特性行列同定法を実行する．同定される特性行列は，各測定点が 3 自由度なので 30 行 30 列の行列となる．特性行列そのものをここで示すことは適切ではないので，同定された特性行列を用いた運動方程式で FRF を計算して，自己応答 FRF について打撃試験で得られた FRF と重ね合わせて図 7.16 に示す．他の FRF の比較結果も同様であり，このように実用的に十分と考えられるよい一致を確認できる．

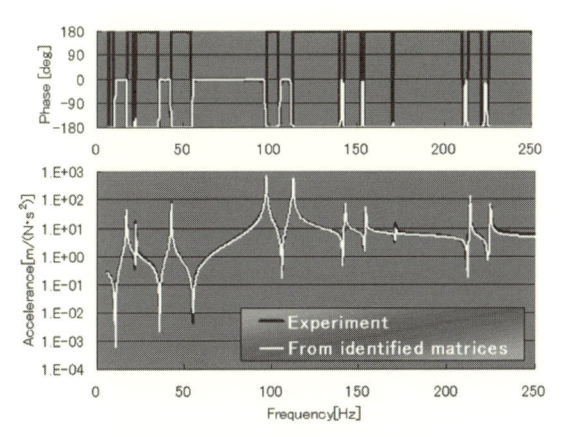

図 **7.16** 自己応答 FRF と同定結果の FRF でのフィッティング

表 7.1 に同定された特性行列の中の質量行列から導出された剛体特性を示す．参照値として，質量については供試体を秤で計測した結果を，質量中心と慣性モーメントおよび慣性主軸の向きは設計形状に基づいて手計算で求めた理想値を示す．

同定された特性行列の剛性行列と質量行列で計算される固有値解析して得た不減衰固有振動数を打撃試験で得られた値の併記とともに表 7.2 に示す．

同定された特性行列を得れば，各種の解析に利用できる．例えば，図 7.17 に示すように床に固定する境界条件に変更したときの固有振動数を予測解析してみよう．特性行列では拘束条件の設定は単に拘束する自由度に対応する行と列を削除すればよい．すなわち，特性行列は 12 自由度削除され，18 自由度となる．表 7.3 に固有値解析で得た結果を，別途実際に試験対象構造物の 4 か所を固定して打撃試験を実施して得た実験計測値を併記して示す．

表 7.1 フレーム構造の同定された質量行列から求めた剛体特性

		同定結果	実計測と手計算結果
質量 (kg)		5.4	5.7 (秤計測値)
質量中心 (m) (設定座標系上)	X 座標	0.41	0.40
	Y 座標	0.41	0.439
	Z 座標	0.0	0.0
慣性モーメント (kgm^2)	質量中心に関する I_{xx}	0.825	0.697
	質量中心に関する I_{yy}	0.911	0.684
	質量中心に関する I_{zz}	1.619	1.48
慣性主軸の向き (方向余弦ベクトルで表現)	ϕ_1 X 成分	0.999	1.0
	ϕ_1 Y 成分	-0.037	0.0
	ϕ_1 Z 成分	0.001	0.0
	ϕ_2 X 成分	0.037	0.0
	ϕ_2 Y 成分	0.999	1.0
	ϕ_2 Z 成分	0.013	0.0
	ϕ_3 X 成分	0.002	0.0
	ϕ_3 Y 成分	-0.013	0.0
	ϕ_3 Z 成分	0.999	1.0

表 7.2 同定された特性行列による固有値計算で得た固有振動数

次数	振動数 同定結果	振動数 打撃試験	次数	振動数 同定結果	振動数 打撃試験
1	0.00	not measured	16	224.46	224
2	0.00	not measured	17	304.80	not measured
3	0.00	not measured	18	308.22	not measured
4	0.00	not measured	19	309.88	not measured
5	0.00	not measured	20	316.54	not measured
6	0.00	not measured	21	319.58	not measured
7	17.07	17.1	22	330.16	not measured
8	22.25	22.3	23	334.81	not measured
9	42.53	42.5	24	338.68	not measured
10	97.17	97.2	25	350.03	not measured
11	112.36	112	26	359.65	not measured
12	142.20	142	27	381.13	not measured
13	153.71	154	28	393.64	not measured
14	170.96	171	29	421.10	not measured
15	212.97	213	30	635.36	not measured

図 7.17 床に固定する境界条件設定

表 7.3 フレーム構造物を床に固定した境界条件での固有振動数

次数	振動数 予測結果	振動数 打撃試験	次数	振動数 予測結果	振動数 打撃試験
1	20.39	23	10	254.34	not measured
2	28.01	28	11	284.20	not measured
3	42.62	45	12	305.19	not measured
4	130.93	150	13	317.60	not measured
5	173.78	175	14	326.21	not measured
6	181.75	213	15	340.98	not measured
7	197.28	not measured	16	350.54	not measured
8	208.65	not measured	17	376.95	not measured
9	249.15	not measured	18	540.73	not measured

図 7.18 は固有解析で得られた固有モードの内の打撃試験で得た次数に対応するものの概略図であり，打撃試験による実験モード解析で描くモード形とよく一致している．図 7.19 は，静的に並進荷重を与えた場合の変形を予測解析した結果を図示したものである．このように静剛性解析もできる．

7.5 振動試験データからの剛体特性同定

剛体特性とは，質量，質量中心位置，慣性テンソル（慣性モーメントと慣性乗積を成分とするテンソル）の総計 10 個のパラメータである．慣性テンソルを求めることを別の表現にすれば，主慣性モーメントの値と，その主軸の向き（方向余弦ベクトル）を得ることである．

航空機，宇宙機，船舶，自動車，オートバイさらには鉄道などの高速移動または運動する機械の設計や免振装置を必要とする動力機械の設計においては，必要な精度でそ

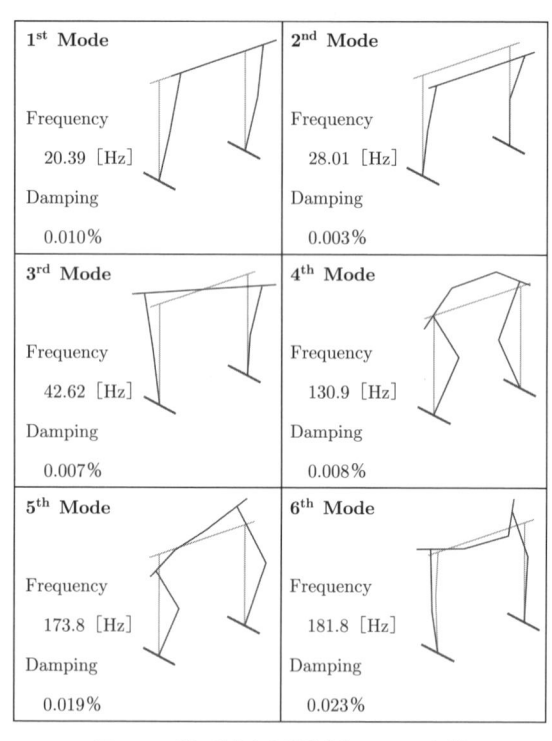

1st Mode	2nd Mode
Frequency 20.39 [Hz] Damping 0.010%	Frequency 28.01 [Hz] Damping 0.003%
3rd Mode	4th Mode
Frequency 42.62 [Hz] Damping 0.007%	Frequency 130.9 [Hz] Damping 0.008%
5th Mode	6th Mode
Frequency 173.8 [Hz] Damping 0.019%	Frequency 181.8 [Hz] Damping 0.023%

図 7.18 床に固定する境界条件でのモード形

図 7.19 床に固定する境界条件での静剛性予測解析の変形概略図

の機械や部品ごとの剛体特性を把握することが肝要である．クレーンなどの重機械やコンテナなどについても剛体特性，特に重心位置（高さと水平方向での位置）の把握は転倒防止やトレーラーの横転事故防止などの安全性確保の上で必須である．このように多岐にわたる分野で基礎データとして剛体特性の一部またはすべてのパラメータの十分な精度での把握が要望されている．それは，所望の高性能な運動の実現や，十

分な免振・除振性能の実現，運用時の社会的安全性確保などのためである．

剛体特性，特に質量中心の把握と設計どおりに物を製作する重要性の例として一般にはあまり知られていなさそうなものとしては，スポーツの砲丸投げの砲丸やビリヤードの玉がある．これらは質量中心を玉の中心（図心）にできるだけ一致させる必要がある．そうでないと，選手のパフォーマンスに悪影響を与えて実力を発揮させることができない．

今日ではCADモデルが設計上で利用可能となってきており，そのモデルについては剛体特性の計算が可能である．しかし，すべての機械設計でコンピュータCADモデルを利用している状況ではなく，かつ，実際の製造物とCADモデルの間でまったく差異がないとは保証できない．また，多数の部品で構成される機械の全体系やサブシステム系には，ゴムブッシュ，各種ハーネス，ボルト，位置決めのずれなど，CADモデルでは表現できない多数の部品や不確定要因が含まれることから，実際に現物の対象物を計測して剛体特性を精度よく計測して確認したいという技術的要望が強い．

本節では，この技術要求にこたえるための手法について以下に解説する．

7.5.1 台上試験法

台上試験法には，素朴に同定のための角変位運動の回転軸まわりの慣性モーメントだけを同定する単機能タイプと，すべての剛体特性を同時に同定できる全機能タイプ，そして，その中間的位置づけとなる中間機能タイプ（例えば，質量中心位置をあらかじめ何らかの方法で求めて，その質量中心位置を正確に装置の特定の位置にセッティングして6成分からなる慣性テンソルを同定する方法）に分類できる．

a. 単機能タイプ

図7.20に示す装置例は米国のInertia Dynamics社の製品であり，図はゴルフクラブヘッドの慣性モーメント計測の様子を示している．

計測対象物を回転軸上に固定して回転駆動運動させることで，求めるべき慣性モーメントJ，装置の駆動力（トルク）Tと角加速度$\dot{\omega}$との関係式

$$J\dot{\omega} = T \implies J = \frac{T}{\dot{\omega}} \tag{7.112}$$

によって求める．

質量中心を通るある線分まわりの慣性モーメントを計測したい場合には，質量中心位置をあらかじめ別の手段で明らかにしておく必要がある．その上で，計測用装置の回転軸にぴったりとその質量中心と線分を一致させて被測定物を設置して装置を動かすこと，または平行する2本の線分まわりの慣性モーメントを計測し，質量の値をも使って慣性モーメントの並行軸の定理を利用して求めることが基本的な実施方法である．

受動的な装置としては，装置回転軸を回転ばねで支持することで，自由角運動振動

図 7.20 ゴルフクラブヘッドの慣性モーメント計測の装置例（Inertia Dynamics 社 WEB サイトより）

を起こさせて，その共振振動数から算出するものもある．回転ばねのねじり剛性定数を k，装置の回転軸と計測対象物を取り付けるためのジグ（台）自体の慣性モーメントを既知値の J_b，計測対象物の未知の慣性モーメントを J，共振振動数を $f(\text{Hz})$ とすると，

$$f = \frac{1}{2\pi}\sqrt{\frac{k}{J+J_b}} \quad \Longrightarrow \quad J = \frac{k}{(2\pi f)^2} - J_b \tag{7.113}$$

から J を求めることができる．図 7.21 はこの原理による装置例（日本のオートマックス社）である．機構の工夫によって車両のピッチおよびロール軸まわりの慣性モーメントを同定できる．

図 7.21 台上試験システムの例（オートマックス社 WEB サイトより）

7.5 振動試験データからの剛体特性同定 179

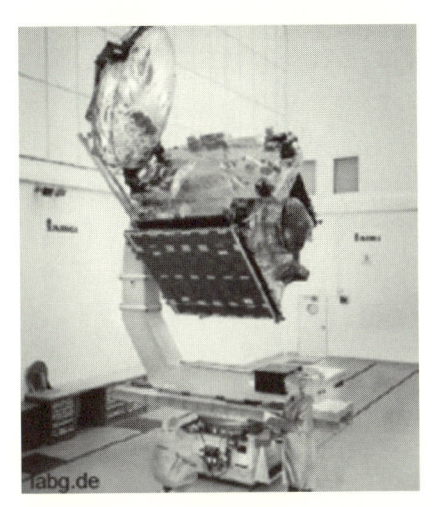

図 7.22 台上試験システムの例（IABG 社 WEB サイトより）

図 7.23 車両クラスの台上試験システムの例（鷺宮製作所 WEB サイトより）

　図 7.22 は衛星のスピン軸まわりの慣性モーメント計測用大型装置の例（ドイツの IABG 社）である．摩擦抵抗低減を追求した空気軸受など精密・高性能なコンポーネント構成によるメカ構造で高精度計測をめざした装置である．図 7.23 は乗用車クラスの質量中心位置とローリング軸まわりの慣性モーメント計測を行う装置例である（鷺宮製作所）．

b. フル機能タイプ

　図 7.24 が一例である．原理は単機能タイプのものと基本的には同じであるが，能動

図 7.24 台上試験システムの例(鷺宮製作所 WEB サイトより)

図 7.25 台上試験システムの例(SAE International WEB サイトより)

駆動振り子台が二重に設置されていて,図から推察できるように,親振り子台上の子振り子の姿勢を何通りかに変化させて能動駆動させ,その状況の駆動力と振り子運動応答をセンシングして,慣性楕円体理論に基づいて慣性テンソルを同定するものである.駆動部分に 6 軸力センサーが配置されており,質量,重心位置,慣性モーメントを同定することができる.装置のメカの精度を追求して計測精度を得る努力がなされている.図 7.25 と図 7.26 も類似の同定装置の例である.

7.5.2 振 り 子 法

慣性モーメント同定の原始的方法として振り子法がある.これは,現在でも多くの企業現場で使われている素朴な方法である.素朴ではあるが,手間がかかり,計測作業者の技量に大きく左右され,一般的にはあまり精度が高くない同定方法といえる.

7.5 振動試験データからの剛体特性同定

図 7.26 台上試験システムの例（CFM Schiller 社 WEB サイトより）

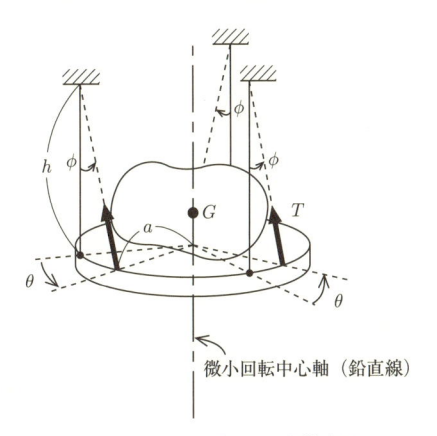

図 7.27 振り子法の原理的構成図

しかし，特別な装置を購入する必要がなく，いわゆる設備投資の経費はあまりかからない'各自の手作業'で対処できる同定法なので使われている．

図 7.27 に，ある程度実用性も考慮した構成での原理の概略図を示す．計測対象物を載せるための円板形状の台を，その円板台の中心点（質量中心）から半径 a の円周上で 120° ずつ離れた位置で天井から細いワイヤーで水平姿勢に吊るす．3 本のワイヤーは平行（すなわち鉛直線となる）となるようにする．長さはすべて同一で h とする．ワイヤーの張力 T は計測できるようにしておくとよい．台に何も搭載していない状態で 3 本のワイヤーにかかる張力は同一となり，台の質量を m_p とすると当然 $T = \frac{1}{3} m_p g$ である．

被測定物体を，その質量中心位置が台の中心鉛直線（図では一点鎖線）上に一致するように設置する．被測定物体の質量中心はあらかじめ別の方法で計測しておく必要が

ある.現実的にはこの質量中心位置を一致させて設置することがかなり難しい.そこで,その素朴な解決策としては,被測定物を台の上に載せた後,複数の小さなダミー質量(分銅ブロック)を台上の適切な位置に置くことで,3本のワイヤーにかかる張力が同一となるようにして,まずは被測定物と分銅を合わせたものを'被測定物'とみなしてその質量中心位置を台の中心鉛直線に一致させて慣性モーメントを計測し,後処理で分銅の分を差し引くことで本来の被測定物の値を求める方法をとる.

さて,測定原理である.静的釣り合い状態から円板台を鉛直軸まわりに微小角 ϕ だけねじる.そこで手を離せば,当然円板は元の釣り合い位置に戻るように回転して,鉛直軸まわりに微小回転振動する.この振動数を計測することで,ワイヤーで吊り下げられている物体の鉛直回転中心線まわりの慣性モーメントを計算することができる.

図 7.28 のように,微小角 ϕ ねじると復元力はそれぞれのワイヤーに関して

$$\frac{1}{3}(m + m_p)g\sin\phi \tag{7.114}$$

である.3本のワイヤー合計では

$$(m + m_p)g\sin\phi \tag{7.115}$$

である.ここで,m が円板台上に載せられた本来の被測定物体の質量である.

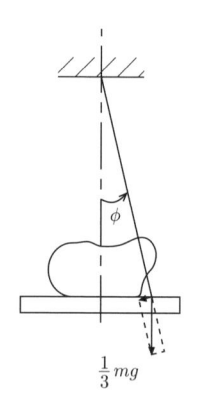

図 7.28 1本のワイヤーに発生するねじり振動復元力

図 7.27 で示す幾何学関係より,ワイヤーの傾き角 ϕ と円板の水平回転角 θ には

$$h\phi \simeq a\theta \implies \phi \simeq \frac{a\theta}{h} \tag{7.116}$$

の関係が成り立つ.そこで,式 (7.115) と (7.116) を式 (7.112) に代入して,ϕ が微小角 ($\phi \ll 1\,\mathrm{rad}$) であると条件付けすると,このねじり振動についての運動方程式は

$$J\ddot{\phi} = \frac{a^2}{h}(m + m_p)g\phi \tag{7.117}$$

と表現できる．ここで，J はこのねじり振動についての慣性モーメントである．この共振振動数 f(Hz) は

$$f = \frac{1}{2\pi}\sqrt{\frac{a^2(m + m_p)g}{hJ}} \tag{7.118}$$

であるから，慣性モーメント J は

$$J = \frac{a^2(m + m_p)g}{(2\pi f)^2 h} \tag{7.119}$$

の式で共振振動数から求められる．

まず，台自体について，その質量を計測し，振り子法で慣性モーメントを求める．次に被測定物の質量と質量中心位置を計測した上で，台の上に載せて振り子法を実施する．台と被測定物の合算慣性モーメントから台の値を差し引くことで目的の慣性モーメントを得る．

7.5.3 実験モード解析の慣性項成分を利用する方法

1970 年代は，大型コンピュータ（メインフレーム）やワークステーションタイプのコンピュータに加えてパーソナルコンピュータが登場したように，コンピュータの性能向上と普及が進んだ．計測機器分野でも CPU を搭載した多チャンネル FFT 装置が開発され，実験モード解析の実用的研究や利用が活発化した．

実験モード解析の本来の基本的利用目的は，構造物の動特性を振動試験データ（通常は周波数応答関数）から同定し，共振振動数，モード減衰比および共振モードを求め，共振モードについてはコンピュータ画面でアニメーションとして可視化することなどにより，機械の設計支援を行うことである．

振動試験対象物をできるだけ柔軟に支持して振動試験を行うと，その境界条件は疑似的に周辺自由状態とみなせるとすると，その最も低い周波数帯域は，いわゆる "慣性項" が支配的な周波数応答関数となる．周波数応答関数を横軸周波数，縦軸をイナータンス（加速度応答/加振力）の振幅で考えれば，その振幅は水平なグラフとして表現される（図 7.29 がその 1 例）．これにより慣性の大きさが逆算できる．実際の試験対象物は体積を有し，振動応答計測点は対象物体上に点在させる．そこで，この低い周波数帯域では，対象物が剛体として弾性変形を伴わずに揺れる応答と仮定して剛体特性を求める手段が考えられた．著者の知る範囲では文献[36] が，その分野の国際会議で発表された初期の論文であると思われる．続いて多くの発展的研究発表がなされた（文献[23, 39] など）．図 7.30 に実験モード解析の打撃試験実施風景例を示す．

同定原理は次のとおりである．図 7.31 に示すように対象物体上に $r_1 \sim r_p$ までの p か所のイナータンス測定点を設定する．理論的には $p = 3$ でよい．しかし，不可避の

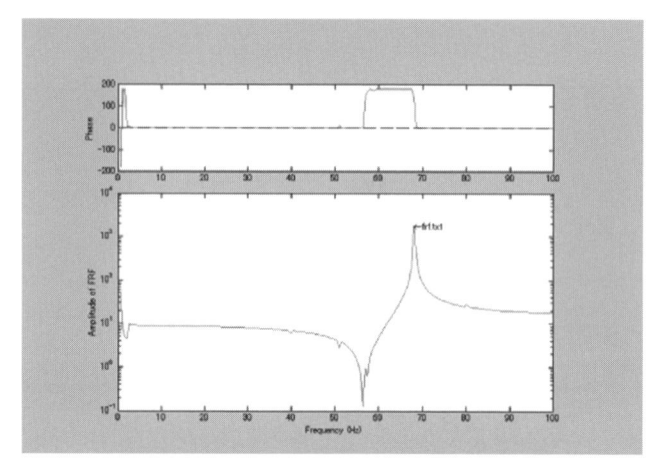

図 7.29 計測されたイナータンス周波数応答関数の例

図 7.30 モード解析のための打撃振動試験実施風景例（図 6.5 を再掲）

測定誤差を処理する関係から，最小二乗法を適用するために通常は $p=4$ ないし 5 とする．また，加振力は単点に与え，その位置を点 q と表すこととする．ただし，加振位置や向きを最低 3 通り変えてイナータンスを計測する必要があるので，図においては $q_1 \sim q_3$ を描いている．

対象物体上には座標系を設定する．本説明では最も標準的な $O\text{--}xyz$ 直角座標系を設定し，測定点と加振点の座標は明らかにしておく．以下の解説ではそれらの座標を (x_p, y_p, z_p)，ベクトル表現で $\bm{r}_p = (x_p, y_p, z_p)^t$ のように表すこととする．

1 番から p 番までの任意の測定点 $i(i = 1 \sim p)$ についてのイナータンス $h_{ia}(\omega)$ は，

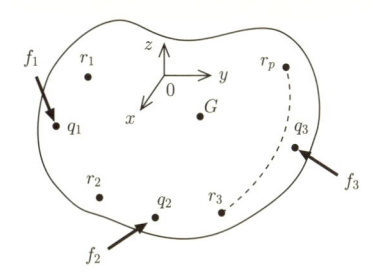

図 7.31 実験モード解析法による同定理論を説明するための図

モード解析の理論によって，減衰を比例粘性減衰と仮定する近似式としては

$$h_{iq}(\omega) = A_{iq} + \sum_{k=1}^{n} \frac{-\omega^2 R_{iq}^{(k)}}{1 - \left(\frac{\omega}{\Omega_k}\right)^2 + 2j\zeta_k\left(\frac{\omega}{\Omega_k}\right)} - \omega^2 Z_{iq} \tag{7.120}$$

一般粘性減衰と仮定すれば

$$h_{iq}(\omega) = A_{iq} + \sum_{k=1}^{n} \left\{ \frac{-\omega^2 R_{iq}^{(k)}}{j\omega d_k + e_k} + \frac{-\omega^2 \bar{R}_{iq}^{(k)}}{j\omega \bar{d}_k + \bar{e}_k} \right\} - \omega^2 Z_{iq} \tag{7.121}$$

と表せる．ここで，j は虚数単位，右辺第 1 項 A_{iq} が慣性質量項，第 2 項が振動試験で得られたイナータンス周波数応答関数の中で，カーブフィッティングする周波数帯域内に現れた共振峰に対応する共振次数成分である．これらの式では n 個の共振峰があることを意味している．最後の第 3 項はその帯域より高い周波数に存在する共振峰の影響を一括近似表現する項（剰余項）である．Ω_k は第 k 次の不減衰固有角振動数，ζ_k は第 k 次モード減衰比，d_k と e_k はそれぞれ第 k 次固有振動のモード質量とモード剛性である．分子の R_{iq} などは留数 (residue) であり，固有モードのその測定点に対応する成分と加振点成分の積である．$\bar{R}_{iq}$ に示される変数頭上記号のバー "‾" は，複素共役を表す．

実験モード解析による剛体特性同定の基本は，振動試験で得られたイナータンス周波数応答関数に最適一致するようにカーブフィッティングして得られた慣性質量項 A_{iq}（定数として得られる）を使って，剛体特性を同定することである．

対象物が剛体として，慣性質量項 A_{iq} のイナータンス運動をすると考えると，物体上に設置した座標系原点位置の加速度ベクトル $\boldsymbol{\delta}_O = (\boldsymbol{a}_O^t, \boldsymbol{\dot{\omega}}_O^t)^t = (a_{Ox}, a_{Oy}, a_{Oz}, \dot{\omega}_x \dot{\omega}_y, \dot{\omega}_z)^t$ と，測定点 r_i での並進加速度応答 $\boldsymbol{a}_i = (a_{ix}, a_{iy}, a_{iz})^t$ の関係は

$$\boldsymbol{a}_i = \boldsymbol{a}_O + \dot{\boldsymbol{\omega}}_O \times \boldsymbol{r}_p = \begin{bmatrix} 1 & 0 & 0 & 0 & z_i & -y_i \\ 0 & 1 & 0 & -z_i & 0 & x_i \\ 0 & 0 & 1 & y_i & -x_i & 0 \end{bmatrix} \begin{bmatrix} a_{Ox} \\ a_{Oy} \\ a_{Oz} \\ \dot{\omega}_x \\ \dot{\omega}_y \\ \dot{\omega}_z \end{bmatrix} = \boldsymbol{B}_i \boldsymbol{\delta}_O \quad (7.122)$$

の式で表される．加振力が加わって発生する加速であるから，瞬間的な挙動であり，この方程式のように線形近似できる．左辺には振動試験で得られたイナータンスデータが代入され，測定点 r_1 から r_p 番までについて総合して最小二乗処理すれば原点のイナータンスが得られる．すなわち，

$$\begin{bmatrix} \boldsymbol{a}_1 \\ \boldsymbol{a}_2 \\ \vdots \\ \boldsymbol{a}_p \end{bmatrix} = \begin{bmatrix} \boldsymbol{B}_1 \\ \boldsymbol{B}_2 \\ \vdots \\ \boldsymbol{B}_p \end{bmatrix} \boldsymbol{\delta}_O$$

$$\Downarrow$$

$$\boldsymbol{\delta}_O = \left(\begin{bmatrix} \boldsymbol{B}_1 \\ \boldsymbol{B}_2 \\ \vdots \\ \boldsymbol{B}_p \end{bmatrix}^t \begin{bmatrix} \boldsymbol{B}_1 \\ \boldsymbol{B}_2 \\ \vdots \\ \boldsymbol{B}_p \end{bmatrix} \right)^{-1} \begin{bmatrix} \boldsymbol{B}_1 \\ \boldsymbol{B}_2 \\ \vdots \\ \boldsymbol{B}_p \end{bmatrix}^t \begin{bmatrix} \boldsymbol{a}_1 \\ \boldsymbol{a}_2 \\ \vdots \\ \boldsymbol{a}_p \end{bmatrix} \quad (7.123)$$

の演算で得られる．

さて，対象物体の質量中心座標は未知であるが $\boldsymbol{r}_G = (x_G, y_G, z_G)^t$ とベクトル表現する．質量は m とする．すると，原点についての物体の剛体質量行列 $\boldsymbol{M}_{\text{rigid}}$ は

$$\boldsymbol{M}_{\text{rigid}} = \begin{bmatrix} m\boldsymbol{I}_{(3\times 3)} & m(\boldsymbol{r}_G \times \boldsymbol{I}_{(3\times 3)})^t \\ m\boldsymbol{r}_G \times \boldsymbol{I}_{(3\times 3)} & m(\boldsymbol{r}_G \times \boldsymbol{I}_{(3\times 3)})^t(\boldsymbol{r}_G \times \boldsymbol{I}_{(3\times 3)}) \end{bmatrix}$$

$$= \begin{bmatrix} m & 0 & 0 & 0 & mz_G & -my_G \\ 0 & m & 0 & -mz_G & 0 & mx_G \\ 0 & 0 & m & my_G & -mx_G & 0 \\ 0 & -mz_G & my_G & m(y_G^2 + z_G^2) & -mx_G y_G & -mx_G z_G \\ mz_G & 0 & -mx_G & -mx_G y_G & m(x_G^2 + z_G^2) & -my_G z_G \\ -my_G & mx_G & 0 & -mx_G z_G & -my_G z_G & m(x_G^2 + y_G^2) \end{bmatrix}$$

7.5 振動試験データからの剛体特性同定

$$= \begin{bmatrix} m & 0 & 0 & 0 & mz_G & -my_G \\ 0 & m & 0 & -mz_G & 0 & mx_G \\ 0 & 0 & m & my_G & -mx_G & 0 \\ 0 & -mz_G & my_G & J_{xx} & -J_{xy} & -J_{xz} \\ mz_G & 0 & -mx_G & -J_{yx} & J_{yy} & -J_{yz} \\ -my_G & mx_G & 0 & -J_{zx} & -J_{zy} & J_{zz} \end{bmatrix}$$

$$= \begin{bmatrix} v_1 & 0 & 0 & 0 & v_4 & -v_3 \\ 0 & v_1 & 0 & -v_4 & 0 & v_2 \\ 0 & 0 & v_1 & v_3 & -v_2 & 0 \\ 0 & -v_4 & v_3 & v_5 & -v_8 & -v_9 \\ v_4 & 0 & -v_2 & -v_8 & v_6 & -v_{10} \\ -v_3 & v_2 & 0 & -v_9 & -v_{10} & v_7 \end{bmatrix} \quad (7.124)$$

と $v_1 \sim v_{10}$ の 10 個の未知数パラメータで表現できる特長を持った成分構成となる.$I_{(3\times 3)}$ は 3 行 3 列の単位行列である.質量行列の 3 行 3 列成分から 6 行 6 列成分までの 3 行 3 列部分行列は "慣性テンソル" であり,例えば J_{xx} は x 軸まわりの慣性モーメント,J_{yx} は x 軸と y 軸まわりの慣性連成度を表す慣性乗積である.

振動試験ではイナータンスを求めているので,単位力を与えたとみなすことができる.そこで,加振方向を示す方向余弦ベクトルを $\boldsymbol{n} = (n_x, n_y, n_z)^t$ とすれば,それ自体が加振力ベクトルを表している.その加振力が原点に与える等価加振力ベクトル $\boldsymbol{f}_O$ は

$$\boldsymbol{f}_O = \begin{bmatrix} \boldsymbol{n} \\ \boldsymbol{r}_p \times \boldsymbol{n} \end{bmatrix} = \begin{bmatrix} n_x \\ n_y \\ n_z \\ n_z y_p - n_y z_p \\ n_x z_p - n_z x_p \\ n_y x_p - n_x y_p \end{bmatrix} \quad (7.125)$$

と表される.したがって,運動方程式は

$$M_{\text{rigid}} \boldsymbol{\delta}_O = \boldsymbol{f}_O \quad (7.126)$$

と構成できる.$\boldsymbol{f}_O$ と $\boldsymbol{\delta}_O$ は振動試験でのイナータンスデータから上述の演算によって得られる.質量行列中の同定すべき未知数は 10 個であるので,加振の向きや加振点位置を 3 通り以上変えて振動試験を実施し,それらについての式 (7.126) を連立させて

$$A(\delta_O)\begin{bmatrix} v_1 \\ v_2 \\ \vdots \\ v_{10} \end{bmatrix} = f_O$$

$$\Downarrow$$

$$\begin{bmatrix} v_1 \\ v_2 \\ \vdots \\ v_{10} \end{bmatrix} = (A(a_O)^t A(a_O))^{-1} A(a_O)^t f_O \tag{7.127}$$

の線形最小二乗法(または重み付け最小二乗法)によって $v_1 \sim v_{10}$ の10個の未知数パラメータを決定し,式 (7.124) 中の成分関係から,剛体特性を同定することができる.

なお,同定精度の向上を図るために,ここで求まった質量中心位置座標に原点が一致するように座標系を平行移動して,同じ同定解析をもう一度繰り返すとよい.

この方法では 10% 程度の誤差を覚悟しなければならない.特に振動試験が打撃試験の場合には計測 FRF の精度が試験実施者の技量に大きく左右されるので誤差のばらつきが大きくなることが懸念される.主な誤差原因は

1) 疑似周辺自由条件と完全自由境界条件の差異による周波数応答関数に乗るバイアス誤差.
2) 打撃試験では加振の不安定性(打撃点の位置と方向のばらつき)による誤差.
3) 測定位置誤差やセンサ感度誤差,試験対象物の弾性変形振動成分の重畳などによる偏差誤差.
4) 実験モード解析のカーブフィッティングアルゴリズム上で生じる誤差.

と考えられる.

7.5.4 精密モデル化した柔軟弾性支持条件での同定法

従来の方法は大きく2種類に区分できる.第1は対象物を搭載したプラットホームを強制的に動かすメカトロ機器的な測定装置での同定法である.多軸駆動力とプラットホームの運動応答(加速度など)を計測して剛体特性を同定解析する複雑な機構の試験装置類であり,一般的に空気軸受や超高精度なセンサと精密加工部品で組み上がった複雑な装置となり,ひじょうに高価である.第2は振り子法や実験モード解析による比較的簡便な方法である.しかし現状においては意外と時間と手間がかかり,かつ同定精度として少なくとも 10% 程度の誤差の発生は許容しなければならない.ここで紹介するのは,同定作業が簡単で,短時間かつ高精度の同定を実現した方法である[30].

R. Kloepper[*1] は，従来の実験モード解析においては疑似周辺自由条件と近似して柔軟支持状態の影響を無視していた点を柔軟弾性支持条件として明示的にモデル化することによって，高精度化を実現した．ハードウエアー構成は単純でありながら，同定アルゴリズムを工夫することによって，非常に短時間（約1分）で手間いらず，そして同定誤差 1% 未満の高精度同定を実現した方法である．

a. 精密モデル化柔軟弾性支持条件での定常加振応答参照法

本同定法[30, 31] による重量約 20～100 kg までの被測定物を同定できる同定装置として試作されたシステムの柔軟弾性支持装置部分を図 7.32 に示す．

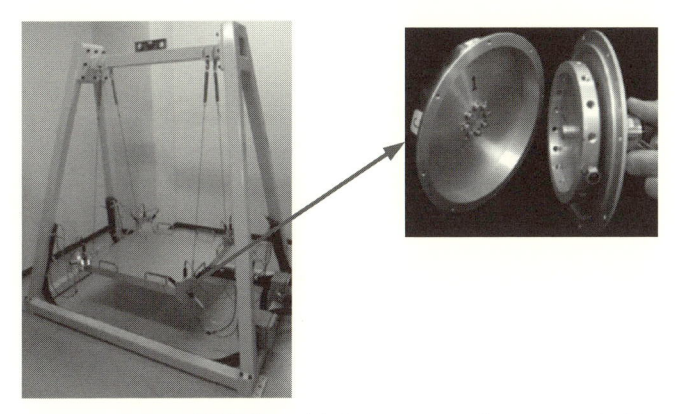

図 **7.32** システム試作機（2009 年）（オートマックス社ホームページより）

測定対象物を載せるための弾性懸架された平板上測定台（以下，プラットホームと呼ぶことにする）の 4 隅に，回転不釣り合いアクチュエータおよび互いに直交する 3 方向の加速度を計測するための加速度センサーが取り付けられている．測定対象物をプラットホームに載せて，コンピュータ制御でアクチュエータをそれぞれ任意の指定回転数（懸架剛体系としての 6 つの共振振動数の最高振動数のおよそ 2 倍程度の振動数）で駆動して測定対象物と一体として振動するプラットホームを微小振動させ，センサーでその振動応答を計測してコンピュータに取り込み非線形最適化法で同定を行う．

同定理論を解説する．図 7.33 に示すように諸パラメータ表記を定義する．空間固定直角座標系の座標軸基底ベクトル e_1, e_2, e_3 と原点 O を定義し，測定台を吊り下げる弾性ストリング s 本の固定位置を b_1, b_2, $\cdots$, b_s と表し，その位置ベクトルを空

[*1] 2009 年 9 月東京工業大学大学院博士課程修了，博士（工学）．2011 年 3 月に東京工業大学発の特許によるベンチャー企業 Resonic GmbH 社をドイツのベルリンで設立．

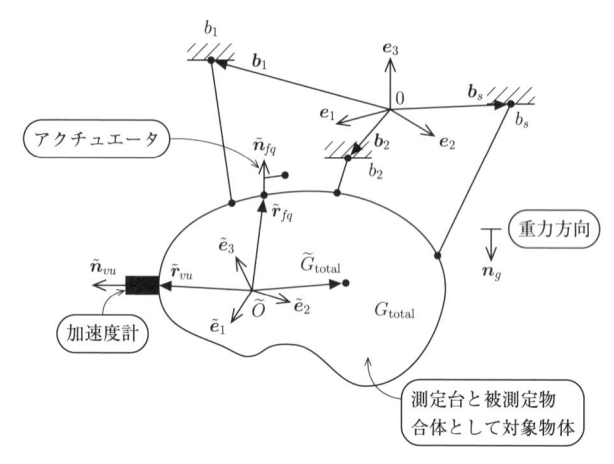

図 7.33 同定理論のための座標系等のパラメータ設定

間固定座標系で $b_1, b_2, \cdots, b_s$ と表す．弾性ストリングのばね定数と自然長をそれぞれ $k_1, k_2, \cdots, k_s$ と $\ell_1, \ell_2, \cdots, \ell_s$ と表す．重力方向の基底ベクトルは n_g とする．

測定台についてはその上に物体直角座標系を設定し，その原点を $\tilde{O}$，基底ベクトルを $\tilde{e}_1, \tilde{e}_2, \tilde{e}_3$ で表す．その物体固定座標系起因の空間座標系表示で，測定台（アクチュエータと振動応答センサーも含む）の重心位置ベクトルを $\tilde{G}_p$，慣性テンソルを $\tilde{J}_p$ と表す．弾性ストリングの取り付け位置ベクトルは $\tilde{b}_1, \tilde{b}_2, \cdots, \tilde{b}_s$ とする．回転不釣り合いアクチュエータは q 個取り付けられているとして，その取り付け位置ベクトルを物体直角座標系で $\tilde{r}_{f1}, \tilde{r}_{f2}, \cdots, \tilde{r}_{fq}$，その回転軸方向を示す単位ベクトルを $\tilde{n}_{f1}, \tilde{n}_{f2}, \cdots, \tilde{n}_{fq}$ と表す．測定台の振動応答を計測するための加速度センサー u 個の取り付け位置ベクトルは $\tilde{r}_{v1}, \tilde{r}_{v2}, \cdots, \tilde{r}_{vu}$，その測定方向を示す単位ベクトルを $\tilde{n}_{v1}, \tilde{n}_{v2}, \cdots, \tilde{n}_{vu}$ と表す．

測定台の上に載せられた被測定物の重心位置座標は物体直角座標系の位置ベクトルで $\tilde{G}_a$，慣性テンソルを $\tilde{J}_a$ と表す．測定台と搭載された被測定物の合体の重心位置座標は物体直角座標系の位置ベクトルで $\tilde{G}_{\text{total}}$，慣性テンソルを $\tilde{J}_{\text{total}}$ と表す．

物体直角座標系原点 $\tilde{O}$ の空間固定座標系での位置ベクトルは $r_{\tilde{O}}$ と表し，物体直角座標系の座標から空間固定座標系の座標に変換する変換行列を $R(\theta_1, \theta_2, \theta_3)$ と表す．具体的にこの行列はオイラーの変換則で構成すると，

7.5 振動試験データからの剛体特性同定

$$\boldsymbol{R}(\theta_1, \theta_2, \theta_3)$$
$$= \begin{bmatrix} \cos\theta_3 & -\sin\theta_3 & 0 \\ \sin\theta_3 & \cos\theta_3 & 0 \\ 0 & 0 & 1 \end{bmatrix} \begin{bmatrix} \cos\theta_2 & 0 & \sin\theta_2 \\ 0 & 1 & 0 \\ -\sin\theta_2 & 0 & \cos\theta_2 \end{bmatrix} \begin{bmatrix} 1 & 0 & 0 \\ 0 & \cos\theta_1 & -\sin\theta_1 \\ 0 & \sin\theta_1 & \cos\theta_1 \end{bmatrix}$$
(7.128)

と構成される.

図 7.34 が本同定法の基本的な 2 種類の加振計測方式と同定段取り全般を示す. 計測で得られた振動データを入力データとしてコンピュータ解析される同定アルゴリズムのフローチャートは図 7.35 に示す. この柔軟弾性支持された対象物体（剛体）が, そこに取り付けられたひとつのアクチュエータの一定回転角速度 ω での不釣り合い加振力によって微小振動させられているときの運動方程式を考える.

柔軟弾性支持ストリングの微小振動伸縮と環境空気による減衰はともに微小で省略できるとして, 静的釣り合い状態（空間上での剛体の位置と姿勢）での剛体に取り付けていた物体座標系をそのままの位置と向きで空間固定座標系に変えて, 剛体の微小

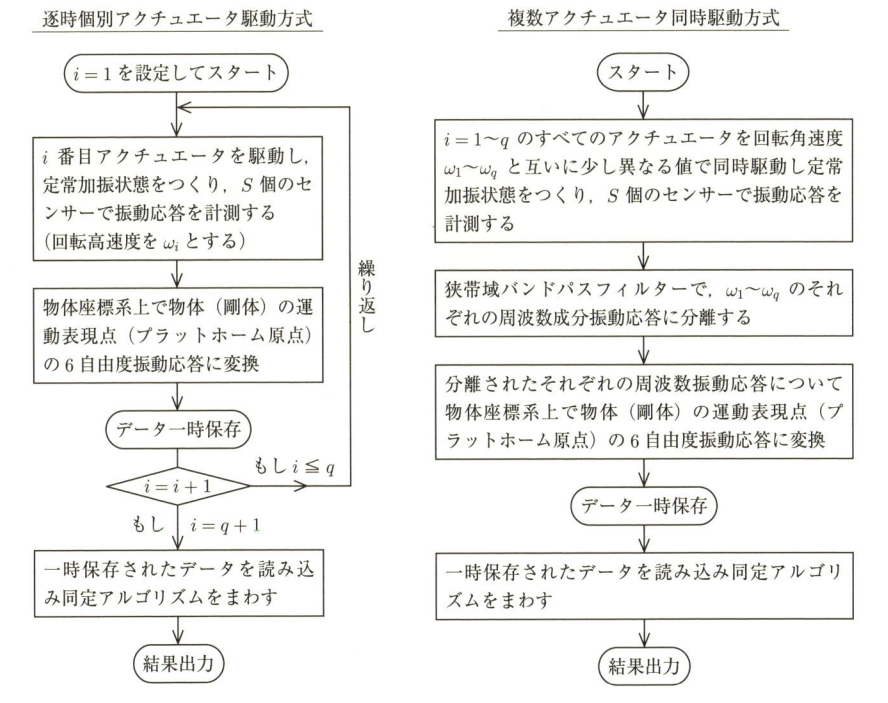

図 7.34 精密モデル化柔軟弾性支持条件での同定計測の基本 2 方式と実施プロセス

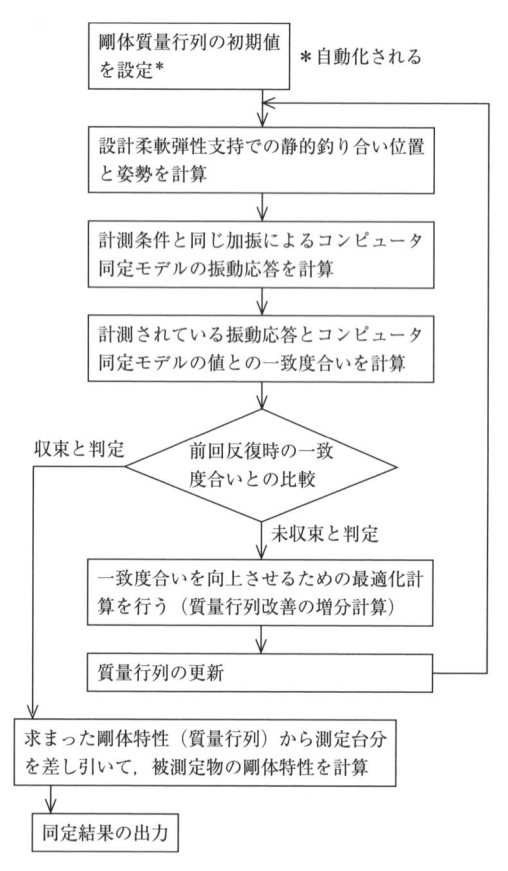

```
┌─────────────────────┐
│ 剛体質量行列の初期値 │ ＊自動化される
│ を設定＊            │
└──────────┬──────────┘
           ↓
┌─────────────────────┐
│ 設計柔軟弾性支持での │
│ 静的釣り合い位置     │
│ と姿勢を計算         │
└──────────┬──────────┘
           ↓
┌─────────────────────┐
│ 計測条件と同じ加振によるコンピュータ │
│ 同定モデルの振動応答を計算 │
└──────────┬──────────┘
           ↓
┌─────────────────────┐
│ 計測されている振動応答とコンピュータ │
│ 同定モデルの値との一致度合いを計算 │
└──────────┬──────────┘
           ↓
        ◇ 前回反復時の一致度合いとの比較 ◇
  収束と判定 ←          ↓ 未収束と判定
┌─────────────────────┐
│ 一致度合いを向上させるための最適化計 │
│ 算を行う（質量行列改善の増分計算） │
└──────────┬──────────┘
           ↓
┌─────────────────────┐
│ 質量行列の更新       │
└─────────────────────┘

┌─────────────────────┐
│ 求まった剛体特性（質量行列）から測定台分 │
│ を差し引いて，被測定物の剛体特性を計算 │
└──────────┬──────────┘
           ↓
┌─────────────────────┐
│ 同定結果の出力       │
└─────────────────────┘
```

図 7.35 精密モデル化柔軟弾性支持条件での定常加振応答参照法アルゴリズム

振動の運動表現点として選定した剛体中の 1 点の 6 自由度微小変位振幅を表せば，剛体の振動の運動方程式は，

$$\left(\tilde{K} - \omega^2 \tilde{M}\right) \tilde{\delta} e^{j\omega t} = \tilde{f} e^{j\omega t} \tag{7.129}$$

と表せる．ここで説明の便宜上，剛体運動表現点は物体直角座標系の原点としよう．また，静的釣り合い状態（空間上での剛体の位置と姿勢）で剛体に取り付けていた物体座標系をそのままの位置と向きで空間固定座標系に変えたものを「物体固定座標系起因の空間座標系」と呼ぶことにする．

$\tilde{f}$ はアクチュエータによる加振力ベクトルの振幅である．質量行列 $\tilde{M}$ は測定台の質量行列 $\tilde{M}_p$ と被測定物の質量行列 $\tilde{M}_a$ の合算の行列である．すなわち，$\tilde{M} = \tilde{M}_p + \tilde{M}_a$ である．なお，測定台自体の質量行列はあらかじめ単体で計測（キャリブレーション）

7.5 振動試験データからの剛体特性同定

しておき，被測定物の質量行列を得る計算の段階では既知の定数行列である．

振動応答変位振幅ベクトル $\tilde{\boldsymbol{\delta}}$ の 6 自由度成分を第 1 成分から順に物体固定座標系起因の空間座標系の x 軸方向並進変位，y 軸方向並進変位，z 軸方向並進変位，x 軸まわり角変位，y 軸まわり角変位，z 軸まわり角変位とすると，それらに対応した質量行列の成分構成は

$$\tilde{\boldsymbol{M}} = \begin{bmatrix} v_1 & 0 & 0 & 0 & v_4 & -v_3 \\ 0 & v_1 & 0 & -v_4 & 0 & v_2 \\ 0 & 0 & v_1 & v_3 & -v_2 & 0 \\ 0 & -v_4 & v_3 & v_5 & v_8 & v_9 \\ v_4 & 0 & -v_2 & v_8 & v_6 & v_{10} \\ -v_3 & v_2 & 0 & v_9 & v_{10} & v_7 \end{bmatrix} \tag{7.130}$$

となる．本同定法の目標は，この質量行列の成分 $v_1, v_2, \cdots, v_{10}$ を高精度に同定することである．式 (7.129) には，この同定すべき質量行列以外に，アクチュエータの加振力ベクトルと質量行列に依存して決定される剛性行列がある．弾性ストリングの静的釣り合い位置までの伸びは，剛体の質量や弾性ストリングの取り付け位置に関する関数となるから，剛性行列も同定プロセスの中でコンピュータ解析する．

まず，第 q 番の回転不釣り合いアクチュエータの回転で発生する遠心力による加振力ベクトルを求めよう．その回転角速度を ω_q，不釣り合い質量を m_q，不釣り合い質量の回転半径を r_q，ベクトル $\tilde{\boldsymbol{n}}_{cq0}$ を基準時刻 $t = 0$ のときの物体直角座標系上で設定した不釣り合い質量による遠心力方向を示す単位ベクトルとして，物体直角座標系上でそれは

$$r_q m_q \omega_q^2 \{\tilde{\boldsymbol{n}}_{cq0} \cos \omega t + (\tilde{\boldsymbol{n}}_{fq} \times \tilde{\boldsymbol{n}}_{cq0}) \sin \omega t\} \tag{7.131}$$

と表せるので，cosine 成分加振力と sine 成分加振力が同時に作用する一般化を考えれば，その振幅ベクトル $\tilde{\boldsymbol{f}}_q$（並進 3 自由度）は

$$\tilde{\boldsymbol{f}}_q = r_q m_q \omega_q^2 \{\tilde{\boldsymbol{n}}_{cq0} + j(\tilde{\boldsymbol{n}}_{fq} \times \tilde{\boldsymbol{n}}_{cq0})\} \tag{7.132}$$

と表現できる．当然，このベクトルはアクチュエータの回転軸向きを表す単位ベクトル $\tilde{\boldsymbol{n}}_{fq}$ に垂直でアクチュエータ位置に作用する．そこで，物体の運動表現点（物体直角座標系原点）に作用する加振力 $\tilde{\boldsymbol{f}}_{q,\text{centro}}$（6 自由度）へ等価変換すると

$$\tilde{\boldsymbol{f}}_{q,\text{centro}} = r_q m_q \omega_q^2 \begin{bmatrix} \{\tilde{\boldsymbol{n}}_{cq0} + j(\tilde{\boldsymbol{n}}_{fq} \times \tilde{\boldsymbol{n}}_{cq0})\} \\ \tilde{\boldsymbol{r}}_{fq} \times \{\tilde{\boldsymbol{n}}_{cq0} + j(\tilde{\boldsymbol{n}}_{fq} \times \tilde{\boldsymbol{n}}_{cq0})\} \end{bmatrix} \tag{7.133}$$

と表現できる．

遠心力に基づく加振力に加えて，その不釣り合い質量には常に重力加速度が一定向き（鉛直下向き）に作用しており，不釣り合い質量はアクチュエータの回転軸まわり

に回転半径 r_q で回転しているので,この重力 $m_q g \bm{n}_g$ もアクチュエータの回転軸を通して物体を振動させる動的な力のモーメントを発生している.その力のモーメントベクトルは物体固定座標系で任意の時刻において

$$r_q m_q g \{\tilde{\bm{n}}_{cq0} + j(\tilde{\bm{n}}_{fq} \times \tilde{\bm{n}}_{cq0})\} \times \tilde{\bm{n}}_g$$
$$\Downarrow \tag{7.134}$$
$$- r_q m_q g \tilde{\bm{n}}_g \times \{\tilde{\bm{n}}_{cq0} + j(\tilde{\bm{n}}_{fq} \times \tilde{\bm{n}}_{cq0})\}$$

と表現できる.ここで,$\tilde{\bm{n}}_g$ は物体直角座標系での重力加速度方向を示す単位ベクトルである.すなわち,$\tilde{\bm{n}}_g = \bm{R}(\theta_1, \theta_2, \theta_3)^t \bm{n}_g$ である.剛体運動表現点を物体座標系原点としているので,その点に関する加振力ベクトルに等価変換すると

$$\tilde{\bm{f}}_{q,\text{gravity}} = r_q m_q g \begin{bmatrix} \bm{0} \\ -\tilde{\bm{n}}_g \times \{\tilde{\bm{n}}_{cq0} + j(\tilde{\bm{n}}_{fq} \times \tilde{\bm{n}}_{cq0})\} \end{bmatrix} \tag{7.135}$$

と表現できる.したがって,q 番のアクチュエータによる加振力ベクトルは

$$\tilde{\bm{f}}_q = \tilde{\bm{f}}_{q,\text{centro}} + \tilde{\bm{f}}_{q,\text{gravity}}$$
$$= r_q m_q \omega_q^2 \begin{bmatrix} \{\tilde{\bm{n}}_{cq0} + j(\tilde{\bm{n}}_{fq} \times \tilde{\bm{n}}_{cq0})\} \\ \left(\tilde{\bm{r}}_{fq} - \frac{g}{\omega_q^2}\tilde{\bm{n}}_g\right) \times \{\tilde{\bm{n}}_{cq0} + j(\tilde{\bm{n}}_{fq} \times \tilde{\bm{n}}_{cq0})\} \end{bmatrix} \tag{7.136}$$

と物体直角座標系上で表現できる.

次に,剛性行列を求める必要がある.静的釣り合い状態では懸架ばねが蓄えるひずみエネルギー E_s と吊り下げられている剛体構造物の位置エネルギー E_p の総和が最小となる原理(最小ポテンシャルエネルギー原理)に基づいて非線形最適化問題で求める.

弾性ストリング i 番の測定台取り付け位置は空間固定座標系で

$$\bm{r}_{\bar{O}} + \bm{R}(\theta_1, \theta_2, \theta_3)\tilde{\bm{b}}_i \tag{7.137}$$

と表せる.そこで,このときのばねの伸びは $|\bm{r}_{\bar{O}} + \bm{R}(\theta_1, \theta_2, \theta_3)\tilde{\bm{b}}_i - \bm{b}_i| - \ell_i$ であり,蓄えられるひずみエネルギーは

$$\frac{1}{2} k_i \left(|\bm{r}_{\bar{O}} + \bm{R}(\theta_1, \theta_2, \theta_3)\tilde{\bm{b}}_i - \bm{b}_i| - \ell_i\right)^2 \tag{7.138}$$

である.したがって,すべての弾性ストリングのひずみエネルギー E_{strain} は

$$E_{\text{strain}} = \frac{1}{2} \sum_{i=1}^{s} k_i \left(|\bm{r}_{\bar{O}} + \bm{R}(\theta_1, \theta_2, \theta_3)\tilde{\bm{b}}_i - \bm{b}_i| - \ell_i\right)^2 \tag{7.139}$$

となる.吊り下げられている剛体構造物(測定台と被測定物の合体系)の位置エネルギーは

7.5 振動試験データからの剛体特性同定

$$E_{\text{poten}} = -g\left(m_p + m_a\right)\left(\boldsymbol{r}_{\tilde{O}} + \boldsymbol{R}(\theta_1,\theta_2,\theta_3)\tilde{\boldsymbol{G}}_{\text{total}}\right)^t \boldsymbol{n}_g \tag{7.140}$$

である．ここで，m_p は測定台（アクチュエータ，センサーなども含む）の質量，m_a は測定台に載せられた被測定物体の質量である．ここでは簡単のために弾性ストリングの質量は無視して問題を導出する．実用的にそれが無視できないようであれば弾性ストリング（機構）の質量中心の変化と質量から位置エネルギーの変化を計算して上述の全ポテンシャルエネルギー式に追加すればよい．以上より，$\boldsymbol{r}_{\tilde{O}}$ と $\theta_1,\theta_2,\theta_3$ を決定する最適化問題は

$$\text{Minimize} \quad E_{\text{strain}} + E_{\text{poten}} \tag{7.141}$$

と表されるので，非線形最適化問題として解けばよい．

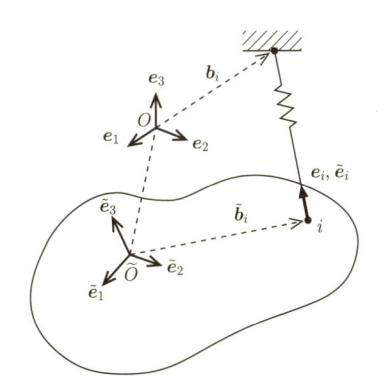

図 7.36 弾性ストリング i 番起因の剛性行列導出解説図

その結果として $\boldsymbol{r}_{\tilde{O}}$ と $\theta_1,\theta_2,\theta_3$ が求められたら，弾性ストリング $i(i=1\sim s)$ 番の復元力に起因する剛性行列成分 $\tilde{\boldsymbol{K}}_i$ は次のように計算できる．図 7.36 の静的釣り合い状態でのパラメータを参照して，物体固定座標系起因の空間座標系表示で，静的釣り合い状態位置からのストリング取り付け点 i の微小変位ベクトルを $\tilde{\boldsymbol{\delta}}_i$，弾性ストリング i 番の向きを示す単位ベクトルを空間座標系で $\boldsymbol{e}_i$ と表せば

$$\boldsymbol{e}_i = \frac{\boldsymbol{b}_i - \left(\boldsymbol{r}_{\tilde{O}} + \boldsymbol{R}(\theta_1,\theta_2,\theta_3)\tilde{\boldsymbol{b}}_i\right)}{\left|\boldsymbol{b}_i - \left(\boldsymbol{r}_{\tilde{O}} + \boldsymbol{R}(\theta_1,\theta_2,\theta_3)\tilde{\boldsymbol{b}}_i\right)\right|} \tag{7.142}$$

で計算でき，同じく物体固定座標系起因の空間座標系での $\tilde{\boldsymbol{e}}_i$ は

$$\begin{aligned}\tilde{\boldsymbol{e}}_i &= \boldsymbol{R}(\theta_1,\theta_2,\theta_3)^t \boldsymbol{e}_i \\ &= \frac{\boldsymbol{R}(\theta_1,\theta_2,\theta_3)^t \boldsymbol{b}_i - \left(\boldsymbol{R}(\theta_1,\theta_2,\theta_3)^t \boldsymbol{r}_{\tilde{O}} + \tilde{\boldsymbol{b}}_i\right)}{\left|\boldsymbol{R}(\theta_1,\theta_2,\theta_3)^t \boldsymbol{b}_i - \left(\boldsymbol{R}(\theta_1,\theta_2,\theta_3)^t \boldsymbol{r}_{\tilde{O}} + \tilde{\boldsymbol{b}}_i\right)\right|}\end{aligned} \tag{7.143}$$

と計算できる．物体固定座標系起因の空間座標系表示で，静的釣り合い状態位置からの剛体の微小振動変位運動を物体座標系原点で表現した6自由度ベクトルを $\tilde{\boldsymbol{\delta}}_{\tilde{O}}$ とすると，弾性ストリング取り付け位置の変位 $\tilde{\boldsymbol{\delta}}_i$ は

$$\tilde{\boldsymbol{\delta}}_i = \begin{bmatrix} \boldsymbol{I} & -\tilde{\boldsymbol{b}}_i \times \boldsymbol{I} \end{bmatrix} \tilde{\boldsymbol{\delta}}_{\tilde{O}} \left(= \begin{bmatrix} 1 & 0 & 0 & 0 & \tilde{z}_i & -\tilde{y}_i \\ 0 & 1 & 0 & -\tilde{z}_i & 0 & \tilde{x}_i \\ 0 & 0 & 1 & \tilde{y}_i & -\tilde{x}_i & 0 \end{bmatrix} \tilde{\boldsymbol{\delta}}_{\tilde{O}} \right) \tag{7.144}$$

となる．ここで，$\tilde{\boldsymbol{b}}_i = (\tilde{x}_i, \tilde{y}_i, \tilde{z}_i)^t$ である．この微小変位で発生するばね力ベクトル $\tilde{\boldsymbol{k}}_i$（並進3自由度）は

$$\begin{aligned} \tilde{\boldsymbol{k}}_i &= -k_i \left(\tilde{\boldsymbol{e}}_i^t \tilde{\boldsymbol{\delta}}_i \right) \tilde{\boldsymbol{e}}_i \\ &= -k_i \tilde{\boldsymbol{e}}_i \tilde{\boldsymbol{e}}_i^t \tilde{\boldsymbol{\delta}}_i \\ &= -k_i \tilde{\boldsymbol{e}}_i \tilde{\boldsymbol{e}}_i^t \begin{bmatrix} \boldsymbol{I} & -\tilde{\boldsymbol{b}}_i \times \boldsymbol{I} \end{bmatrix} \tilde{\boldsymbol{\delta}}_{\tilde{O}} \end{aligned} \tag{7.145}$$

となる．この力を物体座標系原点での等価力ベクトル $\tilde{\boldsymbol{f}}_{\tilde{O}}$ へ変換する式は

$$\begin{aligned} \tilde{\boldsymbol{f}}_{\tilde{O}} &= \begin{bmatrix} \boldsymbol{I} & -\tilde{\boldsymbol{b}}_i \times \boldsymbol{I} \end{bmatrix}^t \tilde{\boldsymbol{k}}_i \\ &= -k_i \begin{bmatrix} \boldsymbol{I} & -\tilde{\boldsymbol{b}}_i \times \boldsymbol{I} \end{bmatrix}^t \tilde{\boldsymbol{e}}_i \tilde{\boldsymbol{e}}_i^t \begin{bmatrix} \boldsymbol{I} & -\tilde{\boldsymbol{b}}_i \times \boldsymbol{I} \end{bmatrix} \tilde{\boldsymbol{\delta}}_{\tilde{O}} \end{aligned} \tag{7.146}$$

となるから，この力による剛体の運動方程式 $\tilde{\boldsymbol{M}} \ddot{\tilde{\boldsymbol{\delta}}}_{\tilde{O}} = \tilde{\boldsymbol{f}}_{\tilde{O}}$ に代入することで

$$\tilde{\boldsymbol{M}} \ddot{\tilde{\boldsymbol{\delta}}}_{\tilde{O}} = -k_i \begin{bmatrix} \boldsymbol{I} & -\tilde{\boldsymbol{b}}_i \times \boldsymbol{I} \end{bmatrix}^t \tilde{\boldsymbol{e}}_i \tilde{\boldsymbol{e}}_i^t \begin{bmatrix} \boldsymbol{I} & -\tilde{\boldsymbol{b}}_i \times \boldsymbol{I} \end{bmatrix} \tilde{\boldsymbol{\delta}}_{\tilde{O}}$$
$$\Downarrow \tag{7.147}$$
$$\tilde{\boldsymbol{M}} \ddot{\tilde{\boldsymbol{\delta}}}_{\tilde{O}} + k_i \begin{bmatrix} \boldsymbol{I} & -\tilde{\boldsymbol{b}}_i \times \boldsymbol{I} \end{bmatrix}^t \tilde{\boldsymbol{e}}_i \tilde{\boldsymbol{e}}_i^t \begin{bmatrix} \boldsymbol{I} & -\tilde{\boldsymbol{b}}_i \times \boldsymbol{I} \end{bmatrix} \tilde{\boldsymbol{\delta}}_{\tilde{O}} = \boldsymbol{0}$$

となり，弾性ストリングが伸びることによるばねの復元力を表現する剛性行列は，

$$\tilde{\boldsymbol{K}}_{i,\text{elastic}} = k_i \begin{bmatrix} \boldsymbol{I} & -\tilde{\boldsymbol{b}}_i \times \boldsymbol{I} \end{bmatrix}^t \tilde{\boldsymbol{e}}_i \tilde{\boldsymbol{e}}_i^t \begin{bmatrix} \boldsymbol{I} & -\tilde{\boldsymbol{b}}_i \times \boldsymbol{I} \end{bmatrix} \tag{7.148}$$

となる．

式（7.148）の成分に加えて次の2種類の復元力が発生することによる剛性成分も考慮する必要がある．

第1のものは，弾性ストリングの横揺れとなるように剛体が釣り合い位置からずれると元に戻ろうとする幾何学的復元力である．例えば，図7.37に示すように単純な振り子を考えればわかる．静的釣り合い位置から弦の伸縮がなくても横にずれると静的釣り合い位置への復元力が発生する．図7.36の弾性ストリングについて幾何学的復元力に基づく剛性行列成分は物体固定座標系起因の空間座標系で次のように導出される．変位 $\tilde{\boldsymbol{\delta}}_i$ の弾性ストリングの伸縮と直角な方向成分 $\tilde{\boldsymbol{\delta}}_{i\perp}$ は

7.5 振動試験データからの剛体特性同定

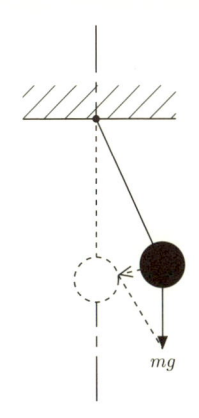

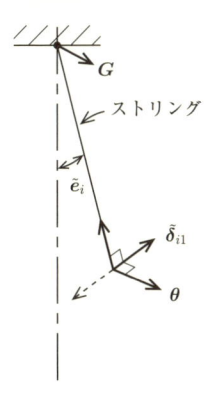

図 7.37 幾何学的復元力の単純な例

図 7.38 弾性懸架ストリングの直角方向
微小変位の外積表現

$$\tilde{\boldsymbol{\delta}}_{i\perp} = \tilde{\boldsymbol{\delta}}_i - \left(\tilde{\boldsymbol{e}}_i^t \tilde{\boldsymbol{\delta}}_i\right) \tilde{\boldsymbol{e}}_i$$
$$= \left(\boldsymbol{I} - \tilde{\boldsymbol{e}}_i \tilde{\boldsymbol{e}}_i^t\right) \tilde{\boldsymbol{\delta}}_i \tag{7.149}$$

と表せる．弾性ストリングの長さは静的釣り合い状態位置で

$$\left| \boldsymbol{R}(\theta_1, \theta_2, \theta_3)^t \boldsymbol{b}_i - \left(\boldsymbol{R}(\theta_1, \theta_2, \theta_3)^t \boldsymbol{r}_{\bar{O}} + \tilde{\boldsymbol{b}}_i\right) \right| \tag{7.150}$$

であるから，式 (7.149) の変位とストリングの長さベクトルと角変位ベクトル $\boldsymbol{\theta}$ の関係式は，図 7.38 を参考に，

$$\left\{ \boldsymbol{R}(\theta_1, \theta_2, \theta_3)^t \boldsymbol{b}_s - \left(\boldsymbol{R}(\theta_1, \theta_2, \theta_3)^t \boldsymbol{r}_{\bar{O}} + \tilde{\boldsymbol{b}}_i\right) \right\} \times \boldsymbol{\theta} = \tilde{\boldsymbol{\delta}}_{i\perp} \tag{7.151}$$

と表せる．張力ベクトル $\boldsymbol{t}_i$ は

$$\boldsymbol{t}_i = k_i \left(\left| \boldsymbol{R}(\theta_1, \theta_2, \theta_3)^t \boldsymbol{b}_i - \left(\boldsymbol{R}(\theta_1, \theta_2, \theta_3)^t \boldsymbol{r}_{\bar{O}} + \tilde{\boldsymbol{b}}_i\right) \right| - \ell_i \right) \tilde{\boldsymbol{e}}_i \tag{7.152}$$

である．そこで，変位 $\tilde{\boldsymbol{\delta}}_{i\perp}$ の発生による張力 $\boldsymbol{t}_i$ の向きが少し変化したことによる復元力 $\Delta \boldsymbol{f}_i$ は，式 (7.143)，(7.146) および式 (7.149) を考慮して

$$\begin{aligned}
\Delta \boldsymbol{f}_i &= -\boldsymbol{t}_i \times \boldsymbol{\theta} \\
&= -k_i \left(\left| \boldsymbol{R}(\theta_1, \theta_2, \theta_3)^t \boldsymbol{b}_i - \left(\boldsymbol{R}(\theta_1, \theta_2, \theta_3)^t \boldsymbol{r}_{\bar{O}} + \tilde{\boldsymbol{b}}_i\right) \right| - \ell_i \right) \\
&\quad \frac{\boldsymbol{R}(\theta_1, \theta_2, \theta_3)^t \boldsymbol{b}_i - \left(\boldsymbol{R}(\theta_1, \theta_2, \theta_3)^t \boldsymbol{r}_{\bar{O}} + \tilde{\boldsymbol{b}}_i\right)}{\left| \boldsymbol{R}(\theta_1, \theta_2, \theta_3)^t \boldsymbol{b}_i - \left(\boldsymbol{R}(\theta_1, \theta_2, \theta_3)^t \boldsymbol{r}_{\bar{O}} + \tilde{\boldsymbol{b}}_i\right) \right|} \times \boldsymbol{\theta} \\
&= -k_i \left\{ 1 - \frac{\ell_i}{\left| \boldsymbol{R}(\theta_1, \theta_2, \theta_3)^t \boldsymbol{b}_i - \left(\boldsymbol{R}(\theta_1, \theta_2, \theta_3)^t \boldsymbol{r}_{\bar{O}} + \tilde{\boldsymbol{b}}_i\right) \right|} \right\} \\
&\quad \left(\boldsymbol{I} - \tilde{\boldsymbol{e}}_i \tilde{\boldsymbol{e}}_i^t\right) \begin{bmatrix} \boldsymbol{I} & -\tilde{\boldsymbol{b}}_i \times \boldsymbol{I} \end{bmatrix} \tilde{\boldsymbol{\delta}}_{\bar{O}}
\end{aligned} \tag{7.153}$$

したがって，物体座標系原点での剛性行列 $\tilde{K}_{i,\text{geo}}$ は

$$\tilde{K}_{i,\text{geo}} = -\begin{bmatrix} I & -\tilde{b}_i \times I \end{bmatrix}^t \Delta f_i$$

$$= k_i \left\{ 1 - \frac{\ell_i}{\left| R(\theta_1,\theta_2,\theta_3)^t b_i - \left(R(\theta_1,\theta_2,\theta_3)^t r_{\bar{O}} + \tilde{b}_i \right) \right|} \right\} \quad (7.154)$$

$$\begin{bmatrix} I & -\tilde{b}_i \times I \end{bmatrix}^t \left(I - \tilde{e}_i \tilde{e}_i^t \right) \begin{bmatrix} I & -\tilde{b}_i \times I \end{bmatrix}$$

と導出される．

第 2 の成分は，静的釣り合い位置では重力と弾性ストリングの張力でバランスがとれていた力のモーメントが，剛体の微小変位によって崩れて発生する復元モーメント力による剛性成分 $\tilde{K}_{i,\text{grav}}$ である．これは次のように得られる．

静的釣り合い位置からの剛体の微小変位は物体固定座標系起因の空間座標系表示で $\tilde{\delta}_{\bar{O}}$，弾性ストリングの変位は式 (7.144) で表現されている．そこで，その物体固定の座標系原点に関する重力と弾性ストリングの張力の総和としての力のモーメントベクトル ϕ を計算すれば

$$\begin{aligned}
\phi &= mg \left(\tilde{G}_{\text{total}} + \begin{bmatrix} 0 & -\tilde{G}_{\text{total}} \times I \end{bmatrix} \tilde{\delta}_{\bar{O}} \right) \times \tilde{n}_g \\
&\quad + \sum_{i=1}^{s} \left(\tilde{b}_i + \begin{bmatrix} 0 & -\tilde{b}_i \times I \end{bmatrix} \tilde{\delta}_{\bar{O}} \right) \times \tilde{T}_i \\
&= mg \left(\begin{bmatrix} 0 & -\tilde{G}_{\text{total}} \times I \end{bmatrix} \tilde{\delta}_{\bar{O}} \right) \times \tilde{n}_g \\
&\quad + \sum_{i=1}^{s} \left(\begin{bmatrix} 0 & -\tilde{b}_i \times I \end{bmatrix} \tilde{\delta}_{\bar{O}} \right) \times \tilde{T}_i \\
&= \Big[-mg \left(\tilde{n}_g \times I \right) \left(-\tilde{G}_{\text{total}} \times I \right) \\
&\quad - \sum_{i=1}^{s} k_i \left(\left| R(\theta_1,\theta_2,\theta_3)^t b_i - \left(R(\theta_1,\theta_2,\theta_3)^t r_{\bar{O}} + \tilde{b}_i \right) \right| - \ell_s \right) \\
&\quad \left(\tilde{e}_i \times I \right) \left(-\tilde{b}_i \times I \right) \Big] \tilde{\delta}_{\bar{O}}
\end{aligned} \quad (7.155)$$

となる．したがって，これに起因する剛性行列成分は

$$\tilde{K}_{i,\text{grav}} = \begin{bmatrix} 0 & 0 \\ 0 & \Phi \end{bmatrix} \quad (7.156)$$

である．ここで，0 は 3×3 のゼロ行列であり，Φ は 3×3 行列の

$$\begin{aligned}
\Phi &= -mg \left(\tilde{n}_g \times I \right) \left(-\tilde{G}_{\text{total}} \times I \right) \\
&\quad - \sum_{i=1}^{s} \Big[k_i \left(\left| R(\theta_1,\theta_2,\theta_3)^t b_i - \left(R(\theta_1,\theta_2,\theta_3)^t r_{\bar{O}} + \tilde{b}_i \right) \right| \\
&\quad - \ell_s \right) \left(\tilde{e}_i \times I \right) \left(-\tilde{b}_i \times I \right) \Big]
\end{aligned} \quad (7.157)$$

である.

以上より，すべてを加算すれば剛性行列 $\tilde{K}$ が得られる．すなわち，

$$\tilde{K} = \sum_{i=1}^{s} \left(\tilde{K}_{i,\text{elastic}} + \tilde{K}_{i,\text{geo}} + \tilde{K}_{i,\text{grav}} \right) \tag{7.158}$$

で得られる．

このアルゴリズムに基づいて，同定は次のように行う．複数アクチュエータ同時駆動方式であれば，弾性ストリングで懸架された剛体のサスペンション固有角振動数（6個存在）の最高振動数の約 2 倍程度の，互いにわずかに異なる少なくとも 3 通りの角振動数で回転不釣り合いアクチュエータを駆動して剛体を加振する．逐次個別アクチュエータ駆動方式であれば，サスペンション固有角振動数の最高振動数の 2 倍程度のところですべて同一の角振動数でもよいし，いくつか異なる角振動数で加振しても，どちらでもよい．それをここでは，z 通りの角振動数 $\omega_i (i = 1 \sim z)$ で表すことにする．同定理論モデル（これを反復解析で高精度に更新していくのである）については，角振動数 ω_i での定常加振での振動応答（剛体上の運動座標系原点の 6 自由度運動として）の運動方程式は式（7.129）から

$$\left(\tilde{K} - \omega_i^2 \tilde{M} \right) \tilde{\delta}_{\tilde{O}}(\omega_i) = \tilde{f}(\omega_i) \tag{7.159}$$

であるから，それを解いて，$\tilde{\delta}_{\tilde{O}}(\omega_i)$ が同定理論モデルの応答 $\tilde{\delta}_{\tilde{O},\text{model}}(\omega_i)$ として求まる．一方，計測によって得られる応答は，剛体上の複数個所に設置したセンサー（加速度計など）で計測された変位から，幾何学の知識で剛体上の物体座標系原点の変位を計算で求めることができている（式（7.123））．それを $\tilde{\delta}_{\tilde{O},\text{measure}}(\omega_i)$ とする．これらは符号付き（位相付き）の 6 成分からなるが，現実的条件を考えると厳密に位相情報まで照らし合わせることは回転アクチュエータの性質上容易ではないので，振動応答の振幅 $|\tilde{\delta}_{\tilde{O},\text{model}}(\omega_i)|$ が $|\tilde{\delta}_{\tilde{O},\text{measure}}(\omega_i)|$ に最適に一致するように，剛性行列と質量行列を上述の理論に従って反復解析で更新していき，収束した時点での質量行列から剛体特性を求める．すなわち，

$$\begin{aligned}\text{Minimize} \quad \gamma = \sum_{i=1}^{z} &\left(|\tilde{\delta}_{\tilde{O},\text{model}}(\omega_i)| - |\tilde{\delta}_{\tilde{O},\text{measure}}(\omega_i)| \right)^t \\ &W \left(|\tilde{\delta}_{\tilde{O},\text{model}}(\omega_i)| - |\tilde{\delta}_{\tilde{O},\text{measure}}(\omega_i)| \right) \end{aligned} \tag{7.160}$$

の最適化を適当な非線形最適化法で実行する．ここで，W は 6×6 対角行列の重み関数であり，基本的には $W = \text{diag}(1/|\tilde{\delta}_{\tilde{O},\text{measure}}(\omega_i)|)$ として，最適化の収束性のための適宜適切な設定を行う．

b.　柔軟弾性支持精密モデル化システムによる自由振動固有振動数参照法

図 7.39 が本手法の研究開発上最初にシステム化装置として試作されたものの外観で

図 7.39 自由振動による固有振動数参照法のシステム化試作機（2010 年）

ある[32]．この同定法における柔軟弾性支持の力学モデルは前述の回転アクチュエータによる方法と同じである．回転アクチュエータによる方法では回転アクチュエータでの加振力に対する測定対象構造物の振動振幅を計測して，強制振動応答のフィッティングで同定を実現するものであったが，本方法は境界条件を変更することで変化する共振振動数のみを観測して同定する方法である．

引っ張りばねと引っ張り剛性が高く細いストリングで実現する柔軟弾性懸架手法による柔軟弾性支持境界条件をメカトロ的に 3 通り（以上）に変化させて，それぞれの境界条件時における柔軟弾性支持されているプラットホームと計測対象構造物の合体を剛体としたばね支持剛体系の共振周波数を計測する．境界条件の変化によって固有振動数は変化するので，理論的には 3 通りの境界条件下での共振周波数から剛体特性をすべて同定できる．現実的には実際の計測の誤差を考慮して 4 通り程度で同定するのがよい．

柔軟弾性支持条件の変化方法としては，柔軟弾性懸架ストリングの取り付け位置（固定支持系側でも柔軟被支持構造物側でもよい）を変化させる方法，柔軟弾性係数（ばね定数）を変化させる方法，数を変化させる方法などが実用的である．

境界条件の変更ではなく，それと等価な方法として，計測台上の既知の位置に既知の質量（分銅のような物）を設置し，その位置の移動や質量の変更などで，3 通り以上の状態を実現してそれぞれの場合の共振振動数を計測して，それがフィッティングするように理論的力学モデルを最適化することなどの手法でも本同定法を実現できる．

この理論的力学モデルは，数学モデルとして式 (7.129) の右辺をゼロとする自由振動の運動方程式である．すなわち，

$$(\tilde{K} - \omega^2 \tilde{M})\tilde{\boldsymbol{\delta}} e^{j\omega t} = \mathbf{0} \tag{7.161}$$

である．

前項の「a. 精密モデル化柔軟弾性支持条件での定常加振応答参照法」で解説した方法どおりに，まず初期値としての適当な値の剛体特性を与えて，質量行列を作成し，

それに依存する静的釣り合い状態を計算して，剛性行列を算出し，式 (7.161) に対応する固有値問題

$$\tilde{K}\tilde{\delta} = \lambda \tilde{M} \tilde{\delta} \tag{7.162}$$

の解析で共振振動数 $(= \frac{1}{2\pi}\sqrt{\lambda})$ を求める．それらの値が計測されている共振振動数にどの程度一致しているかを観察し，一致度合いを向上させるように，非線形最適化計算で剛体特性の値の修正値（増分）を計算し，剛体特性を更新する．更新された剛体特性に基づいて，前述とまったく同じ解析と一致度合いを観察し，最適化計算でさらに剛体特性の修正値（増分）を求めて剛体特性を更新し，反復計算するのである．

7.5.5 特性行列同定法による方法

この同定法[6, 19]の本来の目的は，周辺自由境界条件を基本境界条件としての同定対象構造物の振動試験で得られる 1 点加振多点応答計測の周波数応答関数 (FRF) を入力データとして，その応答計測点自由度数と同じ自由度の多自由度離散モデルとしての振動の運動方程式（周波数領域）

$$\{-\omega^2 M + j\omega C + (K + jD)\} x(\omega) = f(\omega) \tag{7.163}$$

で計算される振動応答が振動試験からの入力データに最適一致するように左辺係数行列の質量行列 M，減衰行列（粘性減衰行列 C，構造減衰行列 D）および剛性行列 K の最適値を同定することである．すなわち，この変位ベクトルが振動試験で得た FRF に一致するように最適化解析するのである．この同定法理論の基本は 7.4 節に記述されているが，ここでは剛体特性の同定を念頭において概略的に理論解説する．なお，式 (7.163) において j は虚数単位，$x(\omega)$ は多点の FRF 応答点自由度を成分とする変位ベクトルである．$f(\omega)$ は加振力ベクトルを表し，振動試験時の単点加振点自由度に対応した成分だけが 1 で，他のすべての成分は 0 とする．なお，構造減衰行列 D は多くの場合省略される．

剛体特性同定の観点としては周辺自由境界条件下（現実の地上実験では柔軟弾性支持により疑似的に作り出した周辺自由境界条件）での対象物の同定において得られた質量行列 M から簡単な演算によって剛体特性のすべてのパラメータが得られるのである．この方法の特長は，単点加振多点応答計測の FRF の 1 セットのデータだけから，弾性変形する構造振動系として計測された 1 次，2 次，…の共振峰を含む周波数帯域の FRF データを使って剛体特性パラメータのすべてを一気に同定できることである．

図 7.40 に本同定法アルゴリズムのフローチャートを示し，それに沿って理論の概要を行う．まず，「振動試験」を実施する．同定対象物は標準的には周辺自由境界条件に設置して，単点加振多点応答の FRF と，それらに対応するコヒーレンス関数を取得

7. 実験的同定法

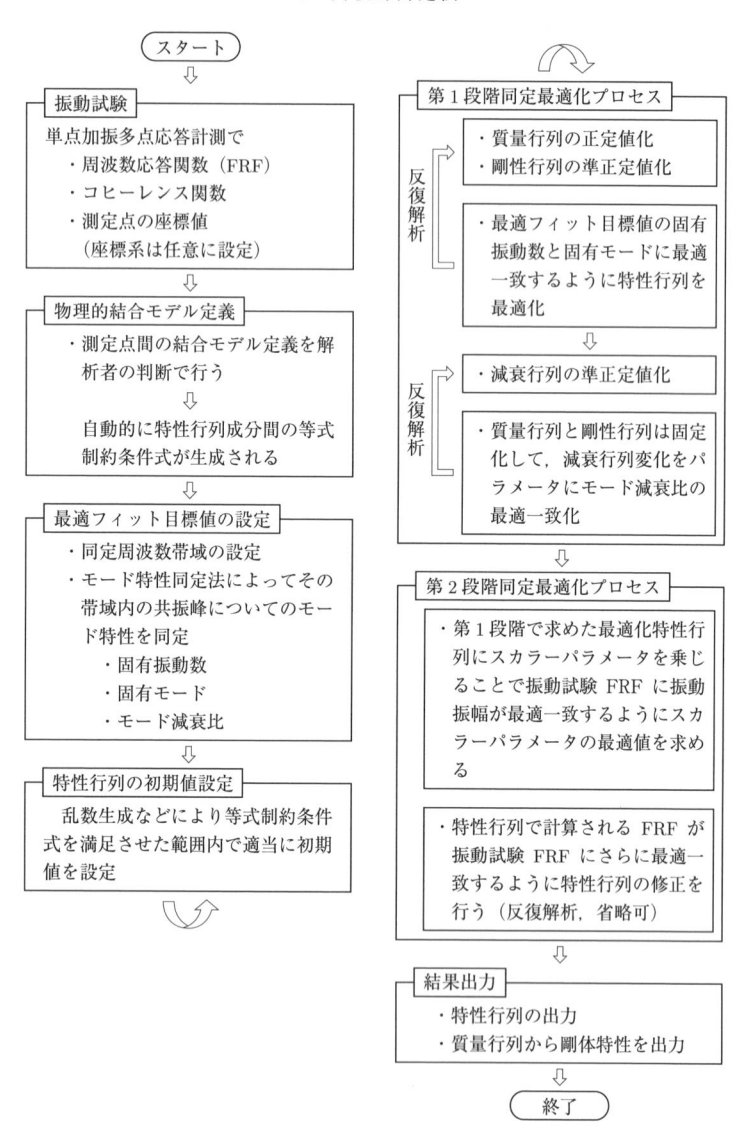

```
[スタート]
   ↓
┌─ 振動試験 ──────────────┐
│ 単点加振多点応答計測で    │
│ ・周波数応答関数（FRF）  │
│ ・コヒーレンス関数        │
│ ・測定点の座標値          │
│   （座標系は任意に設定）  │
└──────────────────────┘
   ↓
┌─ 物理的結合モデル定義 ──┐
│ ・測定点間の結合モデル定義を│
│   解析者の判断で行う      │
│        ↓                │
│ 自動的に特性行列成分間の等式│
│ 制約条件式が生成される    │
└──────────────────────┘
   ↓
┌─ 最適フィット目標値の設定 ┐
│ ・同定周波数帯域の設定    │
│ ・モード特性同定法によってその│
│   帯域内の共振峰についてのモ│
│   ード特性を同定         │
│    ・固有振動数          │
│    ・固有モード          │
│    ・モード減衰比        │
└──────────────────────┘
   ↓
┌─ 特性行列の初期値設定 ──┐
│ 乱数生成などにより等式制約条件│
│ 式を満足させた範囲内で適当に初│
│ 期値を設定               │
└──────────────────────┘
   ↓
```

```
┌─ 第1段階同定最適化プロセス ─┐
│ ┌──────────────────┐ │
│ │・質量行列の正定値化      │ │
│ │・剛性行列の準正定値化    │ │
│ └──────────────────┘ │
│ 反復解析  ↓              │
│ ┌──────────────────┐ │
│ │・最適フィット目標値の固有│ │
│ │ 振動数と固有モードに最適│ │
│ │ 一致するように特性行列を│ │
│ │ 最適化                │ │
│ └──────────────────┘ │
│         ↓                │
│ ┌──────────────────┐ │
│ │・減衰行列の準正定値化    │ │
│ └──────────────────┘ │
│ 反復解析  ↓              │
│ ┌──────────────────┐ │
│ │・質量行列と剛性行列は固定│ │
│ │ 化して，減衰行列変化を  │ │
│ │ パラメータにモード減衰比の│ │
│ │ 最適一致化            │ │
│ └──────────────────┘ │
└──────────────────────┘
   ↓
┌─ 第2段階同定最適化プロセス ─┐
│・第1段階で求めた最適化特性行│
│ 列にスカラーパラメータを乗じ│
│ ることで振動試験FRFに振動 │
│ 振幅が最適一致するようにスカ│
│ ラーパラメータの最適値を求め│
│ る                        │
│・特性行列で計算されるFRFが │
│ 振動試験FRFにさらに最適一 │
│ 致するように特性行列の修正を│
│ 行う（反復解析，省略可）  │
└──────────────────────┘
   ↓
┌─ 結果出力 ──────────────┐
│ ・特性行列の出力          │
│ ・質量行列から剛体特性を出力│
└──────────────────────┘
   ↓
[終了]
```

図 7.40　実験的特性行列同定法アルゴリズムのフローチャート

する．加振点自己応答 FRF も必須である．座標系（基本は $O\text{-}xyz$ 直角座標系）を任意に設定して測定点座標も求めておく．

「物理的結合モデル定義」の段階では，測定点間の物理的な結合のモデル化を行う．例えば，図 7.41(a) に示す単純なビーム構造物であれば，測定点 1–2, 2–3, 3–4, 4–5, ⋯

7.5 振動試験データからの剛体特性同定

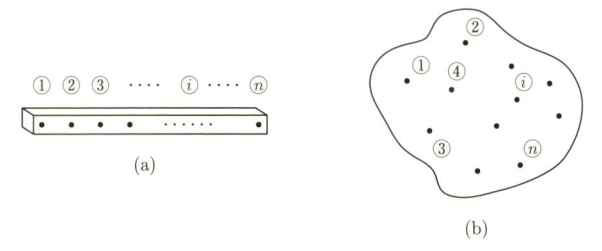

図 7.41 物理的結合モデル定義方法の例
①, ②, ⋯ は測定点に付けた番号.

のような単純な直列の結合モデル定義が妥当で，だれでも同じようなモデル定義となるであろう．同図 (b) の模式図構造のように複雑な 3 次元構造物が対象の場合には，定義者によって結合定義は異なる可能性がでる（有限要素法のモデル化要素分割と同様）．この結合モデル定義によって，同定すべき特性行列 M, C, D, K の中で値がゼロとなる成分位置を自動的に決定することができる．そこで，同定すべき成分はそれ以外の非ゼロ成分となる可能性のある行列成分だけとなる．

力学的に妥当な特性行列を同定（最適解探索）するわけであるから，各特性行列の非ゼロ成分間に関する制約条件式を力学に基づいて作り出す．質量行列に関する制約条件式の導出は，任意の自由度で表現された質量行列と座標系原点（理論的にはどの位置の点についてでもよいが）で表現する構造物の剛体質量行列 M_{rigid} の関係式を使う．どのような構造物に関してもその剛体質量行列は

$$M_{\mathrm{rigid}} = \begin{bmatrix} m & & & & & sym. \\ 0 & m & & & & \\ 0 & 0 & m & & & \\ 0 & -c & b & I_{xx} & & \\ c & 0 & -a & -I_{yx} & I_{yy} & \\ -b & a & 0 & -I_{zx} & -I_{zy} & I_{zz} \end{bmatrix} \quad (7.164)$$

の同一パターンとなる．ここで，m は構造物の質量，右下 3 行 3 列部分は慣性テンソル（慣性モーメントと慣性乗積からなる）であり，$a = mx_G$, $b = my_G$, $c = mz_G$ である．(x_G, y_G, z_G) は構造物の質量中心座標である．

座標系原点位置での質点の 6 自由度微小運動（並進 3 自由度と回転 3 自由度）で構造物上の各所の位置に配置された測定点の剛体的運動を表現するための関係式は，例えば座標系原点位置での質点微小運動を $[\Delta x_o, \Delta y_o, \Delta z_o, \Delta\omega_{xo}, \Delta\omega_{yo}, \Delta\omega_{zo}]^t$ と表し，測定点 i 番の座標を (x_i, y_i, z_i) として並進変位を $[\Delta x_i, \Delta y_i, \Delta z_i]^t$ とベクトル表現すると

$$\begin{bmatrix} \Delta x_i \\ \Delta y_i \\ \Delta z_i \end{bmatrix} = \begin{bmatrix} 1 & 0 & 0 & 0 & z_i & -y_i \\ 0 & 1 & 0 & -z_i & 0 & x_i \\ 0 & 0 & 1 & y_i & -x_i & 0 \end{bmatrix} \begin{bmatrix} \Delta x_o \\ \Delta y_o \\ \Delta z_o \\ \Delta \omega_{xo} \\ \Delta \omega_{yo} \\ \Delta \omega_{zo} \end{bmatrix} \tag{7.165}$$

の関係式が成立する．この式の右辺係数行列に基づいて，同定すべき特性行列の測定点自由度に一致した自由度の行列を Ψ と表し次式の左辺の演算をすると剛体質量行列が得られる．

$$\Psi^t M \Psi = M_{\rm rigid} \tag{7.166}$$

変換行列 Ψ の構成は

$$\Psi = \begin{bmatrix} 1 & 0 & 0 & 0 & z_1 & -y_1 \\ 0 & 1 & 0 & -z_1 & 0 & x_1 \\ 0 & 0 & 1 & y_1 & -x_1 & 0 \\ 1 & 0 & 0 & 0 & z_2 & -y_2 \\ 0 & 1 & 0 & -z_2 & 0 & x_2 \\ 0 & 0 & 1 & y_2 & -x_2 & 0 \\ \vdots & \vdots & \vdots & \vdots & \vdots & \vdots \\ 1 & 0 & 0 & 0 & z_i & -y_i \\ 0 & 1 & 0 & -z_i & 0 & x_i \\ 0 & 0 & 1 & y_i & -x_i & 0 \\ \vdots & \vdots & \vdots & \vdots & \vdots & \vdots \end{bmatrix} \tag{7.167}$$

のようになる．

そこで，まだこの段階では同定対象構造物の質量は未知であるが，式 (7.166) の右辺第 1 行第 1 列対角成分と第 2 行第 2 列対角成分に対応する左辺展開式を求めて両辺除算すると，左辺に関する 2 つの展開式の除算結果の数式がゼロ（右辺の除算がゼロだから）の等式制約条件 1 本を作り出すことができる．同様に，右辺第 1 行第 1 列成分と第 3 行第 3 列成分に対応する左辺展開式の除算によって，もう 1 本の等式制約条件を作ることができる．右辺第 2 行第 1 列成分は常にゼロであるのでそれに対応する左辺展開式がゼロとなる等式制約条件式ができる．このようにして式 (7.166) から 11 本の制約条件式を作り出すことができる．

剛性行列 K に関する制約条件式は，「構造物が剛体変位するときは構造物全体は一定ひずみ状態でその値はゼロである」の力学原理により

$$K\Psi = 0 \tag{7.168}$$

が成立するので，この式から「左辺展開式 =0」の複数の等式制約条件式を自動的に作り出すことができる．なお，式（7.168）の右辺 0 はゼロ行列である．減衰行列に関する制約条件は剛性行列に関する制約条件式導出方法と同様に実行できる．

次に，「最適フィット目標値の設定」では，振動試験で得られている FRF で最適フィットすべき周波数帯域の設定（1 次から 3 次共振周波数まで含む帯域設定が推薦される）を行う．この設定に従って，その帯域内に現れている共振峰に関する固有振動数，固有モード，モード減衰比を実験モード解析手法で自動的に同定する．

「初期特性行列の生成」では，同定法は数学的には一種の非線形最適化問題の解法であり反復計算とならざるを得ず，初期値が必要なために，等式制約条件を満足させながら初期値特性行列の非ゼロ成分を適当に設定する．乱数利用が可能である．

「第 1 段階同定最適化プロセス」では，初期値の特性行列から下記の力学的性質の妥当性と振動試験 FRF から求めた固有振動数，固有モード，モード減衰比を精度よく表すように特性行列を最適化する．質量行列については正定値行列（どのような変位でも慣性の値は正），すなわち特性行列の自由度に一致したゼロベクトル以外の任意のベクトル x に対して，

$$x^t M x > 0 \tag{7.169}$$

を満足させること．剛性行列と減衰行列については力学的に準正定値行列（剛体運動変位の場合にゼロ，それ以外の変形を伴う場合は必ず正の値）でなければならないことから

$$\begin{aligned} x^t K x &\geq 0 \\ x^t C x &\geq 0 \\ x^t D x &\geq 0 \end{aligned} \tag{7.170}$$

を満足させることを実行する．具体的には何通りかの方法が考えられると思うが，著者は「正定値行列は標準的固有値問題で正の固有値を持つ」の数学的性質を利用して，例えば質量行列については

$$M x = \lambda x \tag{7.171}$$

の標準的固有値問題を解いて，もし負の固有値が存在していたら，質量行列中の独立変数となる個々の成分 m_{pq} の変化に対する固有値の変化感度を式（7.171）の偏微分計算

$$\frac{\partial M}{\partial m_{pq}} x + M \frac{\partial x}{m_{pq}} = \frac{\partial \lambda}{m_{pq}} x + \lambda \frac{\partial x}{m_{pq}}$$
$$\Downarrow \qquad\qquad\qquad (7.172)$$
$$\frac{\partial \lambda}{m_{pq}} = \frac{x^t \frac{\partial M}{\partial m_{pq}} x}{x^t x}$$

で求めて，感度解析による固有値を正値へ変化させる反復解析を行う．なお，前述の制約条件を課しながらの計算であることは当然である．

そして，先の段階で設定された等式制約条件に加えてこの正定値および準正定値制約条件を満足させながら，

$$\left(K - \Omega^2 M \right) \phi = 0 \qquad (7.173)$$

の固有値問題から得られる固有振動数（不減衰固有角振動数）Ω と固有モード（ノーマルモード）ϕ が目標値（最適フィット目標値設定のところで得ている）に一致するように最適化解析を実行する．この解析で使用するそれぞれの感度は，Fox らの定式化[26]どおりに求めることができる．剛性行列または質量行列中の独立変数となるあるひとつの成分を x_{pq} とし，式 (7.173) をこれで偏微分すると

$$\left(\frac{\partial K}{\partial x_{pq}} - \Omega^2 \frac{\partial M}{\partial x_{pq}} - 2\Omega \frac{\partial \Omega}{\partial x_{pq}} \right) \phi + \left(K - \Omega^2 M \right) \frac{\partial \phi}{\partial x_{pq}} = 0 \qquad (7.174)$$

となり，両辺左側から ϕ^t を乗じると，左辺第 2 項は式 (7.173) よりゼロとなることが自明であり，残る左辺第 1 項 = 0 から固有角振動数の感度は

$$\frac{\partial \Omega}{\partial x_{pq}} = \frac{\phi^t \left(\frac{\partial K}{\partial x_{pq}} - \Omega^2 \frac{\partial M}{\partial x_{pq}} \right) \phi}{2\Omega \phi^t M \phi} \qquad (7.175)$$

となる．

固有モードに関する感度は，式 (7.173) の固有値問題で得られた固有モード行列を Φ とすると，その線形結合として

$$\frac{\partial \phi}{\partial x_{pq}} = \Phi \eta \qquad (7.176)$$

で計算することとして，線形結合係数からなるベクトル $\eta (= (\eta_1, \eta_2, \cdots, \eta_n)^t)$ は，求めようとする固有角振動数とモードの次数を β 次とすると，$\eta_i (i \neq \beta)$ については式 (7.174) から

$$\eta_i = \frac{\phi_i^t \left(\frac{\partial K}{\partial x_{pq}} - \Omega_\beta^2 \frac{\partial M}{\partial x_{pq}} - 2\Omega_\beta \frac{\partial \Omega_\beta}{\partial x_{pq}} \right) \phi_\beta}{\Omega_i^2 - \Omega_\beta^2} \quad \text{for} \quad i \neq \beta \qquad (7.177)$$

と求められ，$\eta_i (i = \beta)$ の成分については $\phi_\beta^t M \phi_\beta = m_\beta = 1$（$m_\beta$ はモード質量）

の偏微分から

$$\eta_\beta = -\frac{1}{2}\phi_\beta^t \frac{\partial M}{\partial x_{pq}}\phi_\beta \quad \text{for} \quad i = \beta \tag{7.178}$$

と求まる．なお，ϕ_i は第 i 次の固有モードを表す．

この最適化が達成されたら，得られた質量行列と剛性行列を一旦固定化して，減衰行列の最適化（同定）に進む．

$$\begin{bmatrix} C & M \\ M & 0 \end{bmatrix} \begin{bmatrix} \dot{x} \\ \ddot{x} \end{bmatrix} + \begin{bmatrix} K+jD & 0 \\ 0 & -M \end{bmatrix} \begin{bmatrix} x \\ \dot{x} \end{bmatrix} = \begin{bmatrix} 0 \\ 0 \end{bmatrix} \tag{7.179}$$

から計算される減衰比が最適フィット目標値に一致するように，減衰行列に関してすべての制約条件を課しながら最適化解析を行う．

「第 2 段階同定最適化プロセス」では，第 1 段階で得られた特性行列については同定周波数帯域内 FRF に存在している共振峰に関する固有振動数，固有モード，モード減衰比について最適一致させることができているが，周波数応答関数の振幅については一致させていない．そこで，第 1 段階で得られている特性行列を一旦固定化して実数のスカラーパラメータ α を設定して

$$\alpha\left\{-\omega^2 M + j\omega C + (K + jD)\right\}x(\omega) = f(\omega) \tag{7.180}$$

で計算される周波数応答関数が振動試験 FRF に最適一致するようにパラメータ α を決定する．その値を特性行列に乗じて特性行列を更新する．この結果ではほぼ振動試験 FRF と最適一致する FRF を出力できる特性行列が得られたことになり，実用上，場合によっては次の最適化処理は省略してもよいが，本来的には上述のすべての制約条件満足化を維持しながら同定周波数帯域について振動試験 FRF と同定理論モデルの FRF の差の二乗ノルムを最小化する次の式の最適化を実施する．

$$\textbf{Minimize} \quad \gamma = \sum_{i=1}^{q} ||h_e(\omega_i) - \{-\omega_i^2 M + j\omega_i C + (K + jD)\}^{-1} f(\omega_i)||^2 \tag{7.181}$$

ここで，q は同定周波数帯域内 FRF のサンプリング周波数点数，$h_e(\omega)$ は振動試験で得られているすべての測定点自由度についての FRF を並べた列ベクトルである．

剛体特性は得られた質量行列から測定点座標値を利用して式 (7.166) の左辺演算を実行することで剛体質量行列を導出し，その剛体質量行列の成分からすべてを同時に求めることができる．なお，実用上では，この結果から得られた質量中心位置の 6 自由度を剛体運動表現点として再び式 (7.166) の演算を行って，その結果の剛体特性を解とするのがよい．Ψ は剛体表現点の微小角変位の仮定で線形近似化した剛体運動表

現点と構造物中の任意の位置の測定点変位との関係を表現する行列であるから，この1回余計に思われる反復計算で多少の精度向上を得ることができる[*2]．

[*2]　質量行列と固有モードと剛体特性の興味深い関係：　周辺自由境界条件での構造物の多自由度 n の有限要素モデルをつくり，質量行列 M と剛性行列 K で固有値問題 $K\phi = \lambda M\phi$ を解くと，1次から6次までの固有値はゼロ（数値計算なので少し誤差は乗るが）として得られる．7次以降が，弾性変形を伴ういわゆる機械振動学が対象とする固有振動を表す正の固有値として得られる．固有ベクトルについては，1次から6次 $\phi_1 \sim \phi_6$ までは周辺自由で構造物が自由に剛体的に運動できる6自由度に対応する固有モードであり，剛体モードを表す．7次以降のもの $\phi_7 \sim \phi_n$ が弾性変形を伴う固有モードである．固有モードは質量行列について正規化されて得られたものとし，1次から n 次の固有モードを列ベクトルに順に並べて作成する正方行列の固有モード行列を Φ とすると，固有値問題の理論から当然，$M = \Phi^{-t} I \Phi$ が成立する．この質量行列を6自由度の剛体質量行列に変換すれば構造物の剛体特性がすべて（10パラメータ）得られる．ここで仮に，固有モード行列の第7列目以降に並べられている弾性変形の固有モード $\phi_7 \sim \phi_n$ を好き勝手に変更してしまうとする．すなわち，Φ を $\bar{\Phi}$ に変更してしまう．ただし，変更しても固有モード行列は正則行列である（逆行列が存在する）ことを制約条件とする．さて，勝手に変更してしまった固有モード行列を使うと $\bar{\Phi}^{-t} I \bar{\Phi} = \bar{M} \neq M$ となり，再生した質量行列はもはや元の質量行列とは異なってしまう．しかし，この質量行列 $\bar{M}$ から導出される6自由度の剛体質量行列は元のものとまったく同じものとなる！

章 末 問 題

【7.1】 離散フーリエ変換において，サンプリング点数 2048 で，解析周波数帯域上限値を 2000 Hz としたい場合には，サンプリング速度とサンプリング時間はそれぞれ何秒に設定すればよいか．

【7.2】 平面問題モデルとして，質量を無視できる長さ L の剛体の棒に取り付けられている質点 m について考える．図 7.42 に描くように棒の端点が原点に一致しているとき，座標系原点に一致している端点を運動表現点として剛体質量行列（3行3列の行列）を導出せよ．

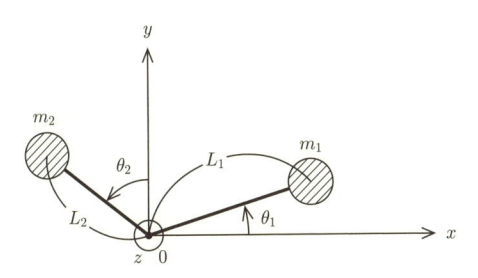

図 **7.42** 平面質点モデルの剛体質量行列

【7.3】 平面問題モデルとして，線密度一定の ρ のフレーム材で 'く' の字形状をした物体について考える．図 7.43 に描くように折れ曲がった部分が座標系原点に位置する状態図を利用してその点を運動表現点として表現する剛体質量行列（3行3列の行列）を導出せよ．

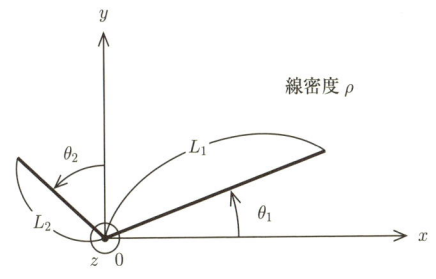

図 **7.43** 平面均一フレーム物体モデルの剛体質量行列

【7.4】図 7.44 に示す，質量を無視できるばねの先端に質量 m の質点を取り付けた「ばね振り子」について次の設問に答えよ．重力加速度は負の y 方向（すなわち図において下向き）に作用すると仮定し，図に描く O–xy 平面直角座標系での平面問題とする．

(1) 図 (a) に示すようにばねの自然長を L とする．そのばねの自由端の位置から，質点質量 m をばね自由端に取り付けた静的釣り合い位置までの変位 $\boldsymbol{\delta}_0$ をベクトルの成分表示で示せ．

(2) 図 (c) に描くように，静的釣り合い位置から質点質量が振り子サイズと比較して微小な任意の変位 $\boldsymbol{r}$ をした状態を考えて，次の 2 通りの方法で剛性行列，質量行列および運動方程式を導出しなさい．

① 式 (7.142) から式 (7.154) の過程を参考とした導出方法で求めなさい．
② ラグランジュ法により導出しなさい．

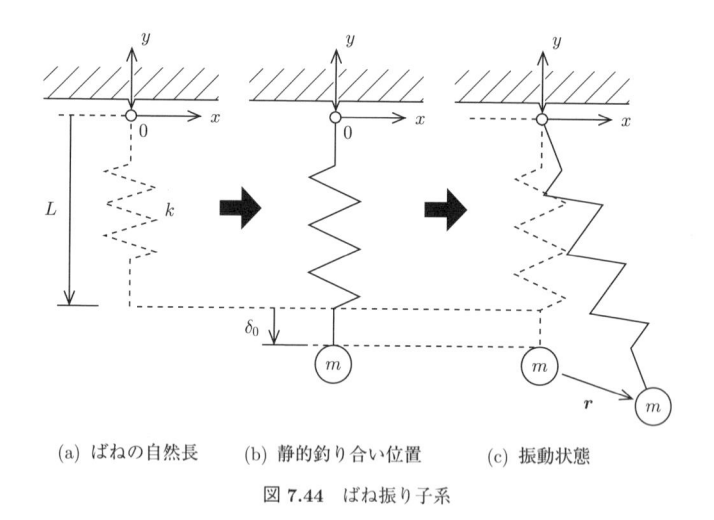

(a) ばねの自然長　　(b) 静的釣り合い位置　　(c) 振動状態

図 **7.44** ばね振り子系

【7.5】図 7.45 に示す均一薄肉剛体の円筒容器に密度 ρ の液体を深さ h まで満たすことを考える．容器の肉厚は無視できるものとする．その上で，容器寸法は高さが H，円形底面直径を D とし，質量は M_0 とする．したがって容器単体の質量中心は容器半分の高さ $\frac{H}{2}$ にあるとする．

液体を含んだ系の質量中心の位置が最下点にくるときの液体深さを求めなさい．

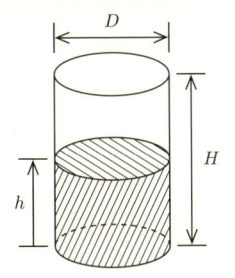

図 7.45 ある深さ h まで液体が満たされた円筒容器

8

有限要素法の基礎

　有限要素法は，今日，対象をまったく限定せずに「微分方程式を数値近似解析する最も実用的な手法」として広く普及している．構造動力学の分野でも理論的数値解析法の中心的手法となっている．本章では具体的にトラス要素，オイラー梁要素，六面体アイソパラメトリック要素についての剛性行列と質量行列の定式化を明解に解説することを試み，それによって有限要素法の基礎理論を理解してもらうこととする．なお，有限要素法では剛性行列と質量行列は理論的定式化が完成しているが，減衰行列については減衰メカニズムの理論的モデル化が現代でも困難である．また，産業界で取り扱いたい複雑な構造や複数の機械コンポーネントの結合で出来上がる機械システムの解析では剛性行列についても精度の高いモデルを作成することが困難となる．理論的解析法を強力に補完するために実験的数値解析法のアプローチもあることを述べておく．

8.1　歴　史　概　観

　有限要素法 (finite element method) は，1950 年代初期に欧米の航空宇宙工学分野において機体の構造解析に適用することに成功して誕生した．特に 1956 年の M.J. Turner, R.W. Clough, H.C. Martin and L.J. Topp の共著論文 "Stiffness and deflection analysis of complex structures[47]" が有名であり，この年を有限要素法誕生の年として解説する本も多い．構造力学での成功後，有限要素法は動力学などの応用力学への適用研究とともに，応用数学者も巻き込んで理論的研究が大いに展開された．すなわち，有限要素法は Rayleigh-Ritz 法の応用手法であることを明らかにした 1963 年の R.J. Melosh の理論的研究 "Basis for derivation of matrices for the direct stiffness method[34]" から，重み付き残差法に基づく定式化へ展開されていった．そして，アイソパラメトリック要素など適用性の高い要素の開発もなされた．その結果，有限要素法は，熱伝導，流体力学，電磁気学など物理学および工学の様々な実用的な対象の問題の解析に利用される解析法に発展した．今日では有限要素法は対象を限定せずに広く「微分方程式を数値近似解析するための手法」と位置づけられる．以下の

解説からもわかるとおり，理論がシステマチックであり，まさにコンピュータによる解析手法として適している．それゆえ欧米で開発されたいくつかの汎用プログラムは世界的に市販され広く利用されている．そのような市販ソフトを利用すれば，アプリケーション解析者はプログラムの操作法さえ知っていれば有限要素法の理論についてはまったく理解しなくても一応は解析できるのが現状である．しかし実は，精度のよい解析を行うための適切なモデル作成や解析精度の検討を行うには，やはり力学と有限要素理論を理解しておくことが重要である．ここでは振動・音響解析のための有限要素法の基本的定式化を，基礎的な要素の定式化の一例も示しながら平易に示す．なお，有限要素法に関する代表的テキストとしては O.C. Zienkiewicz の著書[53]を推薦しておく．

　上記の有限要素法では，解析精度を上げるためには有限要素分割規模を大規模にする．換言すれば，より小さな有限要素によって解析対象物をモデル化する．モデルデータを作成するための負担が大きいことが，実利用での問題点であることが認識されている．この課題を解決するために，いろいろな便利な機能の前処理プログラムの開発研究がなされた．例えば，有限要素モデルをグラフィック表示してモデル形状の妥当性を検討しやすくするものや，自動的に多くの有限要素で分割して入力データのファイルを作成してくれるものである．この種の便利な前処理プロセスの研究とは別に，有限要素法のアルゴリズム自体を改良する研究もなされた．この言わば新しい有限要素法はp法有限要素法と名づけられた．そして従来の方法は h 法有限要素法と呼ばれて識別されるようになった．p法有限要素法の開発の歴史を概観すると，著者の知り得た範囲では次のようである．B.A.Szabo と G.C.Lee の論文 "Stiffness matrix for plates by Galerkin's Method" が 1969 年に発表されており，その中で有限要素の数を増やすか各要素自由度を増やすことで解析精度の向上が図れると述べられている．このことなどから 1960 年代後期には始まっていたと考えられる．1975 年には A.G.Peano がp法に関する研究の博士論文を発表し，イタリアに戻って 1978 年に p 法有限要素法プログラム FIESTA を開発し，ダムの解析事例を解いている．1984 年には彼が学位を取得した大学のあるセントルイスに Noetic Technologies Corporation 社が設立され，"PROBE" と名づけられた p 法有限要素プログラムが開発された．それは後にMSC 社の MSC/PROBE となり，やがて MSC/NASTRAN に組み込まれた．1980年代には p 法に関する多くの論文が発表され，1990 年代には欧米製の市販ソフトも数多く出回り，日本にも広く知れ渡って実用的に利用されるようになっている．

8.2 理論の基礎概念

実際の機械や機械構造物はすべてと言ってよいほど複雑な構造（形状の複雑さや部分ごとに異なる材料が使われている複雑さなど）をしているので，その構造物全体について運動方程式を解析的に解くことは困難である．第5章での分布定数系の解析方法を参考にするとわかると思う．例えば，弦の振動を考えてみる．弦の任意の位置についての運動方程式は微分方程式（弦全長について成立）として表現することはできる．それを解こうとすると，弦が一様であればその微分方程式を満たす弦全体にわたる挙動表現の関数を見つけることができるので第5章での解説のような手法で解くことができる．しかし，太さや材料が場所場所で変化する複雑な場合については運動方程式である微分方程式を弦全長にわたって満足する関数を見出すことは困難となる．そこで，有限要素法では，まず何種類かの幾何学的に単純な形状をした小さな"要素"を考えて，それらの要素単体について外力に対する変形や運動の挙動の関係を実用的な高精度で近似表現し定式化する．この要素の運動方程式の定式化は，要素単体が幾何学的に単純な形状なので有限要素法以前の手法である Rayleigh–Ritz 法や重み付き残差法で精度よくできる．そして，その要素を多数結合使用して解析対象構造物の形を精度よくモデル化し，作用反作用の法則に基づいてその多数の要素の結合方法どおりに構造物モデル全体に関する運動方程式を構築し解析しようとする発想の近似数値解析である．

図 8.1 を見てほしい．有名なおもちゃのブロックでつくられた，米国のある映画に登場するロボットを模した作品である（勝手に肩を組んで喜んでいる者は著者である）．個々のブロックは六面体など幾何学的に単純な形状のものであるが，小さなそれらのブロックをたくさん組み立ててできたこの作品は米国映画のロボットにひじょうによく似ている形となっている．有限要素法は，まさにこのブロック遊びを例えとしてそ

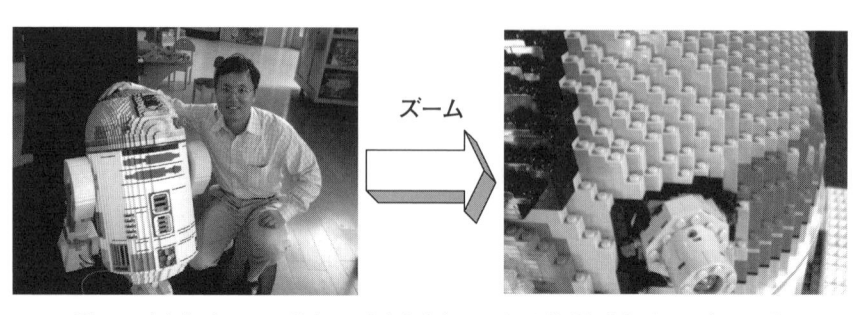

図 8.1 小さなブロックの結合でできたおもちゃロボット模型と著者（2004 年 11 月）

の概念をわかりやすく説明できるので,「有限要素法はブロック遊び解析だ!」と著者は言いたい.

複雑な形状の解析対象の機械構造物に対して,それにできるだけ似た形状モデル(これを有限要素モデルと呼ぶ)を四面体,六面体,適当な肉厚の三角形や四辺形,直棒などの形状をした小さなブロック(これを有限要素と呼ぶ)を多数結合してつくるのである.出来上がった有限要素モデルの運動挙動は,そのモデルのどこかの有限要素に純粋に外部から作用する外力と,モデル中で隣接しあう有限要素同士の作用反作用の釣り合い(内力)によって決定できるはずである.したがって,個々の有限要素について,その自由体図における挙動特性を正確に表現できる解析さえ可能であれば,複雑な形状をした有限要素モデルの挙動をも求められることになる.有限要素モデルの挙動が求まれば,その結果が実際の解析対象の機械構造物の挙動の近似であるとみなすのである.

個々の有限要素は,図 8.2 の模式図のように,端点や頂点さらには辺の中点などの位置に節点を設定して,それらの限られた節点だけに外力が作用し,要素が変形なり運動をするようにモデル化する.隣接する有限要素間の結合も,図 8.3 の模式図のように,節点同士で結合し,それ以外の辺や面での接触による作用反作用力のやり取りはすべて節点での作用に置き換えてしまい,有限要素モデルの解析段階では考えない.この概念によって有限要素モデルの全節点自由度に一致する有限多自由度の剛性行列と質量行列を導出することを有限要素法の核心的工程として,それに続く様々な構造動力学の解析を行うことができる.

そこで,繰り返しになるが,有限要素法の核となる理論は,いろいろな種類(形状)の有限要素単体についての定式化と,その結果得られる単体の質量行列と剛性行列を重ね合わせ(組み合わせ)ていくことで解析対象物の質量行列と剛性行列を導出する

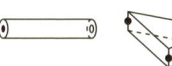

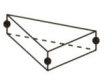

ビーム要素　　三角形要素　　六面体要素　　四面体要素　　シェル要素

図 8.2　いろいろな種類の形状の有限要素の例

図 8.3　有限要素間の結合と力の伝達が離散化する概念

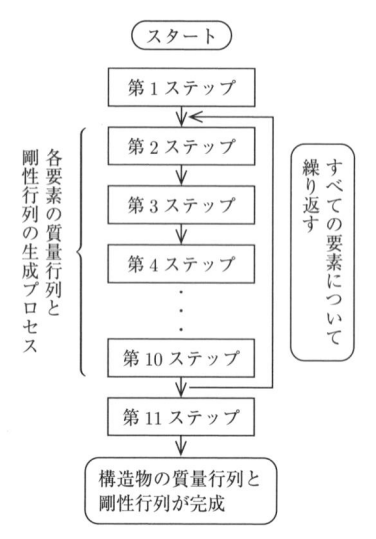

```
     スタート
       ↓
   第1ステップ
       ↓  ←──┐
   第2ステップ   │
       ↓     │
   第3ステップ   │ すべての
       ↓     │ 要素に
   第4ステップ   │ ついて
       ↓     │ 繰り返す
       ⋮     │
   第10ステップ  │
       ↓  ──┘
   第11ステップ
       ↓
  構造物の質量行列と
  剛性行列が完成
```

各要素の質量行列と剛性行列の生成プロセス

図 **8.4**　有限要素法による質量行列と剛性行列の導出フローチャート

過程の理論である．8.3〜8.5 節で 3 種類の基本的有限要素の定式化理論を例解するが，その解説で利用する第 1〜11 ステップに対応させて，解析対象物の質量行列と剛性行列を得るフローチャートは図 8.4 となる．第 2〜10 ステップは個々の有限要素についての定式化過程であり，構造物を構成するすべての要素について繰り返し，最後に境界条件を設定して，求めるべき質量行列と剛性行列が完成する．

8.3　2次元トラス要素（伸縮挙動）

図 8.5 に示すのはトラス構造物である．世の中にはトラス構造物が多数存在する．比較的軽量で強度の高い大型構造を実現できるからである．トラス部材には，その軸方向の引張りもしくは圧縮の荷重しかかからない．そこで，最も簡単な有限要素として，2 次元トラスの有限要素単体についての定式化を示す（図 8.6）．

平面固定直角座標を O–xy とし，その x 軸から θ 傾けて長さ L のトラス要素を考える．図に示すとおりに，定式化の利便性を考えて，トラスの軸方向に局所座標の ξ 軸を設定し，それと直角方向に第 2 の座標軸 ζ 軸を設定する．両側の節点の番号を i と j として，節点 i が局所座標の原点とする．この要素の断面積と材料は要素内均一で，断面積を A，縦弾性係数を E，材料密度を ρ と表す．節点 i と j の軸方向変位（自由度）をそれぞれ δ_i と δ_j とする．以上の定義に基づいて，次のような解析ステップでこの有限要素の質量行列と剛性行列を導出することができる．

8.3 2次元トラス要素（伸縮挙動）

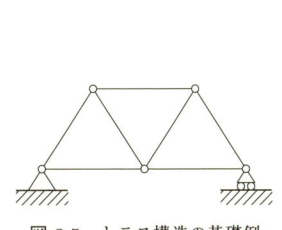

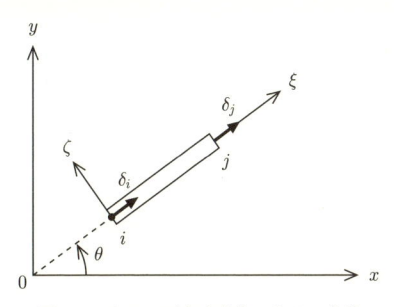

図 8.5　トラス構造の基礎例　　　　図 8.6　トラス要素定式化のための定義

【第1ステップ：構造物の質量行列と剛性行列用の正方ゼロ行列の用意】
　複数のトラス要素が，それぞれ要素の両端に設定された節点で互いに結合して組み上がる構造物を考えると，その構造物中に存在する節点の数を数えることができる．その数を n とする．2 次元トラスであるので，1 節点は 2 自由度を有する．そこで，構造物を構成する節点すべての自由度合計は $2n$ である．構造物の質量行列と剛性行列は $2n$ 行 $2n$ 列の正方行列として得られるので，質量行列と剛性行列用に $2n$ 行 $2n$ 列の正方ゼロ行列を 2 つ用意する．これが第 1 ステップの作業である．

【第2ステップ：変位表現関数の設定】
　両端の節点はそれぞれ 1 自由度（軸方向に変位するのみ）を与えるので，要素の変位を 2 自由度で表現する．したがって，2 自由度に対応して未定係数が 2 つの何らかの関数で要素内部の変位を表現する．この関数を変位表現関数と呼ぶことにする．この関数の適切な設定が有限要素法理論で最も重要であり，近似数値解析である有限要素法の解析精度を支配する．この均一材料・断面の直棒形状である本トラス要素については

$$\delta(\xi) = a\xi + b = \begin{bmatrix} \xi & 1 \end{bmatrix} \begin{bmatrix} a \\ b \end{bmatrix} \tag{8.1}$$

が適当である．未定係数は a と b で 2 つである．

【第3 変位表現関数ステップ：未定係数を節点変位で表現】
　式 (8.1) に節点座標とその変位を代入することで，未定係数を 2 自由度の節点変位の関数として表現することができる．すなわち，

$$\begin{bmatrix} \xi_i & 1 \\ \xi_j & 1 \end{bmatrix} \begin{bmatrix} a \\ b \end{bmatrix} = \begin{bmatrix} \delta_i \\ \delta_j \end{bmatrix}$$

$$\Downarrow \tag{8.2}$$

$$\begin{bmatrix} 0 & 1 \\ L & 1 \end{bmatrix} \begin{bmatrix} a \\ b \end{bmatrix} = \begin{bmatrix} \delta_i \\ \delta_j \end{bmatrix}$$

の連立方程式から

$$\begin{bmatrix} a \\ b \end{bmatrix} = \begin{bmatrix} 0 & 1 \\ L & 1 \end{bmatrix}^{-1} \begin{bmatrix} \delta_i \\ \delta_j \end{bmatrix} = -\frac{1}{L} \begin{bmatrix} 1 & -1 \\ -L & 0 \end{bmatrix} \begin{bmatrix} \delta_i \\ \delta_j \end{bmatrix} \tag{8.3}$$

のとおりに求められる．

【第4ステップ：形状表現関数を節点変位で表現】

式 (8.3) を式 (8.1) に代入することで，この有限要素内部の任意の位置の変位を両端の節点自由度で表現する．すなわち，

$$\delta(\xi) = \begin{bmatrix} -\frac{\xi-L}{L} & \frac{\xi}{L} \end{bmatrix} \begin{bmatrix} \delta_i \\ \delta_j \end{bmatrix} \tag{8.4}$$

【第5ステップ：ひずみの表現】

トラス要素は軸方向の伸縮だけを考える要素なので，材料力学の基礎知識から，ひずみ ε はトラス要素の単位長さ当たりの伸びとして定義される．したがって，式 (8.4) の変位表現関数の ξ に関する1次導関数がひずみを表現する．すなわち，要素内部の任意の位置でのひずみは

$$\varepsilon(\xi) = \frac{d\delta(\xi)}{d\xi} = \begin{bmatrix} -\frac{1}{L} & \frac{1}{L} \end{bmatrix} \begin{bmatrix} \delta_i \\ \delta_j \end{bmatrix} \tag{8.5}$$

と表現される．

【第6ステップ：応力の表現】

式 (8.5) で求められた要素内部の任意の位置のひずみ表現関数に続いて，そのひずみから応力 σ を表現する関数を導く．材料力学の基礎知識から，本要素の場合は，要素の材料の縦弾性係数（ヤング率）を E とすると，$\sigma = E\varepsilon$ であるので

$$\sigma(\xi) = E\varepsilon(\xi) = E \begin{bmatrix} -\frac{1}{L} & \frac{1}{L} \end{bmatrix} \begin{bmatrix} \delta_i \\ \delta_j \end{bmatrix} \tag{8.6}$$

と得られる．

8.3 2次元トラス要素（伸縮挙動）

【第7ステップ：要素のひずみエネルギーと運動エネルギーの計算】

前ステップまでで得られたひずみと応力の表現関数を使って，そのトラス要素が両端の節点の変位がともにゼロ状態（自然長）からそれぞれ δ_i と δ_j まで変位したときに蓄えられるひずみエネルギー E_s と，同じく両端の節点の速度がそれぞれ $\dot{\delta}_i$ と $\dot{\delta}_j$ の状態になったときに蓄えられる運動エネルギー E_k を計算する．

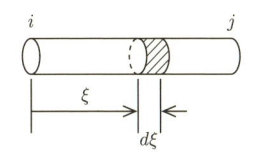

図 8.7 ひずみエネルギーと運動エネルギーの積分計算の図

まず，図 8.7 を用いて，任意の位置 ξ での微小厚みの部分についてのひずみエネルギーを求めよう．両端の節点変位が δ_i と δ_j となったときのその位置の断面に作用する力（軸力）$f(\xi)$ は，軸力＝応力×断面積の計算によって

$$f(\xi) = AE \begin{bmatrix} -\frac{1}{L} & \frac{1}{L} \end{bmatrix} \begin{bmatrix} \delta_i \\ \delta_j \end{bmatrix} \tag{8.7}$$

である．ひずみは式 (8.5) で得られている．ひずみエネルギー（仕事）は力ベクトルと変位ベクトルの内積で計算できるはずであるから，この微小領域のひずみエネルギー dE_s は節点変位がゼロの状態から δ_i と δ_j となるまでのひずみの変化について積分することで，

$$\begin{aligned} dE_s &= \frac{1}{2} f^t(\xi) \epsilon(\xi) d\xi = \frac{1}{2} A \sigma(\xi)^t \epsilon(\xi) d\xi \\ &= \frac{1}{2} AE \begin{bmatrix} \delta_i \\ \delta_j \end{bmatrix}^t \begin{bmatrix} -\frac{1}{L} & \frac{1}{L} \end{bmatrix}^t \begin{bmatrix} -\frac{1}{L} & \frac{1}{L} \end{bmatrix} \begin{bmatrix} \delta_i \\ \delta_j \end{bmatrix} d\xi \end{aligned} \tag{8.8}$$

となる．ちょうど，フックの法則に従うばね定数 k のばねが自然長から伸び δ まで静的に変化したときのひずみエネルギーが $\frac{1}{2}k\delta^2$ と求められることと同じである．

同様に，微小長さの領域についての運動エネルギー $dE_k(\xi)$ を求めよう．両端節点の速度が $\dot{\delta}_i$ と $\dot{\delta}_j$ のときの要素内部の位置 ξ の速度は，式 (8.4) の節点変位ベクトルを節点速度ベクトルに置き換えればよく，質量 m の質点が速度ベクトル $\boldsymbol{v}$ のときの運動エネルギーが $\frac{1}{2} m \boldsymbol{v}^t \boldsymbol{v}$ で表現されることと同様に

$$dE_k = \frac{1}{2} \rho A \begin{bmatrix} \dot{\delta}_i \\ \dot{\delta}_j \end{bmatrix}^t \begin{bmatrix} -\frac{\xi-L}{L} & \frac{\xi}{L} \end{bmatrix}^t \begin{bmatrix} -\frac{\xi-L}{L} & \frac{\xi}{L} \end{bmatrix} \begin{bmatrix} \dot{\delta}_i \\ \dot{\delta}_j \end{bmatrix} d\xi \tag{8.9}$$

と求められる．

そこで，式 (8.8) と (8.9) をそれぞれ要素全長にわたって，すなわち $\xi = 0$ から $\xi = L$ まで積分計算することで，その要素が持つひずみエネルギーと運動エネルギーを算出することができる．

$$\begin{aligned} E_s &= \frac{1}{2} \int_0^L AE \begin{bmatrix} \delta_i \\ \delta_j \end{bmatrix}^t \begin{bmatrix} -\frac{1}{L} & \frac{1}{L} \end{bmatrix}^t \begin{bmatrix} -\frac{1}{L} & \frac{1}{L} \end{bmatrix} \begin{bmatrix} \delta_i \\ \delta_j \end{bmatrix} d\xi \\ &= \frac{1}{2} AE \begin{bmatrix} \delta_i \\ \delta_j \end{bmatrix}^t \left(\int_0^L \begin{bmatrix} -\frac{1}{L} & \frac{1}{L} \end{bmatrix}^t \begin{bmatrix} -\frac{1}{L} & \frac{1}{L} \end{bmatrix} d\xi \right) \begin{bmatrix} \delta_i \\ \delta_j \end{bmatrix} \end{aligned} \quad (8.10)$$

がひずみエネルギーであり，

$$\begin{aligned} E_k &= \frac{1}{2} \int_0^L \rho A \begin{bmatrix} \dot{\delta}_i \\ \dot{\delta}_j \end{bmatrix}^t \begin{bmatrix} -\frac{\xi-L}{L} & \frac{\xi}{L} \end{bmatrix}^t \begin{bmatrix} -\frac{\xi-L}{L} & \frac{\xi}{L} \end{bmatrix} \begin{bmatrix} \dot{\delta}_i \\ \dot{\delta}_j \end{bmatrix} d\xi \\ &= \frac{\rho A}{2} \begin{bmatrix} \dot{\delta}_i \\ \dot{\delta}_j \end{bmatrix}^t \left(\int_0^L \begin{bmatrix} -\frac{\xi-L}{L} & \frac{\xi}{L} \end{bmatrix}^t \begin{bmatrix} -\frac{\xi-L}{L} & \frac{\xi}{L} \end{bmatrix} d\xi \right) \begin{bmatrix} \dot{\delta}_i \\ \dot{\delta}_j \end{bmatrix} \end{aligned} \quad (8.11)$$

が運動エネルギーである．

【第 8 ステップ：剛性行列と質量行列の定式化】

両端節点の変位（自由度）の 2 自由度に対応した，求めるべき要素の剛性行列と質量行列をそれぞれ $\boldsymbol{K}$ と $\boldsymbol{M}$ とすると，ひずみエネルギーと運動エネルギーは

$$E_s = \frac{1}{2} \begin{bmatrix} \delta_i \\ \delta_j \end{bmatrix}^t \boldsymbol{K} \begin{bmatrix} \delta_i \\ \delta_j \end{bmatrix} \quad (8.12)$$

$$E_k = \frac{1}{2} \begin{bmatrix} \dot{\delta}_i \\ \dot{\delta}_j \end{bmatrix}^t \boldsymbol{M} \begin{bmatrix} \dot{\delta}_i \\ \dot{\delta}_j \end{bmatrix} \quad (8.13)$$

と表現できるはずである．そこで，第 7 ステップで要素について導出したひずみエネルギーと運動エネルギーの式と，これらが同値となるためには … と考えると，

$$\boldsymbol{K} = AE \int_0^L \begin{bmatrix} -\frac{1}{L} & \frac{1}{L} \end{bmatrix}^t \begin{bmatrix} -\frac{1}{L} & \frac{1}{L} \end{bmatrix} d\xi \quad (8.14)$$

$$\boldsymbol{M} = \rho A \int_0^L \begin{bmatrix} -\frac{\xi-L}{L} & \frac{\xi}{L} \end{bmatrix}^t \begin{bmatrix} -\frac{\xi-L}{L} & \frac{\xi}{L} \end{bmatrix} d\xi \quad (8.15)$$

のとおりに剛性行列と質量行列の式が得られる．具体的に積分計算すると

$$\boldsymbol{K} = \frac{AE}{L} \begin{bmatrix} 1 & -1 \\ -1 & 1 \end{bmatrix} \quad (8.16)$$

$$\boldsymbol{M} = \rho AL \begin{bmatrix} \frac{1}{3} & \frac{1}{6} \\ \frac{1}{6} & \frac{1}{3} \end{bmatrix} \quad (8.17)$$

となる．これらが局所座標で表現したトラス要素の剛性行列と質量行列である．局所座標上での表現として節点 i, j に作用する軸方向の外力を f_i と f_j とすれば，不減衰系の運動方程式は

$$M \begin{bmatrix} \ddot{\delta}_i \\ \ddot{\delta}_j \end{bmatrix} + K \begin{bmatrix} \delta_i \\ \delta_j \end{bmatrix} = \begin{bmatrix} f_i \\ f_j \end{bmatrix} \tag{8.18}$$

となる．

【第 9 ステップ：局所座標から固定座標への変換】

第 2～8 ステップまでによるトラス要素の剛性行列と質量行列の定式化は，利便的に局所座標系 $O'\text{-}\xi\zeta$ 上で行った．構造物全体についての剛性行列と質量行列を作成するために，その剛性行列と質量行列を固定座標系（全体座標系）の $O\text{-}xy$ に座標変換しなければならない．

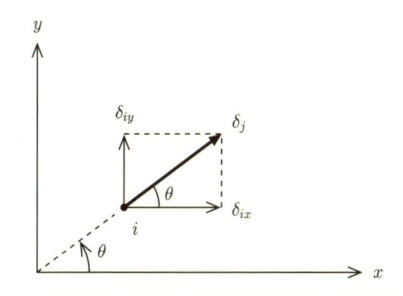

図 **8.8** 節点変位の固定座標と局所座標間の幾何学変換

図 8.8 を参考に，局所座標系上で得られるトラス軸方向の変位 δ_i と，固定座標系の x 軸方向成分 δ_{ix} と y 軸方向成分 δ_{iy} の関係は，幾何学的に

$$\delta_i = \delta_{ix} \cos\theta + \delta_{iy} \sin\theta \tag{8.19}$$

と表される．そこで，トラス要素両端の節点 i と j の局所座標系上での変位ベクトル（剛性行列と質量行列の 2 自由度に対応）は

$$\begin{bmatrix} \delta_i \\ \delta_j \end{bmatrix} = \begin{bmatrix} \cos\theta & \sin\theta & 0 & 0 \\ 0 & 0 & \cos\theta & \sin\theta \end{bmatrix} \begin{bmatrix} \delta_{ix} \\ \delta_{iy} \\ \delta_{jx} \\ \delta_{jy} \end{bmatrix} \tag{8.20}$$

と表現される．この式の三角関数を成分とする右辺の係数行列が，固定座標系での節点変位から局所座標系上での節点変位への変換を行う座標変換行列である．4 自由度の列ベクトルが固定座標系上での両節点の変位ベクトルである．以下，記述簡素化の

ためにその座標変換行列を $R(\theta)$,変位ベクトルを $\boldsymbol{\delta}_{xy}$ と表すことにする.

局所座標系での運動方程式 (8.18) の左辺変位ベクトルと加速度ベクトルに式 (8.20) を代入すると

$$\boldsymbol{M}\boldsymbol{R}(\theta)\ddot{\boldsymbol{\delta}}_{xy} + \boldsymbol{K}\boldsymbol{R}(\theta)\boldsymbol{\delta}_{xy} = \begin{bmatrix} f_i \\ f_j \end{bmatrix} \tag{8.21}$$

のとおりに変位と加速度は固定座標系へ変換できる.

続いて,右辺に残っている外力ベクトルも固定座標系に変換しなければならない.図 8.8 の変位ベクトルの図を力ベクトルと読み換えて軸方向の力 f_i の固定座標系成分 f_x と f_y は

$$\begin{bmatrix} f_{ix} \\ f_{iy} \end{bmatrix} = \begin{bmatrix} \cos\theta \\ \sin\theta \end{bmatrix} f_i \tag{8.22}$$

と表せる.したがって,式 (8.21) の右辺の力ベクトルを固定座標系に変換する式は

$$\begin{bmatrix} f_{ix} \\ f_{iy} \\ f_{jx} \\ f_{jy} \end{bmatrix} = \begin{bmatrix} \cos\theta & 0 \\ \sin\theta & 0 \\ 0 & \cos\theta \\ 0 & \sin\theta \end{bmatrix} \begin{bmatrix} f_i \\ f_j \end{bmatrix} \tag{8.23}$$

となる.右辺の 4 行 2 列の座標変換行列(係数行列)は簡略表記で $\boldsymbol{R}^t(\theta)$ である.これに式 (8.21) を代入すると

$$\boldsymbol{R}^t(\theta)\boldsymbol{M}\boldsymbol{R}(\theta)\ddot{\boldsymbol{\delta}}_{xy} + \boldsymbol{R}^t(\theta)\boldsymbol{K}\boldsymbol{R}(\theta)\boldsymbol{\delta}_{xy} = \begin{bmatrix} f_{ix} \\ f_{iy} \\ f_{jx} \\ f_{jy} \end{bmatrix} \tag{8.24}$$

となる.この式より,固定座標系表示の質量行列と剛性行列はそれぞれ

$$\boldsymbol{R}^t(\theta)\boldsymbol{M}\boldsymbol{R}(\theta) \tag{8.25}$$

$$\boldsymbol{R}^t(\theta)\boldsymbol{K}\boldsymbol{R}(\theta) \tag{8.26}$$

と求められる.この理論より,俗に,局所座標から固定座標への座標変換公式は「固定座標系の質量行列と剛性行列は局所座標系での質量行列と剛性行列に前と後から座標変換行列を乗じることで求められる」といわれる.

【第 10 ステップ:構造物全体の質量行列と剛性行列への組み込み】

重ね合わせの原理に従って,第 1 ステップで構造物全体の自由度に対応する質量行列と剛性行列として準備された正方行列に,第 9 ステップで導出された固定座標系での質量行列と剛性行列を重ね合わせる.

8.3 2次元トラス要素（伸縮挙動）   223

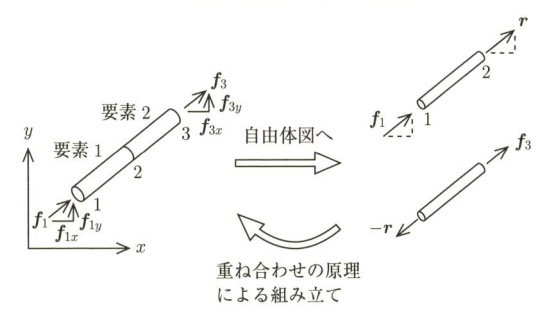

図 8.9 2要素結合系による重ね合わせの原理の例示

　重ね合わせの原理とは，各要素について自由体図を描いて作成される運動方程式の一群について，要素間に発生している内力（自由体図では外力とみなされる力）を表す未知数を作用反作用の法則に従って消去することで，構造物全体についての運動方程式を連立方程式の形式で表現するための数学的方法のことである．これを，図 8.9 に示す2つのトラス要素からなる極簡単な構造物例で説明する．自由体図の要素1の運動方程式は4自由度となり，形式的に

$$\begin{bmatrix} m_{11}^{(1)} & m_{12}^{(1)} & m_{13}^{(1)} & m_{14}^{(1)} \\ m_{21}^{(1)} & m_{22}^{(1)} & m_{23}^{(1)} & m_{24}^{(1)} \\ m_{31}^{(1)} & m_{32}^{(1)} & m_{33}^{(1)} & m_{34}^{(1)} \\ m_{41}^{(1)} & m_{42}^{(1)} & m_{43}^{(1)} & m_{44}^{(1)} \end{bmatrix} \begin{bmatrix} \ddot{\delta}_{1x} \\ \ddot{\delta}_{1y} \\ \ddot{\delta}_{2x} \\ \ddot{\delta}_{2y} \end{bmatrix} + \begin{bmatrix} k_{11}^{(1)} & k_{12}^{(1)} & k_{13}^{(1)} & k_{14}^{(1)} \\ k_{21}^{(1)} & k_{22}^{(1)} & k_{23}^{(1)} & k_{24}^{(1)} \\ k_{31}^{(1)} & k_{32}^{(1)} & k_{33}^{(1)} & k_{34}^{(1)} \\ k_{41}^{(1)} & k_{42}^{(1)} & k_{43}^{(1)} & k_{44}^{(1)} \end{bmatrix} \begin{bmatrix} \delta_{1x} \\ \delta_{1y} \\ \delta_{2x} \\ \delta_{2y} \end{bmatrix} = \begin{bmatrix} f_{1x} \\ f_{1y} \\ r_x \\ r_y \end{bmatrix}$$
(8.27)

と記述される．ここで，右辺の外力ベクトル成分の中で r_x と r_y は節点2番での両要素間に発生する内力の要素1への作用を表し，質量行列と剛性行列の成分の肩添字 (1) は要素1番であることを示す．f_{1x} と f_{1y} は純粋な外力を表す．同様に，要素2単体についての運動方程式も

$$\begin{bmatrix} m_{11}^{(2)} & m_{12}^{(2)} & m_{13}^{(2)} & m_{14}^{(2)} \\ m_{21}^{(2)} & m_{22}^{(2)} & m_{23}^{(2)} & m_{24}^{(2)} \\ m_{31}^{(2)} & m_{32}^{(2)} & m_{33}^{(2)} & m_{34}^{(2)} \\ m_{41}^{(2)} & m_{42}^{(2)} & m_{43}^{(2)} & m_{44}^{(2)} \end{bmatrix} \begin{bmatrix} \ddot{\delta}_{2x} \\ \ddot{\delta}_{2y} \\ \ddot{\delta}_{3x} \\ \ddot{\delta}_{3y} \end{bmatrix} + \begin{bmatrix} k_{11}^{(2)} & k_{12}^{(2)} & k_{13}^{(2)} & k_{14}^{(2)} \\ k_{21}^{(2)} & k_{22}^{(2)} & k_{23}^{(2)} & k_{24}^{(2)} \\ k_{31}^{(2)} & k_{32}^{(2)} & k_{33}^{(2)} & k_{34}^{(2)} \\ k_{41}^{(2)} & k_{42}^{(2)} & k_{43}^{(2)} & k_{44}^{(2)} \end{bmatrix} \begin{bmatrix} \delta_{2x} \\ \delta_{2y} \\ \delta_{3x} \\ \delta_{3y} \end{bmatrix} = \begin{bmatrix} -r_x \\ -r_y \\ f_{3x} \\ f_{3y} \end{bmatrix}$$
(8.28)

と表現できる．右辺の力ベクトル成分の $-r_x$ と $-r_y$ は節点2番での要素2への作用内力を表す．

　内力は求める必要がないとすると，これらの8本の連立方程式からその未知数2つを消去して構造物を構成する3つの節点の自由度の合計数が6となる6元連立方程式として運動方程式を一体化できる．この操作が「重ね合わせ」である．式 (8.27) と

式 (8.28) の両辺を自由度の一致を考慮して，内力の 2 つの成分を相殺するように重ね合わせると

$$\begin{bmatrix} m_{11}^{(1)} & m_{12}^{(1)} & m_{13}^{(1)} & m_{14}^{(1)} & 0 & 0 \\ m_{21}^{(1)} & m_{22}^{(1)} & m_{23}^{(1)} & m_{24}^{(1)} & 0 & 0 \\ m_{31}^{(1)} & m_{32}^{(1)} & m_{33}^{(1)}+m_{11}^{(2)} & m_{34}^{(1)}+m_{12}^{(2)} & m_{13}^{(2)} & m_{14}^{(2)} \\ m_{41}^{(1)} & m_{42}^{(1)} & m_{43}^{(1)}+m_{21}^{(2)} & m_{44}^{(1)}+m_{22}^{(2)} & m_{23}^{(2)} & m_{24}^{(2)} \\ 0 & 0 & m_{31}^{(2)} & m_{32}^{(2)} & m_{33}^{(2)} & m_{34}^{(2)} \\ 0 & 0 & m_{41}^{(2)} & m_{42}^{(2)} & m_{43}^{(2)} & m_{44}^{(2)} \end{bmatrix} \begin{bmatrix} \ddot{\delta}_{1x} \\ \ddot{\delta}_{1y} \\ \ddot{\delta}_{2x} \\ \ddot{\delta}_{2y} \\ \ddot{\delta}_{3x} \\ \ddot{\delta}_{3y} \end{bmatrix}$$

$$+ \begin{bmatrix} k_{11}^{(1)} & k_{12}^{(1)} & k_{13}^{(1)} & k_{14}^{(1)} & 0 & 0 \\ k_{21}^{(1)} & k_{22}^{(1)} & k_{23}^{(1)} & k_{24}^{(1)} & 0 & 0 \\ k_{31}^{(1)} & k_{32}^{(1)} & k_{33}^{(1)}+k_{11}^{(2)} & k_{34}^{(1)}+k_{12}^{(2)} & k_{13}^{(2)} & k_{14}^{(2)} \\ k_{41}^{(1)} & k_{42}^{(1)} & k_{43}^{(1)}+k_{21}^{(2)} & k_{44}^{(1)}+k_{22}^{(2)} & k_{23}^{(2)} & k_{24}^{(2)} \\ 0 & 0 & k_{31}^{(2)} & k_{32}^{(2)} & k_{33}^{(2)} & k_{34}^{(2)} \\ 0 & 0 & k_{41}^{(2)} & k_{42}^{(2)} & k_{43}^{(2)} & k_{44}^{(2)} \end{bmatrix} \begin{bmatrix} \delta_{1x} \\ \delta_{1y} \\ \delta_{2x} \\ \delta_{2y} \\ \delta_{3x} \\ \delta_{3y} \end{bmatrix} = \begin{bmatrix} f_{1x} \\ f_{1y} \\ 0 \\ 0 \\ f_{3x} \\ f_{3y} \end{bmatrix}$$

(8.29)

となる．この例のように，各要素単体についての質量行列と剛性行列をあらかじめ用意しておき，構造物全体の節点自由度に対応する正方ゼロ行列のしかるべき自由度成分へ加算する．

【第 11 ステップ：境界条件の設定】

構造物全体の質量行列と剛性行列が完成したら，最後に構造物の境界条件の設定，すなわち境界条件として固定拘束する節点自由度に対応する質量行列と剛性行列の列と行を削除する操作を行う．この論理は下記のとおりである．

まず図 8.9 の構造物の例を使って説明する．同図の構造物の節点 1 番の x 方向と y 方向の変位を固定させる．すなわち，節点 1 番はその位置で回転自由ではあるが並進変位は完全に拘束される境界条件に設定された．それに加えて節点 3 番の y 方向変位も拘束するとする．自由体図で考えれば，節点を拘束するためには外力が必要である．節点 1 番に作用するこの拘束力の x 成分と y 成分を r_{1x} と r_{1y} とし，節点 3 番の y 方向変位拘束のための力を r_{3y} とする．この境界条件では式 (8.29) は

$$\begin{bmatrix} m_{11}^{(1)} & m_{12}^{(1)} & m_{13}^{(1)} & m_{14}^{(1)} & 0 & 0 \\ m_{21}^{(1)} & m_{22}^{(1)} & m_{23}^{(1)} & m_{24}^{(1)} & 0 & 0 \\ m_{31}^{(1)} & m_{32}^{(1)} & m_{33}^{(1)}+m_{11}^{(2)} & m_{34}^{(1)}+m_{12}^{(2)} & m_{13}^{(2)} & m_{14}^{(2)} \\ m_{41}^{(1)} & m_{42}^{(1)} & m_{43}^{(1)}+m_{21}^{(2)} & m_{44}^{(1)}+m_{22}^{(2)} & m_{23}^{(2)} & m_{24}^{(2)} \\ 0 & 0 & m_{31}^{(2)} & m_{32}^{(2)} & m_{33}^{(2)} & m_{34}^{(2)} \\ 0 & 0 & m_{41}^{(2)} & m_{42}^{(2)} & m_{43}^{(2)} & m_{44}^{(2)} \end{bmatrix} \begin{bmatrix} 0 \\ 0 \\ \ddot{\delta}_{2x} \\ \ddot{\delta}_{2y} \\ \ddot{\delta}_{3x} \\ 0 \end{bmatrix}$$

$$+ \begin{bmatrix} k_{11}^{(1)} & k_{12}^{(1)} & k_{13}^{(1)} & k_{14}^{(1)} & 0 & 0 \\ k_{21}^{(1)} & k_{22}^{(1)} & k_{23}^{(1)} & k_{24}^{(1)} & 0 & 0 \\ k_{31}^{(1)} & k_{32}^{(1)} & k_{33}^{(1)}+k_{11}^{(2)} & k_{34}^{(1)}+k_{12}^{(2)} & k_{13}^{(2)} & k_{14}^{(2)} \\ k_{41}^{(1)} & k_{42}^{(1)} & k_{43}^{(1)}+k_{21}^{(2)} & k_{44}^{(1)}+k_{22}^{(2)} & k_{23}^{(2)} & k_{24}^{(2)} \\ 0 & 0 & k_{31}^{(2)} & k_{32}^{(2)} & k_{33}^{(2)} & k_{34}^{(2)} \\ 0 & 0 & k_{41}^{(2)} & k_{42}^{(2)} & k_{43}^{(2)} & k_{44}^{(2)} \end{bmatrix} \begin{bmatrix} 0 \\ 0 \\ \delta_{2x} \\ \delta_{2y} \\ \delta_{3x} \\ 0 \end{bmatrix} = \begin{bmatrix} r_{1x} \\ r_{1y} \\ 0 \\ 0 \\ f_{3x} \\ r_{3y} \end{bmatrix} \quad (8.30)$$

と記述できる．拘束力は未知数なので，左辺に移項し，拘束された節点自由度はゼロなのでその自由度に対応する質量行列と剛性行列の列は意味をなさない（ゼロを乗じられればすべて結果はゼロ）．したがって，式 (8.30) は

$$\begin{bmatrix} m_{13}^{(1)} & m_{14}^{(1)} & 0 \\ m_{23}^{(1)} & m_{24}^{(1)} & 0 \\ m_{33}^{(1)}+m_{11}^{(2)} & m_{34}^{(1)}+m_{12}^{(2)} & m_{13}^{(2)} \\ m_{43}^{(1)}+m_{21}^{(2)} & m_{44}^{(1)}+m_{22}^{(2)} & m_{23}^{(2)} \\ m_{31}^{(2)} & m_{32}^{(2)} & m_{33}^{(2)} \\ m_{41}^{(2)} & m_{42}^{(2)} & m_{43}^{(2)} \end{bmatrix} \begin{bmatrix} \ddot{\delta}_{2x} \\ \ddot{\delta}_{2y} \\ \ddot{\delta}_{3x} \end{bmatrix}$$

$$+ \begin{bmatrix} -1 & 0 & k_{13}^{(1)} & k_{14}^{(1)} & 0 & 0 \\ 0 & -1 & k_{23}^{(1)} & k_{24}^{(1)} & 0 & 0 \\ 0 & 0 & k_{33}^{(1)}+k_{11}^{(2)} & k_{34}^{(1)}+k_{12}^{(2)} & 0 & 0 \\ 0 & 0 & k_{43}^{(1)}+k_{21}^{(2)} & k_{44}^{(1)}+k_{22}^{(2)} & 0 & 0 \\ 0 & 0 & k_{31}^{(2)} & k_{32}^{(2)} & k_{33}^{(2)} & 0 \\ 0 & 0 & k_{41}^{(2)} & k_{42}^{(2)} & k_{43}^{(2)} & -1 \end{bmatrix} \begin{bmatrix} r_{1x} \\ r_{1y} \\ \delta_{2x} \\ \delta_{2y} \\ \delta_{3x} \\ r_{3y} \end{bmatrix} = \begin{bmatrix} 0 \\ 0 \\ 0 \\ 0 \\ f_{3x} \\ 0 \end{bmatrix} \quad (8.31)$$

となり，もし拘束力を求める必要がないならば，その分の連立数 3 を削除して

$$\begin{bmatrix} m_{33}^{(1)}+m_{11}^{(2)} & m_{34}^{(1)}+m_{12}^{(2)} & m_{13}^{(2)} \\ m_{43}^{(1)}+m_{21}^{(2)} & m_{44}^{(1)}+m_{22}^{(2)} & m_{23}^{(2)} \\ m_{31}^{(2)} & m_{32}^{(2)} & m_{33}^{(2)} \end{bmatrix} \begin{bmatrix} \ddot{\delta}_{2x} \\ \ddot{\delta}_{2y} \\ \ddot{\delta}_{3x} \end{bmatrix}$$

$$+ \begin{bmatrix} k_{33}^{(1)}+k_{11}^{(2)} & k_{34}^{(1)}+k_{12}^{(2)} & k_{13}^{(2)} \\ k_{43}^{(1)}+k_{21}^{(2)} & k_{44}^{(1)}+k_{22}^{(2)} & k_{23}^{(2)} \\ k_{31}^{(2)} & k_{32}^{(2)} & k_{33}^{(2)} \end{bmatrix} \begin{bmatrix} \delta_{2x} \\ \delta_{2y} \\ \delta_{3x} \end{bmatrix} = \begin{bmatrix} 0 \\ 0 \\ f_{3x} \end{bmatrix} \quad (8.32)$$

の運動方程式を解くことでよい．この式 (8.32) は固定拘束する節点自由度に対応する質量行列と剛性行列の行と列を消去して，3 行 3 列分縮小した自由度の運動方程式であることがわかる．以上で 2 次元トラス要素で組み立てられる構造物の質量行列と剛性行列が完成する．

8.4　2 次元オイラー梁要素（曲げ挙動）

片持ち梁が最も簡単な例の構造物として，フレーム構造で"ラーメン (rahmen)"と呼ぶ構造物形式がある．トラスと異なり，フレーム部材に曲げモーメントが生じるものである．ここでは，第 2 の基礎的有限要素の例として，オイラーの梁と呼ばれる曲げ梁要素の定式化を解説する．実用的にも大いに役立つ要素である．

オイラー梁モデルとは，梁の長さに比べてその断面の寸法が桁違いに小さく，曲げ変形の程度も梁の断面形状は変化せず，かつ，曲げの中立面（線）との直角性を維持していると近似仮定できる条件での曲げ理論による梁の挙動を表現するモデルである．現実的に多くのフレーム構造物の解析に適用できる．

図 8.10 の単純な片持ち梁モデルの例で解説する．有限要素解析では，この梁を固定点から自由端までいくつかの曲げ梁の有限要素の直列でモデル化する．図 8.11 にはその任意の梁要素単体を示す．両端に設定する節点番号を i と j とする．固定座標系 $O-xy$ とは角度 θ の傾きをなしており，要素の定式化の利便性のために梁の長手方向を第 1 座標軸 ξ として，節点 i を原点とする局所座標系 $O'-\xi\eta$ を設定する．曲げ挙動を考えるので，局所座標系の原点に位置づけられる節点 i から ξ の位置の点の自由度

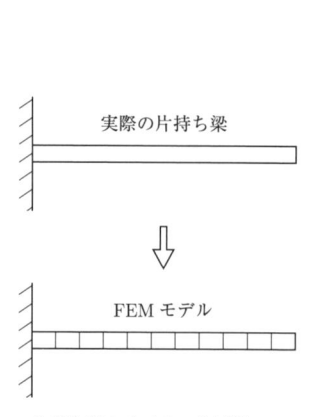

図 8.10　片持ち梁のオイラー曲げ梁 FEM モデル 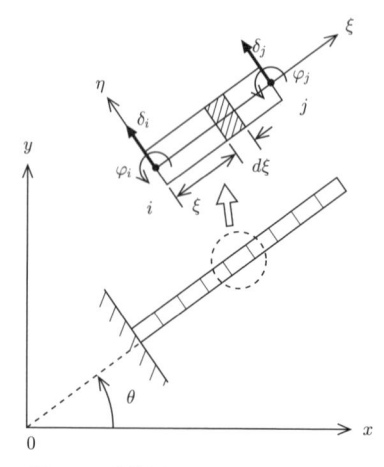　　図 8.11　片持ち梁のオイラー要素定式化

として，横方向（要素軸方向と直角なたわみ方向である η 軸方向）の，曲げ変形していない自然状態からの並進変位 $\delta(\xi)$ と傾き角変位 $\varphi(\xi)$ の 2 自由度を設定する．これにより曲げ変形を表現する．この定義によって，要素両端の節点 i と j の変位はそれぞれ，δ_i，δ_j，φ_i，φ_j と表現することにする．

【第 1 ステップ：構造物の質量行列と剛性行列用の正方ゼロ行列の用意】

複数の要素の両端節点で互いに結合して組み上がるフレーム構造物に存在する節点の総数を n とする．2 次元モデルであるので，1 節点は局所座標表現で 2 自由度（たわみ方向並進変位と角変位）を有する．そこで，構造物を構成する節点すべての自由度合計は $2n$ である．固定座標系ではその 1 自由度の並進変位は x 軸と y 軸成分の 2 自由度となるので，右手座標系として xy 平面の垂線となる第 3 軸の z 軸を固定座標系に考えて，その軸まわりの角変位と認識できる節点の角変位を加えて 1 節点 3 自由度となる．そこで，構造物の有する節点の自由度合計は $3n$ となる．構造物の質量行列と剛性行列は $3n$ 行 $3n$ 列の正方行列として得られるので，質量行列と剛性行列用に $3n$ 行 $3n$ 列の正方ゼロ行列を 2 つ用意する．これが第 1 ステップである．

【第 2 ステップ：変位表現関数の設定】

このステップから第 9 ステップまでは局所座標系上にて定式化が行われる．両端の節点はそれぞれ 2 自由度（たわみ方向並進と z 軸まわりの角変位）を与えるので，要素の変位を 4 自由度で表現する．したがって，未定係数が 4 つの何らかの関数で要素内部の変位を表現する．この関数を変位表現関数と呼ぶことにする．この関数の適切な設定が有限要素法理論で最も重要であり，近似数値解析である有限要素法の解析精度を支配する．この要素は均一材料，均一断面の直棒形状であるとすれば，そのたわみ変位は

$$\delta(\xi) = \begin{bmatrix} 1 & \xi & \xi^2 & \xi^3 \end{bmatrix} \begin{bmatrix} \alpha_0 \\ \alpha_1 \\ \alpha_2 \\ \alpha_3 \end{bmatrix} \quad (8.33)$$

と表現することが適当である．未定係数は $\alpha_0 \sim \alpha_3$ の 4 つである．この式より，要素の角変位は，当然，式 (8.33) を ξ で微分した 1 次導関数で表現できる．すなわち，

$$\theta(\xi) = \frac{\partial \delta(\xi)}{\partial \xi} = \begin{bmatrix} 0 & 1 & 2\xi & 3\xi^2 \end{bmatrix} \begin{bmatrix} \alpha_0 \\ \alpha_1 \\ \alpha_2 \\ \alpha_3 \end{bmatrix} \quad (8.34)$$

が角変位を表現する関数である．

なお，有限要素法の基本はh法有限要素法であって，要素の節点変位自由度の合計数と同じ数の未定係数で変位関数を表そうとするものである．しかしながら，p法有限要素法では式（8.33）をもっと高次までの多項式で表現し，節点変位自由度への変換にあまってしまう未定係数はそのまま残して解析しようとする方法である．例えば冗長にp個の未定係数を設定するとすれば

$$\delta(\xi) = \begin{bmatrix} 1 & \xi & \xi^2 & \xi^3 & \xi^4 & \xi^5 & \cdots & \xi^{p+3} \end{bmatrix} \begin{bmatrix} \alpha_0 \\ \alpha_1 \\ \alpha_2 \\ \alpha_3 \\ \beta_1 \\ \beta_2 \\ \vdots \\ \beta_p \end{bmatrix} \tag{8.35}$$

のようになる．これについては8.5節のアイソパラメトリック六面体要素のところで簡潔に解説する．

【第3ステップ：未定係数を節点変位で表現】

式（8.33）と（8.34）に節点座標とその変位を代入することで，未定係数を4自由度の節点変位の関数として表現することができる．すなわち，

$$\begin{bmatrix} 1 & \xi_i & \xi_i^2 & \xi_i^3 \\ 0 & 1 & 2\xi_i & 3\xi_i^2 \\ 1 & \xi_j & \xi_j^2 & \xi_j^3 \\ 0 & 1 & 2\xi_j & 3\xi_j^2 \end{bmatrix} \begin{bmatrix} \alpha_0 \\ \alpha_1 \\ \alpha_2 \\ \alpha_3 \end{bmatrix} = \begin{bmatrix} \delta_i \\ \varphi_i \\ \delta_j \\ \varphi_j \end{bmatrix}$$

$$\Downarrow \tag{8.36}$$

$$\begin{bmatrix} 1 & 0 & 0 & 0 \\ 0 & 1 & 0 & 0 \\ 1 & L & L^2 & L^3 \\ 0 & 1 & 2L & 3L^2 \end{bmatrix} \begin{bmatrix} \alpha_0 \\ \alpha_1 \\ \alpha_2 \\ \alpha_3 \end{bmatrix} = \begin{bmatrix} \delta_i \\ \varphi_i \\ \delta_j \\ \varphi_j \end{bmatrix}$$

の連立方程式から

$$\begin{bmatrix} \alpha_0 \\ \alpha_1 \\ \alpha_2 \\ \alpha_3 \end{bmatrix} = \begin{bmatrix} 1 & 0 & 0 & 0 \\ 0 & 1 & 0 & 0 \\ 1 & L & L^2 & L^3 \\ 0 & 1 & 2L & 3L^2 \end{bmatrix}^{-1} \begin{bmatrix} \delta_i \\ \varphi_i \\ \delta_j \\ \varphi_j \end{bmatrix} = \begin{bmatrix} 1 & 0 & 0 & 0 \\ 0 & 1 & 0 & 0 \\ -\frac{1}{L} & -\frac{2}{L} & \frac{3}{L^2} & -\frac{1}{L} \\ \frac{2}{L^3} & \frac{1}{L^2} & -\frac{2}{L^3} & \frac{1}{L^2} \end{bmatrix} \begin{bmatrix} \delta_i \\ \varphi_i \\ \delta_j \\ \varphi_j \end{bmatrix}$$

$$\tag{8.37}$$

8.4 2次元オイラー梁要素（曲げ挙動）

のとおりに求められる．

【第4ステップ：形状表現関数を節点変位で表現】
　式 (8.37) を式 (8.33) に代入することで，この有限要素内部の任意の位置のたわみ変位を両端の節点自由度で表現する．すなわち，以下のようである．

$$\delta(\xi) = \left[1 - \frac{3}{L^2}\xi^2 + \frac{2}{L^3}\xi^3 \quad \xi - \frac{2}{L}\xi^2 + \frac{1}{L^2}\xi^3 \quad \frac{3}{L^2}\xi^2 - \frac{2}{L^3}\xi^3 \quad -\frac{1}{L}\xi^2 + \frac{1}{L^2}\xi^3 \right] \begin{bmatrix} \delta_i \\ \varphi_i \\ \delta_j \\ \varphi_j \end{bmatrix} \tag{8.38}$$

【第5ステップ：ひずみの表現】
　梁の曲げの力学に関しては，材料力学の基礎知識から，曲率 τ がひずみ（曲げひずみ）を意味し，曲げモーメント T が断面にかかる力を意味する．断面2次モーメントを I_z，縦弾性係数（ヤング率）を E と表すと，

$$T = EI_z \tau \tag{8.39}$$

で両者の関係を表現できる．

　曲率は角変位の変化率であるから，式 (8.38) の変位表現の関数を ξ に関して2階微分すれば得られる．すなわち，要素内部の任意の位置での曲率 $\tau(\xi)$ は

$$\tau(\xi) = -\frac{\partial^2 \delta(\xi)}{\partial \xi^2} = -\left[-\frac{6}{L^2} + \frac{12}{L^3}\xi \quad -\frac{4}{L} + \frac{6}{L^2}\xi \quad \frac{6}{L^2} - \frac{12}{L^3}\xi \quad -\frac{2}{L} + \frac{6}{L^2}\xi \right] \begin{bmatrix} \delta_i \\ \varphi_i \\ \delta_j \\ \varphi_j \end{bmatrix} \tag{8.40}$$

と表現される．ここで，曲率を求めるのに，たわみ変位の2階微分にわざわざマイナス符号が付いている理由は，単に便宜的なものですよと言っても誤りではないが，次のような論理による．いまは平面問題を考えており，その座標系は固定座標で O–xy 座標系，局所座標系で O'–$\xi\eta$ である．右手座標系としてそれらを設定すると，たとえ2次元問題を扱う場合でも第3の軸（平面 x–y と ξ–η に垂直な軸）を設定すると代数学的扱いが統一できる．そして，右手座標系として第3軸を設定する．曲げモーメント（すなわち力のモーメント）や角速度などもベクトル量として代数学で表現される．その力のモーメントや角速度のベクトル表示は，それらの回転中心軸を右ねじと想定した場合に，右ねじが進む方向へのベクトルで回転の向きを表現し，大きさをベクトルの長さで表現する．そこで，第3軸（平面 ξ–η に垂直な軸，図 8.12 では紙面から飛び出してくる方向）を考えて，その軸まわりの右ねじ回転方向（反時計回り）の曲

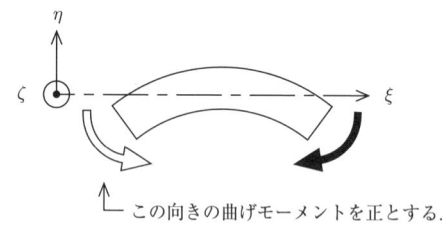

図 8.12 曲げモーメントの正負の向き

げモーメントの値を正とするためである．すなわち，図 8.12 に示す状態を正と決めるためである．

【第 6 ステップ：応力の表現】

すでに式（8.39）で解説したとおりに，梁の曲げ問題では曲げモーメントと曲率の関係が応力とひずみの関係に相当する．曲げモーメント $T(\xi)$ は

$$T = EI_z \tau = -EI_z \left[-\frac{6}{L^2} + \frac{12}{L^3}\xi \quad -\frac{4}{L} + \frac{6}{L^2}\xi \quad \frac{6}{L^2} - \frac{12}{L^3}\xi \quad -\frac{2}{L} + \frac{6}{L^2}\xi \right] \begin{bmatrix} \delta_i \\ \varphi_i \\ \delta_j \\ \varphi_j \end{bmatrix} \quad (8.41)$$

と得られる．

【第 7 ステップ：要素のひずみエネルギーと運動エネルギーの計算】

前ステップまでで得られた曲率と曲げモーメントの表現関数を使って，そのオイラー梁要素の両端の節点たわみと角変位がともにゼロ状態（自然状態）から δ_i, φ_i, δ_j および φ_j まで変位したときに蓄えられるひずみエネルギー E_s と，同じく両端の節点の速度が $\dot{\delta}_i$, $\dot{\varphi}_i$, $\dot{\delta}_j$ および $\dot{\varphi}_j$ になったときに蓄えられる運動エネルギー E_k を計算する．

まず，ひずみエネルギーを求めよう．両端の節点変位が δ_i, φ_i, δ_j および φ_j となったときの要素内位置 ξ の断面で発生している曲げモーメントは式（8.41）である．曲げひずみ（曲率）は式（8.40）であるので，その位置での微小長さ $d\xi$ の要素領域に関するひずみエネルギー（仕事）dE_s は曲げモーメントと曲げひずみの内積で計算できる．すなわち，曲げのひずみエネルギーについては，曲率変化だけがエネルギーを与えるので，両端節点が自然状態から δ_i, φ_i, δ_j および φ_j となるまでの曲げひずみの変化について積分することで，ひずみエネルギーは

8.4 2次元オイラー梁要素（曲げ挙動）

$$dE_s = \frac{1}{2}T^t(\xi)\tau(\xi)d\xi = \frac{1}{2}EI_z\tau(\xi)^t\tau(\xi)d\xi$$

$$= \frac{1}{2}EI_z \begin{bmatrix}\delta_i \\ \varphi_i \\ \delta_j \\ \varphi_j\end{bmatrix}^t \begin{bmatrix}-\frac{6}{L^2}+\frac{12}{L^3}\xi \\ -\frac{4}{L}+\frac{6}{L^2}\xi \\ \frac{6}{L^2}-\frac{12}{L^3}\xi \\ -\frac{2}{L}+\frac{6}{L^2}\xi\end{bmatrix} \begin{bmatrix}-\frac{6}{L^2}+\frac{12}{L^3}\xi \\ -\frac{4}{L}+\frac{6}{L^2}\xi \\ \frac{6}{L^2}-\frac{12}{L^3}\xi \\ -\frac{2}{L}+\frac{6}{L^2}\xi\end{bmatrix}^t \begin{bmatrix}\delta_i \\ \varphi_i \\ \delta_j \\ \varphi_j\end{bmatrix} d\xi \quad (8.42)$$

となる．

同様に，その微小長さ領域についての運動エネルギー $dE_k(\xi)$ を求めよう．両端節点の速度が $\dot{\delta}_i$, $\dot{\varphi}_i$, $\dot{\delta}_j$ および $\dot{\varphi}_j$ のときの要素内部の ξ の位置の速度は式 (8.38) の節点変位ベクトルを節点速度ベクトルに置き換えればよい．質量 m の質点が速度ベクトル $\boldsymbol{v}$ のときの運動エネルギーが $\frac{1}{2}m\boldsymbol{v}^t\boldsymbol{v}$ で表現されることと同様に

$$dE_k = \frac{1}{2}\rho A \begin{bmatrix}\dot{\delta}_i \\ \dot{\varphi}_i \\ \dot{\delta}_j \\ \dot{\varphi}_j\end{bmatrix}^t \begin{bmatrix}1-\frac{3}{L^2}\xi^2+\frac{2}{L^3}\xi^3 \\ \xi-\frac{2}{L}\xi^2+\frac{1}{L^2}\xi^3 \\ \frac{3}{L^2}\xi^2-\frac{2}{L^3}\xi^3 \\ -\frac{1}{L}\xi^2+\frac{1}{L^2}\xi^3\end{bmatrix} \begin{bmatrix}1-\frac{3}{L^2}\xi^2+\frac{2}{L^3}\xi^3 \\ \xi-\frac{2}{L}\xi^2+\frac{1}{L^2}\xi^3 \\ \frac{3}{L^2}\xi^2-\frac{2}{L^3}\xi^3 \\ -\frac{1}{L}\xi^2+\frac{1}{L^2}\xi^3\end{bmatrix}^t \begin{bmatrix}\dot{\delta}_i \\ \dot{\varphi}_i \\ \dot{\delta}_j \\ \dot{\varphi}_j\end{bmatrix} d\xi \quad (8.43)$$

と求められる．

そこで，式 (8.42) と (8.43) をそれぞれ要素全長にわたって，すなわち $\xi=0$ から $\xi=L$ まで積分計算することで，その要素が持つひずみエネルギーと運動エネルギーを算出することができる．

$$E_s = \frac{1}{2}EI_z \begin{bmatrix}\delta_i \\ \varphi_i \\ \delta_j \\ \varphi_j\end{bmatrix}^t \left(\int_0^L \begin{bmatrix}-\frac{6}{L^2}+\frac{12}{L^3}\xi \\ -\frac{4}{L}+\frac{6}{L^2}\xi \\ \frac{6}{L^2}-\frac{12}{L^3}\xi \\ -\frac{2}{L}+\frac{6}{L^2}\xi\end{bmatrix} \begin{bmatrix}-\frac{6}{L^2}+\frac{12}{L^3}\xi \\ -\frac{4}{L}+\frac{6}{L^2}\xi \\ \frac{6}{L^2}-\frac{12}{L^3}\xi \\ -\frac{2}{L}+\frac{6}{L^2}\xi\end{bmatrix}^t d\xi\right) \begin{bmatrix}\delta_i \\ \varphi_i \\ \delta_j \\ \varphi_j\end{bmatrix} \quad (8.44)$$

がひずみエネルギーであり，

$$dE_k = \frac{1}{2}\rho A \begin{bmatrix}\dot{\delta}_i \\ \dot{\varphi}_i \\ \dot{\delta}_j \\ \dot{\varphi}_j\end{bmatrix}^t \left(\int_0^L \begin{bmatrix}1-\frac{3}{L^2}\xi^2+\frac{2}{L^3}\xi^3 \\ \xi-\frac{2}{L}\xi^2+\frac{1}{L^2}\xi^3 \\ \frac{3}{L^2}\xi^2-\frac{2}{L^3}\xi^3 \\ -\frac{1}{L}\xi^2+\frac{1}{L^2}\xi^3\end{bmatrix} \begin{bmatrix}1-\frac{3}{L^2}\xi^2+\frac{2}{L^3}\xi^3 \\ \xi-\frac{2}{L}\xi^2+\frac{1}{L^2}\xi^3 \\ \frac{3}{L^2}\xi^2-\frac{2}{L^3}\xi^3 \\ -\frac{1}{L}\xi^2+\frac{1}{L^2}\xi^3\end{bmatrix}^t d\xi\right) \begin{bmatrix}\dot{\delta}_i \\ \dot{\varphi}_i \\ \dot{\delta}_j \\ \dot{\varphi}_j\end{bmatrix}$$

$$(8.45)$$

が運動エネルギーである．

【第 8 ステップ：剛性行列と質量行列の定式化】

両端節点の変位（自由度）の 4 自由度に対応した，求めるべき要素の剛性行列と質

量行列をそれぞれ $\boldsymbol{K}$ と $\boldsymbol{M}$ とすると，ひずみエネルギーと運動エネルギーは

$$E_s = \frac{1}{2} \begin{bmatrix} \delta_i \\ \varphi_i \\ \delta_j \\ \varphi_j \end{bmatrix}^t \boldsymbol{K} \begin{bmatrix} \delta_i \\ \varphi_i \\ \delta_j \\ \varphi_j \end{bmatrix} \tag{8.46}$$

と

$$E_k = \frac{1}{2} \begin{bmatrix} \dot{\delta}_i \\ \dot{\varphi}_i \\ \dot{\delta}_j \\ \dot{\varphi}_j \end{bmatrix}^t \boldsymbol{M} \begin{bmatrix} \dot{\delta}_i \\ \dot{\varphi}_i \\ \dot{\delta}_j \\ \dot{\varphi}_j \end{bmatrix} \tag{8.47}$$

と表現できるはずである．そこで，第 7 ステップで要素について導出したひずみエネルギーと運動エネルギーの式とこれらが同値となるための方程式を考えて，

$$\boldsymbol{K} = EI_z \int_0^L \begin{bmatrix} 1 - \frac{3}{L^2}\xi^2 + \frac{2}{L^3}\xi^3 \\ \xi - \frac{2}{L}\xi^2 + \frac{1}{L^2}\xi^3 \\ \frac{3}{L^2}\xi^2 - \frac{2}{L^3}\xi^3 \\ -\frac{1}{L}\xi^2 + \frac{1}{L^2}\xi^3 \end{bmatrix} \begin{bmatrix} 1 - \frac{3}{L^2}\xi^2 + \frac{2}{L^3}\xi^3 \\ \xi - \frac{2}{L}\xi^2 + \frac{1}{L^2}\xi^3 \\ \frac{3}{L^2}\xi^2 - \frac{2}{L^3}\xi^3 \\ -\frac{1}{L}\xi^2 + \frac{1}{L^2}\xi^3 \end{bmatrix}^t d\xi \tag{8.48}$$

$$\boldsymbol{M} = \rho A \int_0^L \begin{bmatrix} 1 - \frac{3}{L^2}\xi^2 + \frac{2}{L^3}\xi^3 \\ \xi - \frac{2}{L}\xi^2 + \frac{1}{L^2}\xi^3 \\ \frac{3}{L^2}\xi^2 - \frac{2}{L^3}\xi^3 \\ -\frac{1}{L}\xi^2 + \frac{1}{L^2}\xi^3 \end{bmatrix} \begin{bmatrix} 1 - \frac{3}{L^2}\xi^2 + \frac{2}{L^3}\xi^3 \\ \xi - \frac{2}{L}\xi^2 + \frac{1}{L^2}\xi^3 \\ \frac{3}{L^2}\xi^2 - \frac{2}{L^3}\xi^3 \\ -\frac{1}{L}\xi^2 + \frac{1}{L^2}\xi^3 \end{bmatrix}^t d\xi \tag{8.49}$$

のとおりに剛性行列と質量行列の式が得られる．具体的に積分計算すると

$$\boldsymbol{K} = \frac{2EI_z}{L^3} \begin{bmatrix} 6 & 3L & -6 & 3L \\ 3L & 2L^2 & -3L & L^2 \\ -6 & -3L & 6 & -3L \\ 3L & L^2 & -3L & 2L^2 \end{bmatrix} \tag{8.50}$$

$$\boldsymbol{M} = \frac{\rho AL}{420} \begin{bmatrix} 156 & 22L & 54 & -13L \\ 22L & 4L^2 & 13L & -3L^2 \\ 54 & 13L & 156 & -22L \\ -13L & -3L^2 & -22L & 4L^2 \end{bmatrix} \tag{8.51}$$

となる．これらが局所座標で表現したオイラー梁要素の剛性行列と質量行列である．

【第 9 ステップ：局所座標から固定座標への変換】

第 8 ステップで求められた剛性行列と質量行列の定式化は，利便的に局所座標系

O'-$\xi\eta$ 上で行った. 構造物全体についての剛性行列と質量行列を作成するために，それらを固定座標系（全体座標系）O-xy 上のものに座標変換しなければならない. 座標変換の論理はトラス要素の項（8.3 節）の第 9 ステップで詳述したので，ここでは座標変換行列と変換式を示すに止める.

図 8.11 を参照してトラス要素の場合と同じように変換行列を $\boldsymbol{R}(\theta)$ とすると，本要素のたわみ変位は η 軸方向であること，および，角変位は第 3 軸まわりであるから局所座標と固定座標で同一向き（紙面に垂直）であることに注意して

$$\begin{bmatrix}\delta_i\\\varphi_i\\\delta_j\\\varphi_j\end{bmatrix}=\begin{bmatrix}-\sin\theta & \cos\theta & 0 & 0 & 0 & 0\\0 & 0 & 1 & 0 & 0 & 0\\0 & 0 & 0 & -\sin\theta & \cos\theta & 0\\0 & 0 & 0 & 0 & 0 & 1\end{bmatrix}\begin{bmatrix}\delta_{ix}\\\delta_{iy}\\\varphi_i\\\delta_{jx}\\\delta_{jy}\\\varphi_j\end{bmatrix} \quad (8.52)$$

と簡単な幾何学で求めることができる. 右辺の三角関数などで構成される係数行列が座標変換行列 $\boldsymbol{R}(\theta)$ である.

「固定座標系の質量行列と剛性行列は，局所座標系での質量行列と剛性行列に前と後から座標変換行列を乗じることで求められる」という座標変換公式に基づいて，固定座標系表示の質量行列と剛性行列はそれぞれ

$$\boldsymbol{R}^t(\theta)\boldsymbol{M}\boldsymbol{R}(\theta) \quad (8.53)$$

$$\boldsymbol{R}^t(\theta)\boldsymbol{K}\boldsymbol{R}(\theta) \quad (8.54)$$

の計算で求められる.

オイラー梁要素では節点に角変位自由度があるために 1 節点 3 自由度となることがトラス要素の 2 自由度と異なるだけで，工程とその論理は完全に同一である.

【第 10 ステップ：構造物全体の質量行列と剛性行列への組み込み】

重ね合わせの原理に従って，第 1 ステップで構造物全体の自由度に対応する質量行列と剛性行列として準備された正方行列に，第 9 ステップで導出された固定座標系での質量行列と剛性行列を重ね合わせる. 重ね合わせの原理の解説についてはトラス要素の第 10 ステップを参照のこと.

【第 11 ステップ：境界条件の設定】

構造物全体の質量行列と剛性行列が完成したら，構造物の境界条件の設定，すなわち境界条件として固定拘束する節点自由度に対応する質量行列と剛性行列の列と行を削除する操作を行えばよい.

なお，これらの第 10 ステップと第 11 ステップの工程とその論理はトラス要素につ

いての論理と完全に同一であり，本要素について改めて詳述する必要はないと思われるので簡潔に一言だけ記すこととした．

8.5　h法六面体アイソパラメトリック1次要素

この節ではアイソパラメトリック要素 (iso–parametric elements) の基礎として六面体h法1次要素とp法要素の剛性行列，質量行列の導出理論を解説する．特にp法要素は解析精度が高く，かつ，グヤンの静縮小を利用するちょっとした工夫（後述）によってp法特有の高次変位関数の未定係数を消去することで，使用時にはh法要素とまったく同じに扱うことができる．

図8.13のアイソパラメトリック六面体1次要素単体について，その剛性行列と質量行列の定式化を解説する．

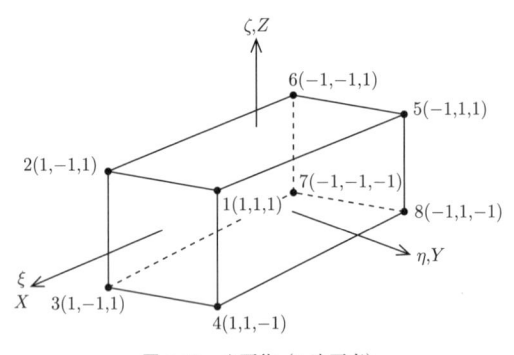

図 8.13 六面体（1次要素）

【第1ステップ：要素内部の変位を表す関数を設定する】
その要素内部の任意の位置の変位 δ を表す関数を

$$\delta(\xi, \eta, \zeta) = \alpha_0 + \alpha_1 \xi + \alpha_2 \eta + \alpha_3 \zeta + \alpha_4 \xi\eta + \alpha_5 \eta\zeta + \alpha_6 \zeta\xi + \alpha_7 \xi\eta\zeta$$

$$= \begin{bmatrix} 1 & \xi & \eta & \zeta & \xi\eta & \eta\zeta & \zeta\xi & \xi\eta\zeta \end{bmatrix} \begin{bmatrix} \alpha_0 \\ \alpha_1 \\ \vdots \\ \alpha_7 \end{bmatrix} \tag{8.55}$$

と設定する．ここで，座標系 (X, Y, Z) は物理座標系であり，座標系 (ξ, η, ζ) はどの座標軸方向へも要素の辺が ± 1 の範囲にある正規化座標系を表す．

8.5 h法六面体アイソパラメトリック1次要素

【第2ステップ：未定係数を節点自由度（変位）で表現する】

未定係数の $\alpha_0 \sim \alpha_7$ で表現されている変位関数を8点の節点変位で表現し直す．すなわち，次式のように，節点位置での式 (8.55) を構成して連立方程式として未定係数 $\alpha_0 \sim \alpha_7$ を求めて，それを式 (8.55) に代入することで表現し直す．

$$\begin{bmatrix} \delta_1 \\ \delta_2 \\ \vdots \\ \delta_8 \end{bmatrix} = \begin{bmatrix} \delta(1,1,1) \\ \delta(1,-1,1) \\ \vdots \\ \delta(-1,1,-1) \end{bmatrix} = \begin{bmatrix} 1 & 1 & 1 & 1 & 1 & 1 & 1 & 1 \\ 1 & 1 & -1 & 1 & -1 & -1 & 1 & -1 \\ 1 & 1 & -1 & -1 & 1 & -1 & -1 & 1 \\ 1 & 1 & 1 & -1 & 1 & -1 & -1 & -1 \\ 1 & -1 & 1 & 1 & -1 & 1 & -1 & -1 \\ 1 & -1 & -1 & 1 & 1 & -1 & -1 & 1 \\ 1 & -1 & -1 & -1 & 1 & 1 & 1 & -1 \\ 1 & -1 & 1 & -1 & -1 & 1 & -1 & 1 \end{bmatrix} \begin{bmatrix} \alpha_0 \\ \alpha_1 \\ \vdots \\ \alpha_7 \end{bmatrix} \quad (8.56)$$

式 (8.56) から未定係数は

$$\begin{bmatrix} \alpha_0 \\ \alpha_1 \\ \vdots \\ \alpha_7 \end{bmatrix} = \frac{1}{8} \begin{bmatrix} 1 & 1 & 1 & 1 & 1 & 1 & 1 & 1 \\ 1 & 1 & 1 & 1 & -1 & -1 & -1 & -1 \\ 1 & -1 & -1 & 1 & 1 & -1 & -1 & 1 \\ 1 & 1 & -1 & -1 & 1 & 1 & -1 & -1 \\ 1 & -1 & 1 & -1 & 1 & -1 & 1 & -1 \\ 1 & -1 & 1 & -1 & -1 & 1 & -1 & 1 \\ 1 & 1 & -1 & -1 & -1 & -1 & 1 & 1 \\ 1 & -1 & 1 & -1 & -1 & 1 & -1 & 1 \end{bmatrix} \begin{bmatrix} \delta_1 \\ \delta_2 \\ \vdots \\ \delta_8 \end{bmatrix} \quad (8.57)$$

と求められる．したがって式 (8.55) は

$$\delta(\xi, \eta, \zeta) = \frac{1}{8} \begin{bmatrix} 1 & \xi & \eta & \zeta & \xi\eta & \eta\zeta & \zeta\xi & \xi\eta\zeta \end{bmatrix}$$
$$\begin{bmatrix} 1 & 1 & 1 & 1 & 1 & 1 & 1 & 1 \\ 1 & 1 & 1 & 1 & -1 & -1 & -1 & -1 \\ 1 & -1 & -1 & 1 & 1 & -1 & -1 & 1 \\ 1 & 1 & -1 & -1 & 1 & 1 & -1 & -1 \\ 1 & -1 & -1 & 1 & -1 & 1 & 1 & -1 \\ 1 & -1 & 1 & -1 & -1 & 1 & -1 & 1 \\ 1 & 1 & -1 & -1 & -1 & -1 & 1 & 1 \\ 1 & -1 & 1 & -1 & -1 & 1 & -1 & 1 \end{bmatrix} \begin{bmatrix} \delta_1 \\ \delta_2 \\ \vdots \\ \delta_8 \end{bmatrix} \quad (8.58)$$

と得られ，実際にこれを展開すると，

$$\delta(\xi,\eta,\zeta) = \frac{1}{8}(1+\xi+\eta+\zeta+\xi\eta+\eta\zeta+\zeta\xi+\xi\eta\zeta)\delta_1$$
$$+ \frac{1}{8}(1+\xi-\eta+\zeta-\xi\eta-\eta\zeta+\zeta\xi-\xi\eta\zeta)\delta_2$$
$$\vdots$$
$$+ \frac{1}{8}(1-\xi+\eta-\zeta-\xi\eta-\eta\zeta+\zeta\xi+\xi\eta\zeta)\delta_8 \quad (8.59)$$

となる．この式の（ ）内を因数分解して簡潔表示すると

$$\delta(\xi,\eta,\zeta) = \frac{1}{8}(1+\xi)(1+\eta)(1+\zeta)\delta_1 + \frac{1}{8}(1+\xi)(1-\eta)(1+\zeta)\delta_2$$
$$+ \cdots + \frac{1}{8}(1-\xi)(1+\eta)(1-\zeta)\delta_8$$
$$= \begin{bmatrix} \frac{1}{8}(1+\xi)(1+\eta)(1+\zeta) & \frac{1}{8}(1+\xi)(1-\eta)(1+\zeta) & \cdots \end{bmatrix}$$
$$\cdots \quad \frac{1}{8}(1-\xi)(1+\eta)(1-\zeta) \Big] \begin{bmatrix} \delta_1 \\ \delta_2 \\ \vdots \\ \delta_8 \end{bmatrix}$$
$$= \begin{bmatrix} N_1 & N_2 & \cdots & N_8 \end{bmatrix} \begin{bmatrix} \delta_1 \\ \delta_2 \\ \vdots \\ \delta_8 \end{bmatrix} \quad (8.60)$$

である．この式で使われた $N_1 \sim N_8$ は六面体の正規化座標で表現された関数なので形状関数と呼ばれる．そこで，節点 i での座標を (ξ_i, η_i, ζ_i) と表現すると δ_i に対応する形状関数は

$$N_i = \frac{1}{8}(1+\xi\xi_i)(1+\eta\eta_i)(1+\zeta\zeta_i) \quad (8.61)$$

のように統一的に記述できる．

ここで，式 (8.60) は六面体要素の X 方向，Y 方向および Z 方向の変位に使用できる．

【第 3 ステップ：ひずみを表現する関数を導く】
　第 2 ステップの結果を利用して，X 方向 (ξ)，Y 方向 (η)，Z 方向 (ζ) の変位を u, v, w と表現して記述しよう．

8.5 h法六面体アイソパラメトリック1次要素

$$u = \begin{bmatrix} N_1 & N_2 & \cdots & N_8 \end{bmatrix} \begin{bmatrix} u_1 \\ u_2 \\ \vdots \\ u_8 \end{bmatrix}$$

$$v = \begin{bmatrix} N_1 & N_2 & \cdots & N_8 \end{bmatrix} \begin{bmatrix} v_1 \\ v_2 \\ \vdots \\ v_8 \end{bmatrix} \quad (8.62)$$

$$w = \begin{bmatrix} N_1 & N_2 & \cdots & N_8 \end{bmatrix} \begin{bmatrix} w_1 \\ w_2 \\ \vdots \\ w_8 \end{bmatrix}$$

材料力学の知識から3次元の場のひずみの定義は

$$\boldsymbol{\varepsilon} = \begin{bmatrix} \epsilon_x \\ \epsilon_y \\ \epsilon_z \\ \gamma_{xy} \\ \gamma_{yz} \\ \gamma_{zx} \end{bmatrix} = \begin{bmatrix} \frac{\partial u}{\partial x} \\ \frac{\partial v}{\partial y} \\ \frac{\partial w}{\partial z} \\ \frac{\partial u}{\partial y} + \frac{\partial v}{\partial x} \\ \frac{\partial v}{\partial z} + \frac{\partial w}{\partial y} \\ \frac{\partial w}{\partial x} + \frac{\partial u}{\partial z} \end{bmatrix} = \begin{bmatrix} \boldsymbol{B}_1 & \boldsymbol{B}_2 & \cdots & \boldsymbol{B}_8 \end{bmatrix} \begin{bmatrix} u_1 \\ v_1 \\ w_1 \\ u_2 \\ v_2 \\ w_2 \\ \vdots \\ u_8 \\ v_8 \\ w_8 \end{bmatrix} \quad (8.63)$$

である.ここで,

$$\boldsymbol{B}_i = \begin{bmatrix} \frac{\partial N_i}{\partial x} & 0 & 0 \\ 0 & \frac{\partial N_i}{\partial y} & 0 \\ 0 & 0 & \frac{\partial N_i}{\partial z} \\ \frac{\partial N_i}{\partial y} & \frac{\partial N_i}{\partial x} & 0 \\ 0 & \frac{\partial N_i}{\partial z} & \frac{\partial N_i}{\partial y} \\ \frac{\partial N_i}{\partial z} & 0 & \frac{\partial N_i}{\partial x} \end{bmatrix} \quad (8.64)$$

と計算できる.しかし,形状関数は式(8.62)でわかるように正規化座標系で表現された関数なので,直接上記の計算をすることは難しい.そこで,次のように座標変換

の関係から上記の微分値を求めるのである．

微分の公式（連鎖法則）で，例えば

$$\frac{\partial N_i}{\partial \xi} = \frac{\partial N_i}{\partial x}\frac{\partial x}{\partial \xi} + \frac{\partial N_i}{\partial y}\frac{\partial y}{\partial \xi} + \frac{\partial N_i}{\partial z}\frac{\partial z}{\partial \xi} \tag{8.65}$$

の式の成立は知っているであろう．これを利用して式 (8.66) が導ける．すなわち，

$$\begin{bmatrix}\frac{\partial N_i}{\partial \xi} \\ \frac{\partial N_i}{\partial \eta} \\ \frac{\partial N_i}{\partial \zeta}\end{bmatrix} = \begin{bmatrix}\frac{\partial x}{\partial \xi} & \frac{\partial y}{\partial \xi} & \frac{\partial z}{\partial \xi} \\ \frac{\partial x}{\partial \eta} & \frac{\partial y}{\partial \eta} & \frac{\partial z}{\partial \eta} \\ \frac{\partial x}{\partial \zeta} & \frac{\partial y}{\partial \zeta} & \frac{\partial z}{\partial \zeta}\end{bmatrix}\begin{bmatrix}\frac{\partial N_i}{\partial x} \\ \frac{\partial N_i}{\partial y} \\ \frac{\partial N_i}{\partial z}\end{bmatrix} = \boldsymbol{J}\begin{bmatrix}\frac{\partial N_i}{\partial x} \\ \frac{\partial N_i}{\partial y} \\ \frac{\partial N_i}{\partial z}\end{bmatrix} \tag{8.66}$$

である．右辺の係数行列 $\boldsymbol{J}$ はヤコビ行列と呼ばれ，一種の座標変換行列である．このヤコビ行列は容易に求めることができる．いま，物理座標系と正規化座標系の関係は六面体要素の X, Y, Z 方向の寸法をそれぞれ L_x, L_y, L_z として，図 8.13 に示すように要素の中央に座標系の原点を設定すると，要素内部の任意の点の座標は

$$\begin{aligned}x &= \frac{1}{2}L_x\xi \\ y &= \frac{1}{2}L_y\eta \\ z &= \frac{1}{2}L_z\zeta\end{aligned} \tag{8.67}$$

と記述できる．そこで，式 (8.67) を用いてヤコビ行列は具体的に求めることができる．その結果を利用して

$$\begin{bmatrix}\frac{\partial N_i}{\partial x} \\ \frac{\partial N_i}{\partial y} \\ \frac{\partial N_i}{\partial z}\end{bmatrix} = \boldsymbol{J}^{-1}\begin{bmatrix}\frac{\partial N_i}{\partial \xi} \\ \frac{\partial N_i}{\partial \eta} \\ \frac{\partial N_i}{\partial \zeta}\end{bmatrix} \tag{8.68}$$

により $\boldsymbol{B}_i$ を構成する成分を計算することができる．

【第 4 ステップ：応力–ひずみ関係式を準備する】

材料力学の知識から，等方性材料に関しては応力–ひずみ関係行列 $\boldsymbol{D}$ は

$$\boldsymbol{D} = \frac{E}{(1+\nu)(1-\nu)}\begin{bmatrix}1 & \nu & \nu & 0 & 0 & 0 \\ \nu & 1 & \nu & 0 & 0 & 0 \\ \nu & \nu & 1 & 0 & 0 & 0 \\ 0 & 0 & 0 & \frac{(1-2\nu)}{2} & 0 & 0 \\ 0 & 0 & 0 & 0 & \frac{(1-2\nu)}{2} & 0 \\ 0 & 0 & 0 & 0 & 0 & \frac{(1-2\nu)}{2}\end{bmatrix} \tag{8.69}$$

であり，応力 $\boldsymbol{\sigma}$ はひずみの関数として以下のように表現できる．

$$\boldsymbol{\sigma} = \boldsymbol{D}(\boldsymbol{\epsilon} - \boldsymbol{\epsilon}_0) + \boldsymbol{\sigma}_0 \tag{8.70}$$

ここで，E は縦弾性係数（ヤング率），ν はポアソン比（鉄系では $\nu \simeq 0.3$）であり，$\boldsymbol{\epsilon}_0$ は初期ひずみ（残留ひずみ），$\boldsymbol{\sigma}_0$ は初期応力（残留応力）を表す．

【第 5 ステップ：積分計算による剛性行列と質量行列の算出】
　いよいよ目的の要素剛性行列と質量行列を得る段階である．この演算の根拠はすでにオイラー梁要素での解説（8.4 節）で示したとおりなので，ここでは具体的な計算方法のみを記すこととする．
　まず，物理座標系と正規化座標系の関係から次式が成立する．

$$dxdydz = \det|\boldsymbol{J}|d\xi d\eta d\zeta \tag{8.71}$$

そこで，初期ひずみと初期応力がともにゼロの場合には，要素が蓄えるひずみエネルギーと運動エネルギーの計算に基づいて，剛性行列 $\boldsymbol{K}$ は

$$\boldsymbol{K} = \int_{-1}^{1}\int_{-1}^{1}\int_{-1}^{1} \boldsymbol{B}^t \boldsymbol{D} \boldsymbol{B} \det|\boldsymbol{J}| d\xi d\eta d\zeta \tag{8.72}$$

で，質量行列 $\boldsymbol{M}$ は

$$\boldsymbol{M} = \rho \int_{-1}^{1}\int_{-1}^{1}\int_{-1}^{1} \boldsymbol{N}^t \boldsymbol{N} \det|\boldsymbol{J}| d\xi d\eta d\zeta \tag{8.73}$$

と計算して求めることができる．行列 $\boldsymbol{B}$ は式(8.63)の右辺の係数行列 $[\boldsymbol{B}_1, \boldsymbol{B}_2, \cdots, \boldsymbol{B}_8]$ である．行列 $\boldsymbol{N}$ は式（8.62）を一体表現する行列であり

$$\begin{bmatrix} u \\ v \\ w \end{bmatrix} = \begin{bmatrix} N_1 & 0 & 0 & N_2 & 0 & 0 & \cdots & N_8 & 0 & 0 \\ 0 & N_1 & 0 & 0 & N_2 & 0 & \cdots & 0 & N_8 & 0 \\ 0 & 0 & N_1 & 0 & 0 & N_2 & \cdots & 0 & 0 & N_8 \end{bmatrix} \begin{bmatrix} u_1 \\ v_1 \\ w_1 \\ \vdots \\ u_8 \\ v_8 \\ w_8 \end{bmatrix} = \boldsymbol{N} \begin{bmatrix} u_1 \\ v_1 \\ w_1 \\ \vdots \\ u_8 \\ v_8 \\ w_8 \end{bmatrix} \tag{8.74}$$

である．積分計算はガウスの数値積分法を使えばよい．

【第 6 ステップ（実行不要）：全体座標への座標変換についての注意点】
　第 5 ステップまででは便宜的に X, Y, Z 座標と ξ, η, ζ 軸の方向がそれぞれ一致している図を用いて説明した．トラス要素やオイラー梁の曲げに関する有限要素では全体座標系への座標変換処理が必要であったように，この要素についても第 6 ステップとして必要となるように思われるかもしれないが，通常アイソパラメトリック要素

の定式化は,次に示すような座標関係を用いるので,その座標関係で物理座標 X, Y, Z が全体座標系となり,不要となる.

要素内部の任意の点 (X, Y, Z) は,要素の変位に関する式 (8.62) とまったく同様に,

$$x = \begin{bmatrix} N_1 & N_2 & \cdots & N_8 \end{bmatrix} \begin{bmatrix} x_1 \\ x_2 \\ \vdots \\ x_8 \end{bmatrix}$$

$$y = \begin{bmatrix} N_1 & N_2 & \cdots & N_8 \end{bmatrix} \begin{bmatrix} y_1 \\ y_2 \\ \vdots \\ y_8 \end{bmatrix} \quad (8.75)$$

$$z = \begin{bmatrix} N_1 & N_2 & \cdots & N_8 \end{bmatrix} \begin{bmatrix} z_1 \\ z_2 \\ \vdots \\ z_8 \end{bmatrix}$$

と表現される.したがって,要素形状は直六面体である必要はない(もっとも,形状が極端にゆがんだ形状にまでしてしまうと解析精度は劣ってしまうので注意は必要だが).そして,ヤコビ行列は

$$\begin{aligned}
\boldsymbol{J} &= \begin{bmatrix} \frac{\partial x}{\partial \xi} & \frac{\partial y}{\partial \xi} & \frac{\partial z}{\partial \xi} \\ \frac{\partial x}{\partial \eta} & \frac{\partial y}{\partial \eta} & \frac{\partial z}{\partial \eta} \\ \frac{\partial x}{\partial \zeta} & \frac{\partial y}{\partial \zeta} & \frac{\partial z}{\partial \zeta} \end{bmatrix} \\
&= \begin{bmatrix} \frac{\partial N_1}{\partial \xi} & \frac{\partial N_2}{\partial \xi} & \cdots & \frac{\partial N_8}{\partial \xi} \\ \frac{\partial N_1}{\partial \eta} & \frac{\partial N_2}{\partial \eta} & \cdots & \frac{\partial N_8}{\partial \eta} \\ \frac{\partial N_1}{\partial \zeta} & \frac{\partial N_2}{\partial \zeta} & \cdots & \frac{\partial N_8}{\partial \zeta} \end{bmatrix} \begin{bmatrix} x_1 & y_1 & z_1 \\ x_2 & y_2 & z_2 \\ \vdots & \vdots & \vdots \\ x_8 & y_8 & z_8 \end{bmatrix}
\end{aligned} \quad (8.76)$$

で計算する.

8.6 p 法有限要素を h 法 1 次要素に変換した要素

h 法 1 次要素では,式 (8.55) から理解されるように,ξ, η, ζ 方向にそれぞれ 1 次関数的な変位場しか表現していない.しかし,実際には,そうではない構造の変形も発生する.そのために h 法 1 次要素ではひじょうに多くの要素で構造物をモデル化

8.6 p法有限要素をh法1次要素に変換した要素

しなければならず,解析効率と精度がよくない.著者としてはあまりお勧めできない.精度改善にはh法の高次要素を用いる方法と,p法有限要素を用いる方法の2つの選択肢がある.しかし実用的には,h法1次要素の頂点節点物理自由度だけで処理したいとの実行上の制約条件が課せられる場合もある.学術的および技術開発的には消極的な理由となるが,入力データ(要素分割)を自動作成してくれる前処理プログラムの多くは現在のところh法1次要素に対応し,高次要素を用いたりすると最悪の場合すべて手作業で有限要素分割して入力データを作らなければならなくなるからである.そこで,この問題に簡単に対処する方法として,著者はp法有限要素として生成した要素剛性行列と質量行列を内部パラメータ自由度に関してグヤンの静縮小法で縮小し,h法1次要素とまったく同じ自由度の剛性行列と質量行列を作成して,それを利用することを勧める.ここでは,その作成方法の要点を述べる.

式 (8.55) に代わる式として

$$\begin{aligned}\delta(\xi,\eta,\zeta) &= \alpha_0 + \alpha_1\xi + \alpha_2\eta + \alpha_3\zeta + \alpha_4\xi\eta + \alpha_5\eta\zeta\xi \\ &\quad + \alpha_6\zeta + \alpha_7\xi\eta\zeta - p_1\xi^2 - p_2\eta^2 - p_3\zeta^2 \\ &= \begin{bmatrix} 1 & \xi & \eta & \zeta & \xi\eta & \eta\zeta & \zeta\xi & \xi\eta\zeta \end{bmatrix} \begin{bmatrix} \alpha_0 \\ \alpha_1 \\ \vdots \\ \alpha_7 \end{bmatrix} \\ &\quad + \begin{bmatrix} -\xi^2 & -\eta^2 & -\zeta^2 \end{bmatrix} \begin{bmatrix} p_1 \\ p_2 \\ p_3 \end{bmatrix} \end{aligned} \quad (8.77)$$

を設定する.上記h法の解説での第2,第3ステップとして,未定係数の $\alpha_0 \sim \alpha_7$ を8頂点の節点変位 δ と追加された未定係数 $p_1 \sim p_3$ で表す.式展開をh法と同様に行うと,結局,式 (8.60) に代わる式として

$$\delta(\xi,\eta,\zeta) = \begin{bmatrix} N_1 & N_2 & \cdots & N_8 & N_9 & N_{10} & N_{11} \end{bmatrix} \begin{bmatrix} \delta_1 \\ \delta_2 \\ \vdots \\ \delta_8 \\ p_1 \\ p_2 \\ p_3 \end{bmatrix} \quad (8.78)$$

が構成できる.ここで

$$N_9 = 1 - \xi^2$$
$$N_{10} = 1 - \eta^2 \tag{8.79}$$
$$N_{11} = 1 - \zeta^2$$

である．式 (8.74) に代わる式は

$$\begin{bmatrix} u \\ v \\ w \end{bmatrix} = \begin{bmatrix} N_1 & 0 & 0 & N_2 & 0 & 0 & \cdots & N_8 & 0 & 0 \\ 0 & N_1 & 0 & 0 & N_2 & 0 & \cdots & 0 & N_8 & 0 \\ 0 & 0 & N_1 & 0 & 0 & N_2 & \cdots & 0 & 0 & N_8 \end{bmatrix} \begin{bmatrix} u_1 \\ v_1 \\ w_1 \\ \vdots \\ u_8 \\ v_8 \\ w_8 \end{bmatrix}$$

$$+ \begin{bmatrix} N_9 & N_{10} & N_{11} & 0 & 0 & 0 & 0 & 0 & 0 \\ 0 & 0 & 0 & N_9 & N_{10} & N_{11} & 0 & 0 & 0 \\ 0 & 0 & 0 & 0 & 0 & 0 & N_9 & N_{10} & N_{11} \end{bmatrix} \begin{bmatrix} p_{1\xi} \\ p_{2\xi} \\ p_{3\xi} \\ \vdots \\ p_{3\zeta} \end{bmatrix}$$

$$= \boldsymbol{N} \begin{bmatrix} u_1 \\ v_1 \\ w_1 \\ \vdots \\ u_8 \\ v_8 \\ w_8 \\ - \\ p_{1\xi} \\ \vdots \\ p_{3\zeta} \end{bmatrix} = \boldsymbol{N} \begin{bmatrix} \boldsymbol{\delta} \\ - \\ \boldsymbol{p} \end{bmatrix} \tag{8.80}$$

である．なお，この式の列ベクトル中に "−" の記号があるが，これはそれより上の節点変位の 24 自由度 $\boldsymbol{\delta}$ と下部分の 9 自由度 $\boldsymbol{p}$ を区切る便宜で記している．

このようにして，要素剛性行列と質量行列を求めれば，最初の 24 自由度は節点変位を表す自由度，残りの 9 自由度は p 法のいわゆる内部自由度 (internal freedom) を表す．内部自由度は要素内部の変位場を要素単独に表現するパラメータなので，複数

要素が隣接結合しても独立である．すなわち，構造物全体の剛性行列と質量行列を作成するために重ね合わせる必要がない．そこで，重ね合わせをする前の要素剛性行列と質量行列の段階で，次に示すように，グヤンの静縮小により内部自由度を縮小することができる．剛性行列を節点変位自由度に対応する 24 自由度と $p_{1\xi}$ から $p_{3\zeta}$ の内部自由度の 9 自由度に区分して，次式のようにシンボリックに部分行列構成で表現しよう．

$$\begin{bmatrix} K_{\delta\delta} & K_{\delta p} \\ K_{p\delta} & K_{pp} \end{bmatrix}$$
$$\begin{bmatrix} M_{\delta\delta} & M_{\delta p} \\ M_{p\delta} & M_{pp} \end{bmatrix} \tag{8.81}$$

そこで，グヤンの静縮小の理論に基づいて剛性行列から，

$$p = -K_{pp}^{-1} K_{p\delta} \delta \tag{8.82}$$

の自由度従属化（静縮小）から

$$\begin{bmatrix} \delta \\ p \end{bmatrix} = \begin{bmatrix} I \\ -K_{pp}^{-1} K_{p\delta} \end{bmatrix} \delta \tag{8.83}$$

という自由度縮小変換式を得る．したがって，この式の右辺の係数行列（自由度縮小化行列）を使って，座標変換の基本論理によって，p 法要素の 33 自由度の剛性行列と質量行列は

$$\tilde{K} = \begin{bmatrix} I \\ -K_{pp}^{-1} K_{p\delta} \end{bmatrix}^t \begin{bmatrix} K_{\delta\delta} & K_{\delta p} \\ K_{p\delta} & K_{pp} \end{bmatrix} \begin{bmatrix} I \\ -K_{pp}^{-1} K_{p\delta} \end{bmatrix}$$
$$\tilde{M} = \begin{bmatrix} I \\ -K_{pp}^{-1} K_{p\delta} \end{bmatrix}^t \begin{bmatrix} M_{\delta\delta} & M_{\delta p} \\ M_{p\delta} & M_{pp} \end{bmatrix} \begin{bmatrix} I \\ -K_{pp}^{-1} K_{p\delta} \end{bmatrix} \tag{8.84}$$

の演算で，あたかも h 法の 1 次要素とまったく同じ節点自由度の 24 自由度だけからなる行列に変換できる．

8.7 進化的構造最適化法

解説した p 法 h 法変換六面体有限要素（キュービック要素）を用いた構造物最適化の基礎的一例として，自動進化的構造最適化法での基礎的例題を示す[8,9]．

有限要素はすべて同一寸法の小さな立方体要素を用いることとする．川にかかる橋を連想しての基礎的検討事例である．まず初期構造は四角中空構造として，両端下側は固定境界条件，底面は車両や人の通行のために最適化範囲外として，最適化対象領

域は両側と上面部分とした．そして，底面各所に下向きの，ある大きさの荷重を作用させた場合の静解析を行い，各立方体要素の変形をひずみとして求め，そのひずみから各要素が蓄えるひずみエネルギーを算出する．大きな値のひずみエネルギーを持つ要素は荷重に対抗するために大いに働いている要素であり，小さな値の要素は働いていない要素と判断できる．そこで，前者の要素のまわりには補強のために設計空間として許される範囲において新しい有限要素を付加し，後者の要素は不要と判断して削除する．この単純な構造最適化操作を何度も反復することで，図 8.14 に示すように，位相変化も含めて初期構造物が姿を変えて最終的にはトラス構造的な形状となる．

図 8.15 は，同じく橋を想像する基礎検討事例であるが，この場合には，橋中央部分の橋脚部分の構造だけを変化させて，橋脚構造の体積（重量）をできるだけ増加させずに元の橋構造の 1 次共振振動数（約 2350 Hz）を 4000 Hz に増加させる最適化である．

構造最適化の理論の基本的概念は次のとおりである．初期構造物について固有値解析を行い，1 次から 5 次程度までの固有振動数と固有モードを求める．固有モードは質量行列に関して正規化したものとして得て，その固有モードを変位とした場合の各

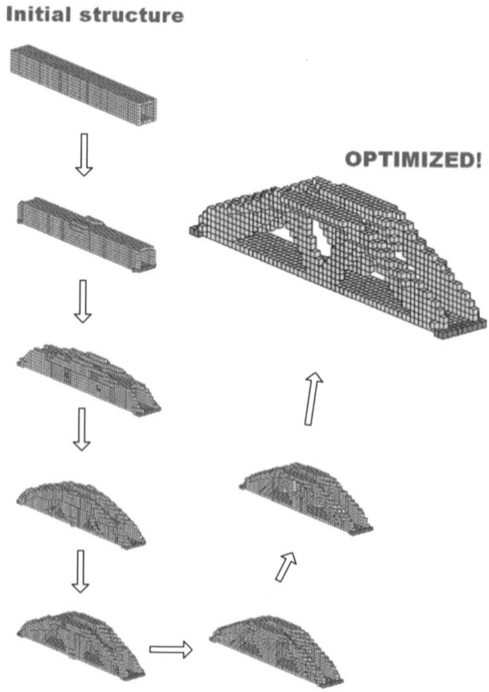

図 **8.14** 静荷重に対する軽量高剛性最適設計の計算事例
カラー口絵 2 参照．

8.7 進化的構造最適化法

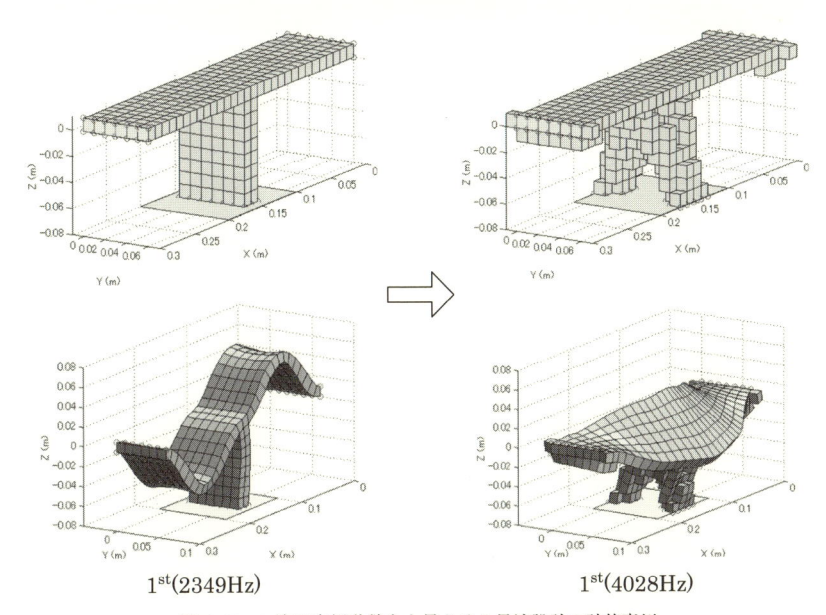

1st(2349Hz)　　　　1st(4028Hz)

図 **8.15** 1次固有振動数を上昇させる最適設計の計算事例
カラー口絵 3 参照.

有限要素が有するひずみエネルギー E_s を計算する．その固有モードを速度変位とみなした場合の運動エネルギー E_k も計算する．そして，各有限要素についてレイリー商 $\frac{E_s}{E_k}$ を計算し，比較する．レイリー商の値が大きな要素はその構造物の剛性を維持するために働いており，固有振動数を高める，または，その値に維持する役目を果たしていると考えることができる．一方，小さな値の要素は質量として働き，固有振動数をその値まで下げてしまっており，もしこのような要素が削除されれば固有振動数は増加すると想像される．そこで，レイリー商の値が高い要素のまわりには固有振動数を増加させるために新しい要素を付加し，レイリー商の値がひじょうに低い要素は削除する操作をする．このような単純な操作の繰り返しで，位相構造も含めた動特性の最適化ができる．なお，動特性の最適化においては，もちろん，静荷重と強度についての最適化判定も同時に行う必要がある．また，要素削除については，場合によっては，レイリー商の値がひじょうに低い要素であってもそれを削除すると，その両側の構造部分が離れてしまい，固有振動数が低下してしまう場合も発生するので，そのような急激な不連続性の発生を防ぐアルゴリズム上の工夫を組み込まなければならない．

章 末 問 題

【8.1】平面問題としてオイラー梁要素（曲げ）の FEM プログラムを自作し，図 8.16 で示す入力データ（要素数 10 個）で表現される片持ち梁の 1〜5 次の固有振動数と固有モードを計算しなさい．

```
number_of_nodal_points 11
nodal   1    0.0        0.0
nodal   2    0.015      0.0
nodal   3    0.030      0.0
nodal   4    0.045      0.0
nodal   5    0.060      0.0
nodal   6    0.075      0.0
nodal   7    0.090      0.0
nodal   8    0.105      0.0
nodal   9    0.120      0.0
nodal  10    0.135      0.0
nodal  11    0.150      0.0

material    2
kind   1    206.0e+09    7900    0.3
kind   2     70.0e+09    2700    0.33

number_of_euler_elements 10
euler   1    1  2    1    circle   0.0015
euler   2    2  3    1    circle   0.0015
euler   3    3  4    1    circle   0.0015
euler   4    4  5    1    circle   0.0015
euler   5    5  6    1    circle   0.0015
euler   6    6  7    1    circle   0.0015
euler   7    7  8    1    circle   0.0015
euler   8    8  9    1    circle   0.0015
euler   9    9 10    1    circle   0.0015
euler  10   10 11    1    circle   0.0015

boundary_condition    1
clamp   1    xyr
```

図 8.16　要素 10 の直列による片持ち梁モデル入力データ

図 8.16 の読み方は下記のとおりであり，数値データの単位は SI 単位系である．
1 行目：節点の数
2〜12 行目：節点番号，節点位置の x 座標と y 座標
13 行目：空行
14 行目：材料定数の定義で 2 種類を次の 2 行で設定
15 行目：材料第 1 種類目の定数，縦弾性係数，材料密度，ポアソン比

16 行目：材料第 2 種類目の定数，縦弾性係数，材料密度，ポアソン比
17 行目：空行
18 行目：要素の数
19〜28 行目：要素 1 番から 10 番までの両端節点指定，材料種類番号，断面特性指定（円断面，断面直径）
29 行目：空行
30 行目：境界条件設定の節点数
31 行目：境界条件（拘束）設定節点番号，拘束する自由度（x, y 並進拘束 $+ r$ が角変位拘束），すなわち節点 1 番を完全固定

【8.2】前問 8.1 のために作成した FEM プログラムを使って，図 8.17 で示す入力データで表現される 2 次元門形構造モデルの 1 次から 3 次までの固有振動数と固有モードを計算しなさい．

```
number_of_nodal_points 25
nodal  1    0.0    0.0
nodal  2    0.0    0.1
nodal  3    0.0    0.2
nodal  4    0.0    0.3
nodal  5    0.0    0.4
nodal  6    0.0    0.5
nodal  7    0.0    0.6
nodal  8    0.0    0.7
nodal  9    0.0    0.8

nodal 10    0.1    0.8
nodal 11    0.2    0.8
nodal 12    0.3    0.8
nodal 13    0.4    0.8
nodal 14    0.5    0.8
nodal 15    0.6    0.8
nodal 16    0.7    0.8

nodal 17    0.8    0.8
nodal 18    0.8    0.7
nodal 19    0.8    0.6
nodal 20    0.8    0.5
nodal 21    0.8    0.4
nodal 22    0.8    0.3
nodal 23    0.8    0.2
nodal 24    0.8    0.1
nodal 25    0.8    0.0

material  2
kind  1   2.1e+11   7.86   0.3
kind  2   7.0e+10   2.7    0.33

number_of_euler_elements 24
euler  1    1  2   1   diameter 0.01
euler  2    2  3   1   diameter 0.01
euler  3    3  4   1   diameter 0.01
euler  4    4  5   1   diameter 0.01
euler  5    5  6   1   diameter 0.01
euler  6    6  7   1   diameter 0.01
euler  7    7  8   1   diameter 0.01
euler  8    8  9   1   diameter 0.01
euler  9    9 10   1   diameter 0.01
euler 10   10 11   1   diameter 0.01
euler 11   11 12   1   diameter 0.01
euler 12   12 13   1   diameter 0.01
euler 13   13 14   1   diameter 0.01
euler 14   14 15   1   diameter 0.01
euler 15   15 16   1   diameter 0.01
euler 16   16 17   1   diameter 0.01
euler 17   17 18   1   diameter 0.01
euler 18   18 19   1   diameter 0.01
euler 19   19 20   1   diameter 0.01
euler 20   20 21   1   diameter 0.01
euler 21   21 22   1   diameter 0.01
euler 22   22 23   1   diameter 0.01
euler 23   23 24   1   diameter 0.01
euler 24   24 25   1   diameter 0.01

boundary_condition  2
clamp  1   xyr
clamp 25   xyr
```

図 8.17　要素 24 構成での 2 次元門形構造モデル入力データ

9

部分構造合成法

　有限要素法などを使って，解析対象物（事象）を多自由度行列形式で数学モデルに表現して数値解析で解く場合に，その自由度を大きくしたモデルであればあるほど解析精度はよくなることが一般論として知られている．別の観点からは，複雑な形状の対象物を精密に有限要素モデル化するには，各有限要素は小さなものとして，それを莫大な数を使って組み上げて作成せざるをえない場合が多い．第8章のはじめで解説したように有限要素法はブロック遊び的方法による解析手法だからである．そこで，必然的に数学モデルの剛性行列や質量行列の自由度は莫大な大きさになる．現実的にコンピュータのメモリーの大規模化と高速演算能力の発達によって，現在では100万自由度程度の大規模解析まで多くの企業や研究所の設計支援解析で実行できるようになりつつある状況である．このような大きな自由度，または，もっと大きな自由度の方程式を効率よく解くための方法として，コンピュータが現在ほど発達していなかった1970年代〜1980年代頃に，部分構造合成法に分類される多くの方法が研究された．演算用メモリーに展開できない分のデータはハードディスクに一時記録して，限られた演算メモリー容量で，それ以上の大規模自由度モデルの解析を実行しようとする方法である．部分構造合成法全般については『部分構造合成法』[17]を参照してほしい．ここでは，その一例のみの解説として，拘束モード型合成法の1手法（合成方法としては，一重合成法，多重合成法（具体的には二重合成法）および逐次合成法）について汎用プログラム作成に役立つように配慮して基本を解説する．

　将来は，機械を構成する部品についてはその動特性が電子カタログデータの一部に組み込まれ，コンピュータ上での設計検討のために仮想的に作られる3Dモデルができあがると，部分構造合成法で動特性解析がCAEとしてスピーディーに実行でき，一部分の部品交換や設計変更での動特性変化や最適化計算も高精度に可能となることが想像・期待される．

9.1　部分構造の内部領域と結合領域の表現

　複数の部分構造の結合形態は見かけ上，多様である．しかし，即物的には個別にまっ

たく異なる結合状態でも，数学モデルにおいては簡単な操作ですべて画一的に取り扱うことができる．この理解を踏まえて 9.2 節から各手法のアルゴリズムを解説する．

図 9.1 の 2 例について考える．まず，左側の 2 つの部分構造の結合系については，その左側の部分構造を部分構造 1 番と番号付けする．有限要素法でモデル化して剛性行列と質量行列を作成するときに有限要素の節点番号の付け方を自由勝手にしてしまうと，それに従って結合領域内に配置された節点に対応する自由度成分が収まる行と列も自由勝手な状態になってしまう．しかし，たとえそのようにしてしまっても，内部領域を a，結合領域を b と表すように節点自由度の行列内配置順序を数学的に行と列の入れ換え操作で行えば，

$$\begin{bmatrix} M_{aa}^{(1)} & M_{ab}^{(1)} \\ M_{ba}^{(1)} & M_{bb}^{(1)} \end{bmatrix} \begin{bmatrix} \ddot{\boldsymbol{\delta}}_a \\ \ddot{\boldsymbol{\delta}}_b \end{bmatrix} + \begin{bmatrix} K_{aa}^{(1)} & K_{ab}^{(1)} \\ K_{ba}^{(1)} & K_{bb}^{(1)} \end{bmatrix} \begin{bmatrix} \boldsymbol{\delta}_a \\ \boldsymbol{\delta}_b \end{bmatrix} = \begin{bmatrix} \mathbf{0} \\ \boldsymbol{f}_b \end{bmatrix} + \begin{bmatrix} \boldsymbol{g}_a \\ \boldsymbol{g}_b^{(1)} \end{bmatrix} \tag{9.1}$$

のように，部分構造の内部領域自由度を前に，結合領域自由度を後に配置することができる．なお，ここで右辺第 1 項の $\boldsymbol{f}_b$ は 2 つの部分構造の結合部分で発生する内力（作用・反作用力）の相手側部分構造から与えられる力を表し，第 2 項ベクトルの $[\boldsymbol{g}_a, \boldsymbol{g}_b^{(1)}]^t$ は純粋に与えられる外力を表す．

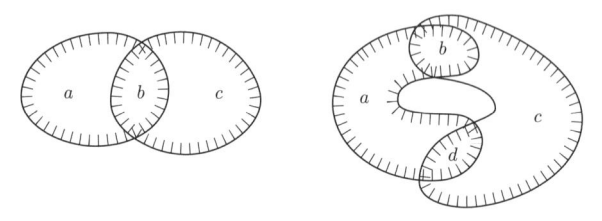

図 9.1 2 個の部分構造の結合例

右側の部分構造を 2 番と番号付けして同様に考えれば，

$$\begin{bmatrix} M_{cc}^{(2)} & M_{cb}^{(2)} \\ M_{bc}^{(2)} & M_{bb}^{(2)} \end{bmatrix} \begin{bmatrix} \ddot{\boldsymbol{\delta}}_c \\ \ddot{\boldsymbol{\delta}}_b \end{bmatrix} + \begin{bmatrix} K_{cc}^{(2)} & K_{cb}^{(2)} \\ K_{bc}^{(2)} & K_{bb}^{(2)} \end{bmatrix} \begin{bmatrix} \boldsymbol{\delta}_c \\ \boldsymbol{\delta}_b \end{bmatrix} = \begin{bmatrix} \mathbf{0} \\ -\boldsymbol{f}_b \end{bmatrix} + \begin{bmatrix} \boldsymbol{g}_c \\ \boldsymbol{g}_b^{(2)} \end{bmatrix} \tag{9.2}$$

と表現できる．こうすれば，これら 2 つの部分構造の結合系の運動方程式は，それぞれまとまった結合領域自由度部分を重ね合わせる操作で作成できる．すなわち，

$$\begin{bmatrix} M_{aa}^{(1)} & M_{ab}^{(1)} & \mathbf{0} \\ M_{ba}^{(1)} & M_{bb}^{(1)} + M_{bb}^{(2)} & M_{bc}^{(2)} \\ \mathbf{0} & M_{cb}^{(2)} & M_{cc}^{(2)} \end{bmatrix} \begin{bmatrix} \ddot{\boldsymbol{\delta}}_a \\ \ddot{\boldsymbol{\delta}}_b \\ \ddot{\boldsymbol{\delta}}_c \end{bmatrix} + \begin{bmatrix} K_{aa}^{(1)} & K_{ab}^{(1)} & \mathbf{0} \\ K_{ba}^{(1)} & K_{bb}^{(1)} + K_{bb}^{(2)} & K_{bc}^{(2)} \\ \mathbf{0} & K_{cb}^{(2)} & K_{cc}^{(2)} \end{bmatrix} \begin{bmatrix} \boldsymbol{\delta}_a \\ \boldsymbol{\delta}_b \\ \boldsymbol{\delta}_c \end{bmatrix}$$

$$= \begin{bmatrix} \boldsymbol{g}_a \\ \boldsymbol{g}_b^{(1)} + \boldsymbol{g}_b^{(2)} \\ \boldsymbol{g}_c \end{bmatrix} \tag{9.3}$$

9.1 部分構造の内部領域と結合領域の表現

のとおりである．

図 9.1 の右側の結合系については，その左側部分構造（1 番と番号付け）について内部領域を a，2 か所に分かれている結合領域を b と d と区分して，質量行列と剛性行列の節点自由度順序を a, b, d の順に配置すると，

$$
\begin{bmatrix} M_{aa}^{(1)} & M_{ab}^{(1)} & M_{ad}^{(1)} \\ M_{ba}^{(1)} & M_{bb}^{(1)} & 0 \\ M_{da}^{(1)} & 0 & M_{dd}^{(1)} \end{bmatrix} \begin{bmatrix} \ddot{\boldsymbol{\delta}}_a \\ \ddot{\boldsymbol{\delta}}_b \\ \ddot{\boldsymbol{\delta}}_d \end{bmatrix} + \begin{bmatrix} K_{aa}^{(1)} & K_{ab}^{(1)} & K_{ad}^{(1)} \\ K_{ba}^{(1)} & K_{bb}^{(1)} & 0 \\ K_{da}^{(1)} & 0 & K_{dd}^{(1)} \end{bmatrix} \begin{bmatrix} \boldsymbol{\delta}_a \\ \boldsymbol{\delta}_b \\ \boldsymbol{\delta}_d \end{bmatrix}
$$
$$
= \begin{bmatrix} \boldsymbol{0} \\ \boldsymbol{f}_b \\ \boldsymbol{f}_d \end{bmatrix} + \begin{bmatrix} \boldsymbol{g}_a \\ \boldsymbol{g}_b^{(1)} \\ \boldsymbol{g}_d^{(1)} \end{bmatrix}
\tag{9.4}
$$

と表せる．なお，2 つの結合領域 b と d は隣接していないので，質量行列と剛性行列中で領域 b と d の連成を表す非対角成分領域はゼロ行列となっている．

同様に，右側の部分構造については

$$
\begin{bmatrix} M_{bb}^{(2)} & M_{bc}^{(2)} & 0 \\ M_{cb}^{(2)} & M_{cc}^{(2)} & M_{cd}^{(2)} \\ 0 & M_{dc}^{(2)} & M_{dd}^{(2)} \end{bmatrix} \begin{bmatrix} \ddot{\boldsymbol{\delta}}_b \\ \ddot{\boldsymbol{\delta}}_c \\ \ddot{\boldsymbol{\delta}}_d \end{bmatrix} + \begin{bmatrix} K_{bb}^{(2)} & K_{bc}^{(2)} & 0 \\ K_{cb}^{(2)} & K_{cc}^{(2)} & K_{cd}^{(2)} \\ 0 & K_{dc}^{(2)} & K_{dd}^{(2)} \end{bmatrix} \begin{bmatrix} \boldsymbol{\delta}_b \\ \boldsymbol{\delta}_c \\ \boldsymbol{\delta}_d \end{bmatrix}
$$
$$
= \begin{bmatrix} -\boldsymbol{f}_b \\ \boldsymbol{0} \\ -\boldsymbol{f}_d \end{bmatrix} + \begin{bmatrix} \boldsymbol{g}_b^{(2)} \\ \boldsymbol{g}_c \\ \boldsymbol{g}_d^{(2)} \end{bmatrix}
\tag{9.5}
$$

である．なお，ここでも 2 か所の結合領域は隣接していないので，左辺行列中に部分ゼロ行列領域が存在する．右辺第 1 項は，部分構造 1 番から与えられる内力である．作用反作用の法則に基づいて式 (9.4) と整合性をとり，マイナス符号が付く．

式 (9.4) と (9.5) を結合領域について重ね合わせるとその結合系の運動方程式が簡単に得られる．すなわち，

$$
\begin{bmatrix} M_{aa}^{(1)} & M_{ab}^{(1)} & 0 & M_{ad}^{(1)} \\ M_{ba}^{(1)} & M_{bb}^{(1)}+M_{bb}^{(2)} & M_{bc}^{(2)} & 0 \\ 0 & M_{cb}^{(2)} & M_{cc}^{(2)} & M_{cd}^{(2)} \\ M_{da}^{(1)} & 0 & M_{dc}^{(2)} & M_{dd}^{(1)}+M_{dd}^{(2)} \end{bmatrix} \begin{bmatrix} \ddot{\boldsymbol{\delta}}_a \\ \ddot{\boldsymbol{\delta}}_b \\ \ddot{\boldsymbol{\delta}}_c \\ \ddot{\boldsymbol{\delta}}_d \end{bmatrix}
$$
$$
+ \begin{bmatrix} K_{aa}^{(1)} & K_{ab}^{(1)} & 0 & K_{ad}^{(1)} \\ K_{ba}^{(1)} & K_{bb}^{(1)}+K_{bb}^{(2)} & K_{bc}^{(2)} & 0 \\ 0 & K_{cb}^{(2)} & K_{cc}^{(2)} & K_{cd}^{(2)} \\ K_{da}^{(1)} & 0 & K_{dc}^{(2)} & K_{dd}^{(1)}+K_{dd}^{(2)} \end{bmatrix} \begin{bmatrix} \boldsymbol{\delta}_a \\ \boldsymbol{\delta}_b \\ \boldsymbol{\delta}_c \\ \boldsymbol{\delta}_d \end{bmatrix} = \begin{bmatrix} \boldsymbol{g}_a \\ \boldsymbol{g}_b^{(1)}+\boldsymbol{g}_b^{(2)} \\ \boldsymbol{g}_c \\ \boldsymbol{g}_d^{(1)}+\boldsymbol{g}_d^{(2)} \end{bmatrix}
\tag{9.6}
$$

である．

これらの簡単な例でわかるように，各部分構造については画一的にその内部領域自由度と隣接結合対象部分構造との結合領域自由度を自由度の前と後の成分にまとめて表現できる．

9.2 拘束モード型合成法（一重合成法）

最も単純な例として図9.1の左側の2つの部分構造からなる結合系について，グヤンの静縮小による拘束モード型合成法を解説する．

9.2.1 モード合成座標系での運動方程式導出

まず，各部分構造単体についての解析処理を行う．左側の部分構造（1番と番号を付ける）について，右側の部分構造（2番）との結合領域を完全固定とした境界条件での固有値問題

$$\boldsymbol{K}_{aa}^{(1)}\boldsymbol{\phi} = \lambda \boldsymbol{M}_{aa}^{(1)}\boldsymbol{\phi} \tag{9.7}$$

を解き，1次から適当なp次までの固有角振動数$\Omega_1^{(1)} \sim \Omega_p^{(1)}$と固有モード$\boldsymbol{\phi}_1^{(1)} \sim \boldsymbol{\phi}_p^{(1)}$を求める．固有モードは質量行列について正規化したものとし，それらを次数の昇べき順に列にまとめて固有モード行列$\boldsymbol{\Phi}_a$で表すことにする．なお，この部分構造の内部領域自由度を$n_{(1)}$とする．一般論として$n_{(1)}$はかなり大きな自由度であり，固有値解析で求める次数はそれに対して大幅に小さくなる．すなわち，$p \ll n_{(1)}$となる．

次に，剛性行列と質量行列について，その内部領域自由度をグヤンの静縮小で結合自由度のみ縮小する．静解析の式として

$$\begin{bmatrix} \boldsymbol{K}_{aa}^{(1)} & \boldsymbol{K}_{ab}^{(1)} \\ \boldsymbol{K}_{ba}^{(1)} & \boldsymbol{K}_{bb}^{(1)} \end{bmatrix} \begin{bmatrix} \boldsymbol{\delta}_a \\ \boldsymbol{\delta}_b \end{bmatrix} = \begin{bmatrix} \boldsymbol{0} \\ \boldsymbol{f}_b \end{bmatrix} + \begin{bmatrix} \boldsymbol{g}_a \\ \boldsymbol{g}_b \end{bmatrix} \tag{9.8}$$

が成立する．ここで，$\boldsymbol{f}_b$は部分構造2番から作用する内力ベクトル，$[\boldsymbol{g}_a, \boldsymbol{g}_b]$はこの部分構造へ外部から純粋に作用する外力ベクトルを表す．上半分の方程式

$$\begin{bmatrix} \boldsymbol{K}_{aa}^{(1)} & \boldsymbol{K}_{ab}^{(1)} \end{bmatrix} \begin{bmatrix} \boldsymbol{\delta}_a \\ \boldsymbol{\delta}_b \end{bmatrix} = \boldsymbol{0} + \boldsymbol{g}_a \tag{9.9}$$

から

$$\boldsymbol{\delta}_a = -\boldsymbol{K}_{aa}^{(1)\,-1}\boldsymbol{K}_{ab}^{(1)}\boldsymbol{\delta}_b + \boldsymbol{K}_{aa}^{(1)\,-1}\boldsymbol{g}_a = \boldsymbol{T}_{ab}\boldsymbol{\delta}_b + \boldsymbol{K}_{aa}^{(1)\,-1}\boldsymbol{g}_a \tag{9.10}$$

を得るので，結合領域の変位による内部領域aの変位は

$$\boldsymbol{\delta}_a = \boldsymbol{T}_{ab}\boldsymbol{\delta}_b \tag{9.11}$$

と表現できる．そこで，結合領域の変位の従属成分だけの内部領域自由度の変位を考

えれば，部分構造 1 番の変位ベクトルは

$$\begin{bmatrix} \boldsymbol{\delta}_a \\ \boldsymbol{\delta}_b \end{bmatrix} = \begin{bmatrix} \boldsymbol{T}_{ab} \\ \boldsymbol{I} \end{bmatrix} \boldsymbol{\delta}_b \tag{9.12}$$

と表現できるので，この部分構造の剛性行列と質量行列をそれぞれ

$$\begin{aligned}
\hat{\boldsymbol{K}}_{(1)} &= \begin{bmatrix} \boldsymbol{T}_{ab} \\ \boldsymbol{I} \end{bmatrix}^t \begin{bmatrix} \boldsymbol{K}^{(1)}_{aa} & \boldsymbol{K}^{(1)}_{ab} \\ \boldsymbol{K}^{(1)}_{ba} & \boldsymbol{K}^{(1)}_{bb} \end{bmatrix} \begin{bmatrix} \boldsymbol{T}_{ab} \\ \boldsymbol{I} \end{bmatrix} \\
&= \boldsymbol{K}^{(1)}_{bb} + \boldsymbol{K}^{(1)}_{ba} \boldsymbol{T}_{ab} + \boldsymbol{T}^t_{ab} \boldsymbol{K}^{(1)}_{ab} + \boldsymbol{T}^t_{ab} \boldsymbol{K}^{(1)}_{aa} \boldsymbol{T}_{ab} \\
&= \boldsymbol{K}^{(1)}_{bb} + \boldsymbol{K}^{(1)}_{ba} \boldsymbol{T}_{ab}
\end{aligned} \tag{9.13}$$

$$\begin{aligned}
\hat{\boldsymbol{M}}_{(1)} &= \begin{bmatrix} \boldsymbol{T}_{ab} \\ \boldsymbol{I} \end{bmatrix}^t \begin{bmatrix} \boldsymbol{M}^{(1)}_{aa} & \boldsymbol{M}^{(1)}_{ab} \\ \boldsymbol{M}^{(1)}_{ba} & \boldsymbol{M}^{(1)}_{bb} \end{bmatrix} \begin{bmatrix} \boldsymbol{T}_{ab} \\ \boldsymbol{I} \end{bmatrix} \\
&= \boldsymbol{M}^{(1)}_{bb} + \boldsymbol{M}^{(1)}_{ba} \boldsymbol{T}_{ab} + \boldsymbol{T}^t_{ab} \boldsymbol{M}^{(1)}_{ab} + \boldsymbol{T}^t_{ab} \boldsymbol{M}^{(1)}_{aa} \boldsymbol{T}_{ab}
\end{aligned} \tag{9.14}$$

のように結合領域自由度のみの剛性行列 $\hat{\boldsymbol{K}}_{(1)}$ と質量行列 $\hat{\boldsymbol{M}}_{(1)}$ を導出する．加えて，後述の式 (9.27) を構成するときに使うために，

$$\boldsymbol{M}^{(1)}_{aa} \boldsymbol{T}_{ab} + \boldsymbol{M}^{(1)}_{ab} \tag{9.15}$$

を計算しておく．

解析目的である結合系全体の振動変位に関して，この部分構造についての変位は，結合領域が変位・変形すればそれに影響されて内部領域も変位・変形するはずである．内部領域は，この従属的な変位・変形に加えて，内部領域自体の自由度による変位・変形も発生するはずである．この後者の内部領域自由度の変位・変形成分は，式 (9.7) の解析で得た固有モードの線形結合で近似表現できると仮定する．そこで，部分構造 1 番の任意の変位を

$$\begin{bmatrix} \boldsymbol{\delta}_a \\ \boldsymbol{\delta}_b \end{bmatrix} = \begin{bmatrix} \boldsymbol{T}_{ab} & \boldsymbol{\Phi}_a \\ \boldsymbol{I} & \boldsymbol{0} \end{bmatrix} \begin{bmatrix} \boldsymbol{\delta}_b \\ \boldsymbol{\eta}_a \end{bmatrix} \tag{9.16}$$

と表現する．ここで，$\boldsymbol{\eta}_a$ は固有モード行列 $\boldsymbol{\Phi}_a$ の線形結合係数を成分とするベクトル（自由度 p）である．

右側の部分構造に関しても同様に解析処理できる．すなわち，結合領域を完全拘束した境界条件で内部領域自由度についての固有値問題

$$\boldsymbol{K}^{(2)}_{cc} \boldsymbol{\phi} = \lambda \boldsymbol{M}^{(2)}_{cc} \boldsymbol{\phi} \tag{9.17}$$

を解き，1 次から適当な q 次までの固有角振動数 $\Omega_{1(2)} \sim \Omega_{q(2)}$ と固有モード $\boldsymbol{\phi}^{(2)}_1 \sim \boldsymbol{\phi}^{(2)}_q$ を求める．固有モードについては質量行列について正規化したものとして，それらを次数の昇べき順に配列した固有モード行列を $\boldsymbol{\Phi}_c$ と表現する．この部分

構造の内部領域自由度を $n_{(2)}$ とする. 一般論として $n_{(2)}$ はかなり大きな自由度であり, 固有値解析で求める次数はそれに対して大幅に小さくなる. すなわち, $q \ll n_{(2)}$ となる.

グヤンの静縮小行列 $\boldsymbol{T}_{cb} = -\boldsymbol{K}_{cc}^{(2)}{}^{-1}\boldsymbol{K}_{cb}^{(2)}$ を求めて, これを利用して結合領域自由度だけの剛性行列と質量行列を

$$\hat{\boldsymbol{K}}_{(2)} = \begin{bmatrix} \boldsymbol{T}_{cb} \\ \boldsymbol{I} \end{bmatrix}^t \begin{bmatrix} \boldsymbol{K}_{cc}^{(2)} & \boldsymbol{K}_{cb}^{(2)} \\ \boldsymbol{K}_{bc}^{(2)} & \boldsymbol{K}_{bb}^{(2)} \end{bmatrix} \begin{bmatrix} \boldsymbol{T}_{cb} \\ \boldsymbol{I} \end{bmatrix}$$

$$= \boldsymbol{K}_{bb}^{(2)} + \boldsymbol{K}_{bc}^{(2)}\boldsymbol{T}_{cb} \tag{9.18}$$

$$\hat{\boldsymbol{M}}_{(2)} = \begin{bmatrix} \boldsymbol{T}_{cb} \\ \boldsymbol{I} \end{bmatrix}^t \begin{bmatrix} \boldsymbol{M}_{cc}^{(2)} & \boldsymbol{M}_{cb}^{(2)} \\ \boldsymbol{M}_{bc}^{(2)} & \boldsymbol{M}_{bb}^{(2)} \end{bmatrix} \begin{bmatrix} \boldsymbol{T}_{cb} \\ \boldsymbol{I} \end{bmatrix}$$

$$= \boldsymbol{M}_{bb}^{(2)} + \boldsymbol{M}_{bc}^{(2)}\boldsymbol{T}_{cb} + \boldsymbol{T}_{cb}^t\boldsymbol{M}_{cb}^{(2)} + \boldsymbol{T}_{cb}^t\boldsymbol{M}_{cc}^{(2)}\boldsymbol{T}_{cb} \tag{9.19}$$

と計算する. 加えて, 後述の式 (9.27) を構成するときに使うために,

$$\boldsymbol{M}_{cc}^{(2)}\boldsymbol{T}_{cb} + \boldsymbol{M}_{cb}^{(2)} \tag{9.20}$$

を計算しておく.

結合系全体の解析目的である振動変位について, この部分構造の部分の変位を

$$\begin{bmatrix} \boldsymbol{\delta}_c \\ \boldsymbol{\delta}_b \end{bmatrix} = \begin{bmatrix} \boldsymbol{T}_{cb} & \boldsymbol{\varPhi}_c \\ \boldsymbol{I} & 0 \end{bmatrix} \begin{bmatrix} \boldsymbol{\delta}_b \\ \boldsymbol{\eta}_c \end{bmatrix} \tag{9.21}$$

と表現する. ここで, $\boldsymbol{\eta}_c$ は固有モード行列 $\boldsymbol{\varPhi}_c$ の線形結合係数を成分とするベクトル (自由度 q) である.

各部分構造についての解析処理は以上で完了したので, それらの部分構造の情報を使ってモード合成によって結合系の運動方程式の導出を行う段階となる.

実際にコンピュータでこの合成法を実行する際には次の数式演算 (換言すればプログラム) は必要ないが, 理論説明のために記述する.

この結合系全体の運動方程式を素直に物理座標上で記述すれば

$$\begin{bmatrix} \boldsymbol{M}_{aa}^{(1)} & \boldsymbol{M}_{ab}^{(1)} & 0 \\ \boldsymbol{M}_{ba}^{(1)} & \boldsymbol{M}_{bb}^{(1)} + \boldsymbol{M}_{bb}^{(2)} & \boldsymbol{M}_{bc}^{(2)} \\ 0 & \boldsymbol{M}_{cb}^{(2)} & \boldsymbol{M}_{cc}^{(2)} \end{bmatrix} \begin{bmatrix} \ddot{\boldsymbol{\delta}}_a \\ \ddot{\boldsymbol{\delta}}_b \\ \ddot{\boldsymbol{\delta}}_c \end{bmatrix} + \begin{bmatrix} \boldsymbol{K}_{aa}^{(1)} & \boldsymbol{K}_{ab}^{(1)} & 0 \\ \boldsymbol{K}_{ba}^{(1)} & \boldsymbol{K}_{bb}^{(1)} + \boldsymbol{M}_{bb}^{(2)} & \boldsymbol{K}_{bc}^{(2)} \\ 0 & \boldsymbol{K}_{cb}^{(2)} & \boldsymbol{K}_{cc}^{(2)} \end{bmatrix} \begin{bmatrix} \boldsymbol{\delta}_a \\ \boldsymbol{\delta}_b \\ \boldsymbol{\delta}_c \end{bmatrix}$$

$$= \begin{bmatrix} \boldsymbol{g}_a \\ \boldsymbol{g}_b \\ \boldsymbol{g}_c \end{bmatrix} \tag{9.22}$$

となる. ここで, 右辺は純粋な外力ベクトルである. 左辺の変位 (加速度) ベクトル

は各部分構造についてすでに求めている変位ベクトルから

$$\begin{bmatrix} \boldsymbol{\delta}_a \\ \boldsymbol{\delta}_b \\ \boldsymbol{\delta}_c \end{bmatrix} = \begin{bmatrix} \boldsymbol{T}_{ab} & \boldsymbol{\Phi}_a & 0 \\ \boldsymbol{I} & 0 & 0 \\ \boldsymbol{T}_{cb} & 0 & \boldsymbol{\Phi}_c \end{bmatrix} \begin{bmatrix} \boldsymbol{\delta}_b \\ \boldsymbol{\eta}_a \\ \boldsymbol{\eta}_c \end{bmatrix} \tag{9.23}$$

と表現できる(モード合成法なのでこのように設定している).この式では,結合領域の変位の表現がまだ物理座標上の変位ベクトル $\boldsymbol{\delta}_b$ のままであるので,この変位についても適当な数少ない次数の固有モードの線形結合で表現することで,自由度をさらに小さくすることを考える.

各部分構造について結合領域自由度だけの剛性行列と質量行列がグヤンの静縮小法によって式 (9.13),(9.14),(9.18) および (9.19) のように求まっているので,重ね合わせの原理に基づいて結合領域自由度だけの構造部分についての

$$\left[\hat{\boldsymbol{K}}_{(1)} + \hat{\boldsymbol{K}}_{(2)} \right] \boldsymbol{\psi}_b = \lambda \left[\hat{\boldsymbol{M}}_{(2)} + \hat{\boldsymbol{M}}_{(2)} \right] \boldsymbol{\psi}_b \tag{9.24}$$

の固有値解析で,1 次から適当な次数の r 次までの固有角振動数 $\Omega_1^{(b)} \sim \Omega_r^{(b)}$ と固有モード $\boldsymbol{\psi}_1^{(b)} \sim \boldsymbol{\psi}_r^{(b)}$ を求める.固有モードについては質量行列について正規化したものとして,それらを次数の昇べき順に列に配置した固有モード行列を $\boldsymbol{\Psi}_b$ と表現する.r の値は,結合領域自由度数より大幅に小さく設定できる.こうして得られた固有モードの線形結合で結合領域の変位を $\boldsymbol{\delta}_b = \boldsymbol{\Psi}_b \boldsymbol{\eta}_b$ と近似表現する.この表現によって式 (9.23) は

$$\begin{bmatrix} \boldsymbol{\delta}_a \\ \boldsymbol{\delta}_b \\ \boldsymbol{\delta}_c \end{bmatrix} = \begin{bmatrix} \boldsymbol{T}_{ab}\boldsymbol{\Psi}_b & \boldsymbol{\Phi}_a & 0 \\ \boldsymbol{\Psi}_b & 0 & 0 \\ \boldsymbol{T}_{cb}\boldsymbol{\Psi}_b & 0 & \boldsymbol{\Phi}_c \end{bmatrix} \begin{bmatrix} \boldsymbol{\eta}_b \\ \boldsymbol{\eta}_a \\ \boldsymbol{\eta}_{(2)} \end{bmatrix} \tag{9.25}$$

と変形できる.この式と時間での 2 階微分の加速度ベクトルを運動方程式 (9.22) に代入し,両辺に左側からこの式の右辺係数行列の転置行列である

$$\begin{bmatrix} \boldsymbol{T}_{ab}\boldsymbol{\Psi}_b & \boldsymbol{\Phi}_a & 0 \\ \boldsymbol{\Psi}_b & 0 & 0 \\ \boldsymbol{T}_{cb}\boldsymbol{\Psi}_b & 0 & \boldsymbol{\Phi}_c \end{bmatrix}^t \tag{9.26}$$

を乗じて展開し,モード解析の理論の基本特性である"固有モードの直交性"と"質量行列に関しての固有モードの正規化"および"レイリー商と固有角振動数の二乗の関係"を適用する.結局,式 (9.22) の運動方程式はモード座標上で

$$\begin{bmatrix} I_{rr} & & sym. \\ \Phi_a^t \left(M_{aa}^{(1)} T_{ab} + M_{ab}^{(1)} \right) \Psi_b & I_{pp} & \\ \Phi_c^t \left(M_{cc}^{(2)} T_{cb} + M_{cb}^{(2)} \right) \Psi_b & 0 & I_{qq} \end{bmatrix} \begin{bmatrix} \ddot{\eta}_b \\ \ddot{\eta}_a \\ \ddot{\eta}_c \end{bmatrix} + \begin{bmatrix} \Omega_b^2 & & sym. \\ 0 & \Omega_a^2 & \\ 0 & 0 & \Omega_c^2 \end{bmatrix} \begin{bmatrix} \eta_b \\ \eta_a \\ \eta_c \end{bmatrix}$$

$$= \begin{bmatrix} \Psi_b^t \left(g_b + T_{ab}^t g_a + T_{cb}^t g_b \right) \\ \Phi_a^t g_a \\ \Phi_c^t g_c \end{bmatrix} \tag{9.27}$$

となる.ここで,$sym.$ はその行列が対称行列 (symmetric matrix) であることを示す.Ω_a^2 は,部分構造1番の内部領域の固有値問題で得た固有角振動数の二乗値を対角成分に次数昇べき順に並べた対角行列である.同様に Ω_c^2 は,部分構造2番に関する内部領域の固有値問題で得た固有角振動数の二乗値を対角成分に次数昇べき順に並べた対角行列である.Ω_b^2 は式 (9.24) の固有値問題で得た固有角振動数の二乗値を並べた対角行列である.I_{rr}, I_{pp} および I_{qq} はそれぞれ自由度 r,p,q の単位行列(質量行列に関して正規化した固有モードによるモード質量行列は単位行列だから)である.

式 (9.27) は,自由度が採用固有モード数の合計 $r+p+q$ であり,物理座標系上での元々の運動方程式の自由度より大幅に小さくできる.また,モード座標上の質量行列と剛性行列である左辺の2つの係数行列は,各部分構造について解析した前段結果と結合領域のみについて解析した結果を簡単な計算で組み込んで作り上げることができる.基本的特徴としては,

1) 剛性行列は,結合領域および各部分構造内部領域に関する固有値解析で得た固有値(固有角振動の二乗)が対角成分として配置された対角行列となる.
2) 質量行列は,結合領域自由度(ここでは下添字 b で表現することとする)と第 i 番の部分構造内部領域自由度(ここでは下添字 a で表現することとする)との連成を示す非対角部分行列部分が $\Phi_{(i)}^t \left(M_{aa}^{(i)} T_{(i)} + M_{ab}^{(i)} \right) \Psi_b$ で作成される.

したがって,部分構造が3つ以上の場合には質量行列と剛性行列の成分部分行列は

$$\begin{bmatrix} \boldsymbol{I}_{rr} & & & & sym. & \\ \boldsymbol{\Phi}_a^t \left(\boldsymbol{M}_{aa}^{(1)} \boldsymbol{T}_{ab} + \boldsymbol{M}_{ab}^{(1)} \right) \boldsymbol{\Psi}_b & \boldsymbol{I}_{pp}^{(1)} & & & & \\ \boldsymbol{\Phi}_c^t \left(\boldsymbol{M}_{cc}^{(2)} \boldsymbol{T}_{cb} + \boldsymbol{M}_{cb}^{(2)} \right) \boldsymbol{\Psi}_b & 0 & \boldsymbol{I}_{qq}^{(2)} & & & \\ \vdots & \vdots & \ddots & \ddots & & \\ \boldsymbol{\Phi}_{(i)}^t \left(\boldsymbol{M}_{aa}^{(i)} \boldsymbol{T}_{cb} + \boldsymbol{M}_{ab}^{(i)} \right) \boldsymbol{\Psi}_b & 0 & \cdots & 0 & \boldsymbol{I}_{qq}^{(i)} & \\ \vdots & \vdots & & \vdots & & \ddots \end{bmatrix} \quad (9.28)$$

$$\begin{bmatrix} \boldsymbol{\Omega}_{rr}^2 & & & sym. & \\ 0 & \boldsymbol{\Omega}_{(1)}^2 & & & \\ 0 & 0 & \boldsymbol{\Omega}_{(2)}^2 & & \\ \vdots & \vdots & & \ddots & \\ 0 & 0 & \cdots & 0 & \boldsymbol{\Omega}_{(i)}^2 \\ \vdots & \vdots & & \vdots & & \ddots \end{bmatrix}$$

のとおりの画一的なパターンとなる．これは汎用プログラム作成に好都合である．

結合系構造物の自由度が大規模な場合，すなわち式（9.22）の自由度が大規模な場合，コンピュータのメモリーと解析速度の点で有利となる．この例は部分構造が2つだけであるが，実用的にもっと多くの部分構造からなる構造物の場合にはその有利性が発揮される（効率化のほどはプログラミング技術にもよるが・・・）．

9.2.2 各種の振動解析

式（9.27）が構築できたので，自在に各種解析ができる．ここでは基本的な振動解析方法を解説する．

a. 固有値解析

固有振動数と固有モード形は固有値解析で求めることができる．

$$\begin{bmatrix} \boldsymbol{\Omega}_{rr}^2 & & sym. \\ 0 & \boldsymbol{\Omega}_{pp}^2 & \\ 0 & 0 & \boldsymbol{\Omega}_{qq}^2 \end{bmatrix} \begin{bmatrix} \boldsymbol{\eta}_b \\ \boldsymbol{\eta}_a \\ \boldsymbol{\eta}_c \end{bmatrix}$$
$$= \lambda \begin{bmatrix} \boldsymbol{I}_{rr} & & sym. \\ \boldsymbol{\Phi}_a^t \left(\boldsymbol{M}_{aa}^{(1)} \boldsymbol{T}_{ab} + \boldsymbol{M}_{ab}^{(1)} \right) \boldsymbol{\Psi}_b & \boldsymbol{I}_{pp} & \\ \boldsymbol{\Phi}_c^t \left(\boldsymbol{M}_{aa}^{(2)} \boldsymbol{T}_{cb} + \boldsymbol{M}_{ac}^{(2)} \right) \boldsymbol{\Psi}_b & 0 & \boldsymbol{I}_{qq} \end{bmatrix} \begin{bmatrix} \boldsymbol{\eta}_b \\ \boldsymbol{\eta}_a \\ \boldsymbol{\eta}_c \end{bmatrix} \quad (9.29)$$

の固有値問題を解いて，固有値 λ を求めれば，$\sqrt{\lambda}$ が固有角振動数である．固有モードは，この固有値問題で固有値とともに得られた固有ベクトルの部分ベクトル $\boldsymbol{\eta}_b$, $\boldsymbol{\eta}_a$ および $\boldsymbol{\eta}_c$ を式（9.25）に代入して計算することで求められる．

b. 外力の入力による振動応答解析

外力を入力データとして与えて，そのときの構造物の振動応答を求めたい場合には，外力ベクトル g_a, g_b, g_c を設定して式 (9.27) を解けばよい．ただし，強制振動解析の場合には不減衰系で解くよりも，適切および適宜的に減衰行列を設定して解析することとなる場合が多いであろう．そのような場合に減衰行列の便宜的な作成法としては，各部分構造内部領域の振動のモード減衰と，結合領域の固有振動に対応するモード減衰比として経験等に基づく適切な値を設定し，剛性行列と形式が同じ対角行列を与えればよい．すなわち，例えば式 (9.27) に対応させる減衰行列 C としては，モード減衰比を対角成分とした対角行列を ζ で表して，

$$C = \begin{bmatrix} 2\zeta_{rr}\Omega_{rr} & & sym. \\ 0 & 2\zeta_{pp}\Omega_{pp} & \\ 0 & 0 & 2\zeta_{qq}\Omega_{qq} \end{bmatrix} \tag{9.30}$$

の形式の行列である．または '比例減衰'（$C = \alpha M + \beta K$）の概念に基づけば，

$$C = \alpha \begin{bmatrix} I_{rr} & & sym. \\ \Phi_a^t \left(M_{aa}^{(1)} T_{ab} + M_{ab}^{(1)} \right) \Psi_b & I_{pp} & \\ \Phi_c^t \left(M_{cc}^{(2)} T_{cb} + M_{cb}^{(2)} \right) \Psi_b & 0 & I_{qq} \end{bmatrix} + \beta \begin{bmatrix} \Omega_{rr} & & sym. \\ 0 & \Omega_{pp} & \\ 0 & 0 & \Omega_{qq} \end{bmatrix} \tag{9.31}$$

のスカラー係数 α と β の値を適切に設定して減衰行列を作成すればよい．

式 (9.27) はモード合成法による運動方程式であり，既述のとおりに採用モード数の自由度の運動方程式である．元々の物理座標系での運動方程式の自由度に比べれば大幅に小さいものであり，直接解析することも現在のコンピュータ能力であれば実用的に可能である場合も多いと考えられる．しかし，このような状況の方程式についても"モード解析"を適用することができ，計算効率を上げることはできる．

c. 変位の入力による振動応答解析

力は力学において第 2 次概念であるから，実用的には外力を与えて解析できる場合は必ずしも多くはない．例えば図 9.2 のように，本例題の 2 部分構造からなる結合系をビルディングと想定してみよう．地震によって地面（地盤）が震動してビルが揺れるわけであるが，地面からそのビルディングに加わる外力は未知である．ビルの基礎またはその近傍の地面の振動加速度は直接計測できるので，ビルの振動解析にはこの地面の振動加速度を与えることで解析することが実用的である．すなわち，地面に固定されているビルの基礎部分は地面の震動と同じ変位・速度・加速度で振動すると仮定して変位加振による強制振動解析として解析する．

図 9.2 の例について，変位加振の応答解析の方法の基本を学習する．部分構造 1 番について，地面の変位に一致して強制的に '変位' 入力する自由度を $\tilde{a}$ で表し，その上

9.2 拘束モード型合成法（一重合成法）

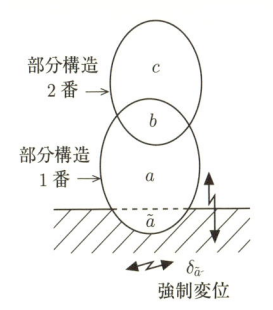

図 9.2 ビルディングと想定しての変位加振応答解析の例

部となる内部領域を a と区分しよう．部分構造 2 番との結合領域自由度と強制変位自由度 $\tilde{a}$ とは直接隣接していない場合を考える．部分構造 1 番の運動方程式は

$$\begin{bmatrix} M^{(1)}_{\tilde{a}\tilde{a}} & M^{(1)}_{\tilde{a}a} & 0 \\ M^{(1)}_{a\tilde{a}} & M^{(1)}_{aa} & M^{(1)}_{ab} \\ 0 & M^{(1)}_{ba} & M^{(1)}_{bb} \end{bmatrix} \begin{bmatrix} \ddot{\delta}_{\tilde{a}} \\ \ddot{\delta}_a \\ \ddot{\delta}_b \end{bmatrix} + \begin{bmatrix} K^{(1)}_{\tilde{a}\tilde{a}} & K^{(1)}_{\tilde{a}a} & 0 \\ K^{(1)}_{a\tilde{a}} & K^{(1)}_{aa} & K^{(1)}_{ab} \\ 0 & K^{(1)}_{ba} & K^{(1)}_{bb} \end{bmatrix} \begin{bmatrix} \delta_{\tilde{a}} \\ \delta_a \\ \delta_b \end{bmatrix} = \begin{bmatrix} g_{\tilde{a}} \\ 0 \\ f_b \end{bmatrix} \quad (9.32)$$

と記述できる．ここで便宜的に地面からの外力（未知の値）を $g_{\tilde{a}}$，部分構造 2 番から結合領域自由度に与えられる力（構造物内力，未知の値）を f_b で表している．

地面の変位が入力値として与えられる本例では，$\delta_{\tilde{a}}$ とその加速度 $\ddot{\delta}_{\tilde{a}}$ が既知入力値として与えられ，地面から与えられる力ベクトル $g_{\tilde{a}}$ が未知数となる．このことより式 (9.32) は

$$\begin{bmatrix} M^{(1)}_{\tilde{a}a} & 0 \\ M^{(1)}_{aa} & M^{(1)}_{ab} \\ M^{(1)}_{ba} & M^{(1)}_{bb} \end{bmatrix} \begin{bmatrix} \ddot{\delta}_a \\ \ddot{\delta}_b \end{bmatrix} + \begin{bmatrix} K^{(1)}_{\tilde{a}a} & 0 \\ K^{(1)}_{aa} & K^{(1)}_{ab} \\ K^{(1)}_{ba} & K^{(1)}_{bb} \end{bmatrix} \begin{bmatrix} \delta_a \\ \delta_b \end{bmatrix} = \begin{bmatrix} g_{\tilde{a}} \\ 0 \\ 0 \end{bmatrix}$$
$$= \begin{bmatrix} 0 \\ 0 \\ f_b \end{bmatrix} - \begin{bmatrix} M^{(1)}_{\tilde{a}\tilde{a}} \\ M^{(1)}_{a\tilde{a}} \\ 0 \end{bmatrix} \ddot{\delta}_{\tilde{a}} - \begin{bmatrix} K^{(1)}_{\tilde{a}\tilde{a}} \\ K^{(1)}_{a\tilde{a}} \\ 0 \end{bmatrix} \delta_{\tilde{a}} \quad (9.33)$$

と変形できる．地面から構造物に与える加振力 $g_{\tilde{a}}$ は一般的に求める必要（関心）がないので，解くべき方程式は，下 3 分の 2 の連立方程式となる．すなわち，

$$\begin{bmatrix} M^{(1)}_{aa} & M^{(1)}_{ab} \\ M^{(1)}_{ba} & M^{(1)}_{bb} \end{bmatrix} \begin{bmatrix} \ddot{\delta}_a \\ \ddot{\delta}_b \end{bmatrix} + \begin{bmatrix} K^{(1)}_{aa} & K^{(1)}_{ab} \\ K^{(1)}_{ba} & K^{(1)}_{bb} \end{bmatrix} \begin{bmatrix} \delta_a \\ \delta_b \end{bmatrix}$$
$$= \begin{bmatrix} 0 \\ f_b \end{bmatrix} - \begin{bmatrix} M^{(1)}_{a\tilde{a}} \\ 0 \end{bmatrix} \ddot{\delta}_{\tilde{a}} - \begin{bmatrix} K^{(1)}_{a\tilde{a}} \\ 0 \end{bmatrix} \delta_{\tilde{a}} \quad (9.34)$$

となる．右辺第 1 項の部分構造 2 番からの力は内力なので，部分構造合成のアルゴリズム中で 2 つの部分構造の結合によって '作用・反作用の法則' で相殺される．地面の

強制変位に直接起因してこの部分構造に作用する外力は右辺第2項と第3項である．すなわち，領域 $\tilde{a}$ のところを変位加振する場合の全系の運動方程式は，物理座標上で直接的に表現すれば

$$\begin{bmatrix} M_{aa}^{(1)} & M_{ab}^{(1)} & 0 \\ M_{ba}^{(1)} & M_{bb}^{(1)} + M_{bb}^{(2)} & M_{bc}^{(2)} \\ 0 & M_{cb}^{(2)} & M_{cc}^{(2)} \end{bmatrix} \begin{bmatrix} \ddot{\delta}_a \\ \ddot{\delta}_b \\ \ddot{\delta}_c \end{bmatrix} + \begin{bmatrix} K_{aa}^{(1)} & K_{ab}^{(1)} & 0 \\ K_{ba}^{(1)} & K_{bb}^{(1)} + K_{bb}^{(2)} & K_{bc}^{(2)} \\ 0 & K_{cb}^{(2)} & K_{cc}^{(2)} \end{bmatrix} \begin{bmatrix} \delta_a \\ \delta_b \\ \delta_c \end{bmatrix}$$

$$= - \begin{bmatrix} M_{a\tilde{a}}^{(1)} \\ 0 \\ 0 \end{bmatrix} \ddot{\delta}_{\tilde{a}} - \begin{bmatrix} K_{a\tilde{a}}^{(1)} \\ 0 \\ 0 \end{bmatrix} \delta_{\tilde{a}} \tag{9.35}$$

となる．左辺をみると，地面との結合領域 $\tilde{a}$ を固定境界条件とした構造物の運動方程式の形式となっていることに気がつく．

本部分構造合成法としては具体的にどのような計算になるかを次に解説する．9.2.1項での学習知識に基づくと，部分構造1番の各領域の変位は

$$\delta_a = \begin{bmatrix} T_{a\tilde{a}} & T_{ab} & \Phi_a \end{bmatrix} \begin{bmatrix} \delta_{\tilde{a}} \\ \delta_b \\ \eta_a \end{bmatrix} \tag{9.36}$$

$$\delta_b = \begin{bmatrix} T_{b\tilde{a}} & \Psi_b \end{bmatrix} \begin{bmatrix} \delta_{\tilde{a}} \\ \eta_b \end{bmatrix} \tag{9.37}$$

に基づいて

$$\begin{bmatrix} \delta_{\tilde{a}} \\ \delta_a \\ \delta_b \end{bmatrix} = \begin{bmatrix} I & 0 & 0 \\ T_{a\tilde{a}} + T_{ab}T_{b\tilde{a}} & T_{ab}\Psi_b & \Phi_a \\ T_{b\tilde{a}} & \Psi_b & 0 \end{bmatrix} \begin{bmatrix} \delta_{\tilde{a}} \\ \eta_b \\ \eta_a \end{bmatrix} \tag{9.38}$$

と表現される．部分構造2番の領域の変位は

$$\begin{bmatrix} \delta_b \\ \delta_c \end{bmatrix} = \begin{bmatrix} I & 0 \\ T_{cb} & \Phi_c \end{bmatrix} \begin{bmatrix} \delta_b \\ \eta_c \end{bmatrix} \tag{9.39}$$

と表現される．したがって，式 (9.38) と (9.39) を連立させて全系の変位ベクトルを表現すれば

$$\begin{bmatrix} \delta_{\tilde{a}} \\ \delta_a \\ \delta_b \\ \delta_c \end{bmatrix} = \begin{bmatrix} I & 0 & 0 & 0 \\ T_{a\tilde{a}} + T_{ab}T_{b\tilde{a}} & T_{ab}\Psi_b & \Phi_a & 0 \\ T_{b\tilde{a}} & \Psi_b & 0 & 0 \\ T_{cb}T_{b\tilde{a}} & T_{cb}\Psi_b & 0 & \Phi_c \end{bmatrix} \begin{bmatrix} \delta_{\tilde{a}} \\ \eta_b \\ \eta_a \\ \eta_c \end{bmatrix} \tag{9.40}$$

となる．運動方程式 (9.35) の自由度（構造物領域）に対応する部分だけを抜き出せば，

9.2 拘束モード型合成法(一重合成法)

$$\begin{bmatrix} \boldsymbol{\delta}_a \\ \boldsymbol{\delta}_b \\ \boldsymbol{\delta}_c \end{bmatrix} = \begin{bmatrix} \boldsymbol{T}_{a\tilde{a}} + \boldsymbol{T}_{ab}\boldsymbol{T}_{b\tilde{a}} \\ \boldsymbol{T}_{b\tilde{a}} \\ \boldsymbol{T}_{cb}\boldsymbol{T}_{b\tilde{a}} \end{bmatrix} \boldsymbol{\delta}_{\tilde{a}} + \begin{bmatrix} \boldsymbol{T}_{ab}\boldsymbol{\Psi}_b & \boldsymbol{\Phi}_a & 0 \\ \boldsymbol{\Psi}_b & 0 & 0 \\ \boldsymbol{T}_{cb}\boldsymbol{\Psi}_b & 0 & \boldsymbol{\Phi}_c \end{bmatrix} \begin{bmatrix} \boldsymbol{\eta}_b \\ \boldsymbol{\eta}_a \\ \boldsymbol{\eta}_c \end{bmatrix} \qquad (9.41)$$

となる.右辺第1項は地面の動き(変位)に従属しての構造物の変位を表し,第2項がその動きによって構造物自体の慣性力によって振動する変位成分を表している.そこで,式 (9.41) を式 (9.35) に代入し,さらに両辺に前から式 (9.41) の右辺第2項の係数行列の転置を乗じる.すなわち,

$$\begin{bmatrix} \boldsymbol{I}_{rr} & & sym. \\ \boldsymbol{\Phi}_a^t \left(\boldsymbol{M}_{aa}^{(1)}\boldsymbol{T}_{ab} + \boldsymbol{M}_{ab}^{(1)} \right) \boldsymbol{\Psi}_b & \boldsymbol{I}_{pp} & \\ \boldsymbol{\Phi}_c^t \left(\boldsymbol{M}_{cc}^{(2)}\boldsymbol{T}_{cb} + \boldsymbol{M}_{cb}^{(2)} \right) \boldsymbol{\Psi}_b & 0 & \boldsymbol{I}_{qq} \end{bmatrix} \begin{bmatrix} \ddot{\boldsymbol{\eta}}_b \\ \ddot{\boldsymbol{\eta}}_a \\ \ddot{\boldsymbol{\eta}}_c \end{bmatrix} + \begin{bmatrix} \boldsymbol{\Omega}_b^2 & & sym. \\ 0 & \boldsymbol{\Omega}_a^2 & \\ 0 & 0 & \boldsymbol{\Omega}_c^2 \end{bmatrix} \begin{bmatrix} \boldsymbol{\eta}_b \\ \boldsymbol{\eta}_a \\ \boldsymbol{\eta}_c \end{bmatrix}$$

$$= \begin{bmatrix} \boldsymbol{T}_{ab}\boldsymbol{\Psi}_b & \boldsymbol{\Phi}_a & 0 \\ \boldsymbol{\Psi}_b & 0 & 0 \\ \boldsymbol{T}_{cb}\boldsymbol{\Psi}_b & 0 & \boldsymbol{\Phi}_c \end{bmatrix}^t \left(- \begin{bmatrix} \boldsymbol{M}_{a\tilde{a}}^{(1)} \\ 0 \\ 0 \end{bmatrix} \ddot{\boldsymbol{\delta}}_{\tilde{a}} - \begin{bmatrix} \boldsymbol{K}_{a\tilde{a}}^{(1)} \\ 0 \\ 0 \end{bmatrix} \boldsymbol{\delta}_{\tilde{a}} \right.$$

$$- \begin{bmatrix} \boldsymbol{T}_{ab}\boldsymbol{\Psi}_b & \boldsymbol{\Phi}_a & 0 \\ \boldsymbol{\Psi}_b & 0 & 0 \\ \boldsymbol{T}_{cb}\boldsymbol{\Psi}_b & 0 & \boldsymbol{\Phi}_c \end{bmatrix}^t \left(\begin{bmatrix} \boldsymbol{M}_{aa}^{(1)} & \boldsymbol{M}_{ab}^{(1)} & 0 \\ \boldsymbol{M}_{ba}^{(1)} & \boldsymbol{M}_{bb}^{(1)} + \boldsymbol{M}_{bb}^{(2)} & \boldsymbol{M}_{bc}^{(2)} \\ 0 & \boldsymbol{M}_{cb}^{(2)} & \boldsymbol{M}_{cc}^{(2)} \end{bmatrix} \begin{bmatrix} \boldsymbol{T}_{a\tilde{a}} + \boldsymbol{T}_{ab}\boldsymbol{T}_{b\tilde{a}} \\ \boldsymbol{T}_{b\tilde{a}} \\ \boldsymbol{T}_{cb}\boldsymbol{T}_{b\tilde{a}} \end{bmatrix} \ddot{\boldsymbol{\delta}}_{\tilde{a}} \right.$$

$$\left. + \begin{bmatrix} \boldsymbol{K}_{aa}^{(1)} & \boldsymbol{K}_{ab}^{(1)} & 0 \\ \boldsymbol{K}_{ba}^{(1)} & \boldsymbol{K}_{bb}^{(1)} + \boldsymbol{K}_{bb}^{(2)} & \boldsymbol{K}_{bc}^{(2)} \\ 0 & \boldsymbol{K}_{cb}^{(2)} & \boldsymbol{K}_{cc}^{(2)} \end{bmatrix} \begin{bmatrix} \boldsymbol{T}_{a\tilde{a}} + \boldsymbol{T}_{ab}\boldsymbol{T}_{b\tilde{a}} \\ \boldsymbol{T}_{b\tilde{a}} \\ \boldsymbol{T}_{cb}\boldsymbol{T}_{b\tilde{a}} \end{bmatrix} \boldsymbol{\delta}_{\tilde{a}} \right) \qquad (9.42)$$

となる.この式の右辺は次のように整理できる.

$$右辺 = \begin{bmatrix} \boldsymbol{\Psi}_b^t & 0 & 0 \\ 0 & \boldsymbol{\Phi}_a^t & 0 \\ 0 & 0 & \boldsymbol{\Phi}_c^t \end{bmatrix} \begin{bmatrix} \boldsymbol{T}_{ab}^t & \boldsymbol{I} & \boldsymbol{T}_{cb}^t \\ \boldsymbol{I} & 0 & 0 \\ 0 & 0 & \boldsymbol{I} \end{bmatrix} \left(- \begin{bmatrix} \boldsymbol{M}_{a\tilde{a}}^{(1)} \\ 0 \\ 0 \end{bmatrix} \ddot{\boldsymbol{\delta}}_{\tilde{a}} - \begin{bmatrix} \boldsymbol{K}_{a\tilde{a}}^{(1)} \\ 0 \\ 0 \end{bmatrix} \boldsymbol{\delta}_{\tilde{a}} \right.$$

$$- \begin{bmatrix} \boldsymbol{M}_{aa}^{(1)} & \boldsymbol{M}_{ab}^{(1)} & 0 \\ \boldsymbol{M}_{ba}^{(1)} & \boldsymbol{M}_{bb}^{(1)} + \boldsymbol{M}_{bb}^{(2)} & \boldsymbol{M}_{bc}^{(2)} \\ 0 & \boldsymbol{M}_{cb}^{(2)} & \boldsymbol{M}_{cc}^{(2)} \end{bmatrix} \begin{bmatrix} \boldsymbol{T}_{a\tilde{a}} + \boldsymbol{T}_{ab}\boldsymbol{T}_{b\tilde{a}} \\ \boldsymbol{T}_{b\tilde{a}} \\ \boldsymbol{T}_{cb}\boldsymbol{T}_{b\tilde{a}} \end{bmatrix} \ddot{\boldsymbol{\delta}}_{\tilde{a}}$$

$$\left. - \begin{bmatrix} \boldsymbol{K}_{aa}^{(1)} & \boldsymbol{K}_{ab}^{(1)} & 0 \\ \boldsymbol{K}_{ba}^{(1)} & \boldsymbol{K}_{bb}^{(1)} + \boldsymbol{K}_{bb}^{(2)} & \boldsymbol{K}_{bc}^{(2)} \\ 0 & \boldsymbol{K}_{cb}^{(2)} & \boldsymbol{K}_{cc}^{(2)} \end{bmatrix} \begin{bmatrix} \boldsymbol{T}_{a\tilde{a}} + \boldsymbol{T}_{ab}\boldsymbol{T}_{b\tilde{a}} \\ \boldsymbol{T}_{b\tilde{a}} \\ \boldsymbol{T}_{cb}\boldsymbol{T}_{b\tilde{a}} \end{bmatrix} \boldsymbol{\delta}_{\tilde{a}} \right)$$

$$
\begin{aligned}
=& \begin{bmatrix} \boldsymbol{\Psi}_b^t & 0 & 0 \\ 0 & \boldsymbol{\Phi}_a^t & 0 \\ 0 & 0 & \boldsymbol{\Phi}_c^t \end{bmatrix} \left(- \begin{bmatrix} \boldsymbol{T}_{ab}^t \boldsymbol{M}_{a\tilde{a}}^{(1)} \\ \boldsymbol{M}_{a\tilde{a}}^{(1)} \\ 0 \end{bmatrix} \ddot{\boldsymbol{\delta}}_{\tilde{a}} - \begin{bmatrix} \boldsymbol{T}_{ab}^t \boldsymbol{K}_{a\tilde{a}}^{(1)} \\ \boldsymbol{K}_{a\tilde{a}}^{(1)} \\ 0 \end{bmatrix} \boldsymbol{\delta}_{\tilde{a}} \right. \\
& \left. - \begin{bmatrix} \tilde{\boldsymbol{M}}_{b\tilde{a}} \\ \boldsymbol{M}_{aa}^{(1)} \boldsymbol{T}_{a\tilde{a}} \\ \left(\boldsymbol{M}_{cb}^{(2)} + \boldsymbol{M}_{cc}^{(2)} \boldsymbol{T}_{cb} \right) \boldsymbol{T}_{b\tilde{a}} \end{bmatrix} \ddot{\boldsymbol{\delta}}_{\tilde{a}} - \begin{bmatrix} \tilde{\boldsymbol{K}}_{b\tilde{a}} \\ -\boldsymbol{K}_{a\tilde{a}}^{(1)} \\ 0 \end{bmatrix} \boldsymbol{\delta}_{\tilde{a}} \right) \\
=& - \begin{bmatrix} \boldsymbol{\Psi}_b^t \left(\boldsymbol{T}_{ab}^t \boldsymbol{M}_{a\tilde{a}}^{(1)} + \tilde{\boldsymbol{A}}_{b\tilde{a}} \right) \\ \boldsymbol{\Phi}_a^t \left(\boldsymbol{M}_{a\tilde{a}}^{(1)} + \boldsymbol{M}_{aa}^{(1)} \boldsymbol{T}_{a\tilde{a}} \right) \\ \boldsymbol{\Phi}_c^t \left(\boldsymbol{M}_{cb}^{(2)} + \boldsymbol{M}_{cc}^{(2)} \boldsymbol{T}_{cb} \right) \boldsymbol{T}_{b\tilde{a}} \end{bmatrix} \ddot{\boldsymbol{\delta}}_{\tilde{a}} - \begin{bmatrix} \boldsymbol{\Psi}_b^t \left(\boldsymbol{T}_{ab}^t \boldsymbol{K}_{a\tilde{a}}^{(1)} + \tilde{\boldsymbol{B}}_{b\tilde{a}} \right) \\ 0 \\ 0 \end{bmatrix} \boldsymbol{\delta}_{\tilde{a}}
\end{aligned}
$$
(9.43)

ここで,

$$
\begin{aligned}
\tilde{\boldsymbol{A}}_{b\tilde{a}} =& \left(\boldsymbol{M}_{ba}^{(1)} + \boldsymbol{T}_{ba} \boldsymbol{M}_{aa}^{(1)} \right) \boldsymbol{T}_{a\tilde{a}} \\
& + \left(\boldsymbol{M}_{bb}^{(1)} + \boldsymbol{T}_{ba} \boldsymbol{M}_{ab}^{(1)} + \boldsymbol{M}_{ba}^{(1)} \boldsymbol{T}_{ab} + \boldsymbol{T}_{ba} \boldsymbol{M}_{aa}^{(1)} \boldsymbol{T}_{ab} \right) \boldsymbol{T}_{b\tilde{a}} \\
& + \left(\boldsymbol{M}_{bb}^{(2)} + \boldsymbol{T}_{bc} \boldsymbol{M}_{cb}^{(2)} + \boldsymbol{M}_{bc}^{(2)} \boldsymbol{T}_{cb} + \boldsymbol{T}_{bc} \boldsymbol{M}_{cc}^{(2)} \boldsymbol{T}_{cb} \right) \boldsymbol{T}_{b\tilde{a}} \\
\tilde{\boldsymbol{B}}_{b\tilde{a}} =& \left(\boldsymbol{T}_{ba} \boldsymbol{K}_{ab}^{(1)} \boldsymbol{T}_{b\tilde{a}} - \boldsymbol{K}_{b\tilde{a}}^{(1)} \right) + \left(\boldsymbol{K}_{bb}^{(2)} + \boldsymbol{K}_{bc}^{(2)} \boldsymbol{T}_{cb} \right) \boldsymbol{T}_{b\tilde{a}}
\end{aligned}
$$

である.この部分構造合成法の運動方程式からモード座標での変位ベクトル $[\boldsymbol{\eta}_b, \boldsymbol{\eta}_a, \boldsymbol{\eta}_c]$ を求めて,それを式(9.41)に代入して変位加振応答を求める.

9.3 拘束モード型合成法(多重合成法)

前節の一重合成法でも,解析対象物全体(全系と呼ぶことにする)を素直に一体構造物として有限要素法で解くよりは,必要コンピュータメモリー量の低減,計算時間の短縮,特に構造物のほんの一部分のモデル化を変更した場合の再計算の効率化,部分構造ごとに有限要素モデルを作成しての部分構造解析の独立・並行作業化,などで優位性を出せる.しかし,部分構造の数が多くなるにつれて必然的に結合領域の自由度も増加していくので,コンピュータの必要メモリー量,および計算時間は指数関数的に増大(自由度に対しておおよそ2.7乗程度)する.そこで考えられる工夫のひとつが合成の多重化である.

ここでは,理解しやすいように具体的に図9.3の模式図の構造物について,二重合成法によりアルゴリズムを解説する.

図9.3において,解析対象構造物(全系)を二重の部分構造に分解していくと考え,

9.3 拘束モード型合成法（多重合成法）　　263

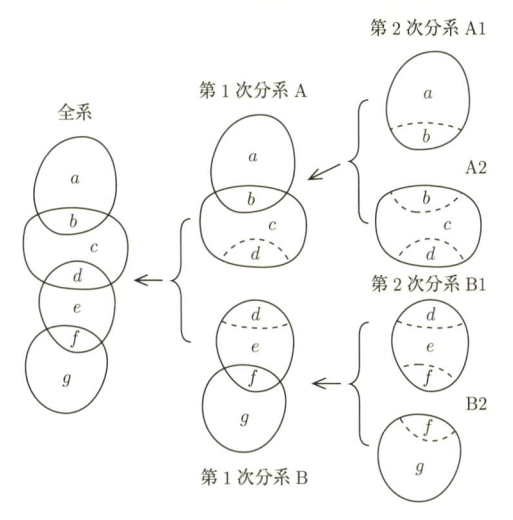

図 9.3　二重合成法例示解説のための構造系

左から右への流れでみる．すなわち，全系をまず第 1 段目の部分構造への分解として 2 つの第 1 次分系 A と B に分ける．さらに第 2 段目の部分構造への分解として第 1 次分系 A は 2 つの第 2 次分系 A1 と A2 に分け，第 1 次分系 B は第 2 次分系 B1 と B2 に分ける．部分構造合成解析の観点からは右から左への合成の流れとなる．

9.3.1　一重目合成解析

一重目の合成解析は，第 2 次分系 A1 と A2 の結合系である第 1 次分系 A の解析と，第 2 次分系 B1 と B2 の結合による第 1 次分系 B の解析である．それぞれは独立に，かつ，まったく同等なアルゴリズムで解析できる．

a.　第 2 次分系 A1 と A2 の解析処理

まず，第 2 次分系 A1 についての解析処理である．解析開始において認識すべきことは，この分系は内部領域 a と結合領域 b で構成され，その結合領域 b は一重目の合成解析終了時点では第 1 次分系 A における内部領域 a, b, c の領域の一部になるということである．そこで，この第 2 次分系 A1 は，この一重目での解析処理において，結合領域 b を固定した状態での内部領域 a の固有値解析で，1 次からある適切な次数（ここでは p_a 次とする）までの固有角振動数と固有モードを求める演算と，結合領域 b に剛性行列と質量行列の自由度を縮小する演算が行われる．

この分系の運動方程式は，結合領域 b の自由度で分系 A2 から作用する内力を $\boldsymbol{f}_b$（この分系からみれば外力），純粋な外力を $[\boldsymbol{g}_a^t, \boldsymbol{g}_b^t]^t$ すると

$$\begin{bmatrix} M_{aa}^{(A1)} & M_{ab}^{(A1)} \\ M_{ba}^{(A1)} & M_{bb}^{(A1)} \end{bmatrix} \begin{bmatrix} \ddot{\delta}_a \\ \ddot{\delta}_b \end{bmatrix} + \begin{bmatrix} K_{aa}^{(A1)} & K_{ab}^{(A1)} \\ K_{ba}^{(A1)} & K_{bb}^{(A1)} \end{bmatrix} \begin{bmatrix} \delta_a \\ \delta_b \end{bmatrix} = \begin{bmatrix} \mathbf{0} \\ \mathbf{f}_b \end{bmatrix} + \begin{bmatrix} \mathbf{g}_a \\ \mathbf{g}_b \end{bmatrix} \quad (9.44)$$

と表現できるので，まずは，結合領域 b を固定した状態での内部領域 a の固有値解析を行う．固有値問題は

$$K_{aa}^{(A1)} \phi = \lambda M_{aa}^{(A1)} \phi \quad (9.45)$$

である．求められた 1 次から p_a 次までの固有角振動数の二乗を対角成分に順に配置した固有値行列を $\Lambda_a^{(1)}$，固有モードを各列に並べた固有モード行列を $\Phi_a^{(1)}$ と表す．なお，ここに限らず固有モードは固有値解析において質量行列に関して正規化して得られるものとする．

次は，剛性行列と質量行列を結合領域に自由度縮小する演算操作である．結合領域の変位に従属する内部領域までの変位ベクトルは，式 (9.8) から (9.12) の導出と同じように行うことで，グヤンの静縮小行列を $T_{ab} = -K_{aa}^{(A1)^{-1}} K_{ab}^{(A1)}$ として

$$\begin{bmatrix} \delta_a \\ \delta_b \end{bmatrix} = \begin{bmatrix} T_{ab} \\ I \end{bmatrix} \delta_b \quad (9.46)$$

と表現できる．これを利用して，分系 A1 の剛性行列と質量行列は

$$\hat{K}_{bb}^{(A1)} = \begin{bmatrix} T_{ab} \\ I \end{bmatrix}^t \begin{bmatrix} K_{aa}^{(A1)} & K_{ab}^{(A1)} \\ K_{ba}^{(A1)} & K_{bb}^{(A1)} \end{bmatrix} \begin{bmatrix} T_{ab} \\ I \end{bmatrix}$$
$$= K_{bb}^{(A1)} + K_{ba}^{(A1)} T_{ab} \quad (9.47)$$
$$\hat{M}_{bb}^{(A1)} = \begin{bmatrix} T_{ab} \\ I \end{bmatrix}^t \begin{bmatrix} M_{aa}^{(A1)} & M_{ab}^{(A1)} \\ M_{ba}^{(A1)} & M_{bb}^{(A1)} \end{bmatrix} \begin{bmatrix} T_{ab} \\ I \end{bmatrix}$$
$$= M_{bb}^{(A1)} + M_{ba}^{(A1)} T_{ab} + T_{ab}^t M_{ab}^{(A1)} + T_{ab}^t M_{aa}^{(A1)} T_{ab} \quad (9.48)$$

の演算で結合領域自由度 b のみの剛性行列 $\hat{K}_{bb}^{(A1)}$ と質量行列 $\hat{M}_{bb}^{(A1)}$ に縮小できる．この演算に加えて，後述の式 (9.60) を構成するときに使うために，

$$\tilde{M}_{ab}^{(A1)} = M_{aa}^{(A1)} T_{ab} + M_{ab}^{(A1)} \quad (9.49)$$

を計算しておく．

次に，第 2 次分系 A2 についての解析処理である．まず，解析に先立ち認識すべきことは，この分系は内部領域 c と 2 か所に分かれている結合領域 b と d で構成され，その結合領域 b は一重目の合成解析終了後は第 1 次分系 A における内部領域 a, b, c の一部になる領域であること，および結合領域 d は二重目の合成における第 1 次分系 A と B の結合領域となる自由度である点である．そこで，この段階での第 2 次分系 A2 の解析処理においては結合領域 b と d に剛性行列と質量行列の自由度を縮小し，

9.3 拘束モード型合成法（多重合成法）

結合領域 d の自由度は固定境界条件として分系 A1 と A2 の合成解析処理に進む．

さて，結合領域 b に分系 A1 から作用する内力（反作用力）を $-\boldsymbol{f}_b$ と表し，結合領域 d に分系 B1 から受ける内力を $\boldsymbol{f}_d$ とし，他の純粋な外力を $[\boldsymbol{g}_c, \boldsymbol{g}_b, \boldsymbol{g}_d]^t$ とすると，この分系の運動方程式は，

$$\begin{bmatrix} \boldsymbol{M}_{cc}^{(A2)} & \boldsymbol{M}_{cb}^{(A2)} & \boldsymbol{M}_{cd}^{(A2)} \\ \boldsymbol{M}_{bc}^{(A2)} & \boldsymbol{M}_{bb}^{(A2)} & 0 \\ \boldsymbol{M}_{dc}^{(A2)} & 0 & \boldsymbol{M}_{dd}^{(A2)} \end{bmatrix} \begin{bmatrix} \ddot{\boldsymbol{\delta}}_c \\ \ddot{\boldsymbol{\delta}}_b \\ \ddot{\boldsymbol{\delta}}_d \end{bmatrix} + \begin{bmatrix} \boldsymbol{K}_{cc}^{(A2)} & \boldsymbol{K}_{cb}^{(A2)} & \boldsymbol{K}_{cd}^{(A2)} \\ \boldsymbol{K}_{bc}^{(A2)} & \boldsymbol{K}_{bb}^{(A2)} & 0 \\ \boldsymbol{K}_{dc}^{(A2)} & 0 & \boldsymbol{K}_{dd}^{(A2)} \end{bmatrix} \begin{bmatrix} \boldsymbol{\delta}_c \\ \boldsymbol{\delta}_b \\ \boldsymbol{\delta}_d \end{bmatrix}$$
$$= \begin{bmatrix} 0 \\ -\boldsymbol{f}_b \\ \boldsymbol{f}_d \end{bmatrix} + \begin{bmatrix} \boldsymbol{g}_c \\ \boldsymbol{g}_b \\ \boldsymbol{g}_d \end{bmatrix} \tag{9.50}$$

と表されるので，内部領域についての固有値問題

$$\boldsymbol{K}_{cc}^{(A2)} \boldsymbol{\phi} = \lambda \boldsymbol{M}_{cc}^{(A2)} \boldsymbol{\phi} \tag{9.51}$$

を解く．求められた 1 次から p_c 次までの固有値（固有角振動数の二乗）を対角成分に順に配置した固有値行列を $\boldsymbol{\Lambda}_c^{(1)}$，固有モードを各列に並べた固有モード行列を $\boldsymbol{\Phi}_c^{(1)}$ と表す．

この部分構造をグヤンの静縮小によって結合領域自由度 b と d のみの剛性行列と質量行列を導出する．すなわち，それらは自由度縮小変換式が

$$\begin{bmatrix} \boldsymbol{\delta}_c^{(A2)} \\ \boldsymbol{\delta}_b^{(A2)} \\ \boldsymbol{\delta}_d^{(A2)} \end{bmatrix} = \begin{bmatrix} -\boldsymbol{K}_{cc}^{-1}\boldsymbol{K}_{cb} & -\boldsymbol{K}_{cc}^{-1}\boldsymbol{K}_{cd} \\ \boldsymbol{I} & 0 \\ 0 & \boldsymbol{I} \end{bmatrix} \begin{bmatrix} \boldsymbol{\delta}_b \\ \boldsymbol{\delta}_d \end{bmatrix} = \begin{bmatrix} \boldsymbol{T}_{cb} & \boldsymbol{T}_{cd} \\ \boldsymbol{I} & 0 \\ 0 & \boldsymbol{I} \end{bmatrix} \begin{bmatrix} \boldsymbol{\delta}_b \\ \boldsymbol{\delta}_d \end{bmatrix} \tag{9.52}$$

と表現されるので，

$$\begin{bmatrix} \hat{\boldsymbol{K}}_{bb}^{(A2)} & \hat{\boldsymbol{K}}_{bd}^{(A2)} \\ \hat{\boldsymbol{K}}_{db}^{(A2)} & \hat{\boldsymbol{K}}_{dd}^{(A2)} \end{bmatrix} = \begin{bmatrix} \boldsymbol{T}_{cb} & \boldsymbol{T}_{cd} \\ \boldsymbol{I} & 0 \\ 0 & \boldsymbol{I} \end{bmatrix}^t \begin{bmatrix} \boldsymbol{K}_{cc}^{(A2)} & \boldsymbol{K}_{cb}^{(A2)} & \boldsymbol{K}_{cd}^{(A2)} \\ \boldsymbol{K}_{bc}^{(A2)} & \boldsymbol{K}_{bb}^{(A2)} & 0 \\ \boldsymbol{K}_{dc}^{(A2)} & 0 & \boldsymbol{K}_{dd}^{(A2)} \end{bmatrix} \begin{bmatrix} \boldsymbol{T}_{cb} & \boldsymbol{T}_{cd} \\ \boldsymbol{I} & 0 \\ 0 & \boldsymbol{I} \end{bmatrix}$$
$$= \begin{bmatrix} \boldsymbol{K}_{bb}^{(A2)} & 0 \\ 0 & \boldsymbol{K}_{dd}^{(A2)} \end{bmatrix} + \begin{bmatrix} \boldsymbol{K}_{bc}^{(A2)} \\ \boldsymbol{K}_{dc}^{(A2)} \end{bmatrix} \begin{bmatrix} \boldsymbol{T}_{cb} & \boldsymbol{T}_{cd} \end{bmatrix} \tag{9.53}$$

$$\begin{bmatrix} \hat{M}_{bb}^{(A2)} & \hat{M}_{bd}^{(A2)} \\ \hat{M}_{db}^{(A2)} & \hat{M}_{dd}^{(A2)} \end{bmatrix} = \begin{bmatrix} T_{cb} & T_{cd} \\ I & 0 \\ 0 & I \end{bmatrix}^t \begin{bmatrix} M_{cc}^{(A2)} & M_{cb}^{(A2)} & M_{cd}^{(A2)} \\ M_{bc}^{(A2)} & M_{bb}^{(A2)} & 0 \\ M_{dc}^{(A2)} & 0 & M_{dd}^{(A2)} \end{bmatrix} \begin{bmatrix} T_{cb} & T_{cd} \\ I & 0 \\ 0 & I \end{bmatrix}$$

$$= \begin{bmatrix} M_{bb}^{(A2)} & 0 \\ 0 & M_{dd}^{(A2)} \end{bmatrix} + \begin{bmatrix} M_{bc}^{(A2)} \\ M_{dc}^{(A2)} \end{bmatrix} \begin{bmatrix} T_{cb} & T_{cd} \end{bmatrix}$$

$$+ \begin{bmatrix} T_{cb}^t \\ T_{cd}^t \end{bmatrix} \begin{bmatrix} M_{cb}^{(A2)} & M_{cd}^{(A2)} \end{bmatrix} + \begin{bmatrix} T_{cb}^t \\ T_{cd}^t \end{bmatrix} M_{cc}^{(A2)} \begin{bmatrix} T_{cb} & T_{cd} \end{bmatrix} \tag{9.54}$$

の演算で求められる.

b. 第1次分系 A の解析処理

第2次分系 A2 の結合領域 d を固定境界条件とした場合での A1 と A2 の結合系の解析である. まず，先に結合領域の自由度に縮小した剛性行列と質量行列を重ね合わせることで，第1次分系 A について自由度 a と c を縮小消去した自由度での固有値問題を構成する. すなわち,

$$\begin{bmatrix} \hat{K}_{bb}^{(A1)} + \hat{K}_{bb}^{(A2)} & \hat{K}_{bd}^{(A2)} \\ \hat{K}_{db}^{(A2)} & \hat{K}_{dd}^{(A2)} \end{bmatrix} \begin{bmatrix} \hat{\phi}_b \\ \hat{\phi}_d \end{bmatrix} = \lambda \begin{bmatrix} \hat{M}_{bb}^{(A1)} + \hat{M}_{bb}^{(A2)} & \hat{M}_{bd}^{(A2)} \\ \hat{M}_{db}^{(A2)} & \hat{M}_{dd}^{(A2)} \end{bmatrix} \begin{bmatrix} \hat{\phi}_b \\ \hat{\phi}_d \end{bmatrix} \tag{9.55}$$

である. 結合領域 d は二重目の合成解析での結合領域となるので，この時点では固定条件として,

$$\left[\hat{K}_{bb}^{(A1)} + \hat{K}_{bb}^{(A2)} \right] \hat{\phi}_b = \lambda \left[\hat{M}_{bb}^{(A1)} + \hat{M}_{bb}^{(A2)} \right] \hat{\phi}_b \tag{9.56}$$

を解いて，モード合成に利用する1次からある適切な次数 $p_b^{(1)}$ 次までの固有モードを求め，その固有モード行列を $\hat{\Phi}_b^{(1)}$, これに対応する固有値行列を $\hat{\Lambda}_b^{(1)}$ と表すことにする.

以上より，第1次分系 A の全自由度（領域 d は固定）の変位ベクトルを，すでに求めているモードの重ね合わせで表現する. 概念的（実際にはこのような大きな行列をプログラムしない）には次式のとおりである.

$$\begin{bmatrix} \delta_a \\ \delta_b \\ \delta_c \end{bmatrix} = \begin{bmatrix} T_{ab}\hat{\Phi}_b^{(1)} & \Phi_a^{(1)} & 0 \\ \hat{\Phi}_b^{(1)} & 0 & 0 \\ T_{cb}\hat{\Phi}_b^{(1)} & 0 & \Phi_c^{(1)} \end{bmatrix} \begin{bmatrix} \xi_b \\ \xi_a \\ \xi_c \end{bmatrix} \tag{9.57}$$

第1次分系 A の全自由度（領域 d は固定）を表現する剛性行列と質量行列を，やはり概念的に作り上げれば,

9.3 拘束モード型合成法（多重合成法）

$$\begin{bmatrix} K_{aa}^{(A1)} & K_{ab}^{(A1)} & 0 \\ K_{ba}^{(A1)} & K_{bb}^{(A1)} + K_{bb}^{(A2)} & K_{bc}^{(A2)} \\ 0 & K_{cb}^{(A2)} & K_{cc}^{(A2)} \end{bmatrix}$$

$$\begin{bmatrix} M_{aa}^{(A1)} & M_{ab}^{(A1)} & 0 \\ M_{ba}^{(A1)} & M_{bb}^{(A1)} + M_{bb}^{(A2)} & M_{bc}^{(A2)} \\ 0 & M_{cb}^{(A2)} & M_{cc}^{(A2)} \end{bmatrix} \quad (9.58)$$

となる．そこで，物理座標上での運動方程式を式 (9.57) のモード変位場へ座標変換する．剛性行列と質量行列それぞれに式 (9.57) の右辺係数行列を前後から乗じて 2 次形式演算をすればよい．すなわち，

$$\left.\begin{aligned}
&\begin{bmatrix} T_{ab}\hat{\Phi}_b^{(1)} & \Phi_a^{(1)} & 0 \\ \hat{\Phi}_b^{(1)} & 0 & 0 \\ T_{cb}\hat{\Phi}_b^{(1)} & 0 & \Phi_c^{(1)} \end{bmatrix}^t \begin{bmatrix} K_{aa}^{(A1)} & K_{ab}^{(A1)} & 0 \\ K_{ba}^{(A1)} & K_{bb}^{(A1)} + K_{bb}^{(A2)} & K_{bc}^{(A2)} \\ 0 & K_{cb}^{(A2)} & K_{cc}^{(A2)} \end{bmatrix} \\
&\begin{bmatrix} T_{ab}\hat{\Phi}_b^{(1)} & \Phi_a^{(1)} & 0 \\ \hat{\Phi}_b^{(1)} & 0 & 0 \\ T_{cb}\hat{\Phi}_b^{(1)} & 0 & \Phi_c^{(1)} \end{bmatrix} \\
&\begin{bmatrix} T_{ab}\hat{\Phi}_b^{(1)} & \Phi_a^{(1)} & 0 \\ \hat{\Phi}_b^{(1)} & 0 & 0 \\ T_{cb}\hat{\Phi}_b^{(1)} & 0 & \Phi_c^{(1)} \end{bmatrix}^t \begin{bmatrix} M_{aa}^{(A1)} & M_{ab}^{(A1)} & 0 \\ M_{ba}^{(A1)} & M_{bb}^{(A1)} + M_{bb}^{(A2)} & M_{bc}^{(A2)} \\ 0 & M_{cb}^{(A2)} & M_{cc}^{(A2)} \end{bmatrix} \\
&\begin{bmatrix} T_{ab}\hat{\Phi}_b^{(1)} & \Phi_a^{(1)} & 0 \\ \hat{\Phi}_b^{(1)} & 0 & 0 \\ T_{cb}\hat{\Phi}_b^{(1)} & 0 & \Phi_c^{(1)} \end{bmatrix}
\end{aligned}\right\} \quad (9.59)$$

である．実際のプログラミングでは大きな自由度の行列演算になってしまうので式 (9.59) の演算は行わない．これは理論的に画一形式に展開整理できて，次式のとおりにモード座標での運動方程式となる．それをプログラム上で作成しさえすればよい．

$$\begin{bmatrix} \hat{\Lambda}_b^{(1)} & & sym. \\ 0 & \Lambda_a^{(1)} & \\ 0 & 0 & \Lambda_c^{(1)} \end{bmatrix} \begin{bmatrix} \ddot{\xi}_b \\ \ddot{\xi}_a \\ \ddot{\xi}_c \end{bmatrix} + \begin{bmatrix} I & & sym. \\ \Phi_a^{(1)t}\tilde{M}_{ab}^{(A1)}\hat{\Phi}_b^{(1)} & I & \\ \Phi_c^{(1)t}\tilde{M}_{cb}^{(A2)}\hat{\Phi}_b^{(1)} & 0 & I \end{bmatrix} \begin{bmatrix} \xi_b \\ \xi_a \\ \xi_c \end{bmatrix}$$
$$= \begin{bmatrix} \hat{\Phi}_b^{(1)t} T_{ab}^t g_a + \hat{\Phi}_b^{(1)t} g_b + \hat{\Phi}_b^{(1)t} T_{cb}^t g_c \\ \Phi_a^{(1)t} g_a \\ \Phi_c^{(1)t} g_c \end{bmatrix} \quad (9.60)$$

この方程式の右辺をゼロベクトルとして，第 1 次分系 A に関して 1 次から適当な第

p_A 次まで固有値解析でモード空間座標での固有モードと固有値を求める．固有モードについてはその結果を式 (9.57) に代入して

$$\begin{bmatrix} \boldsymbol{\phi}_a^{(A)} \\ \boldsymbol{\phi}_b^{(A)} \\ \boldsymbol{\phi}_c^{(A)} \end{bmatrix} = \begin{bmatrix} \boldsymbol{T}_{ab}\hat{\boldsymbol{\Phi}}_b^{(1)} & \boldsymbol{\Phi}_a^{(1)} & 0 \\ \hat{\boldsymbol{\Phi}}_b^{(1)} & 0 & 0 \\ \boldsymbol{T}_{cb}\hat{\boldsymbol{\Phi}}_b^{(1)} & 0 & \boldsymbol{\Phi}_c^{(1)} \end{bmatrix} \begin{bmatrix} \boldsymbol{\xi}_b \\ \boldsymbol{\xi}_a \\ \boldsymbol{\xi}_c \end{bmatrix} \tag{9.61}$$

のように物理座標上での固有モードを求めておく．固有値については，それらを対角成分に並べた固有値行列を $\boldsymbol{\Lambda}_A^{(1)}$ とする．二重目合成解析の段で利用するために

$$\boldsymbol{T}_{bd}^{(A)} = \left[\hat{\boldsymbol{K}}_{bb}^{(A1)} + \hat{\boldsymbol{K}}_{bb}^{(A2)}\right]^{-1} \hat{\boldsymbol{K}}_{bd}^{(A2)} \tag{9.62}$$

$$\tilde{\boldsymbol{M}}_{bd}^{(A)} = \left[\hat{\boldsymbol{M}}_{bb}^{(A1)} + \hat{\boldsymbol{M}}_{bb}^{(A2)}\right] \boldsymbol{T}_{bd}^{(A)} + \hat{\boldsymbol{M}}_{db}^{(A2)} \tag{9.63}$$

の行列も計算しておく．

c. 第 2 次分系 B1 と B2 の解析処理

第 2 次分系 A1 と A2 の解析処理と同じなので，結論的な点のみを記す．まず，第 2 次分系 B1 については，その領域を結合領域 d（二重目の結合領域），f（一重目の結合領域），内部領域を添え字 e で表すこととして剛性行列と質量行列は，

$$\begin{bmatrix} \boldsymbol{K}_{ee}^{(B1)} & \boldsymbol{K}_{ef}^{(B1)} & \boldsymbol{K}_{ed}^{(B1)} \\ \boldsymbol{K}_{fe}^{(B1)} & \boldsymbol{K}_{ff}^{(B1)} & 0 \\ \boldsymbol{K}_{de}^{(B1)} & 0 & \boldsymbol{K}_{dd}^{(B1)} \end{bmatrix}, \begin{bmatrix} \boldsymbol{M}_{ee}^{(B1)} & \boldsymbol{M}_{ef}^{(B1)} & \boldsymbol{M}_{ed}^{(B1)} \\ \boldsymbol{M}_{fe}^{(B1)} & \boldsymbol{M}_{ff}^{(B1)} & 0 \\ \boldsymbol{M}_{de}^{(B1)} & 0 & \boldsymbol{M}_{dd}^{(B1)} \end{bmatrix} \tag{9.64}$$

と表せる．内部領域について結合領域固定の境界条件での固有値解析

$$\boldsymbol{K}_{ee}^{(B1)}\boldsymbol{\phi} = \lambda \boldsymbol{M}_{ee}^{(B1)}\boldsymbol{\phi} \tag{9.65}$$

を実行し，1 次から適当な p_e 次までの固有値と固有モードを求め，固有値行列 $\boldsymbol{\Lambda}_e^{(1)}$ と固有モード行列 $\boldsymbol{\Phi}_e^{(1)}$ を作成する．

次に，剛性行列と質量行列をグヤンの静縮小で内部領域 e について縮小させて，結合領域 d と f のみとなるものにする．すなわち，グヤンの静縮小は

$$\begin{bmatrix} \boldsymbol{\delta}_e^{(B1)} \\ \boldsymbol{\delta}_f^{(B1)} \\ \boldsymbol{\delta}_d^{(B1)} \end{bmatrix} = \begin{bmatrix} -\boldsymbol{K}_{ee}^{-1}\boldsymbol{K}_{ef} & -\boldsymbol{K}_{ee}^{-1}\boldsymbol{K}_{ed} \\ \boldsymbol{I} & 0 \\ 0 & \boldsymbol{I} \end{bmatrix} \begin{bmatrix} \boldsymbol{\delta}_f \\ \boldsymbol{\delta}_d \end{bmatrix} = \begin{bmatrix} \boldsymbol{T}_{ef} & \boldsymbol{T}_{ed} \\ \boldsymbol{I} & 0 \\ 0 & \boldsymbol{I} \end{bmatrix} \begin{bmatrix} \boldsymbol{\delta}_f \\ \boldsymbol{\delta}_d \end{bmatrix} \tag{9.66}$$

によって，式 (9.53) と (9.54) と同様に，

9.3 拘束モード型合成法（多重合成法）

$$\begin{bmatrix} \hat{K}_{ff}^{(B1)} & \hat{K}_{fd}^{(B1)} \\ \hat{K}_{df}^{(B1)} & \hat{K}_{dd}^{(B1)} \end{bmatrix}$$

$$= \begin{bmatrix} K_{ff}^{(B1)} & 0 \\ 0 & K_{dd}^{(B1)} \end{bmatrix} + \begin{bmatrix} K_{fe}^{(B1)} \\ K_{de}^{(B1)} \end{bmatrix} \begin{bmatrix} T_{ef} & T_{ed} \end{bmatrix} \quad (9.67)$$

$$\begin{bmatrix} \hat{M}_{ff}^{(B1)} & \hat{M}_{fd}^{(B1)} \\ \hat{M}_{df}^{(B1)} & \hat{M}_{dd}^{(B1)} \end{bmatrix}$$

$$= \begin{bmatrix} M_{ff}^{(B1)} & 0 \\ 0 & M_{dd}^{(B1)} \end{bmatrix} + \begin{bmatrix} M_{fe}^{(B1)} \\ M_{de}^{(B1)} \end{bmatrix} \begin{bmatrix} T_{ef} & T_{ed} \end{bmatrix}$$

$$+ \begin{bmatrix} T_{ef} \\ T_{ed} \end{bmatrix} \begin{bmatrix} M_{ef}^{(B1)} & M_{ed}^{(B1)} \end{bmatrix} + \begin{bmatrix} T_{ef}^t \\ T_{ed}^t \end{bmatrix} M_{ee}^{(B1)} \begin{bmatrix} T_{ef} & T_{ed} \end{bmatrix} \quad (9.68)$$

と演算できる．

第 2 次分系 B2 については，ちょうど分系 A1 と同様に，剛性行列と質量行列

$$\begin{bmatrix} K_{gg}^{(B2)} & K_{gf}^{(B2)} \\ K_{fg}^{(B2)} & K_{ff}^{(B2)} \end{bmatrix} \, と \, \begin{bmatrix} M_{gg}^{(B2)} & M_{gf}^{(B2)} \\ M_{fg}^{(B2)} & M_{ff}^{(B2)} \end{bmatrix} \quad (9.69)$$

の作成から始まり，次の計算作業を順不同で実行する．まず，内部領域に関する固有値解析

$$K_{gg}^{(B2)} \phi = \lambda M_{gg}^{(B2)} \phi \quad (9.70)$$

によって 1 次から適当な次数の p_g 次までの固有値と固有モードを計算し，固有値行列 $\Lambda_g^{(1)}$ と固有モード行列 $\Phi_g^{(1)}$ を求める．

次に，グヤンの静縮小行列を $T_{gf} = -K_{gg}^{(B2)^{-1}} K_{gf}^{(B2)}$ と計算して，第 2 次分系 B2 の剛性行列と質量行列を結合自由度のみに縮小する．すなわち，

$$\hat{K}_{ff}^{(B2)} = \begin{bmatrix} T_{gf} \\ I \end{bmatrix}^t \begin{bmatrix} K_{gg}^{(A1)} & K_{gf}^{(A1)} \\ K_{fg}^{(A1)} & K_{ff}^{(A1)} \end{bmatrix} \begin{bmatrix} T_{gf} \\ I \end{bmatrix}$$

$$= K_{gg}^{(B2)} + K_{gf}^{(B2)} T_{gf} \quad (9.71)$$

$$\hat{M}_{ff}^{(B2)} = \begin{bmatrix} T_{gf} \\ I \end{bmatrix}^t \begin{bmatrix} M_{gg}^{(B2)} & M_{gf}^{(B2)} \\ M_{fg}^{(B2)} & M_{ff}^{(B2)} \end{bmatrix} \begin{bmatrix} T_{gf} \\ I \end{bmatrix}$$

$$= M_{gg}^{(B2)} + M_{gf}^{(B2)} T_{gf} + T_{gf}^t M_{gf}^{(B2)} + T_{gf}^t M_{gg}^{(B2)} T_{gf} \quad (9.72)$$

である．最後に，

$$\tilde{M}_{gf}^{(B2)} = M_{gg}^{(B2)} T_{gf} + M_{gf}^{(B2)} \quad (9.73)$$

を計算する．

d. 第1次分系 B の解析処理

第2次分系 B1 の結合領域 d を固定境界条件とした場合での B1 と B2 の結合系の解析である．解析工程は第1次分系 A とまったく同じである．まず，結合領域 d は二重目の合成解析での結合領域となるので，この時点では固定条件として，

$$\left[\hat{K}_{ff}^{(B1)} + \hat{K}_{ff}^{(B2)}\right]\phi_f = \lambda\left[\hat{M}_{ff}^{(B1)} + \hat{M}_{ff}^{(B2)}\right]\phi_f \tag{9.74}$$

の固有値問題を解いて，モード合成に利用する1次から適切な $p_f^{(1)}$ 次までの固有値と固有モードを求め，固有値行列 $\hat{\Lambda}_f^{(1)}$，それに対応するモード行列 $\hat{\Phi}_f^{(1)}$ を作成する．

以上より第1次分系 B の全自由度（領域 d は固定）の変位ベクトルを，すでに求めているモードの重ね合わせで表現すると次式のとおりである．

$$\begin{bmatrix}\boldsymbol{\delta}_e \\ \boldsymbol{\delta}_f \\ \boldsymbol{\delta}_g\end{bmatrix} = \begin{bmatrix} T_{ef}\hat{\boldsymbol{\Phi}}_f^{(1)} & \boldsymbol{\Phi}_e^{(1)} & 0 \\ \hat{\boldsymbol{\Phi}}_f^{(1)} & 0 & 0 \\ T_{gf}\hat{\boldsymbol{\Phi}}_f^{(1)} & 0 & \boldsymbol{\Phi}_g^{(1)} \end{bmatrix}\begin{bmatrix}\boldsymbol{\xi}_f \\ \boldsymbol{\xi}_e \\ \boldsymbol{\xi}_g\end{bmatrix} \tag{9.75}$$

境界条件として結合領域 d を固定とした第1次分系 B の運動方程式を式 (9.75) のモード変位座標へ座標変換するためには，剛性行列と質量行列それぞれに式 (9.75) の右辺係数行列とその転置行列を前後から乗じればよい．結果として，これは理論的に画一的な形式に展開整理できて，次式のとおりにモード座標での運動方程式となる．それをプログラム上で作成しさえすればよい．

$$\begin{bmatrix}\boldsymbol{\Lambda}_f^{(1)} & & sym. \\ 0 & \boldsymbol{\Lambda}_e^{(1)} & \\ 0 & 0 & \boldsymbol{\Lambda}_g^{(1)}\end{bmatrix}\begin{bmatrix}\ddot{\boldsymbol{\xi}}_f \\ \ddot{\boldsymbol{\xi}}_e \\ \ddot{\boldsymbol{\xi}}_g\end{bmatrix} + \begin{bmatrix} I & & sym. \\ \boldsymbol{\Phi}_e^{(1)t}\tilde{M}_{ef}^{(B1)}\hat{\boldsymbol{\Phi}}_f^{(1)} & I & \\ \boldsymbol{\Phi}_g^{(1)t}\tilde{M}_{gf}^{(B2)}\hat{\boldsymbol{\Phi}}_f^{(1)} & 0 & I\end{bmatrix}\begin{bmatrix}\boldsymbol{\xi}_f \\ \boldsymbol{\xi}_e \\ \boldsymbol{\xi}_g\end{bmatrix}$$
$$= \begin{bmatrix}\hat{\boldsymbol{\Phi}}_f^{(1)t}T_{ef}^t\boldsymbol{g}_e + \hat{\boldsymbol{\Phi}}_f^{(1)t}\boldsymbol{g}_f + \hat{\boldsymbol{\Phi}}_f^{(1)t}T_{gf}^t\boldsymbol{g}_g \\ \boldsymbol{\Phi}_e^{(1)t}\boldsymbol{g}_e \\ \boldsymbol{\Phi}_g^{(1)t}\boldsymbol{g}_g\end{bmatrix} \tag{9.76}$$

この方程式の右辺をゼロベクトルとして，1次から適当な p_B 次まで固有値解析でモード空間座標での固有モードと固有値を求める．固有モードについてはその結果を式 (9.75) に代入して

$$\begin{bmatrix}\boldsymbol{\phi}_e^{(B)} \\ \boldsymbol{\phi}_f^{(B)} \\ \boldsymbol{\phi}_g^{(B)}\end{bmatrix} = \begin{bmatrix} T_{ef}\hat{\boldsymbol{\Phi}}_f^{(1)} & \boldsymbol{\Phi}_e^{(1)} & 0 \\ \hat{\boldsymbol{\Phi}}_f^{(1)} & 0 & 0 \\ T_{gf}\hat{\boldsymbol{\Phi}}_f^{(1)} & 0 & \boldsymbol{\Phi}_g^{(1)}\end{bmatrix}\begin{bmatrix}\boldsymbol{\xi}_f \\ \boldsymbol{\xi}_e \\ \boldsymbol{\xi}_g\end{bmatrix} \tag{9.77}$$

のように物理座標上での固有モードを求めておく．固有値については，それらを対角成分に並べた固有値行列を $\boldsymbol{\Lambda}_B^{(1)}$ とする．二重目合成解析の段で利用するために

9.3 拘束モード型合成法（多重合成法）

$$T_{fd}^{(B)} = \left[\hat{K}_{ff}^{(B1)} + \hat{K}_{ff}^{(B2)}\right]^{-1} \hat{K}_{fd}^{(B1)} \tag{9.78}$$

$$\tilde{M}_{fd}^{(B)} = \left[\hat{M}_{ff}^{(B1)} + \hat{M}_{ff}^{(B2)}\right] T_{fd}^{(B)} + \hat{M}_{fb}^{(B2)} \tag{9.79}$$

の行列も計算しておく．

9.3.2 二重目合成解析

第 1 次分系 A について式 (9.55) の左辺の剛性行列と質量行列を結合領域 d のみの自由度までグヤンの静縮小で縮小する．グヤンの静縮小行列 T_{bd} は

$$T_{bd} = -\left[\hat{K}_{bb}^{(A1)} + \hat{K}_{bb}^{(A2)}\right]^{-1} \hat{K}_{bd}^{(A2)} \tag{9.80}$$

で計算でき，結局，

$$\begin{aligned}
\hat{\hat{K}}_{dd}^{(A)} &= \begin{bmatrix} T_{bd} \\ I \end{bmatrix}^t \begin{bmatrix} \hat{K}_{bb}^{(A1)} + \hat{K}_{bb}^{(A2)} & \hat{K}_{bd}^{(A2)} \\ \hat{K}_{db}^{(A2)} & \hat{K}_{dd}^{(A2)} \end{bmatrix} \begin{bmatrix} T_{bd} \\ I \end{bmatrix} \\
\hat{\hat{M}}_{dd}^{(A)} &= \begin{bmatrix} T_{bd} \\ I \end{bmatrix}^t \begin{bmatrix} \hat{M}_{bb}^{(A1)} + \hat{M}_{bb}^{(A2)} & \hat{M}_{bd}^{(A2)} \\ \hat{M}_{db}^{(A2)} & \hat{M}_{dd}^{(A2)} \end{bmatrix} \begin{bmatrix} T_{bd} \\ I \end{bmatrix}
\end{aligned} \tag{9.81}$$

と縮小できる．

第 1 次分系 B についても，第 1 次分系 A の解析処理と同様に，グヤンの静縮小行列を

$$T_{fd} = -\left[\hat{K}_{ff}^{(B1)} + \hat{K}_{ff}^{(B2)}\right]^{-1} \hat{K}_{fd}^{(B1)} \tag{9.82}$$

と計算し，

$$\begin{aligned}
\hat{\hat{K}}_{dd}^{(B)} &= \begin{bmatrix} I \\ T_{fd} \end{bmatrix}^t \begin{bmatrix} \hat{K}_{dd}^{(B1)} & \hat{K}_{df}^{(B1)} \\ \hat{K}_{fd}^{(B1)} & \hat{K}_{ff}^{(B1)} + \hat{K}_{ff}^{(B2)} \end{bmatrix} \begin{bmatrix} I \\ T_{fd} \end{bmatrix} \\
\hat{\hat{M}}_{dd}^{(B)} &= \begin{bmatrix} I \\ T_{fd} \end{bmatrix}^t \begin{bmatrix} \hat{M}_{dd}^{(B1)} & \hat{M}_{df}^{(B1)} \\ \hat{M}_{fd}^{(B1)} & \hat{M}_{ff}^{(B1)} + \hat{M}_{ff}^{(B2)} \end{bmatrix} \begin{bmatrix} I \\ T_{fd} \end{bmatrix}
\end{aligned} \tag{9.83}$$

を求める．これらの縮小結果を用いて全系（二重目の合成段階）の結合領域 d についての固有値問題

$$\left[\hat{\hat{K}}_{dd}^{(A)} + \hat{\hat{K}}_{dd}^{(B)}\right] \phi_d = \lambda \left[\hat{\hat{M}}_{dd}^{(A)} + \hat{\hat{M}}_{dd}^{(B)}\right] \phi_d \tag{9.84}$$

を解いて，1 次から適切な $p_d^{(2)}$ 次までの固有値と固有モードを求め，それぞれ固有値行列 $\hat{\hat{\Lambda}}_d^{(2)}$ と $\hat{\hat{\Phi}}_d^{(2)}$ の形式で保持する．

これまでに得られた固有モード行列と縮小変換行列を使って，全系の変位を次のように固有モードの重ね合わせで近似表現できることになる．

$$\begin{bmatrix} \delta_a \\ \delta_b \\ \delta_c \\ \delta_d \\ \delta_e \\ \delta_f \\ \delta_g \end{bmatrix} = \begin{bmatrix} T_{ab}T_{bd}\hat{\tilde{\Phi}}_d^{(2)} & \Phi_a^{(A)} & 0 \\ T_{bd}\hat{\tilde{\Phi}}_d^{(2)} & \Phi_b^{(A)} & 0 \\ (T_{cb}T_{bd}+T_{cd})\hat{\tilde{\Phi}}_d^{(2)} & \Phi_c^{(A)} & 0 \\ \hat{\tilde{\Phi}}_d^{(2)} & 0 & 0 \\ (T_{ef}T_{fd}+T_{ed})\hat{\tilde{\Phi}}_d^{(2)} & 0 & \Phi_e^{(B)} \\ T_{fd}\hat{\tilde{\Phi}}_d^{(2)} & 0 & \Phi_f^{(B)} \\ T_{gf}T_{fd}\hat{\tilde{\Phi}}_d^{(2)} & 0 & \Phi_g^{(B)} \end{bmatrix} \begin{bmatrix} \xi_d \\ \xi_A \\ \xi_B \end{bmatrix} \quad (9.85)$$

このモード変換行列によって，全系についての物理座標上での剛性行列と質量行列（これらは大自由度で実際にはプログラム上で作成しない）をモード座標空間へ変換する．この変換行程を手計算で行うとかなりやっかいな作業となるが，結論として全系についてのモード空間座標上での固有値問題は次式のように作り上げることができる．

$$\begin{bmatrix} \hat{\Lambda}_d^{(2)} & & sym. \\ 0 & \Lambda_A^{(1)} & \\ 0 & 0 & \Lambda_B^{(1)} \end{bmatrix} \begin{bmatrix} \xi_d \\ \xi_A \\ \xi_B \end{bmatrix} = \lambda \begin{bmatrix} I_d & & sym. \\ M_{Ad}^{(2)} & I_A & \\ M_{Bd}^{(2)} & 0 & I_B \end{bmatrix} \begin{bmatrix} \xi_d \\ \xi_A \\ \xi_B \end{bmatrix} \quad (9.86)$$

ここで，I_d, I_A および I_B はすべて単位行列であり，大きさはそれぞれに対応する剛性行列中の固有値行列に一致する．$sym.$ は対称行列を表す記号である．非対角部分行列の $M_{Ad}^{(2)}$ と $M_{Bd}^{(2)}$ は

$$M_{Ad}^{(2)} = \Phi_a^{(A)t}\tilde{M}_{ab}^{(A1)}T_{bd}\hat{\tilde{\Phi}}_d^{(2)} + \Phi_b^{(A)t}\tilde{M}_{bd}^{(A)}\hat{\tilde{\Phi}}_d^{(2)} \\ + \Phi_c^{(A)t}\left[\tilde{M}_{cb}^{(A2)}T_{bd} + \tilde{M}_{cd}^{(A2)}\right]\hat{\tilde{\Phi}}_d^{(2)} \quad (9.87)$$

$$M_{Bd}^{(2)} = \Phi_e^{(A)t}\left[\tilde{M}_{ef}^{(B1)}T_{fd} + \tilde{M}_{ed}^{(B1)}\right]\hat{\tilde{\Phi}}_d^{(2)} + \Phi_f^{(B)t}\tilde{M}_{fd}^{(B)}\hat{\tilde{\Phi}}_d^{(2)} \\ + \Phi_g^{(B)t}\tilde{M}_{gf}^{(B2)}T_{fd}\hat{\tilde{\Phi}}_d^{(2)} \quad (9.88)$$

で演算導出される．式（9.86）の固有値問題を解けば，その固有値から全系の固有振動数を得られ，固有モード形はその固有ベクトルを式（9.85）に代入演算することで求められる．演算は領域 a, b, c, … ごとに区分して比較的小さな行列演算で実行すればよい．

9.4　拘束モード形合成法（逐次合成法）

本手法は，図 9.4 に示す 4 つの部分構造の結合系のように，3 つ以上の複数の部分構造からなる結合系（全系）の解析を，まず基本の 2 つの部分構造の結合系について拘束モード形で解き，その特性（固有角振動数，固有モード）を求め，その次に 3 番目の部分構造物が結合される 3 つの部分構造からなる系の解析を同じく拘束モード合

9.4 拘束モード形合成法（逐次合成法）   273

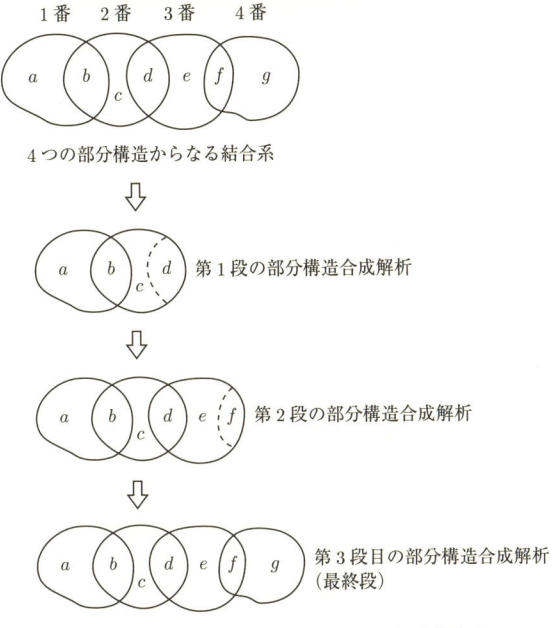

図 9.4 逐次多重合成法解析のための 4 部分構造系

成法で解析する．その結果を利用して，4 番目の部分構造がさらに結合される系について解く，というように逐次部分構造を 1 つずつ結合していき，最終的に全系に関する運動方程式を構築して目的の振動解析をしようとするものである．ここでは帰納法的説明として図の 4 つの部分構造からなる結合系を例にアルゴリズムを解説する．この例についての理解から読者諸兄は一般化（汎用化）を考えてほしい．

9.4.1 第 1 段目の合成解析

部分構造 1 番と 2 番の結合系についての解析である．まず，部分構造 1 番について演算処理する．剛性行列と質量行列，すなわち，

$$\begin{bmatrix} \boldsymbol{K}_{aa}^{(1)} & \boldsymbol{K}_{ab}^{(1)} \\ \boldsymbol{K}_{ba}^{(1)} & \boldsymbol{K}_{bb}^{(1)} \end{bmatrix}$$
$$\begin{bmatrix} \boldsymbol{M}_{aa}^{(1)} & \boldsymbol{M}_{ab}^{(1)} \\ \boldsymbol{M}_{ba}^{(1)} & \boldsymbol{M}_{bb}^{(1)} \end{bmatrix}$$
(9.89)

を作成して，次の計算を行う．

1) 結合領域 b を固定した内部領域についての固有値解析

$$\boldsymbol{K}_{aa}^{(1)}\boldsymbol{\phi} = \lambda \boldsymbol{K}_{aa}^{(1)}\boldsymbol{\phi} \tag{9.90}$$

で 1 次から適切な $p_{(1)}$ 次までの固有角振動数 $\Omega_{1(1)} \sim \Omega_{p(1)}$ と固有モード $\phi_{1(1)} \sim \phi_{p(1)}$ を計算する．固有モードを次数の昇べき順に列に並べた固有モード行列を $\boldsymbol{\Phi}_{(1)}$ と表す．

2) グヤンの静縮小によって，式 (9.13) と (9.14) のとおりに両特性行列を結合領域自由度 b へ縮小させる．

グヤンの静縮小行列 $\boldsymbol{T}_{ab}$ は

$$\boldsymbol{T}_{ab} = -\boldsymbol{K}_{aa}^{(1)\,-1}\boldsymbol{K}_{ab}^{(1)} \tag{9.91}$$

で計算し，それによって縮小させた特性行列 $\hat{\boldsymbol{K}}_{bb}^{(1)}$ と $\hat{\boldsymbol{M}}_{bb}^{(1)}$ は，

$$\begin{aligned}\hat{\boldsymbol{K}}_{bb} &= \boldsymbol{K}_{bb}^{(1)} + \boldsymbol{K}_{ba}^{(1)}\boldsymbol{T}_{ab} \\ \hat{\boldsymbol{M}}_{bb} &= \boldsymbol{M}_{bb}^{(1)} + \boldsymbol{M}_{ba}^{(1)}\boldsymbol{T}_{ab} + \boldsymbol{T}_{ab}^{t}\boldsymbol{M}_{ab}^{(1)} + \boldsymbol{T}_{ab}^{t}\boldsymbol{M}_{aa}^{(1)}\boldsymbol{T}_{ab}\end{aligned} \tag{9.92}$$

と計算する．

3) モード座標上での運動方程式での質量連成行列（非対角部分に配置される部分行列）

$$\boldsymbol{Z}_{ab}^{(1)} = \boldsymbol{M}_{aa}^{(1)}\boldsymbol{T}_{ab} + \boldsymbol{M}_{ab}^{(1)} \tag{9.93}$$

を計算する．

次に，部分構造 2 番の剛性行列と質量行列を作成する．剛性行列と質量行列

$$\begin{bmatrix} \boldsymbol{K}_{bb}^{(2)} & \boldsymbol{K}_{bc}^{(2)} & \boldsymbol{K}_{bd}^{(2)} \\ \boldsymbol{K}_{cb}^{(2)} & \boldsymbol{K}_{cc}^{(2)} & \boldsymbol{K}_{cd}^{(2)} \\ \boldsymbol{K}_{db}^{(2)} & \boldsymbol{K}_{dc}^{(2)} & \boldsymbol{K}_{dd}^{(2)} \end{bmatrix} \\ \begin{bmatrix} \boldsymbol{M}_{bb}^{(2)} & \boldsymbol{M}_{bc}^{(2)} & \boldsymbol{M}_{bd}^{(2)} \\ \boldsymbol{M}_{cb}^{(2)} & \boldsymbol{M}_{cc}^{(2)} & \boldsymbol{M}_{cd}^{(2)} \\ \boldsymbol{M}_{db}^{(2)} & \boldsymbol{M}_{dc}^{(2)} & \boldsymbol{M}_{dd}^{(2)} \end{bmatrix} \tag{9.94}$$

を作成して次の演算を行う．なお，図 9.4 に示すように，この部分構造 2 番の結合領域 d は第 2 段目の合成解析で部分構造 3 番と結合する自由度であるから，現段階では固定条件が設定される自由度とすることを認識しておく．

1) 結合領域 b と d を固定した内部領域についての固有値問題

$$\boldsymbol{K}_{cc}^{(2)}\boldsymbol{\phi} = \lambda \boldsymbol{M}_{cc}^{(2)}\boldsymbol{\phi} \tag{9.95}$$

を解き，1 次から適切な $p_{(2)}$ 次までの固有角振動数 $\Omega_{1(2)} \sim \Omega_{p(2)}$ と固有モード $\phi_{1(2)} \sim \phi_{p(2)}$ を計算する．固有モードを次数の昇べき順に列に並べた固有モード行列を $\boldsymbol{\Phi}_{(2)}$ と表す．

2) グヤンの静縮小によって，両特性行列を結合領域自由度 b と d へ縮小させる．静縮小行列は結合領域 b への縮小行列と d への縮小行列からなり，

$$\delta_c^{(2)} = -K_{cc}^{(2)\,-1} K_{cb}^{(2)} \delta_b^{(2)} - K_{cc}^{(2)\,-1} K_{cd}^{(2)} \delta_d^{(2)}$$

$$\Downarrow$$

$$\begin{bmatrix} \delta_b \\ \delta_c \\ \delta_d \end{bmatrix} = \begin{bmatrix} I & 0 \\ T_{cb} & T_{cd} \\ 0 & I \end{bmatrix} \begin{bmatrix} \delta_b \\ \delta_d \end{bmatrix}$$

$$\Downarrow$$

$$\begin{aligned} T_{cb} &= -K_{cc}^{(2)\,-1} K_{cb}^{(2)} \\ T_{cd} &= -K_{cc}^{(2)\,-1} K_{cd}^{(2)} \end{aligned} \tag{9.96}$$

で計算し，これによって縮小させた特性行列は，

$$\begin{aligned} \begin{bmatrix} \hat{K}_{bb}^{(2)} & \hat{K}_{bd}^{(2)} \\ \hat{K}_{db}^{(2)} & \hat{K}_{dd}^{(2)} \end{bmatrix} &= \begin{bmatrix} K_{bb}^{(2)} + K_{bc}^{(2)} T_{cb} & K_{bc}^{(2)} T_{cd} + K_{bd}^{(2)} \\ T_{cd}^t K_{cb}^{(2)} + K_{db}^{(2)} & K_{dd}^{(2)} + K_{dc}^{(2)} T_{cd} \end{bmatrix} \\ \begin{bmatrix} \hat{M}_{bb}^{(2)} & \hat{M}_{bd}^{(2)} \\ \hat{M}_{db}^{(2)} & \hat{M}_{dd}^{(2)} \end{bmatrix} &= \left[\begin{array}{c} M_{bb}^{(2)} + M_{bc}^{(2)} T_{cb} + T_{cb}^t M_{cb}^{(2)} + T_{cb}^t M_{cc}^{(2)} T_{cb(2)} \\ T_{cd}^t \left(M_{cb}^{(2)} + M_{cc}^{(2)} T_{cb} \right) + M_{db}^{(2)} + M_{dc}^{(2)} T_{cb} \end{array} \right. \\ & \qquad \left. \begin{array}{c} \left(M_{bc}^{(2)} + T_{cb(2)}^t M_{cc}^{(2)} \right) T_{cd} + M_{bd}^{(2)} + T_{cd}^t M_{cd}^{(2)} \\ T_{cd}^t \left(M_{cc}^{(2)} T_{cd} + M_{cd}^{(2)} \right) + M_{dc}^{(2)} T_{cd} + M_{dd}^{(2)} \end{array} \right] \end{aligned} \tag{9.97}$$

と計算する．

3) モード座標上での運動方程式での質量連成行列（非対角部分に配置される部分行列）

$$Z_{cb}^{(2)} = M_{cc}^{(2)} T_{cb} + M_{cb}^{(2)} \tag{9.98}$$

を計算する．

以上で得られた 2 つの部分構造に関する演算処理結果を利用して合成解析の過程に進む．まず，2 つの部分構造の縮小行列の重ね合わせによって作成できる剛性行列と質量行列を使って結合領域 b の固有値解析を行う．

$$\left(\hat{K}_{bb}^{(1)} + \hat{K}_{bb}^{(2)} \right) \phi = \lambda \left(\hat{M}_{bb}^{(1)} + \hat{M}_{bb}^{(2)} \right) \phi \tag{9.99}$$

の解析で 1 次からある適切な次数 $p_{(b)}$ 次までの固有角振動数 $\Omega_{1(b)} \sim \Omega_{p(b)}$ と固有モード $\phi_{1(b)} \sim \phi_{p(b)}$ を求める．固有モードを列ベクトル成分として構成した固有モード行列を $\Phi_{(b)}$ と表す．

以上で求められたデータを使って，この2つの部分構造からなる結合系の変位は，

$$\begin{bmatrix} \boldsymbol{\delta}_a \\ \boldsymbol{\delta}_b \\ \boldsymbol{\delta}_c \end{bmatrix} = \begin{bmatrix} \boldsymbol{T}_{ab}\boldsymbol{\Phi}_{(b)} & \boldsymbol{\Phi}_{(1)} & 0 \\ \boldsymbol{\Phi}_{(b)} & 0 & 0 \\ \boldsymbol{T}_{cb}\boldsymbol{\Phi}_{(b)} & 0 & \boldsymbol{\Phi}_{(2)} \end{bmatrix} \begin{bmatrix} \boldsymbol{\eta}_b \\ \boldsymbol{\eta}_a \\ \boldsymbol{\eta}_c \end{bmatrix} \quad (9.100)$$

のようにモード座標で表現することになる．したがって，この2部分構造結合系の自由振動運動方程式は，このモード座標系上で

$$\begin{bmatrix} \boldsymbol{I}_{(b)} & & sym. \\ \boldsymbol{\Phi}_{(1)}^t \boldsymbol{Z}_{ab}^{(1)} \boldsymbol{\Phi}_{(b)} & \boldsymbol{I}_{(1)} & \\ \boldsymbol{\Phi}_{(2)}^t \boldsymbol{Z}_{cb}^{(2)} \boldsymbol{\Phi}_{(b)} & 0 & \boldsymbol{I}_{(2)} \end{bmatrix} \begin{bmatrix} \ddot{\boldsymbol{\eta}}_b^{[1]} \\ \ddot{\boldsymbol{\eta}}_a^{[1]} \\ \ddot{\boldsymbol{\eta}}_c^{[1]} \end{bmatrix} + \begin{bmatrix} \boldsymbol{\Omega}_{(b)}^2 & & sym. \\ 0 & \boldsymbol{\Omega}_{(1)}^2 & \\ 0 & 0 & \boldsymbol{\Omega}_{(2)}^2 \end{bmatrix} \begin{bmatrix} \boldsymbol{\eta}_b^{[1]} \\ \boldsymbol{\eta}_a^{[1]} \\ \boldsymbol{\eta}_c^{[1]} \end{bmatrix} = \begin{bmatrix} 0 \\ 0 \\ 0 \end{bmatrix} \quad (9.101)$$

と作成できるので，対応する固有値問題を解いて，1次からある適切な次数 q 次までの固有角振動数 $\Omega_{1[1]} \sim \Omega_{p[1]}$ と固有モード $\boldsymbol{\eta}_{1[1]} \sim \boldsymbol{\eta}_{q[1]}$ を求める．なお，$\boldsymbol{I}_{(b)}$, $\boldsymbol{I}_{(1)}$ と $\boldsymbol{I}_{(2)}$ は単位行列であり，それらの自由度は結合領域 b，部分構造1番の内部領域，部分構造2番の内部領域について固有値解析で求めた固有角振動数の次数の数である．

この固有モードを式 (9.100) に代入すれば物理座標上での固有モードを求めることができる．後述の第2段目の合成解析で使用する便宜上，得られた $1 \sim p$ 次の固有モードを並べたモード行列を，

$$\begin{bmatrix} \boldsymbol{\Phi}_a^{[1]} \\ \boldsymbol{\Phi}_b^{[1]} \\ \boldsymbol{\Phi}_c^{[1]} \end{bmatrix} \quad (9.102)$$

と表現する．また，固有角振動数の二乗値を対角成分に並べた対角行列（モード剛性行列）を $\boldsymbol{\Omega}_{[1]}^2$ と表す．

ここで，次の第2段目の合成解析における演算上および解説上の利便性のために

$$\begin{aligned} \boldsymbol{P}_{ab}^{[1]} &= \boldsymbol{Z}_{ab}^{(1)} \\ \boldsymbol{P}_{cb}^{[1]} &= \boldsymbol{Z}_{cb}^{(2)} \end{aligned} \quad (9.103)$$

と表現し直しておく．

以上で第1段の解析が終了である．

9.4.2　第2段目の合成解析

第1段で解析された2つの部分構造結合の系についての第2段目の合成解析に利用する剛性行列と質量行列は，式 (9.92), (9.97) で得られているものの重ね合わせで得られるものとしてよい．すなわち，

$$\begin{bmatrix} \hat{K}_{bb}^{(1)} + \hat{K}_{bb}^{(2)} & \hat{K}_{bd}^{(2)} \\ \hat{K}_{db}^{(2)} & \hat{K}_{dd}^{(2)} \end{bmatrix}$$
$$\begin{bmatrix} \hat{M}_{bb}^{(1)} + \hat{M}_{bb}^{(2)} & \hat{M}_{bd}^{(2)} \\ \hat{M}_{db}^{(2)} & \hat{M}_{dd}^{(2)} \end{bmatrix} \tag{9.104}$$

である.この特性行列から次の演算を行う.

1) いま考えるべき結合領域 d の観点からは,この部分構造の内部領域自由度の固有角振動数と固有モードは第1段ですでに得られている.そこで,計算すべきことは,グヤンの静縮小で結合領域 d への縮小特性行列 $\hat{K}_{dd}^{[2]}$ と $\hat{M}_{dd}^{[2]}$ である.グヤンの縮小行列 T_{bd} は

$$T_{bd} = -\left(\hat{K}_{bb}^{(1)} + \hat{K}_{bb}^{(2)}\right)^{-1} \hat{K}_{bd}^{(2)} \tag{9.105}$$

と得られるので,これによって

$$\hat{K}_{dd}^{[2]} = \hat{K}_{dd}^{(2)} + \hat{K}_{db}^{(2)} T_{bd}$$
$$\hat{M}_{dd}^{[2]} = \hat{M}_{dd}^{(2)} + \hat{M}_{db}^{(2)} T_{bd} + T_{bd}^t \hat{M}_{bd}^{(2)} + T_{bd}^t \left(\hat{M}_{bb}^{(1)} + \hat{M}_{bb}^{(2)}\right) T_{bd} \tag{9.106}$$

と計算する.

2) 質量連成を表現する部分行列は

$$Z_{bd}^{[2]} = \left(\hat{M}_{bb}^{(1)} + \hat{M}_{bb}^{(2)}\right) T_{bd} + \hat{M}_{bd}^{(2)} \tag{9.107}$$

と計算する.

この段で結合する部分構造3番については,第1段での部分構造2番とまったく同様の演算処理となる.すなわち,まず剛性行列と質量行列

$$\begin{bmatrix} K_{dd}^{(3)} & K_{de}^{(3)} & K_{df}^{(3)} \\ K_{ed}^{(3)} & K_{ee}^{(3)} & K_{ef}^{(3)} \\ K_{fd}^{(3)} & K_{fe}^{(3)} & K_{ff}^{(3)} \end{bmatrix}$$
$$\begin{bmatrix} M_{dd}^{(3)} & M_{de}^{(3)} & M_{df}^{(3)} \\ M_{ed}^{(3)} & M_{ee}^{(3)} & M_{ef}^{(3)} \\ M_{fd}^{(3)} & M_{fe}^{(3)} & M_{ff}^{(3)} \end{bmatrix} \tag{9.108}$$

を作成して次の演算を行う.なお,図9.4に示すように,この部分構造3番の結合領域 f は第3段目の合成解析で部分構造4番と結合する自由度部分であるから,現段階では固定条件が設定される自由度とすることを認識しておく.

1) 結合領域 d と f を固定した内部領域についての固有値問題

$$K_{ee}^{(3)} \phi = \lambda M_{ee}^{(3)} \phi \tag{9.109}$$

を解き，1次から適切な $p_{(3)}$ 次までの固有角振動数 $\Omega_{1(3)} \sim \Omega_{p(3)}$ と固有モード $\phi_{1(3)} \sim \phi_{p(3)}$ を計算する．固有モードを次数の昇べき順に列に並べた行列を $\boldsymbol{\Phi}_{(3)}$ と表す．固有角振動数の二乗値を対角成分に並べた行列は $\boldsymbol{\Omega}^2_{(3)}$ とする．

2) グヤンの静縮小によって，剛性行列と質量行列を結合領域自由度 d と f へ縮小させる．静縮小行列は結合領域 d への縮小行列と f への縮小行列から構成され，

$$\boldsymbol{\delta}^{(3)}_e = -\boldsymbol{K}^{(3)\,-1}_{ee}\boldsymbol{K}^{(3)}_{ed}\boldsymbol{\delta}^{(3)}_d - \boldsymbol{K}^{(3)\,-1}_{ee}\boldsymbol{K}^{(3)}_{ef}\boldsymbol{\delta}^{(3)}_f$$

$$\Downarrow$$

$$\begin{bmatrix}\boldsymbol{\delta}_d \\ \boldsymbol{\delta}_e \\ \boldsymbol{\delta}_f\end{bmatrix} = \begin{bmatrix}\boldsymbol{I} & \boldsymbol{0} \\ \boldsymbol{T}_{ed} & \boldsymbol{T}_{ef} \\ \boldsymbol{0} & \boldsymbol{I}\end{bmatrix}\begin{bmatrix}\boldsymbol{\delta}_d \\ \boldsymbol{\delta}_f\end{bmatrix}$$

$$\Downarrow$$

$$\begin{aligned}\boldsymbol{T}_{ed} &= -\boldsymbol{K}^{(3)\,-1}_{ee}\boldsymbol{K}^{(3)}_{ed} \\ \boldsymbol{T}_{ef} &= -\boldsymbol{K}^{(3)\,-1}_{ee}\boldsymbol{K}^{(3)}_{ef}\end{aligned} \quad (9.110)$$

で計算し，それによって縮小させた特性行列は，

$$\begin{bmatrix}\hat{\boldsymbol{K}}^{(3)}_{dd} & \hat{\boldsymbol{K}}^{(3)}_{df} \\ \hat{\boldsymbol{K}}^{(3)}_{fd} & \hat{\boldsymbol{K}}^{(3)}_{ff}\end{bmatrix} = \begin{bmatrix}\boldsymbol{K}^{(3)}_{dd} + \boldsymbol{K}^{(3)}_{de}\boldsymbol{T}_{ed} & \boldsymbol{K}^{(3)}_{de}\boldsymbol{T}_{ef} + \boldsymbol{K}^{(3)}_{df} \\ \boldsymbol{T}^t_{ef}\boldsymbol{K}^{(3)}_{ed} + \boldsymbol{K}^{(3)}_{fd} & \boldsymbol{K}^{(3)}_{ff} + \boldsymbol{K}^{(3)}_{fe}\boldsymbol{T}_{ef}\end{bmatrix}$$

$$\begin{bmatrix}\hat{\boldsymbol{M}}^{(3)}_{dd} & \hat{\boldsymbol{M}}^{(3)}_{df} \\ \hat{\boldsymbol{M}}^{(3)}_{fd} & \hat{\boldsymbol{M}}^{(3)}_{ff}\end{bmatrix} = \begin{bmatrix}\boldsymbol{M}^{(3)}_{dd} + \boldsymbol{M}^{(3)}_{de}\boldsymbol{T}_{ed} + \boldsymbol{T}^t_{ed}\boldsymbol{M}^{(3)}_{ed} + \boldsymbol{T}^t_{ed}\boldsymbol{M}^{(3)}_{ee}\boldsymbol{T}_{ed} \\ \boldsymbol{T}^t_{ef}\left(\boldsymbol{M}^{(3)}_{ed} + \boldsymbol{M}^{(3)}_{ee}\boldsymbol{T}_{ed}\right) + \boldsymbol{M}^{(3)}_{fd} + \boldsymbol{M}^{(3)}_{fe}\boldsymbol{T}_{ed}\end{bmatrix}$$

$$\begin{bmatrix}\left(\boldsymbol{M}^{(3)}_{de} + \boldsymbol{T}^t_{ed}\boldsymbol{M}^{(3)}_{ee}\right)\boldsymbol{T}_{ef} + \boldsymbol{M}^{(3)}_{df} + \boldsymbol{T}^t_{ed}\boldsymbol{M}^{(3)}_{ef} \\ \boldsymbol{T}^t_{ef}\left(\boldsymbol{M}^{(3)}_{ee}\boldsymbol{T}_{ef} + \boldsymbol{M}^{(3)}_{ef}\right) + \boldsymbol{M}^{(3)}_{fe}\boldsymbol{T}_{ef} + \boldsymbol{M}^{(3)}_{ff}\end{bmatrix}$$

$$(9.111)$$

と計算する．

3) モード座標上での運動方程式での質量連成行列（非対角部分に配置される部分行列）

$$\boldsymbol{Z}^{(3)}_{ed} = \boldsymbol{M}^{(3)}_{ee}\boldsymbol{T}_{ed} + \boldsymbol{M}^{(3)}_{ed} \quad (9.112)$$

を計算する．

以上で演算準備できたデータを使ってモード合成計算を行い，モード座標上で自由振動運動方程式を次のように導出する．まず，この段での結合領域 d についての固有値問題

$$\left[\hat{\boldsymbol{K}}^{[2]}_{dd} + \hat{\boldsymbol{K}}^{(3)}_{dd}\right]\boldsymbol{\phi} = \lambda\left[\hat{\boldsymbol{M}}^{[2]}_{dd} + \hat{\boldsymbol{M}}^{(3)}_{dd}\right]\boldsymbol{\phi} \quad (9.113)$$

を解き，1次から適切な $p_{(d)}$ 次までの固有角振動数 $\Omega_{1(d)} \sim \Omega_{p(d)}$ と固有モード

$\phi_{1(d)} \sim \phi_{p(d)}$ を計算する．固有モードを次数の昇べき順に列に並べた行列を $\boldsymbol{\Phi}_{(d)}$ と表す．固有角振動数の二乗値を対角成分に並べた行列は $\boldsymbol{\Omega}^2_{(d)}$ と表す．

この段階での系の変位ベクトルのモード表現は次のようになる．

$$\begin{bmatrix} \boldsymbol{\delta}_b \\ \boldsymbol{\delta}_d \\ \boldsymbol{\delta}_e \end{bmatrix} = \begin{bmatrix} \boldsymbol{T}_{bd}\boldsymbol{\Phi}_{(d)} & \boldsymbol{\Phi}_b^{[1]} & 0 \\ \boldsymbol{\Phi}_{(d)} & 0 & 0 \\ \boldsymbol{T}_{ed}\boldsymbol{\Phi}_{(d)} & 0 & \boldsymbol{\Phi}_e^{(3)} \end{bmatrix} \begin{bmatrix} \boldsymbol{\eta}_d^{[2]} \\ \boldsymbol{\eta}_b^{[2]} \\ \boldsymbol{\eta}_e^{[2]} \end{bmatrix} \tag{9.114}$$

部分構造 1 番と 2 番の純粋な内部領域 a と c まで含めた変位ベクトルは

$$\begin{bmatrix} \boldsymbol{\delta}_a^{[2]} \\ \boldsymbol{\delta}_b^{[2]} \\ \boldsymbol{\delta}_c^{[2]} \\ \boldsymbol{\delta}_d^{[2]} \\ \boldsymbol{\delta}_e^{[2]} \end{bmatrix} = \begin{bmatrix} \boldsymbol{T}_{ab}\boldsymbol{T}_{bd}\boldsymbol{\Phi}_{(d)} & \boldsymbol{\Phi}_a^{[1]} & 0 \\ \boldsymbol{T}_{bd}\boldsymbol{\Phi}_{(d)} & \boldsymbol{\Phi}_b^{[1]} & 0 \\ (\boldsymbol{T}_{cb}\boldsymbol{T}_{bd} + \boldsymbol{T}_{cd})\boldsymbol{\Phi}_{(d)} & \boldsymbol{\Phi}_c^{[1]} & 0 \\ \boldsymbol{\Phi}_{(d)} & 0 & 0 \\ \boldsymbol{T}_{ed}\boldsymbol{\Phi}_{(d)} & 0 & \boldsymbol{\Phi}_{(3)} \end{bmatrix} \begin{bmatrix} \boldsymbol{\eta}_d^{[2]} \\ \boldsymbol{\eta}_b^{[2]} \\ \boldsymbol{\eta}_e^{[2]} \end{bmatrix} \tag{9.115}$$

と表現される．

物理的に単純に記述してしまうとひじょうに大きな自由度になる第 2 段目の系の自由振動の運動方程式は，このモード座標へ変換すると

$$\begin{bmatrix} \boldsymbol{I}_{p(d)} & & sym. \\ \boldsymbol{Y}^{[2]}\boldsymbol{\Phi}_{d(3)} & \boldsymbol{I}_p^{[1]} & \\ \boldsymbol{\Phi}_{(3)}^t \boldsymbol{Z}_{ed}^{(3)} \boldsymbol{\Phi}_{d(3)} & 0 & \boldsymbol{I}_{p(3)} \end{bmatrix} \begin{bmatrix} \ddot{\boldsymbol{\eta}}_d^{[2]} \\ \ddot{\boldsymbol{\eta}}_b^{[2]} \\ \ddot{\boldsymbol{\eta}}_e^{[2]} \end{bmatrix} + \begin{bmatrix} \boldsymbol{\Omega}^2_{(d)} & & sym. \\ 0 & \boldsymbol{\Omega}^2_{[1]} & \\ 0 & 0 & \boldsymbol{\Omega}^2_{(3)} \end{bmatrix} \begin{bmatrix} \boldsymbol{\eta}_d^{[2]} \\ \boldsymbol{\eta}_b^{[2]} \\ \boldsymbol{\eta}_e^{[2]} \end{bmatrix} = \begin{bmatrix} 0 \\ 0 \\ 0 \end{bmatrix} \tag{9.116}$$

となる．ここで，

$$\boldsymbol{Y}^{[2]} = \boldsymbol{\Phi}_a^{[1]} \boldsymbol{Z}_{ab}^{(1)} \boldsymbol{T}_{bd} + \boldsymbol{\Phi}_b^{[1]} \boldsymbol{Z}_{bd}^{[2]} + \boldsymbol{\Phi}_c^{[1]} \boldsymbol{Z}_{cb}^{(2)} \boldsymbol{T}_{bd}$$

$$= \boldsymbol{\Phi}_a^{[1]} \boldsymbol{P}_{ab}^{[1]} \boldsymbol{T}_{bd} + \boldsymbol{\Phi}_b^{[1]} \boldsymbol{Z}_{bd}^{[2]} + \boldsymbol{\Phi}_c^{[1]} \boldsymbol{P}_{cb}^{[1]} \boldsymbol{T}_{bd}$$

と作成される．この運動方程式について固有値問題を解くことで，1 次からある適切な次数の p 次までの固有角振動数 $\Omega_{1[2]} \sim \Omega_{p[2]}$ とモード座標上での固有モード $\boldsymbol{\eta}_{1[2]} \sim \boldsymbol{\eta}_{p[2]}$ を求める．固有角振動数の二乗値を対角成分に並べたモード剛性行列を $\boldsymbol{\Omega}^2_{[2]}$ と表す．

このモード座標上で得られた固有モードから物理座標上での固有モードを導出する作業は，得られた $\boldsymbol{\eta}_{1[2]} \sim \boldsymbol{\eta}_{q[2]}$ を式 (9.115) に代入計算して求められる．

次の第 3 段目の合成解析のため，この固有モードを並べたモード行列を，

$$\begin{bmatrix} \boldsymbol{\Phi}_a^{[2]} \\ \boldsymbol{\Phi}_b^{[2]} \\ \boldsymbol{\Phi}_c^{[2]} \\ \boldsymbol{\Phi}_d^{[2]} \\ \boldsymbol{\Phi}_e^{[2]} \end{bmatrix} \tag{9.117}$$

と表現する.

ここで, 次の第3段目の合成解析における演算上および解説上の利便性のために

$$\begin{aligned} \boldsymbol{P}_{ad}^{[2]} &= \boldsymbol{P}_{ab}^{[1]} \boldsymbol{T}_{bd} \\ \boldsymbol{P}_{bd}^{[2]} &= \boldsymbol{Z}_{bd}^{[2]} \\ \boldsymbol{P}_{cd}^{[2]} &= \boldsymbol{P}_{cb}^{[1]} \boldsymbol{T}_{bd} \\ \boldsymbol{P}_{ed}^{[2]} &= \boldsymbol{Z}_{ed}^{(3)} \end{aligned} \tag{9.118}$$

と表現し直しておく.

以上で第2段の解析は終了である.

9.4.3 第3段目の合成解析

第2段までの合成解析のアルゴリズムの理解によって読者諸兄は, すでに第3段以降の逐次繰り返しアルゴリズムが第2段のものと同一的に組み上げられることを想像できていると思うが, 本例題は第3段で完結するので一応簡潔に示す.

第2段で解析された3つの部分構造結合の系について領域 d, f に縮小した剛性行列と質量行列が得られている. すなわち, 式 (9.106) および (9.111) の重ね合わせによって,

$$\begin{bmatrix} \hat{\boldsymbol{K}}_{dd}^{[2]} + \hat{\boldsymbol{K}}_{dd}^{(3)} & \hat{\boldsymbol{K}}_{df}^{(3)} \\ \hat{\boldsymbol{K}}_{fd}^{(3)} & \hat{\boldsymbol{K}}_{ff}^{(3)} \end{bmatrix} \\ \begin{bmatrix} \hat{\boldsymbol{M}}_{dd}^{[2]} + \hat{\boldsymbol{M}}_{dd}^{(3)} & \hat{\boldsymbol{M}}_{df}^{(3)} \\ \hat{\boldsymbol{M}}_{fd}^{(3)} & \hat{\boldsymbol{M}}_{ff}^{(3)} \end{bmatrix} \tag{9.119}$$

である. まずこの特性行列から次の演算を行う.

1) この段での2つの部分構造 (第2段で完了した部分構造1~3番が結合して出来上がっている部分構造と, 新たにこの段で結合する部分構造4番) の結合で考えるべき結合領域 f の観点からは, この部分構造の内部領域自由度の固有角振動数と固有モードは第2段ですでに得られている. 固有角振動数は $\Omega_{1[2]} \sim \Omega_{q[2]}$ で, 固有モードは式 (9.117) である. そこで, 計算すべきことは, グヤンの静縮小で結合領域 f への縮小特性行列 $\hat{\boldsymbol{K}}_{ff}^{[3]}$ と $\hat{\boldsymbol{M}}_{ff}^{[3]}$ である. グヤンの縮小行列 $\boldsymbol{T}_{df}$ は

$$\boldsymbol{T}_{df} = -\left(\hat{\boldsymbol{K}}_{dd}^{[2]} + \hat{\boldsymbol{K}}_{dd}^{(3)}\right)^{-1} \hat{\boldsymbol{K}}_{df}^{(3)} \tag{9.120}$$

と得られるので, これによって

$$\begin{aligned} \hat{\boldsymbol{K}}_{ff}^{[3]} &= \hat{\boldsymbol{K}}_{ff}^{(3)} + \hat{\boldsymbol{K}}_{fd}^{(3)} \boldsymbol{T}_{df} \\ \hat{\boldsymbol{M}}_{ff}^{[3]} &= \hat{\boldsymbol{M}}_{ff}^{(3)} + \hat{\boldsymbol{M}}_{fd}^{(3)} \boldsymbol{T}_{df} + \boldsymbol{T}_{df}^t \hat{\boldsymbol{M}}_{df}^{(3)} + \boldsymbol{T}_{df}^t \left(\hat{\boldsymbol{M}}_{dd}^{[2]} + \hat{\boldsymbol{M}}_{dd}^{(3)}\right) \boldsymbol{T}_{df} \end{aligned} \tag{9.121}$$

と計算する.

2) 質量連成を表現する部分行列は

$$\boldsymbol{Z}_{df}^{[3]} = \left(\hat{\boldsymbol{M}}_{dd}^{[2]} + \hat{\boldsymbol{M}}_{dd}^{(3)} \right) \boldsymbol{T}_{df} + \hat{\boldsymbol{M}}_{df}^{(3)} \tag{9.122}$$

と計算する.

新たにこの段で結合させる部分構造 4 番については,まずその剛性行列と質量行列

$$\begin{bmatrix} \boldsymbol{K}_{ff}^{(4)} & \boldsymbol{K}_{fg}^{(4)} \\ \boldsymbol{K}_{gf}^{(4)} & \boldsymbol{K}_{gg}^{(4)} \end{bmatrix}$$
$$\begin{bmatrix} \boldsymbol{M}_{ff}^{(4)} & \boldsymbol{M}_{fg}^{(4)} \\ \boldsymbol{M}_{gf}^{(4)} & \boldsymbol{M}_{gg}^{(4)} \end{bmatrix} \tag{9.123}$$

を求める.そして,次の演算を実行する.

1) 結合領域 f を固定した内部領域 g についての固有値問題

$$\boldsymbol{K}_{gg}^{(4)} \boldsymbol{\phi} = \lambda \boldsymbol{M}_{gg}^{(4)} \boldsymbol{\phi} \tag{9.124}$$

を解き,1 次から適切な $p_{(4)}$ 次までの固有角振動数 $\Omega_{1(4)} \sim \Omega_{p(4)}$ と固有モード $\boldsymbol{\phi}_{1(4)} \sim \boldsymbol{\phi}_{p(4)}$ を計算する.固有モードを次数の昇べき順に列に並べた固有モード行列を $\boldsymbol{\Phi}_{(4)}$ と表す.

2) グヤンの静縮小によって,特性行列を結合領域自由度 f へ縮小させる.

結合領域 f へ特性行列を縮小させるための縮小行列 $\boldsymbol{T}_{gf}$ は

$$\boldsymbol{\delta}_{g(4)} = - \boldsymbol{K}_{gg}^{(3)\,-1} \boldsymbol{K}_{gf}^{(3)} \boldsymbol{\delta}_{f(4)}$$
$$\downarrow$$
$$\begin{bmatrix} \boldsymbol{\delta}_f \\ \boldsymbol{\delta}_g \end{bmatrix} = \begin{bmatrix} \boldsymbol{I} \\ \boldsymbol{T}_{gf} \end{bmatrix} \boldsymbol{\delta}_f \tag{9.125}$$
$$\downarrow$$
$$\boldsymbol{T}_{gf} = - \boldsymbol{K}_{gg}^{(3)\,-1} \boldsymbol{K}_{gf}^{(3)}$$

と計算できる.これによって縮小させた特性行列は,

$$\begin{aligned} \hat{\boldsymbol{K}}_{ff}^{(4)} &= \boldsymbol{K}_{ff}^{(4)} + \boldsymbol{K}_{fg}^{(3)} \boldsymbol{T}_{gf(4)} \\ \hat{\boldsymbol{M}}_{ff}^{(4)} &= \boldsymbol{M}_{ff}^{(4)} + \boldsymbol{M}_{fg}^{(4)} \boldsymbol{T}_{gf(4)} + \boldsymbol{T}_{gf(4)}^t \boldsymbol{M}_{gf}^{(4)} + \boldsymbol{T}_{gf(4)}^t \boldsymbol{M}_{gg}^{(4)} \boldsymbol{T}_{gf(4)} \end{aligned} \tag{9.126}$$

と計算する.

3) モード座標上での運動方程式での質量連成行列(非対角部分に配置される部分行列)

$$\boldsymbol{Z}_{gf}^{(4)} = \boldsymbol{M}_{gg}^{(4)} \boldsymbol{T}_{gf} + \boldsymbol{M}_{gf}^{(4)} \tag{9.127}$$

を計算する.

以上で演算準備できたデータを使ってモード合成計算を行い，モード座標上で自由振動運動方程式を次のように導出する．まず，この段での結合領域 f についての固有値問題

$$\left(\hat{K}_{ff}^{[3]} + \hat{K}_{ff}^{(4)}\right)\phi = \lambda \left(\hat{M}_{ff}^{[3]} + \hat{M}_{ff}^{(4)}\right)\phi \tag{9.128}$$

を解き，1 次から適切な $p_{(f)}$ 次までの固有角振動数 $\Omega_{1(f)} \sim \Omega_{p(f)}$ と固有モード $\phi_{1(f)} \sim \phi_{p(f)}$ を計算する．固有モードを次数の昇べき順に列に並べた行列を $\Phi_{(f)}$ と表す．この段階での系の変位ベクトルのモード表現を示せば次のようになる．

$$\begin{bmatrix} \delta_d \\ \delta_f \\ \delta_g \end{bmatrix} = \begin{bmatrix} T_{df}\Phi_{(f)} & \Phi_d^{[2]} & 0 \\ \Phi_{(f)} & 0 & 0 \\ T_{gf}\Phi_{(f)} & 0 & \Phi_{(4)} \end{bmatrix} \begin{bmatrix} \eta_f^{[3]} \\ \eta_d^{[3]} \\ \eta_g^{[3]} \end{bmatrix} \tag{9.129}$$

部分構造 1 番と 2 番と 3 番の内部領域 a, b, c, e まで含めた変位ベクトルは

$$\begin{bmatrix} \delta_a^{[3]} \\ \delta_b^{[3]} \\ \delta_c^{[3]} \\ \delta_d^{[3]} \\ \delta_e^{[3]} \\ \delta_f^{[3]} \\ \delta_g^{[3]} \end{bmatrix} = \begin{bmatrix} T_{ab}T_{bd}T_{df}\Phi_{(f)} & \Phi_a^{[2]} & 0 \\ T_{bd}T_{df}\Phi_{(f)} & \Phi_b^{[2]} & 0 \\ (T_{cb}T_{bd}T_{df} + T_{cd}T_{df})\Phi_{(f)} & \Phi_c^{[2]} & 0 \\ T_{df}\Phi_{(f)} & \Phi_d^{[2]} & 0 \\ (T_{ed}T_{df} + T_{ef})\Phi_{(f)} & \Phi_e^{[2]} & 0 \\ \Phi_{(f)} & 0 & 0 \\ T_{gf}\Phi_{(f)} & 0 & \Phi_{(4)} \end{bmatrix} \begin{bmatrix} \eta_f^{[3]} \\ \eta_d^{[3]} \\ \eta_g^{[3]} \end{bmatrix} \tag{9.130}$$

と表現される．

物理的に単純に記述してしまうとひじょうに大自由度になる構造物全系（第 3 段目の解析対象の結合系）の自由振動の運動方程式は，このモード座標へ変換すると

$$\begin{bmatrix} I_{p(f)} & & sym. \\ Y^{[3]}\Phi_f & I_p^{[2]} & \\ \Phi_{(4)}^t Z_{gf}^{(3)}\Phi_f & 0 & I_{p(4)} \end{bmatrix} \begin{bmatrix} \ddot{\eta}_f^{[3]} \\ \ddot{\eta}_d^{[3]} \\ \ddot{\eta}_g^{[3]} \end{bmatrix} + \begin{bmatrix} \Omega_{(f)}^2 & & sym. \\ 0 & \Omega_{[2]}^2 & \\ 0 & 0 & \Omega_{(4)}^2 \end{bmatrix} \begin{bmatrix} \eta_f^{[3]} \\ \eta_d^{[3]} \\ \eta_g^{[3]} \end{bmatrix} = \begin{bmatrix} 0 \\ 0 \\ 0 \end{bmatrix} \tag{9.131}$$

となる．ここで，

$$\begin{aligned} Y^{[3]} &= \Phi_a^{[2]} Z_{ab}^{(1)} T_{bd} T_{df} + \Phi_b^{[2]} Z_{bd}^{[2]} T_{df} + \Phi_c^{[2]} Z_{cb}^{(2)} T_{bd} T_{df} \\ &\quad + \Phi_d^{[2]} Z_{df}^{[3]} + \Phi_e^{[2]} Z_{ed}^{(3)} T_{df} \\ &= \Phi_a^{[2]} P_{ad}^{[2]} T_{df} + \Phi_b^{[2]} P_{bd}^{[2]} T_{df} + \Phi_c^{[2]} P_{cd}^{[2]} T_{df} \\ &\quad + \Phi_d^{[2]} Z_{df}^{[3]} + \Phi_e^{[2]} P_{ed}^{[2]} T_{df} \end{aligned}$$

と作成される．この運動方程式について固有値問題を解くことで，1 次からある適切な次数の $p_{[3]}$ 次までの固有角振動数 $\Omega_{1[3]} \sim \Omega_{p[3]}$ とそれに対応するモード座標上での

9.4 拘束モード形合成法（逐次合成法）

固有モードを求める．物理座標上での固有モードは，このモード座標上での固有モードを式 (9.130) に代入計算して得られる．

強制振動応答解析をするためには，物理座標上で設定される外力を式 (9.130) のモード座標へ変換したベクトルを式 (9.131) の右辺に代入して進めればよい．

すなわち，物理座標上で外力ベクトルを $[\boldsymbol{f}_a^t, \boldsymbol{f}_b^t, \boldsymbol{f}_c^t, \boldsymbol{f}_d^t, \boldsymbol{f}_e^t, \boldsymbol{f}_f^t, \boldsymbol{f}_g^t]^t$ と設定すると，

$$\begin{bmatrix} \boldsymbol{T}_{ab}\boldsymbol{T}_{bd}\boldsymbol{T}_{df}\boldsymbol{\Phi}_{(f)} & \boldsymbol{\Phi}_a^{[2]} & 0 \\ \boldsymbol{T}_{bd}\boldsymbol{T}_{df}\boldsymbol{\Phi}_{(f)} & \boldsymbol{\Phi}_b^{[2]} & 0 \\ (\boldsymbol{T}_{cb}\boldsymbol{T}_{bd}\boldsymbol{T}_{df} + \boldsymbol{T}_{cd}\boldsymbol{T}_{df})\boldsymbol{\Phi}_{(f)} & \boldsymbol{\Phi}_c^{[2]} & 0 \\ \boldsymbol{T}_{df}\boldsymbol{\Phi}_{(f)} & \boldsymbol{\Phi}_d^{[2]} & 0 \\ (\boldsymbol{T}_{ed}\boldsymbol{T}_{df} + \boldsymbol{T}_{ef})\boldsymbol{\Phi}_{(f)} & \boldsymbol{\Phi}_e^{[2]} & 0 \\ \boldsymbol{\Phi}_{(f)} & 0 & 0 \\ \boldsymbol{T}_{gf}\boldsymbol{\Phi}_{(f)} & 0 & \boldsymbol{\Phi}_{(4)} \end{bmatrix}^t \begin{bmatrix} \boldsymbol{f}_a \\ \boldsymbol{f}_b \\ \boldsymbol{f}_c \\ \boldsymbol{f}_d \\ \boldsymbol{f}_e \\ \boldsymbol{f}_f \\ \boldsymbol{f}_g \end{bmatrix} \quad (9.132)$$

の計算である．なお，現実的には構造物全体のすべての自由度に強制外力が同時に加わる解析はほとんどないと思われる．そのような現実的な場合には，物理座標上での外力ベクトルを構成する部分ベクトル $\boldsymbol{f}_a \sim \boldsymbol{f}_g$ のほとんどはゼロベクトルとして設定されるので，式 (9.132) の演算は非常に簡単で小さな行列計算となる．変位加振の解析の場合の外力ベクトル設定方法については 9.2.2 項 c を参照されたい．以上が逐次合成法（三重）での解析アルゴリズムである．

章 末 問 題

【9.1】 下記の 4 自由度の運動方程式について，その状態変数ベクトルの成分順序を $(x_3, x_1, x_2, x_4)^t$ に変更しなさい．ただし，$m_{ij} = m_{ji}$，$k_{ij} = k_{ji}$ $(i, j = 1 \sim 4)$ であるとして，質量行列と剛性行列は変更前後とも対称行列の性質を保持しなければならない条件を課すこととする．

$$\begin{bmatrix} m_{11} & m_{12} & m_{13} & m_{14} \\ m_{21} & m_{22} & m_{23} & m_{24} \\ m_{31} & m_{32} & m_{33} & m_{34} \\ m_{41} & m_{42} & m_{43} & m_{44} \end{bmatrix} \begin{bmatrix} \ddot{x}_1 \\ \ddot{x}_2 \\ \ddot{x}_3 \\ \ddot{x}_4 \end{bmatrix} + \begin{bmatrix} k_{11} & k_{12} & k_{13} & k_{14} \\ k_{21} & k_{22} & k_{23} & k_{24} \\ k_{31} & k_{32} & k_{33} & k_{34} \\ k_{41} & k_{42} & k_{43} & k_{44} \end{bmatrix} \begin{bmatrix} x_1 \\ x_2 \\ x_3 \\ x_4 \end{bmatrix} = \begin{bmatrix} f_1 \\ f_2 \\ f_3 \\ f_4 \end{bmatrix}$$

$$\Downarrow$$

$$\begin{bmatrix} \quad & \quad & \quad & \quad \\ \quad & \quad & \quad & \quad \\ \quad & \quad & \quad & \quad \\ \quad & \quad & \quad & \quad \end{bmatrix} \begin{bmatrix} \ddot{x}_3 \\ \ddot{x}_1 \\ \ddot{x}_2 \\ \ddot{x}_4 \end{bmatrix} + \begin{bmatrix} \quad & \quad & \quad & \quad \\ \quad & \quad & \quad & \quad \\ \quad & \quad & \quad & \quad \\ \quad & \quad & \quad & \quad \end{bmatrix} \begin{bmatrix} x_3 \\ x_1 \\ x_2 \\ x_4 \end{bmatrix} = \begin{bmatrix} \quad \\ \quad \\ \quad \\ \quad \end{bmatrix}$$

【9.2】 図 9.5 に示す 2 つの部分構造からなる構造物について，本章で解説された拘束モード形合成法のアルゴリズムでその部分領域 a が強制変位加振される場合の振動応答解析を定式化する文章を下記に示す．この文章中の空欄を適切な数式で埋めなさい．

部分構造 1 番について考える．質量行列を

$$\begin{bmatrix} M_{aa}^{(1)} & M_{ab}^{(1)} & 0 \\ M_{ba}^{(1)} & M_{bb}^{(1)} & M_{bc}^{(1)} \\ 0 & M_{cb}^{(1)} & M_{cc}^{(1)} \end{bmatrix} \tag{9.133}$$

と表現するとそれに整合させた表現として剛性行列は

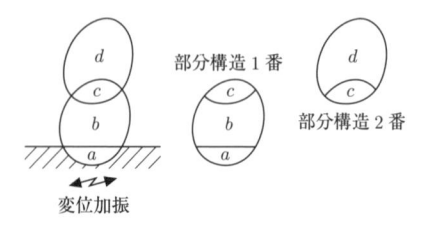

図 **9.5** 地面（構造中の部分領域 a）の変位加振問題

$$\begin{bmatrix} \boxed{\text{ア}} \end{bmatrix} \tag{9.134}$$

と表せる．この部分構造1番について自由体図を考えると，領域 a の強制変位加振に関する運動方程式を物理座標上で次のように表せる．ただし，地盤が構造物領域 a に与える作用力ベクトルを $\boldsymbol{f}_a$，部分構造2番から結合領域 c に作用する力を $\boldsymbol{f}_c$ とする．

$$\begin{bmatrix} \boldsymbol{M}_{ab}^{(1)} & 0 \\ \boldsymbol{M}_{bb}^{(1)} & \boldsymbol{M}_{bc}^{(1)} \\ \boldsymbol{M}_{cb}^{(1)} & \boldsymbol{M}_{cc}^{(1)} \end{bmatrix} \begin{bmatrix} \ddot{\boldsymbol{x}}_b \\ \ddot{\boldsymbol{x}}_c \end{bmatrix} + \begin{bmatrix} \boldsymbol{K}_{ab}^{(1)} & 0 \\ \boldsymbol{K}_{bb}^{(1)} & \boldsymbol{K}_{bc}^{(1)} \\ \boldsymbol{K}_{cb}^{(1)} & \boldsymbol{K}_{cc}^{(1)} \end{bmatrix} \begin{bmatrix} \boldsymbol{x}_b \\ \boldsymbol{x}_c \end{bmatrix} - \begin{bmatrix} \boxed{\text{イ}} \end{bmatrix}$$
$$= \begin{bmatrix} 0 \\ 0 \\ \boldsymbol{f}_c \end{bmatrix} - \begin{bmatrix} \boldsymbol{M}_{aa}^{(1)} \\ \boldsymbol{M}_{ba}^{(1)} \\ 0 \end{bmatrix} \ddot{\boldsymbol{x}}_a - \begin{bmatrix} \boldsymbol{K}_{aa}^{(1)} \\ \boldsymbol{K}_{ba}^{(1)} \\ 0 \end{bmatrix} \boldsymbol{x}_a \tag{9.135}$$

と表せる．通常，地盤による強制変位加振であるから地盤から構造物領域 a に作用する力 $\boldsymbol{f}_a$ は求める必要はないので，式 (9.135) は

$$\begin{bmatrix} \boldsymbol{M}_{bb}^{(1)} & \boldsymbol{M}_{bc}^{(1)} \\ \boldsymbol{M}_{cb}^{(1)} & \boldsymbol{M}_{cc}^{(1)} \end{bmatrix} \begin{bmatrix} \ddot{\boldsymbol{x}}_b \\ \ddot{\boldsymbol{x}}_c \end{bmatrix} + \begin{bmatrix} \boldsymbol{K}_{bb}^{(1)} & \boldsymbol{K}_{bc}^{(1)} \\ \boldsymbol{K}_{cb}^{(1)} & \boldsymbol{K}_{cc}^{(1)} \end{bmatrix} \begin{bmatrix} \boldsymbol{x}_b \\ \boldsymbol{x}_c \end{bmatrix}$$
$$= \begin{bmatrix} 0 \\ \boldsymbol{f}_c \end{bmatrix} - \begin{bmatrix} \boldsymbol{M}_{ba}^{(1)} \\ 0 \end{bmatrix} \ddot{\boldsymbol{x}}_a - \begin{bmatrix} \boldsymbol{K}_{ba}^{(1)} \\ 0 \end{bmatrix} \boldsymbol{x}_a \tag{9.136}$$

の運動方程式で十分となる．

グヤンの静縮小によって，領域 c のみの自由度に質量行列と剛性行列を縮小する．すなわち，

$$\tilde{\boldsymbol{M}}_{cc}^{(1)} = \begin{bmatrix} \boldsymbol{T}_{bc} \\ \boldsymbol{I} \end{bmatrix}^t \begin{bmatrix} \boldsymbol{M}_{bb}^{(1)} & \boldsymbol{M}_{bc}^{(1)} \\ \boldsymbol{M}_{cb}^{(1)} & \boldsymbol{M}_{cc}^{(1)} \end{bmatrix} \begin{bmatrix} \boldsymbol{T}_{bc} \\ \boldsymbol{I} \end{bmatrix}$$
$$\tilde{\boldsymbol{K}}_{cc}^{(1)} = \begin{bmatrix} \boldsymbol{T}_{bc} \\ \boldsymbol{I} \end{bmatrix}^t \begin{bmatrix} \boldsymbol{K}_{bb}^{(1)} & \boldsymbol{K}_{bc}^{(1)} \\ \boldsymbol{K}_{cb}^{(1)} & \boldsymbol{K}_{cc}^{(1)} \end{bmatrix} \begin{bmatrix} \boldsymbol{T}_{bc} \\ \boldsymbol{I} \end{bmatrix} \tag{9.137}$$

ここで，グヤンの静縮小行列 $\boldsymbol{T}_{bc}^{(1)}$ は

$$\boldsymbol{T}_{bc} = \boxed{\text{ウ}} \tag{9.138}$$

で計算できる．

次に，部分構造2番について，自由体図を考えての運動方程式を記述すると

$$\begin{bmatrix} \boldsymbol{M}_{cc}^{(2)} & \boldsymbol{M}_{cd}^{(2)} \\ \boldsymbol{M}_{dc}^{(2)} & \boldsymbol{M}_{dd}^{(2)} \end{bmatrix} \begin{bmatrix} \ddot{\boldsymbol{x}}_c \\ \ddot{\boldsymbol{x}}_d \end{bmatrix} + \begin{bmatrix} \boldsymbol{K}_{cc}^{(2)} & \boldsymbol{K}_{cd}^{(2)} \\ \boldsymbol{K}_{dc}^{(2)} & \boldsymbol{K}_{dd}^{(2)} \end{bmatrix} \begin{bmatrix} \boldsymbol{x}_b \\ \boldsymbol{x}_c \end{bmatrix} = \begin{bmatrix} \boxed{\text{エ}} \\ 0 \end{bmatrix} \quad (9.139)$$

となり，グヤンの静縮小によって内部領域を消去すると，結合領域の自由度のみの質量行列と剛性行列は

$$\begin{aligned} \tilde{\boldsymbol{M}}_{cc}^{(2)} &= \begin{bmatrix} \boldsymbol{I} \\ \boldsymbol{T}_{dc} \end{bmatrix}^t \begin{bmatrix} \boldsymbol{M}_{cc}^{(2)} & \boldsymbol{M}_{cd}^{(2)} \\ \boldsymbol{M}_{dc}^{(2)} & \boldsymbol{M}_{dd}^{(2)} \end{bmatrix} \begin{bmatrix} \boldsymbol{I} \\ \boldsymbol{T}_{dc} \end{bmatrix} \\ \tilde{\boldsymbol{K}}_{cc}^{(2)} &= \begin{bmatrix} \boldsymbol{I} \\ \boldsymbol{T}_{dc} \end{bmatrix}^t \begin{bmatrix} \boldsymbol{K}_{cc}^{(2)} & \boldsymbol{K}_{cd}^{(2)} \\ \boldsymbol{K}_{dc}^{(2)} & \boldsymbol{K}_{dd}^{(2)} \end{bmatrix} \begin{bmatrix} \boldsymbol{I} \\ \boldsymbol{T}_{dc} \end{bmatrix} \end{aligned} \quad (9.140)$$

で求めることができる．ここで，グヤンの静縮小行列 $\boldsymbol{T}_{dc}$ は

$$\boldsymbol{T}_{dc} = \boxed{\text{オ}} \quad (9.141)$$

で計算できる．

さて，ここで全系の運動方程式を作成（実際にプログラムでは組まないが）してみると

$$\begin{bmatrix} \boldsymbol{M}_{bb}^{(1)} & \boldsymbol{M}_{bc}^{(1)} & 0 \\ \boldsymbol{M}_{cb}^{(1)} & \boxed{\text{カ}} & \boxed{\text{キ}} \\ 0 & \boxed{\text{ク}} & \boxed{\text{ケ}} \end{bmatrix} \begin{bmatrix} \ddot{\boldsymbol{x}}_b \\ \ddot{\boldsymbol{x}}_c \\ \ddot{\boldsymbol{x}}_d \end{bmatrix} + \begin{bmatrix} \boldsymbol{K}_{bb}^{(1)} & \boldsymbol{K}_{bc}^{(1)} & 0 \\ \boldsymbol{K}_{cb}^{(1)} & \boxed{\text{コ}} & \boxed{\text{サ}} \\ 0 & \boxed{\text{シ}} & \boxed{\text{ス}} \end{bmatrix} \begin{bmatrix} \boldsymbol{x}_b \\ \boldsymbol{x}_c \\ \boldsymbol{x}_d \end{bmatrix}$$

$$= - \begin{bmatrix} \boxed{\text{セ}} \\ 0 \\ 0 \end{bmatrix} \ddot{\boldsymbol{x}}_a - \begin{bmatrix} \boxed{\text{ソ}} \\ 0 \\ 0 \end{bmatrix} \boldsymbol{x}_a$$

(9.142)

となる．この運動方程式の左辺をみると，強制変位加振が与えられる自由度を固定境界条件とした運動方程式の形であり，右辺の強制加振力ベクトルが領域 a に設定される強制変位 $\boldsymbol{x}_a$ と加速度 $\ddot{\boldsymbol{x}}_a$ に起因して計算される慣性力と弾性力で構成されることがわかる．4.3 節「変位加振応答の解析」での解説のとおりに，低次のいくつかの固有モードだけを利用した 1 次結合で応答変位を近似解析する場合には十分に注意が必要である．部分構造合成法での解析ではまさにそれが当てはまる．

そこで，各部分構造内の領域ごとにその変位場の 1 次結合構成を考える．まず，結合領域 c の変位は，強制変位入力が設定される領域 a の変位に基づいたグヤンの静縮小による従属変位成分と，結合領域自体の自由度による変位の重ね合わせによって

$$\boldsymbol{x}_c = \boldsymbol{T}_{ca}\boldsymbol{x}_a + \boldsymbol{\Phi}_c\boldsymbol{\xi}_c \quad (9.143)$$

と表現する．ここで，グヤンの静縮小行列 $\boldsymbol{T}_{ca}$ は

$$T_{ca} = \boxed{\text{タ}} \tag{9.144}$$

で計算され，固有モード行列 $\boldsymbol{\Phi}_c$ は結合領域 c についての固有値問題

$$\left[\tilde{\boldsymbol{M}}_{cc}^{(1)} + \tilde{\boldsymbol{M}}_{cc}^{(2)}\right]\boldsymbol{\phi} = \lambda \left[\tilde{\boldsymbol{M}}_{cc}^{(1)} + \tilde{\boldsymbol{M}}_{cc}^{(2)}\right]\boldsymbol{\phi} \tag{9.145}$$

を解いて得られる 1 次から適当な p_c 次までの固有モードで構成される固有モード行列である．

部分構造 1 番の内部領域 b の変位は，領域 a と c の変位にグヤンの静縮小で従属的に変位する成分と内部領域自由度自体による変位成分の重ね合わせで表現される．

$$\boldsymbol{x}_b = \boldsymbol{T}_{ba}\boldsymbol{x}_a + \boldsymbol{T}_{bc}\boldsymbol{x}_c + \boldsymbol{\Phi}_b\boldsymbol{\xi}_b \tag{9.146}$$

ここで，右辺の 2 か所のグヤンの静縮小行列は

$$\begin{aligned}\boldsymbol{T}_{ba} &= -\boldsymbol{K}_{bb}^{(1)}\boldsymbol{K}_{ba}^{(1)} \\ \boldsymbol{T}_{bc} &= -\boldsymbol{K}_{bb}^{(1)}\boldsymbol{K}_{bc}^{(1)}\end{aligned} \tag{9.147}$$

で計算される．固有モード行列 $\boldsymbol{\Phi}_b$ は固有値問題

$$\boldsymbol{K}_{bb}^{(1)}\boldsymbol{\phi} = \lambda \boldsymbol{M}_{bb}^{(1)}\boldsymbol{\phi} \tag{9.148}$$

を解いて 1 次から適当な p_b 次までの固有モードで構成されるものである．

部分構造 2 番の内部領域 d の変位も，上記の他の領域の表現と同様に，結合領域 c の変位によるグヤンの静縮小の従属変位成分と内部領域自由度自体の変位成分の重ね合わせで表現されるとする．すなわち，

$$\boldsymbol{x}_d = \boldsymbol{T}_{dc}\boldsymbol{x}_c + \boldsymbol{\Phi}_d\boldsymbol{\xi}_d \tag{9.149}$$

である．ここで，グヤンの静縮小行列 $\boldsymbol{T}_{dc}$ は

$$\boldsymbol{T}_{dc} = -\boldsymbol{K}_{dd}^{(2)^{-1}}\boldsymbol{K}_{dc}^{(2)} \tag{9.150}$$

で求められ，固有モード行列 $\boldsymbol{\Phi}_d$ は結合領域 c を固定とする境界条件での固有値問題

$$\boldsymbol{K}_{dd}^{(2)}\boldsymbol{\varphi} = \lambda \boldsymbol{M}_{dd}^{(2)}\boldsymbol{\phi} \tag{9.151}$$

を解いて得られる 1 次から適当な p_d 次までの固有モードで構成される．

以上より，式 (9.143)，(9.146) および (9.149) を一括で行列表現すると

$$\begin{bmatrix} \boldsymbol{x}_b \\ \boldsymbol{x}_c \\ \boldsymbol{x}_d \end{bmatrix} = \begin{bmatrix} \boldsymbol{T}_{ba} & \boldsymbol{T}_{bc} & \boldsymbol{\Phi}_b & 0 & 0 \\ \boldsymbol{T}_{ca} & 0 & 0 & \boldsymbol{\Phi}_c & 0 \\ 0 & \boldsymbol{T}_{dc} & 0 & 0 & \boldsymbol{\Phi}_d \end{bmatrix} \begin{bmatrix} \boldsymbol{x}_a \\ \boldsymbol{x}_c \\ \boldsymbol{\xi}_b \\ \boldsymbol{\xi}_c \\ \boldsymbol{\xi}_d \end{bmatrix}$$

$$= \begin{bmatrix} \boxed{\text{チ}} & \boxed{\text{ツ}} & \boxed{\text{テ}} & 0 \\ \boldsymbol{T}_{ca} & 0 & \boldsymbol{\Phi}_c & 0 \\ \boldsymbol{T}_{dc}\boldsymbol{T}_{ca} & 0 & \boldsymbol{T}_{dc}\boldsymbol{\Phi}_c & \boldsymbol{\Phi}_d \end{bmatrix} \begin{bmatrix} \boldsymbol{x}_a \\ \boldsymbol{\xi}_b \\ \boldsymbol{\xi}_c \\ \boldsymbol{\xi}_d \end{bmatrix} \quad (9.152)$$

$$= \begin{bmatrix} \boxed{\text{ト}} \\ \boldsymbol{T}_{ca} \\ \boldsymbol{T}_{dc}\boldsymbol{T}_{ca} \end{bmatrix} \boldsymbol{x}_a + \begin{bmatrix} \boxed{\text{ナ}} & \boxed{\text{ニ}} & 0 \\ 0 & \boldsymbol{\Phi}_c & 0 \\ 0 & \boldsymbol{T}_{dc}\boldsymbol{\Phi}_c & \boldsymbol{\Phi}_d \end{bmatrix} \begin{bmatrix} \boldsymbol{\xi}_b \\ \boldsymbol{\xi}_c \\ \boldsymbol{\xi}_d \end{bmatrix}$$

と表現できる．この式は，応答変位場が，強制変位指定領域 a にグヤンの静縮小で計算できる変位成分と領域 a を固定境界条件とした振動解析で求まる振動成分の重ね合わせで表現されることを意味する．

そこで，9.2.2項 c で解説しているとおりに，式 (9.152) の最右辺の式を式 (9.142) の左辺に代入して，両辺左側から式 (9.152) の最右辺の式の第 2 項係数行列の転置行列を乗じて部分構造合成法によるモード座標上での全系の運動方程式を作成して解いてよいが，次のような段取りで運動方程式を導出することもできる．これは実用的な方法である．

【第 1 ステップ】 強制変位が与えられる領域 a を固定境界条件として，部分構造合成法で全系の固有角振動数 Ω_i と固有モード $\boldsymbol{\Psi}_i$ を 1 次から解析周波数帯域上限の適当な p 次 $(i = 1 \sim p)$ まで求める．ここで，固有モードは質量行列に関して正規化されているものとする．この固有モード行列は，現実的に行数が列数よりも大幅に大きな状況（縦長の行列）となり，ここでは部分領域ごとに分けて次のように表示する．

$$\boldsymbol{\Psi} = \begin{bmatrix} \boldsymbol{\Psi}_b \\ \boldsymbol{\Psi}_c \\ \boldsymbol{\Psi}_d \end{bmatrix} \quad (9.153)$$

【第 2 ステップ】 この固有モードの 1 次結合で式 (9.152) の第 2 項を置き換える．すなわち，

$$\begin{bmatrix} \boldsymbol{x}_b \\ \boldsymbol{x}_c \\ \boldsymbol{x}_d \end{bmatrix} = \begin{bmatrix} \boxed{\phantom{T_{ba}+T_{bc}T_{ca}}} \\ \boldsymbol{T}_{ca} \\ \boldsymbol{T}_{dc}\boldsymbol{T}_{ca} \end{bmatrix} \boldsymbol{x}_a + \begin{bmatrix} \boldsymbol{\Psi}_b \\ \boldsymbol{\Psi}_c \\ \boldsymbol{\Psi}_d \end{bmatrix} \boldsymbol{\eta} \tag{9.154}$$

となる．この式によるモード座標上での運動方程式は

$$\begin{bmatrix} \Omega_1^2 & 0 & \cdots & \cdots & 0 \\ 0 & \Omega_2^2 & 0 & \cdots & \vdots \\ \vdots & 0 & \ddots & 0 & \vdots \\ \vdots & & 0 & \ddots & 0 \\ 0 & \cdots & \cdots & 0 & \Omega_p \end{bmatrix} \ddot{\boldsymbol{\eta}} + \begin{bmatrix} 1 & 0 & \cdots & \cdots & 0 \\ 0 & 1 & 0 & \cdots & \vdots \\ \vdots & 0 & \ddots & 0 & \vdots \\ \vdots & & \ddots & \ddots & 0 \\ 0 & \cdots & \cdots & \cdots & 1 \end{bmatrix} \boldsymbol{\eta}$$

$$= -\begin{bmatrix} \boldsymbol{\Psi}_b \\ \boldsymbol{\Psi}_c \\ \boldsymbol{\Psi}_d \end{bmatrix}^t \left(\begin{bmatrix} \boldsymbol{M}_{ba}^{(1)} \\ 0 \\ 0 \end{bmatrix} \ddot{\boldsymbol{x}}_a + \begin{bmatrix} \boldsymbol{K}_{ba}^{(1)} \\ 0 \\ 0 \end{bmatrix} \boldsymbol{x}_a \right) \tag{9.155}$$

$$- \begin{bmatrix} \boldsymbol{\Psi}_b \\ \boldsymbol{\Psi}_c \\ \boldsymbol{\Psi}_d \end{bmatrix}^t \left(\begin{bmatrix} \boldsymbol{M}_{bb}^{(1)} & \boldsymbol{M}_{bc}^{(1)} & 0 \\ \boldsymbol{M}_{cb}^{(1)} & \boldsymbol{M}_{cc}^{(1)}+\boldsymbol{M}_{cc}^{(2)} & \boldsymbol{M}_{cd}^{(2)} \\ 0 & \boldsymbol{M}_{dc}^{(2)} & \boldsymbol{M}_{dd}^{(2)} \end{bmatrix} \right.$$

$$\left. + \begin{bmatrix} \boldsymbol{K}_{bb}^{(1)} & \boldsymbol{K}_{bc}^{(1)} & 0 \\ \boldsymbol{K}_{cb}^{(1)} & \boldsymbol{K}_{cc}^{(1)}+\boldsymbol{K}_{cc}^{(2)} & \boldsymbol{K}_{cd}^{(2)} \\ 0 & \boldsymbol{K}_{dc}^{(2)} & \boldsymbol{K}_{dd}^{(2)} \end{bmatrix} \right) \begin{bmatrix} \boldsymbol{T}_{ba}+\boldsymbol{T}_{bc}\boldsymbol{T}_{ca} \\ \boldsymbol{T}_{ca} \\ \boldsymbol{T}_{dc}\boldsymbol{T}_{ca} \end{bmatrix} \boldsymbol{x}_a$$

となる．式 (9.153) の採用モード数の現実的状況（縦長の行列）では，式 (9.155) の右辺は近似化ができて，このモード座標上での運動方程式は

$$\begin{bmatrix} \Omega_1^2 & 0 & \cdots & \cdots & 0 \\ 0 & \Omega_2^2 & 0 & \cdots & \vdots \\ \vdots & 0 & \ddots & 0 & \vdots \\ \vdots & & 0 & \ddots & 0 \\ 0 & \cdots & \cdots & 0 & \Omega_p \end{bmatrix} \ddot{\boldsymbol{\eta}} + \begin{bmatrix} 1 & 0 & \cdots & \cdots & 0 \\ 0 & 1 & 0 & \cdots & \vdots \\ \vdots & 0 & \ddots & 0 & \vdots \\ \vdots & & \ddots & \ddots & 0 \\ 0 & \cdots & \cdots & \cdots & 1 \end{bmatrix} \boldsymbol{\eta}$$

$$= -\begin{bmatrix} \boldsymbol{\Psi}_b \\ \boldsymbol{\Psi}_c \\ \boldsymbol{\Psi}_d \end{bmatrix}^t \left(\begin{bmatrix} \boldsymbol{M}_{ba}^{(1)} \\ 0 \\ 0 \end{bmatrix} \ddot{\boldsymbol{x}}_a + \begin{bmatrix} \boldsymbol{K}_{ba}^{(1)} \\ 0 \\ 0 \end{bmatrix} \boldsymbol{x}_a \right) \tag{9.156}$$

のように近似化できる．求められた η を式 (9.154) の右辺第 2 項に代入して強制変位加振の振動応答（左辺）を求めることができる．

10

音 響 解 析

空中の構造物が振動すると当然それに接している空気もゆすられるので空気に疎密波が発生し,空間に広がっていく.その空気の疎密波は私たちの聴覚範囲の周波数成分を持つと音として認識され,一般に機械から発生する音は機械音や機械騒音と呼ばれ,あまり好まれない場合が大半である.また,旅客機の機内や自動車の車室などの閉空間や,開口部を有する半閉空間においては反射音の重ね合わせによる共鳴現象が発生する周波数もあり,騒音レベルが大きくなり,切実な問題となる場合がある.機械および機械構造物の振動学である構造動力学に強く関連する音響解析の基礎を学習することは大切であるので,この章で解説することにする.

10.1 音 響 の 基 礎

10.1.1 波動方程式の導出

説明の簡潔性と基礎的研究上での利便性を考えて2次元の波動方程式 (wave equation) の導出を考えることにする.図 10.1 に示すように O–xy 直角座標系を設定して,その (x, y) の位置のところで微小な長方形領域($dx \times dy$ の寸法)について考える.この面積 S_o は $dxdy$ で表される.音の伝播といえる空気の圧力の伝播によっていま,辺 i–ℓ が微小変位 $\delta_x(x)$(x 軸方向へ)したとする.この変位は座標 x の関数

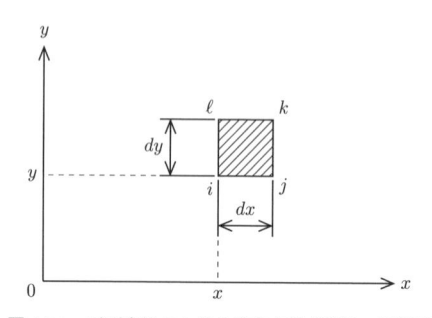

図 10.1 平面音場における波動方程式導出の解説図

10.1 音響の基礎

と考えることができるので，辺 j–k の変位は微分の性質を利用して

$$\delta_x(x+dx) = \delta_x(x) + \frac{\partial \delta_x(x)}{\partial x} dx \tag{10.1}$$

と表せる．同様に，辺 i–j が微小変位 $\delta_y(y)$（y 軸方向へ）したと考えて，座標 y の関数として表現すると，辺 k–ℓ の変位も

$$\delta_y(y+dy) = \delta_y(y) + \frac{\partial \delta_y(y)}{\partial y} dy \tag{10.2}$$

と表せる．4 辺のこれらの変位によって，元の面積が $dxdy$ であったこの長方形の面積はどれだけ変化したかと考えると，増加する場合を＋としてその増加量を dS で表せば

$$\begin{aligned} dS &= \left\{ \delta_x(x) + \frac{\partial \delta_x(x)}{\partial x} dx - \delta_x(x) \right\} dy + \left\{ \delta_y(y) + \frac{\partial \delta_y(y)}{\partial y} dy - \delta_y(y) \right\} dx \\ &= \left\{ \frac{\partial \delta_x(x)}{\partial x} + \frac{\partial \delta_y(y)}{\partial y} \right\} dxdy \end{aligned} \tag{10.3}$$

となる．そこで，この面積変化を元々の面積に対する変化率 ε に変換すると

$$\varepsilon = \frac{dS}{S_o} = \frac{\left\{ \frac{\partial \delta_x(x)}{\partial x} + \frac{\partial \delta_y(y)}{\partial y} \right\} dxdy}{dxdy} = \frac{\partial \delta_x(x)}{\partial x} + \frac{\partial \delta_y(y)}{\partial y} \tag{10.4}$$

となる．

空気は圧縮性のある媒質であり，ばねのフックの法則と同じように，音響の範囲内での面積変化率 ε と圧力 p は比例関係であるといえる．ただし，変化率がマイナスの値（圧縮される状態）では圧力が増加し，プラス（膨張状態）では圧力が低下する関係であることに注意する．そこで，その比例係数を K とすると，この関係式は

$$p = -K\varepsilon \tag{10.5}$$

と記述できる．この空気の弾性率である比例係数 K は，音速 c と空気密度 ρ との間で

$$c = \sqrt{\frac{K}{\rho}} \tag{10.6}$$

の関係式が成立する．

もしも内燃機関のシリンダーや，容積の小さな注射器内の圧力と空気体積の関係を扱うのであれば圧力と変位の関係が便利であろうが，音波の場合には，通常かなり広い空間を扱うので，空気を押す板にいくら変位を与えても，その速度が遅いと"暖簾に腕押し"のように，その板面の近傍の空気の圧力を高めることができない．音波を発生させるには板の変位よりも"速さ（速度）"が重要である．また，その板面に接している空気が逃げられないようするために，板にはある程度の広い面積が必要である．このことは，一般的に低音発生用のスピーカーは高音用に比べてダイヤフラムの面積が大きくなっていることからも理解できるであろう．そこで，式（10.5）は両辺を時

間 t で微分して，変位を速度に変えた形式にする方が実用的であるので，速度（粒子速度）を v として，

$$\frac{\partial p}{\partial t} = -K\frac{\partial \varepsilon}{\partial t} = -K\left(\frac{\partial \delta_x^2(x)}{\partial t \partial x} + \frac{\partial \delta_y^2(y)}{\partial t \partial y}\right)$$

$$\Downarrow$$

$$\frac{\partial v_x}{\partial x} + \frac{\partial v_y}{\partial y} = -\frac{1}{K}\frac{\partial p}{\partial t} \tag{10.7}$$

と表す．この式は音響空間内すべての位置における微小領域について，隣接領域ごとに連続性を持って成立していなければならない式なので，連続（性）の式と呼ばれる．

さて，連続の式が構築できたので次はニュートンの第2法則に従って，この微小領域についての運動の方程式を導出する．いまは2次元問題なので，単位面積あたりの空気の密度を ρ とすると，この微小領域の質量は $\rho dxdy$ である．この微小領域は一種の質点として考えることができるので x 軸と y 軸方向の並進運動を考えればよい．まず x 軸方向の運動方程式は，辺 i–ℓ の面で圧力 $p(x,y)$ を受けるとすると，辺 j–k の面ではこの微小領域が右隣りに与える圧力 $p(x+dx,y)$ が

$$p(x+dx,x) = p(x,y) + \frac{\partial p(x,y)}{\partial x}dx \tag{10.8}$$

と表現できるので，ニュートンの運動方程式である "質量 × 加速度 = 外力" に従って

$$\rho dxdy \frac{\partial v_x}{\partial t} = \{p(x,y) - p(x+dx,y)\}dy = -\frac{\partial p(x,y)}{\partial x}dxdy$$

$$\Downarrow$$

$$\rho\frac{\partial v_x}{\partial t} = -\frac{\partial p(x,y)}{\partial x} \tag{10.9}$$

と得られる．同様に y 方向の運動方程式は

$$\rho\frac{\partial v_y}{\partial t} = -\frac{\partial p(x,y)}{\partial y} \tag{10.10}$$

と得られる．基本的には式（10.7），（10.9）および（10.10）の連立方程式で波動の解析ができるが，これでは圧力と粒子速度の2種類の未知関数が混在していて不便なので，求めたい未知関数を次のように1種類にする．例えば圧力を残すように考えれば，式（10.7）を時間 t で微分して

$$\frac{\partial^2 v_x}{\partial t \partial x} + \frac{\partial^2 v_y}{\partial t \partial y} = -\frac{1}{K}\frac{\partial^2 p}{\partial t^2} \tag{10.11}$$

を得る．式（10.9）および式（10.10）をそれぞれ x と y で微分すると

$$\rho\frac{\partial^2 v_x}{\partial x \partial t} = -\frac{\partial^2 p(x,y)}{\partial^2 x} \tag{10.12}$$

$$\rho \frac{\partial^2 v_y}{\partial y \partial t} = -\frac{\partial^2 p(x,y)}{\partial^2 y} \tag{10.13}$$

を得る．式（10.12）と（10.13）を式（10.11）に代入することで

$$\frac{\partial^2 p(x,y)}{\partial^2 x} + \frac{\partial^2 p(x,y)}{\partial^2 y} = \frac{\rho}{K}\frac{\partial^2 p}{\partial t^2}$$

$$\Downarrow$$

$$\frac{\partial^2 p(x,y)}{\partial^2 x} + \frac{\partial^2 p(x,y)}{\partial^2 y} = \frac{1}{c^2}\frac{\partial^2 p}{\partial t^2} \tag{10.14}$$

のとおりに圧力 p を求めたい未知関数としての波動方程式となる．粒子速度を未知関数とする波動方程式は例題とする．

【例題 10.1】

式（10.7），式（10.9）および式（10.10）の連立演算から，粒子速度ベクトルでの波動方程式を導出しなさい．

【略解】

与えられた 3 式から圧力の関数 p を消去することを目標とするのであるから，式（10.9）と（10.10）を時間に関してそれぞれ 1 階微分して

$$\rho \frac{\partial^2 v_x}{\partial t^2} = -\frac{\partial^2 p(x,y)}{\partial t \partial x} \tag{10.15}$$

$$\rho \frac{\partial^2 v_y}{\partial t^2} = -\frac{\partial^2 p(x,y)}{\partial t \partial y} \tag{10.16}$$

を得る．

式（10.7）については，まず x に関して 1 階微分すると，図 10.1 を参考として左辺の第 2 項は消えることがわかり，

$$\frac{\partial^2 v_x}{\partial x^2} = -\frac{1}{K}\frac{\partial^2 p}{\partial x \partial t} \tag{10.17}$$

となる．同様に y に関して微分すると

$$\frac{\partial^2 v_y}{\partial y^2} = -\frac{1}{K}\frac{\partial^2 p}{\partial y \partial t} \tag{10.18}$$

となる．これら 2 式を両辺それぞれ加算すると

$$\frac{\partial^2 v_x}{\partial x^2} + \frac{\partial^2 v_y}{\partial y^2} = -\frac{1}{K}\left\{\frac{\partial^2 p}{\partial x \partial t} + \frac{\partial^2 p}{\partial y \partial t}\right\} \tag{10.19}$$

となる．これに式（10.15）と式（10.16）を代入すると

$$\frac{\partial^2 v_x}{\partial x^2} + \frac{\partial^2 v_y}{\partial y^2} = \frac{\rho}{K}\left\{\frac{\partial^2 v_x}{\partial t^2} + \frac{\partial^2 v_y}{\partial t^2}\right\}$$

$$\Downarrow$$

$$\frac{\partial^2 \boldsymbol{v}}{\partial x^2} + \frac{\partial^2 \boldsymbol{v}}{\partial y^2} = \frac{1}{c^2}\frac{\partial^2 \boldsymbol{v}}{\partial t^2} \tag{10.20}$$

と導出される．なお，ここで $\boldsymbol{v}$ は粒子速度ベクトル，すなわち，$\boldsymbol{v} = (v_x, v_y)^t$ である．

さて，これらの2種類の関数での波動方程式では，音圧ならば音圧だけで，粒子速度なら粒子速度だけですべての境界条件を設定できる音場の解析には問題ないが，境界の一部分では音圧指定，他の部分では粒子速度指定と混在する境界条件設定での解析には不便である．そこで，このような実用上の問題を解決して，統一した形での波動方程式を作るために，汎関数 ϕ を新たに設定する．ここでの2次元音場については，この汎関数 ϕ は座標値 x，y および時間 t の関数であり，

$$\frac{\partial \phi}{\partial x} = -v_x \tag{10.21}$$

$$\frac{\partial \phi}{\partial y} = -v_y \tag{10.22}$$

のとおりに座標パラメータでの偏微分値がちょうど粒子速度にマイナス符号を付けた値を表す関数とする．これを利用すると式 (10.9) および (10.10) はそれぞれ x と y について積分して積分定数をゼロ（音圧は大気圧を基準とした変動圧力だけを考えればよいので）とすると，どちらも

$$p = \rho \frac{\partial \phi}{\partial t} \tag{10.23}$$

となる．式 (10.7) に式 (10.21)，(10.22) および (10.23) を代入することで

$$\frac{\partial^2 \phi}{\partial x^2} + \frac{\partial^2 \phi}{\partial y^2} = \frac{1}{c^2}\frac{\partial^2 \phi}{\partial t^2} \tag{10.24}$$

のとおりに**粒子速度ポテンシャル関数**に関する波動方程式が導出される．この方程式を解いて粒子速度ポテンシャル関数が定まれば，式 (10.21)，(10.22) および (10.23) を用いて粒子速度も音圧も算出することができる．

a． 1次元の波動方程式

2次元の波動方程式の類推からでも，またはその導出と同様に地道に理論的にでも，1次元音場について，粒子速度ポテンシャル関数での波動方程式を導出すると，1次元音場の座標軸を x として

$$\frac{\partial^2 \phi}{\partial^2 x} = \frac{1}{c^2}\frac{\partial^2 p}{\partial t^2} \tag{10.25}$$

となる．

【例題 10.2】

1 次元音場として考えることができる,長さ L で両端がともに閉じた細い閉空間音場の共振振動数を求めなさい.空気の密度は ρ,音速は c とする.

【略解】

1 次元の波動方程式は粒子速度ポテンシャル関数を ϕ として式 (10.25) のように表される.共振状態では音場は定在波状態となっているはずであるから,この粒子速度ポテンシャル関数は角振動数を ω として

$$\phi = \Phi(x)e^{j\omega t} \tag{10.26}$$

と表すことができる.この式を波動方程式に代入すると

$$\frac{\partial^2 \Phi(x)}{\partial x^2} = -\frac{\omega^2}{c^2}\Phi(x) \tag{10.27}$$

となる.この形式の微分方程式(2 階微分したら元の関数の形になる関数を求める方程式)の一般解としての関数 Φ は

$$\Phi(x) = Ae^{j\frac{\omega}{c}x} + Be^{-j\frac{\omega}{c}x} \tag{10.28}$$

となる.

さて,境界条件を考える.左端を原点 $x = 0$ とし,右端を $x = L$ とすると,これら両端での境界条件は,粒子速度がゼロでなければならないとする条件となる.すなわち,

$$\left.\frac{\partial \Phi}{\partial x}\right|_{x=0} = 0$$
$$\Downarrow$$
$$j\frac{\omega}{c}(A - B) = 0 \tag{10.29}$$

$$\left.\frac{\partial \Phi}{\partial x}\right|_{x=L} = 0$$
$$\Downarrow$$
$$j\frac{\omega}{c}(Ae^{j\frac{\omega}{c}L} - Be^{-j\frac{\omega}{c}L}) = 0 \tag{10.30}$$

となり,$A = B$ と $\omega L = 0, \pi c, 2\pi c, 3\pi c, \cdots$ の解を得る.したがって,共振角振動数は

$$\omega = 0, \frac{\pi c}{L}, \frac{2\pi c}{L}, \frac{3\pi c}{L}, \cdots \tag{10.31}$$

と得られる.ここで,最初の 0 rad/s は実質的共振振動数としては無意味なので,

意味のある正の値の共振振動数を 1 次から順に次数づけすると第 i 次の共振振動数 (Hz) は

$$\frac{1}{2\pi}\frac{i\pi c}{L} \implies \frac{ic}{2L} \quad \text{(Hz)} \tag{10.32}$$

と得られる．ついでに，以上の結果より，第 i 次の共振の定在波の音圧 $p(x,t)$ は

$$\begin{aligned}
p(x,t) &= \rho \frac{\partial \phi}{\partial t} \\
&= j\rho \frac{i\pi c}{L}\left(Ae^{j\frac{i\pi c}{L}x} + Ae^{-j\frac{i\pi c}{L}x}\right)e^{j\frac{i\pi c}{L}t} \\
&= 2j\rho A e^{j\frac{i\pi c}{L}t}\cos\left(\frac{i\pi c}{L}x\right)
\end{aligned} \tag{10.33}$$

と計算できる．両端位置（密閉壁表面）は音圧の腹になることがわかる．なお，本問題の条件だけでは定数 A は非ゼロの値であるが一義的には決定できない．この 1 次元音場の音圧空間分布は $\cos\left(\frac{i\pi}{L}x\right)$ と定性的に描ける．繰り返しになるが，ここで i は次数を示す正の整数である．

【例題 10.3】
1 次元音場として考えることができる，長さ L で片端は閉じ，もう一方の端は開いている細い音場の共振振動数を求めなさい．空気の密度は ρ，音速は c とする．

【略解】
　共振状態では音場は定在波状態となっているはずであるから，この粒子速度ポテンシャル関数の表現方法から粒子速度ポテンシャル関数の一般解までの導出は前例題とまったく同じとなり，結局，角振動数を ω として一般解としての粒子速度ポテンシャル関数 Φ は

$$\Phi(x) = Ae^{j\frac{\omega}{c}x} + Be^{-j\frac{\omega}{c}x} \tag{10.34}$$

となる．
　さて，境界条件を考える．左端を原点 $x=0$ としてこちらが閉じている端とし，右端を $x=L$ の位置で開放端と設定することにする．左端の境界条件は壁で閉じられているのであるから，"粒子速度がゼロ"が条件となる．すなわち，

$$\left.\frac{\partial \Phi}{\partial x}\right|_{x=0} = 0$$

$$\Downarrow$$

$$j\frac{\omega}{c}(A-B) = 0 \tag{10.35}$$

となる．右端は開放されているので，その外側の無限に広い大気圧空間の圧力と一致，すなわち，"音圧がゼロ"を境界条件（現実の状態を単純理想化した条件）とする．

$$p(L) = \rho \frac{\partial \phi}{\partial t}\bigg|_{x=L} = \Phi_{x=L} = 0$$

$$\Downarrow$$

$$j\frac{\omega}{c}(Ae^{j\frac{\omega}{c}L} + Be^{-j\frac{\omega}{c}L}) = 0 \qquad (10.36)$$

である．$A = B$ と $\omega = \frac{\pi c}{2L}, \frac{3\pi c}{2L}, \frac{5\pi c}{2L}, \cdots$ の解を得る．したがって，共振角振動数は

$$\omega = \frac{\pi c}{2L}, \frac{3\pi c}{2L}, \frac{5\pi c}{2L}, \cdots \qquad (10.37)$$

と得られる．共振振動数を1次から順に次数づけすると第 i 次の共振振動数は

$$\frac{1}{2\pi} \times \frac{(2i-1)\pi c}{2L} \implies \frac{(2i-1)c}{4L} \quad \text{(Hz)} \qquad (10.38)$$

と得られる．ついでに，第 i 次の共振の定在波の音圧分布 $p(x, t)$ の分布は

$$p(x, t) = \rho \frac{\partial \phi}{\partial t}$$
$$= j\rho \frac{(2i-1)\pi c}{2L}\big(Ae^{j\frac{(2i-1)\pi c}{2L}x} + Ae^{-j\frac{(2i-1)\pi c}{2L}x}\big)e^{j\frac{(2i-1)\pi c}{2L}t} \qquad (10.39)$$
$$= \frac{j(2i-1)\pi c}{L} Ae^{j\frac{(2i-1)\pi c}{2L}t} \cos\Big(\frac{(2i-1)\pi c}{2L}x\Big)$$

と計算できる．閉じた左端位置（密閉壁表面）は音圧の腹になり，開放の右端は節となるモードである．

b. 3次元の波動方程式

2次元の波動方程式の類推からでも，または地道に理論的に考えても，3次元音場について粒子速度ポテンシャル関数での波動方程式を導出すると，3次元音場の座標系を $O\text{--}xyz$ の直角座標系として

$$\frac{\partial^2 \phi}{\partial^2 x} + \frac{\partial^2 \phi}{\partial^2 y} + \frac{\partial^2 \phi}{\partial^2 z} = \frac{1}{c^2}\frac{\partial^2 p}{\partial t^2} \qquad (10.40)$$

となる．

10.1.2 音の強弱の計測と定量表現

機械から発生する音を科学的に，また定量的に分析把握することは重要である．まず第1の観点は機械から発生する音による騒音問題に対する重要性である．第2の観点は稼働状態の機械の状態把握に利用する重要性である．正常に動いているか，どこか内部に異常が発生していないかなどを監視判断するための技術としてである．第3

の観点は，音に価値を与えるための重要性である．心地よい音色，高級感ある音色，伝統ブランドとしての音色などの創り込みの重要性である．これらの重要性からの研究開発活動において，まず大切なことは音の計測と定量的分析である．ここでは，その基礎について述べる．

まず，私たち人間の聴覚能力の基本的特徴として下記のことがわかっている．

1) 音として聞こえる空気の疎密波周波数（可聴周波数）は，約 16～約 20000 Hz の範囲．それ以上の高い周波数の疎密波は "**超音波** (ultrasonic wave)"，それ以下の低い周波数の疎密波は "**不可聴低音波** (infrasonic wave)" と呼ぶ．

2) 音として聞こえる空気の疎密波の圧力変動範囲（可聴音圧）は，最小が約 2×10^{-5} Pa，最大が約 2×10^2 Pa と，7ケタも違う大きな変動幅である．また，地上位置での標準気圧である1気圧は約 10^5 Pa であるから，小さな音としては，その一定気圧の中でほんのわずかな 10^{-5} レベルの Pa の圧力変動が知覚できている．一方，約 2×10^2 Pa の空気圧力変動を超えるものは，もはや音としての知覚というよりも，直接的に空気の圧力波として体の各部位および全体で感じるようになる．さらに大きな音になると触覚器からの痛感だけでは済まされない，健康や命にかかわる危険なものになっていく．

3) 人間の聴覚特性は周波数に関してフラットではなく，後述の式（10.41）で物理学的に定義されたデシベルの同じ値となる "空気の疎密波" でも周波数によって

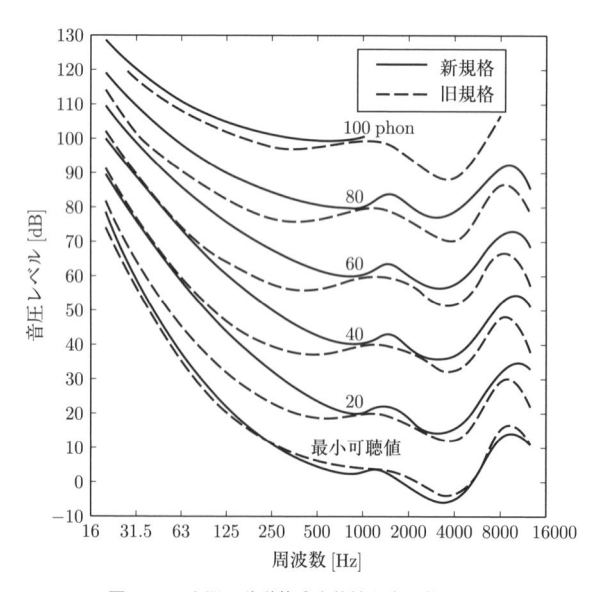

図 10.2 人間の聴覚等感度特性と音圧値の関係

大きな音として聞こえたり，小さな音と認識されたりする．この聴覚特性に合わせて音の強弱を表現する定量パラメータとして**聴覚レベル値** (loudness) が定義されている．1000 Hz の音に関して物理的なデシベル値と一致させて，他の周波数の音については，1000 Hz の音の大きさと同じと認識できる音の大きさのデシベル値を連ねる等感度曲線を被験者実験に基づいて調べ，ISO の基準として制定されている（図 10.2）．破線が 1950 年制定の旧規格で，実線が，その後に見直され 2003 年に制定された新規格である．単位はホーン (phon) である．

物理学的に音圧レベルは dB（デシベル）で定量化表現される．音は空気の疎密波であり，私たち人間の聴覚能力は 4000 Hz 付近の周波数の音に最も敏感であること，その最小の音として聞こえるときの空気の疎密波圧力変動は約 2×10^{-5} Pa であることが明らかになっており，$p_0 = 2 \times 10^{-5}$ Pa を音圧レベルの定量値設定の基準値としている．そして，音の周波数が 1000 Hz に限らず任意の周波数の音圧変動振幅が p (Pa) の音の音圧レベルは

$$20 \log_{10} \frac{p}{p_0} \quad (\mathrm{dB}) \qquad (10.41)$$

で表すと定義された．この音圧レベル定義は物理学としてのものである．

この単位に加えて，式 (10.41) のデシベルの単位名称を利用しながら，人間の聴覚特性を加味した表現であるとした **dBA**（デシベル A）の単位も広く使われる．最も大切な騒音レベル値として記憶しておくべき値は 85 dBA である．世界保健機構 (WHO: World Health Organization) の定めた基準では 85 dBA 以上の騒音レベル環境は私たち人間の精神的および生理的健康を損ねる．人の生活空間の騒音レベルとしては最低限 85 dBA 以下にしなければならない．しかしながら，仕事などで一定時間以上そのような環境下に身を置かなければいけない場合は防護用耳栓 (auditory protector) の装着などの対策をとるように勧告されている．

図 10.3 は音圧レベルを計測するためのごく標準的な騒音計の例である．図 10.4 はエンジン自動車が発生させている騒音の主な成分ごとのレベル特性と周波数帯域特性を示す．

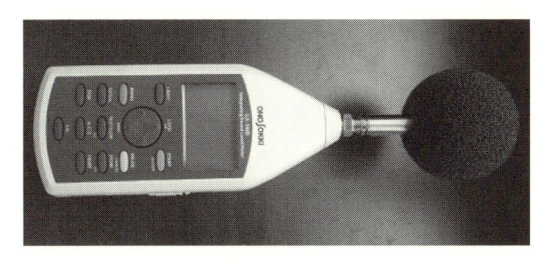

図 **10.3** 騒音計の例

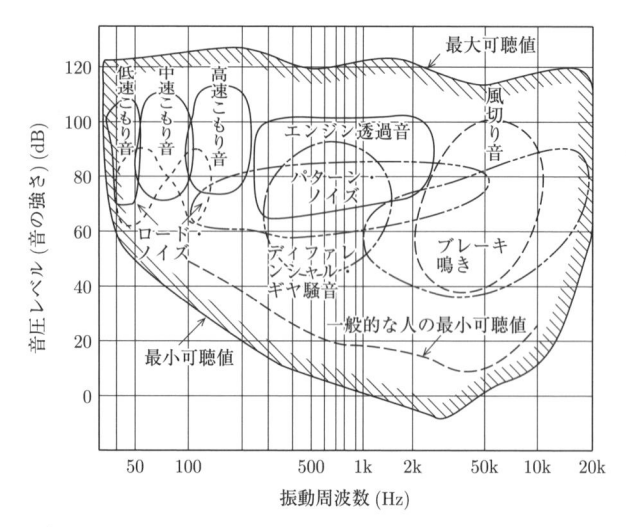

図 10.4 自動車騒音の主な成分とそのレベル・周波数特性（ただし 2000 年頃のデータとして）

10.2 有限要素法（2次元三角形要素）

　無限要素と呼ばれる特別な有限要素も開発されてはいるが，有限要素法は基本的には閉空間内の音響解析に向いている（音圧指定される開口部を有してもよい）．別の言い方をすれば，有限要素法では解析したい領域を有限な範囲として，その領域を囲む境界を設定して閉空間とし，その境界すべての部分について適当な種類の音響的境界条件を設定して解析する．
　音源はその閉空間内もしくは境界面の部分に設定することができ，音響解析はその境界で囲まれた閉空間（すなわち音場）について実行される．
　境界面の音響条件（境界条件）としては，一般的に次の3種類である．
1) 境界面が剛壁として不動で，その面に接している空気の粒子は固定面に邪魔されてその壁の法線方向に動けない，すなわち粒子速度ゼロの境界設定．
2) 境界面がちょうど平面スピーカーのように境界面の法線方向，すなわち閉空間の内側方向と外側方向に，ある振幅と振動数で振動する境界で粒子速度指定の条件設定．
3) 自動車の排気管の排気出口や，笛や音叉の共鳴箱の開口部である，広い大気との境界面となる部分のための大気圧などを与える圧力指定の境界設定．

10.2 有限要素法（2次元三角形要素）

本節では有限要素法による音響解析の基礎として，かつ，実際に読者自身で簡単にプログラムを作成して実感的に学習の充実を味わえるようにするために，$O\text{-}xy$ 直角座標系を設定しての 2 次元空間問題を対象にして，三角形要素による有限要素法の定式化を解説する．

10.2.1 準備知識

10.1 節と少し重複するが，便宜的にここで必要な基礎知識を述べる．2 次元の波動方程式は，速度ポテンシャルを ϕ とすると

$$\frac{\partial^2 \phi}{\partial x^2} + \frac{\partial^2 \phi}{\partial y^2} = \frac{1}{c^2}\frac{\partial^2 \phi}{\partial t^2} \tag{10.42}$$

と表せる．ここで，t は時間，c は音速である．乾燥した空気中の音速は，気温を h（°C）として $c(\mathrm{m/s}) = 331.5 + 0.6h$ と算出できる．

音圧 p は，

$$p = \rho \frac{\partial \phi}{\partial t} \tag{10.43}$$

と表現できる．ここで，ρ は媒質である空気の密度である．温度 20°C の乾燥した空気の密度は $\rho = 1.205\,\mathrm{kg/m^3}$ である．

長さ 1 の方向ベクトル $\boldsymbol{n}$ の方向への空気の粒子速度 $\boldsymbol{v}$（速さ）は

$$\boldsymbol{v} = -\frac{\partial \phi}{\partial \boldsymbol{n}} \tag{10.44}$$

と記述できる．

速度ポテンシャル ϕ は，位置だけの関数，すなわちここでは x と y の関数である Φ を速度ポテンシャル振幅として角振動数 ω で調和関数

$$\phi = \Phi e^{j\omega t} \tag{10.45}$$

と表現される．これを波動方程式（10.42）に代入すると

$$\left(\frac{\partial^2 \Phi}{\partial x^2} + \frac{\partial^2 \Phi}{\partial y^2}\right)e^{j\omega t} = -\frac{\omega^2}{c^2}\Phi e^{j\omega t}$$

$$\Downarrow$$

$$\frac{\partial^2 \Phi}{\partial x^2} + \frac{\partial^2 \Phi}{\partial y^2} + \frac{\omega^2}{c^2}\Phi = 0$$

$$\Downarrow$$

$$\frac{\partial^2 \Phi}{\partial x^2} + \frac{\partial^2 \Phi}{\partial y^2} + \Lambda^2 \Phi = 0 \tag{10.46}$$

のとおりに，速度ポテンシャル振幅に関する方程式となる．ここで，Λ は $\frac{\omega}{c}$ を置き換える便利的なパラメータで，**波数**（wave number）と呼ばれる．正弦波としての音波の進行方向が瞬間瞬間にどの程度（rad/m）変化するかを表している．

10.2.2　三角形要素の音響剛性行列と音響質量行列の導出

有限要素法の大枠の段取りは振動解析の場合と同じである．ここでは 2 次元音響閉空間をたくさんの n 個の三角形要素で分割モデル化した中での任意の三角形要素ひとつについての定式化を中心に，この音響閉空間の音響剛性と音響質量行列の導出を示す．

図 10.5 に描くような 3 頂点の節点の番号が i, j, k の要素について考える．それら 3 頂点である節点の座標は (x_i, y_i)，(x_j, y_j) および (x_k, y_k) とする．有限要素法での入力データとしてこの三角形を節点番号で定義するには，便宜的に反時計回りに i, j, k と順序づけすることとする．この三角形要素の 3 節点位置における速度ポテンシャル振幅をそれぞれ Φ_i, Φ_j, Φ_k と表すことにする．

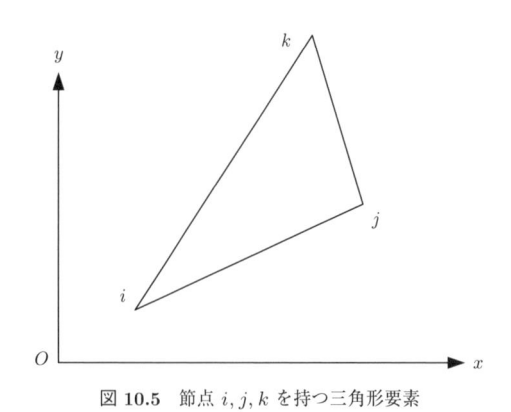

図 10.5　節点 i, j, k を持つ三角形要素

次に記述するステップ 1〜4 をすべての n 個の要素について実行する．

【ステップ 1】
要素内部の任意の位置 (x, y) での速度ポテンシャル振幅 $\Phi(x, y)$ を

$$\Phi(x, y) = \alpha_1 + \alpha_2 x + \alpha_3 y = \begin{bmatrix} 1 & x & y \end{bmatrix} \begin{bmatrix} \alpha_1 \\ \alpha_2 \\ \alpha_3 \end{bmatrix} \tag{10.47}$$

と近似関数で表現する．有限要素法は，この式の未定係数を 3 つの節点の速度ポテンシャル振幅で表現し，節点の速度ポテンシャル振幅で要素内部のそれを内挿表現し，速度ポテンシャル振幅についての波動方程式を最適に近似しようとするものである．記述の省略として，混乱をきたさないと判断される限り，$\Phi(x, y)$ を以下単純に Φ と記述する．

【ステップ 2】
式（10.47）の近似速度ポテンシャル関数を 3 つの節点での値で表現する．すなわ

ち，3節点の座標と速度ポテンシャル振幅を式（10.47）に代入して

$$\begin{bmatrix} \Phi_i \\ \Phi_j \\ \Phi_k \end{bmatrix} = \begin{bmatrix} 1 & x_i & y_i \\ 1 & x_j & y_j \\ 1 & x_k & y_k \end{bmatrix} \begin{bmatrix} \alpha_1 \\ \alpha_2 \\ \alpha_3 \end{bmatrix}$$

$$\Downarrow$$

$$\begin{bmatrix} \alpha_1 \\ \alpha_2 \\ \alpha_3 \end{bmatrix} = \begin{bmatrix} 1 & x_i & y_i \\ 1 & x_j & y_j \\ 1 & x_k & y_k \end{bmatrix}^{-1} \begin{bmatrix} \Phi_i \\ \Phi_j \\ \Phi_k \end{bmatrix}$$

$$\Downarrow$$

$$\Phi(x,y) = \begin{bmatrix} 1 & x & y \end{bmatrix} \begin{bmatrix} \alpha_1 \\ \alpha_2 \\ \alpha_3 \end{bmatrix}$$

$$\Downarrow$$

$$= \begin{bmatrix} 1 & x & y \end{bmatrix} \begin{bmatrix} 1 & x_i & y_i \\ 1 & x_j & y_j \\ 1 & x_k & y_k \end{bmatrix}^{-1} \begin{bmatrix} \Phi_i \\ \Phi_j \\ \Phi_k \end{bmatrix}$$

$$\Downarrow$$

$$= \frac{1}{2\Delta} \begin{bmatrix} a_i + b_i x + c_i y & a_j + b_j x + c_j y & a_k + b_k x + c_k y \end{bmatrix} \begin{bmatrix} \Phi_i \\ \Phi_j \\ \Phi_k \end{bmatrix}$$

$$\Downarrow$$

$$= \begin{bmatrix} N_i & N_j & N_k \end{bmatrix} \begin{bmatrix} \Phi_i \\ \Phi_j \\ \Phi_k \end{bmatrix} \tag{10.48}$$

と表現できる．ここで，

$$\begin{aligned} a_i &= x_j y_k - x_k y_j \\ b_i &= y_j - y_k \\ c_i &= x_k - x_j \end{aligned} \tag{10.49}$$

であり，添え字を $i \to j \to k \to i$ という具合に循環させてその他の定数係数 a_j, b_j から c_k まで求めることができる．記号 Δ はその要素の三角形の面積を表し，

$$\Delta = \frac{1}{2}\det\begin{vmatrix} 1 & x_i & y_i \\ 1 & x_j & y_j \\ 1 & x_k & y_k \end{vmatrix} \tag{10.50}$$

で計算できる．

【ステップ3】

有限要素法の基盤的解析法である重み付き残差法の一種であるガラーキン法の定式化に基づいて音響剛性と音響質量行列を求める．結論的には，重み関数行列を

$$\boldsymbol{W} = \begin{bmatrix} N_i \\ N_j \\ N_k \end{bmatrix} \tag{10.51}$$

と設定して，この要素単独についての音響剛性行列 $\boldsymbol{K}_e \in R^{(3\times 3)}$ は

$$\begin{aligned}
\boldsymbol{K}_e &= \int_\Delta \left(\frac{\partial \boldsymbol{W}}{\partial x}\frac{\partial \Phi}{\partial x} + \frac{\partial \boldsymbol{W}}{\partial y}\frac{\partial \Phi}{\partial y} \right) dS \\
&= \frac{1}{4\Delta^2} \int_\Delta \left(\begin{bmatrix} b_i \\ b_j \\ b_k \end{bmatrix} \begin{bmatrix} b_i & b_j & b_k \end{bmatrix} + \begin{bmatrix} c_i \\ c_j \\ c_k \end{bmatrix} \begin{bmatrix} c_i & c_j & c_k \end{bmatrix} \right) dS \\
&= \frac{1}{4\Delta} \begin{bmatrix} b_i^2 + c_i^2 & & sym. \\ b_j b_i + c_j c_i & b_j^2 + c_j^2 & \\ b_k b_i + c_k c_i & b_k b_j + c_k c_j & b_k^2 + c_k^2 \end{bmatrix}
\end{aligned} \tag{10.52}$$

で求められ，音響質量行列 $\boldsymbol{M}_e \in R^{(3\times 3)}$ は

$$\begin{aligned}
\boldsymbol{M}_e &= \int_\Delta \boldsymbol{W} \begin{bmatrix} N_i & N_j & N_k \end{bmatrix} dS \\
&= \begin{bmatrix} \int_\Delta N_i^2 dS & & sym. \\ \int_\Delta N_j N_i dS & \int_\Delta N_j^2 dS & \\ \int_\Delta N_k N_i dS & \int_\Delta N_k N_j dS & \int_\Delta N_k^2 dS \end{bmatrix}
\end{aligned} \tag{10.53}$$

で算出できる．

式 (10.52) の計算は被積分行列が定数なのでまったく問題なく，同式の最終結果のとおりである．式 (10.53) の被積分行列は座標値 x と y の関数であるので，三角形要素領域についての積分は次の公式を使って行えばよい．

【三角形領域の積分公式】

三角形の図心座標を (x_G, y_G) とする.すなわち,

$$x_G = \frac{1}{3}(x_i + x_j + x_k)$$
$$y_G = \frac{1}{3}(y_i + y_j + y_k) \tag{10.54}$$

と計算しておく.これに従って,図心からの相対座標を $(\tilde{x}, \tilde{y})$ とすると

$$x = \tilde{x} + x_G$$
$$y = \tilde{y} + y_G \tag{10.55}$$

のように任意の座標 (x, y) は図心からの相対座標で表現できるので,定積分公式として次のものが与えられる.なお,3節点(頂点)の相対座標での表現を $(\tilde{x}_i, \tilde{y}_i), (\tilde{x}_j, \tilde{y}_j), (\tilde{x}_k, \tilde{y}_k)$ とする.

$$\int_\Delta dx dy = \Delta$$

$$\int_\Delta x\, dx dy = \int_\Delta (\tilde{x} + x_G) dx dy = \int_\Delta \tilde{x}\, dx dy + \int_\Delta x_G\, dx dy = x_G \Delta$$

$$\int_\Delta y\, dx dy = \int_\Delta (\tilde{y} + y_G) dx dy = \int_\Delta \tilde{y}\, dx dy + \int_\Delta y_G\, dx dy = y_G \Delta$$

$$\int_\Delta x^2\, dx dy = \int_\Delta (\tilde{x} + x_G)^2 dx dy$$
$$= \int_\Delta \tilde{x}^2\, dx dy + 2x_G \int_\Delta \tilde{x}\, dx dy + x_G^2 \int_\Delta dx dy$$
$$= \frac{\Delta}{12}(\tilde{x}_i^2 + \tilde{x}_j^2 + \tilde{x}_k^2) + x_G^2 \Delta$$

$$\int_\Delta y^2\, dx dy = \int_\Delta (\tilde{y} + y_G)^2 dx dy$$
$$= \int_\Delta \tilde{y}^2\, dx dy + 2y_G \int_\Delta \tilde{y}\, dx dy + y_G^2 \int_\Delta dx dy$$
$$= \frac{\Delta}{12}(\tilde{y}_i^2 + \tilde{y}_j^2 + \tilde{y}_k^2) + y_G^2 \Delta$$

$$\int_\Delta xy\, dx dy = \int_\Delta (\tilde{x} + x_G)(\tilde{y} + y_G) dx dy$$
$$= \int_\Delta \tilde{x}\tilde{y}\, dx dy + y_G \int_\Delta \tilde{x}\, dx dy$$
$$\quad + x_G \int_\Delta \tilde{y}\, dx dy + x_G y_G \int_\Delta dx dy$$
$$= \frac{\Delta}{12}(\tilde{x}_i \tilde{y}_i + \tilde{x}_j \tilde{y}_j + \tilde{x}_k \tilde{y}_k) + x_G y_G \Delta \tag{10.56}$$

上述の公式の導出の根拠を解説する．重み関数を W（実際にはガラーキン法を用いるので N_i, N_j, N_k を重み関数に使用）とすると，本問題についての残差方程式は，

$$\int_\Delta W\left(\frac{\partial^2 \Phi}{\partial x^2} + \frac{\partial^2 \Phi}{\partial y^2} + \Lambda^2 \Phi\right)dS - \int_{C_2} W\left(\frac{\partial \Phi}{\partial \boldsymbol{n}} - \bar{q}_{C_2}\right)d\ell = 0 \quad (10.57)$$

となる．ここで，積分区間の Δ は三角形の面積領域を示し，面積積分である．境界領域 C_2 は境界線の外向き法線方向の粒子速度（例えばスピーカーなど音を発生するために振動している境界線分の速度振幅が与えられている）が境界条件として設定されている部分的境界を意味し，$\bar{q}_{C_2}$ はそこに解析者によって与えられる粒子速度である．$d\ell$ は積分のためのその部分境界の微小線分を表す．この式の連続の条件を緩やかにするために，部分積分の公式を利用して，この式は次のように変形できる．

$$\int_\Delta W\left(\frac{\partial^2 \Phi}{\partial x^2} + \frac{\partial^2 \Phi}{\partial y^2} + \Lambda^2 \Phi\right)dS - \int_{C_2} W\left(\frac{\partial \Phi}{\partial \boldsymbol{n}} - \bar{q}_{C_2}\right)d\ell = 0$$

$$\Downarrow$$

$$\int_{C_1} W\frac{\partial \Phi}{\partial x}d\ell - \int_\Delta \frac{\partial W}{\partial x}\frac{\partial \Phi}{\partial x}dS + \int_{C_1} W\frac{\partial \Phi}{\partial y}d\ell - \int_\Delta \frac{\partial W}{\partial y}\frac{\partial \Phi}{\partial y}dS$$
$$+ \int_\Delta \Lambda^2 W \Phi dS - \int_{C_2} W\left(\frac{\partial \Phi}{\partial \boldsymbol{n}} - \bar{q}_{C_2}\right)d\ell = 0$$

$$\Downarrow$$

$$\int_\Delta \left(\frac{\partial W}{\partial x}\frac{\partial \Phi}{\partial x} + \frac{\partial W}{\partial y}\frac{\partial \Phi}{\partial y} - \Lambda^2 W\Phi\right)dS - \int_{C_1} W\frac{\partial \Phi}{\partial \boldsymbol{n}}d\ell + \int_{C_2} W\left(\frac{\partial \Phi}{\partial \boldsymbol{n}} - \bar{q}_{C_2}\right)d\ell = 0$$

$$\Downarrow$$

$$\int_\Delta \left(\frac{\partial W}{\partial x}\frac{\partial \Phi}{\partial x} + \frac{\partial W}{\partial y}\frac{\partial \Phi}{\partial y} - \Lambda^2 W\Phi\right)dS = \int_{C_2} W\bar{q}_{C_2}d\ell - \int_{C_2} W\frac{\partial \Phi}{\partial \boldsymbol{n}}d\ell \quad (10.58)$$

ここで，境界線の部分領域 C_1 は基本境界（動かない境界，つまり粒子速度ゼロが強制的に設定され，音圧が発生する境界）部分を意味し，その部分では $\frac{\partial \Phi}{\partial \boldsymbol{n}} = 0$ となる．式 (10.58) の右辺第 1 項は，この三角形の辺が境界 C_2 上に位置せずに粒子速度指定をしないところでは消える．

ガラーキン法を採用するので，重み関数は式 (10.51) を採用する．これより，式 (10.58) の左辺第 1 項の音響剛性行列は式 (10.52) のとおりに，また，第 2 項の音響質量行列は式 (10.53) のとおりに導出できるのである．

【ステップ 4】
ステップ 3 で定式化できた三角形要素の音響剛性行列と音響質量行列を，閉空間全体の音響空間モデルについての音響剛性行列 $\boldsymbol{K}$ と音響質量行列 $\boldsymbol{M}$ に組み込む．

ステップ 3 の結果から，三角形要素単独についての粒子速度ポテンシャルの振幅に関する方程式が 1 次元連立方程式として

10.2 有限要素法（2次元三角形要素）

$$\left(\boldsymbol{K}_e - \Lambda^2 \boldsymbol{M}_e \right) \begin{bmatrix} \varPhi_i \\ \varPhi_j \\ \varPhi_k \end{bmatrix} = \begin{bmatrix} -v_{i\boldsymbol{n}} \\ -v_{j\boldsymbol{n}} \\ -v_{k\boldsymbol{n}} \end{bmatrix} \tag{10.59}$$

となる．右辺ベクトルは式（10.58）の右辺第2項で得られる三角形の3辺で，その外向き法線方向への粒子速度を3節点（三角形頂点）での粒子速度で表現したものである．もし，節点の音圧が境界条件として与えられている（既知の）場合には，次のように左辺の速度ポテンシャル振幅を定数に規定する．例えば節点 i について音圧の振幅が p_i と与えられている場合には

$$\varPhi_i = -j \frac{p_i}{\omega \rho} \tag{10.60}$$

を代入する．

隣接する三角形要素の運動方程式とは，その重なる節点（頂点）を両端とする辺について粒子速度がちょうど力学の作用反作用の関係のように逆向きで同じ大きさとなるので，いわゆる重ね合わせの原理に基づいて，式（10.59）の $\boldsymbol{K}_e$ と $\boldsymbol{M}_e$ は音響空間モデルについての音響剛性行列 $\boldsymbol{K}$ と音響質量行列 $\boldsymbol{M}$ に組み込むことができる．ここではこの重ね合わせの操作を

$$\begin{aligned} \boldsymbol{K}(i,j,k) &= \boldsymbol{K}(i,j,k) + \boldsymbol{K}_e \\ \boldsymbol{M}(i,j,k) &= \boldsymbol{M}(i,j,k) + \boldsymbol{M}_e \end{aligned} \tag{10.61}$$

と表現することにする．ここで，$\boldsymbol{K}(i,j,k)$ は行列 $\boldsymbol{K}$ の部分行列（3行3列分）を意味し，いま注目している三角形要素の節点の3つの節点番号 i,j,k に一致する行と列の成分を選び出していることを意味する．重複だが，この重ね合わせの操作によって，境界線上でなく閉空間内に位置する節点については式（10.59）の右辺の粒子速度が隣接要素の相互影響によって音響空間モデルの方程式においては相殺される．

【ステップ5】

音響空間モデルを構成するすべての三角形要素についてステップ1〜4の計算を繰り返す．

【ステップ6】

音響空間モデルについての音響剛性行列 $\boldsymbol{K}$ と音響質量行列 $\boldsymbol{M}$ の完成である．結論として，解析対象の音響空間モデルに関する有限要素モデルの音響方程式は，節点数を z とすると

$$\left(\boldsymbol{K} - \Lambda^2 \boldsymbol{M}\right) \begin{bmatrix} \Phi_1 \\ \Phi_2 \\ \Phi_3 \\ \vdots \\ \Phi_z \end{bmatrix} = \begin{bmatrix} -v_{1n} \\ -v_{2n} \\ -v_{3n} \\ \vdots \\ -v_{zn} \end{bmatrix} \tag{10.62}$$

の連立方程式となる．冗長を恐れるが，境界線上でなく閉空間内に位置する節点については，式（10.62）の右辺の粒子速度ベクトルの成分はゼロとなることに注意されたい．

境界条件として振動する境界線上に位置する節点については，その境界線の法線方向の振動速度の値を代入し，動かなければゼロとする．左辺の速度ポテンシャルベクトルの成分のうちで音圧が境界条件として与えられている節点については，式（10.60）に設定値を代入して得られる Φ を左辺の粒子速度ベクトル成分に代入して右辺に移行し，その代わりにそれに対応する右辺粒子速度ベクトル成分を未知数として左辺に移行する．そして，音響解析の連立 1 次方程式を解く．

10.2.3 共鳴周波数解析

音響解析でまず最初に知りたい特性は共鳴周波数であろう．それには固有値解析をすればよい．すなわち，式（10.62）で，まず音圧指定されている境界の自由度については消去し，固定壁の境界 C_1 の自由度の粒子速度は 0 と設定する．次に，粒子速度が指定されている境界 C_2 については固有値解析なので粒子速度（式（10.62）の右辺ベクトル成分）を 0 と設定する．この結果得られた音響剛性行列と質量行列を $\tilde{\boldsymbol{K}}$ と $\tilde{\boldsymbol{M}}$ と表し，それに対応する自由度番号を $\tilde{1} \sim \tilde{z}$ と便宜的に表せば，実行すべき固有値問題は

$$\left(\tilde{\boldsymbol{K}} - \Lambda^2 \tilde{\boldsymbol{M}}\right) \begin{bmatrix} \Phi_{\tilde{1}} \\ \Phi_{\tilde{2}} \\ \Phi_{\tilde{3}} \\ \vdots \\ \Phi_{\tilde{z}} \end{bmatrix} = \begin{bmatrix} 0 \\ 0 \\ 0 \\ \vdots \\ 0 \end{bmatrix} \tag{10.63}$$

となる．固有値 Λ^2 は波数の二乗であるので，任意の r 次の共鳴角振動数 Ω_r (rad/s) は

$$\Omega_r = c\Lambda_r \tag{10.64}$$

の計算を施して得られる．c は音速の値である．

その固有値に対応して得られる固有ベクトル $\boldsymbol{\Phi}_r$ は，定在波となる共鳴音響モードである．共鳴音響モードを音圧振幅の空間分布モード $\boldsymbol{p}_r$ として得るには，速度ポテ

ンシャルと音圧の関係式に基づいて，

$$\boldsymbol{p}_r = \rho \Omega_r \boldsymbol{\Phi}_r \tag{10.65}$$

の計算を施す．ρ は空気の密度である．

10.2.4 周波数応答解析

定常音場解析となる周波数応答解析では，C_2 境界部分で調和振動している音源があり，求めたい応答は音圧が基本であろうから，まず解析対象である式 (10.62) を音響の基礎関係式に基づいて次のように変形すると便利である．

$$-\frac{j}{\omega\rho}\Big\{\boldsymbol{K} - \Big(\frac{\omega}{c}\Big)^2 \boldsymbol{M}\Big\}\boldsymbol{p}(\omega) = -\boldsymbol{v}(\omega) \tag{10.66}$$

ここで，ω は調和振動の任意の角振動数，$\boldsymbol{p}(\omega)$ は音圧応答ベクトル，$\boldsymbol{v}(\omega)$ は音源対応成分だけに速度振幅の指定値が代入され，残りはすべて 0 からなる，いわゆる加振ベクトル（粒子速度振幅ベクトル）である．

【直接法】： さて，周波数応答解析には基本的には直接法とモード解析法がある．直接法は単純に式 (10.66) を逆行列演算で解く方法である．多くの角振動数 ω を次々に代入して

$$\boldsymbol{p}(\omega) = -j\omega\rho\Big\{\boldsymbol{K} - \Big(\frac{\omega}{c}\Big)^2 \boldsymbol{M}\Big\}^{-1}\boldsymbol{v}(\omega) \tag{10.67}$$

の計算を繰り返すだけである．

【モード解析法】： 有限要素法では固有値解析が可能であるので，広い周波数帯域内の多くの角振動数について直接法で式 (10.67) の計算を繰り返すのは効率がよい方法とはいえない．振動解析について解説しているモード解析法が，効率のよい近似計算法としてここでも利用できる．モード解析法の詳細は振動解析の解説（4.1.1 項 c）を参照されたい．

10.2.5 非定常音場解析

音源となる部分境界線（C_2 境界上の節点）が，例えば図 10.6 の波形のような短時間矩形信号の速度関数（インパルス関数）で一度だけその境界線の外向き法線方向へ

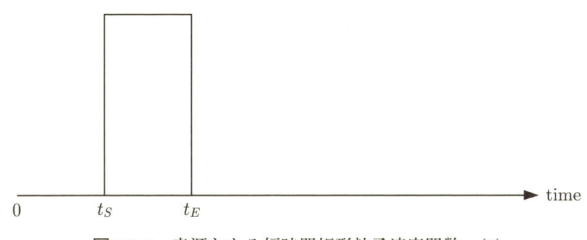

図 10.6 音源となる短時間矩形粒子速度関数 $v(t)$

動くことにより発生する音場内の音（音圧）のシミュレーションを時刻 $t=0$ からある時刻 $t=T$（理想は ∞）まで行いたい場合は次のようにすればよい．

この入力信号は非周期関数なのでフーリエ積分を利用する．多くのフーリエ分解周波数についてのフーリエ係数を求めて，それぞれのフーリエ係数に対応する定常音場解析を行い，その音場の応答値を応答信号についてのフーリエ係数として扱って重ね合わせることで時間領域の応答を計算する．

まず，音源（入力）の境界線外側向き法線方向の運動速度の時間波形を $v(t)$ と表すことにする．実際の計算では離散時間間隔を微小な Δt に設定して，$v(i\Delta t)$ ($i=0\sim\infty$) で与えられるとする．この場合，ナイキスト周波数 $\omega_{\max}$ は $\omega_{\max}=\frac{\pi}{\Delta t}$ (rad/s) となる．計算に用いる周波数間隔はできるだけ小さな値であるほどよいのだが，実際の計算負荷をも考慮して適切に $\Delta\omega$ を決定する．なお周期 T の "周期関数" のフーリエ変換では，この周波数間隔は一義的に $\Delta\omega=\frac{2\pi}{T}$ と決定されるが，ここでは "非周期関数" を扱うので，十分に $\Delta\omega<\frac{2\pi}{T}$ となる小さな周波数間隔値を設定することが重要である．

周波数間隔を $\Delta\omega$ とすると，その信号の周波数分解数 N_ω（整数）は

$$N_\omega = \text{round}\left(\frac{\omega_{\max}}{\Delta\omega}\right)+1 \tag{10.68}$$

となる．なおここで，round(x) は整数への丸め関数を意味する．この数は，0 Hz 成分は音響には寄与しないが，最低周波数を 0 Hz としている．

入力信号のフーリエ係数は次の式で算出される．

$$\begin{aligned}V(\omega_k) &= \frac{1}{2\pi}\int_{-\infty}^{\infty}v(t)e^{-j\omega_k t}dt \approx \frac{\Delta t}{2\pi}\sum_{i=0}^{n}v(i\Delta t)e^{-j\omega_k i\Delta t} \\ &= \frac{\Delta t}{2\pi}\sum_{i=0}^{n}v(i\Delta t)\cos(\omega_k i\Delta t)-j\frac{\Delta t}{2\pi}\sum_{i=0}^{n}v(i\Delta t)\sin(\omega_k i\Delta t)\end{aligned} \tag{10.69}$$

$(k=0\sim(N_\omega-1))$

これで得られる $V(\omega_k)$ は複素数である．この個々のフーリエ係数を別々の入力として定常音場解析を行うと，音響空間の有限要素節点における速度ポテンシャル振幅がやはり複素数表現のベクトル $\boldsymbol{\Phi}(\omega_k)$ として得られる．したがって，その結果について

$$\boldsymbol{\Phi}(t) = \int_{-\infty}^{\infty} \boldsymbol{\Phi}(\omega) e^{j\omega t} d\omega$$

$$\approx \Delta\omega \sum_{k=1}^{N_\omega} \{\boldsymbol{\Phi}(k\Delta\omega) e^{jk\Delta\omega t} + \boldsymbol{\Phi}^*(k\Delta\omega) e^{-jk\Delta\omega t}\}$$

$$= 2\Delta\omega \sum_{k=1}^{N_\omega} \big[\mathrm{Real}\{\boldsymbol{\Phi}(k\Delta\omega)\}\cos(k\Delta\omega t) - \mathrm{Imag}\{\boldsymbol{\Phi}^*(k\Delta\omega)\}\sin(k\Delta\omega t)\big]$$

$(t = 0, \Delta t, 2\Delta t, 3\Delta t, \cdots, T)$ (10.70)

のとおりに重ね合わせの計算をして，速度ポテンシャルの時刻歴シミュレーション結果を得ることができる．音圧の時刻歴シミュレーションがほしければ，この式に式 (10.60) を代入して

$$\begin{aligned}\boldsymbol{P}(t) = -2j\rho(\Delta\omega)^2 \sum_{k=1}^{N_\omega} \big[&\mathrm{Real}\{\boldsymbol{\Phi}(k\Delta\omega)\}\cos(k\Delta\omega t) \\ -&\mathrm{Imag}\{\boldsymbol{\Phi}^*(k\Delta\omega)\}\sin(k\Delta\omega t)\big]\end{aligned}$$ (10.71)

$(t = 0, \Delta t, 2\Delta t, 3\Delta t, \cdots, T)$

で計算すればよい．ここで，上付き添字 * は共役複素数記号である．

備考として，厳密なフーリエ積分では非周期関数を完全に表現できるが，離散化して分解周波数を $\Delta\omega$ と設定すると，与えられた入力信号は周期が

$$\frac{2\pi}{\Delta\omega}$$ (10.72)

の周期関数として扱われることを記す．したがって，意味のあるシミュレーション時間はこの周期より短い範囲となるので，シミュレーションの時間を長くしたければしたいほど $\Delta\omega$ を小さく設定する必要がある．$\Delta\omega$ に対応して結局 Δt を

$$\Delta t = \frac{\pi}{\Delta\omega(N_\omega - 1)}$$ (10.73)

に設定する．

10.3 境界要素法（2 次元空間）

ここでは，現在実用的に広く普及している境界要素法による音響解析の方法について，読者自身がプログラムを基本的に作成することを念頭において理論を解説する．厳密な数学的背景を含めての理論概念の解説はねらいとしない．この手法は，実用的な複雑形状の構造体や境界を有した音場での音響解析が実用的な精度で可能であり，最も高い汎用性と実用性を有しているので学習する価値が高い．なお，読者諸兄が 2

次元問題に対するプログラムを簡単に作れるようになることを目指していると考え，2次元問題の対象図を用いてわかりやすい解説を行いたい．境界要素法には標準的（古典的）手法としての直接境界要素法 (direct boundary element method) と，それから特徴を持たせる解析方程式導出の研究により提案された間接境界要素法 (indirect boundary element method) が存在するが，ここで解説するのは前者である．

10.3.1 音場の支配方程式と理論概要

図 10.7 に示すように，角振動数 ω で調和振動して音を発生している物体がひとつ存在する音場として，定常音響状態の無限音場を考える．v_n は振動面に接している空気（媒体）の粒子振動振幅である．なお，ここでは 2 次元音場を構想して，式展開をわかりやすく具体的に示す解説とする．

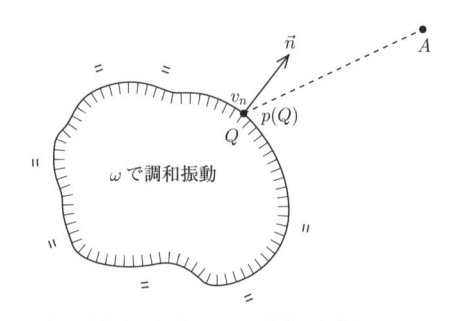

図 10.7 無限音場中で振動している物体と解析用パラメータ設定

音場の支配方程式はヘルムホルツの積分方程式である．図 10.7 に描くように振動表面の各点における法線ベクトル $\boldsymbol{n}$（大きさは 1）を音場内方向（振動面外向き）に設定する．ヘルムホルツの積分方程式は

$$C(A)p(A) = \int_S \left[j\rho\omega v_n G(r) - p(Q)\frac{\partial G(r)}{\partial \boldsymbol{n}} \right] ds \quad (10.74)$$

である．ここで，積分領域 S は振動表面（一般論としては音場空間を定義する境界面）である．A は方程式で注目する音圧を求めたい点，Q は境界面上の任意の点で点 A の音圧発生の因子点．r はそれら 2 点の距離を表す．$C(A)$ は解析点特性係数 (lead coefficient) であり，音場内（空間）では 1，滑らかな境界面では 0.5，任意の特性の境界面では $0 < C(A) < 1$ の適切な値を設定する必要がある．$p(A)$ は音圧である．j は虚数単位，ρ は音場媒体（空気）密度であり，$G(r)$ はグリーン関数である．2 次元空間のグリーン関数は厳密には第 2 種ハンケル関数から構成されるが，ここでは便宜上の配慮を強くした大幅な近似式として

$$G(r) = \frac{1}{\alpha\sqrt{r}}e^{-jkr} \tag{10.75}$$

と表すことにする．α は適当な定数パラメータである．なお，3次元空間のグリーン関数は，多くの音響のテキストに掲載されているように，厳密に

$$G(r) = \frac{1}{4\pi r}e^{-jkr} \tag{10.76}$$

である．ここで，k は波数と呼ばれるパラメータであり，具体的には

$$k = \frac{\omega}{c} = \frac{2\pi}{\lambda} \tag{10.77}$$

と定義される便宜的なパラメータであり，定義式中において c は音速，λ は波長である．グリーン関数の物理的意味（波動現象の数式表現中での役割）の概略は，次のようなことである．分母は波が音源から遠くへ広がって伝播して行く上で距離に従って音圧（すなわちエネルギー密度も）が低下していく特性を表現し，分子は音源から観測点に波が到達するのに要する時間（時間遅れによる波の位相差）を表している．

例えば，分子の時間遅れの表現について考えれば，音源で $e^{j\omega t}$ で振動している波がそこから距離 r のところに到達するのに要する時間は，波の速度を c とすれば $\frac{r}{c}$ と計算できる．そこで，時刻 t のときにその点で観測された波は，音源では $t - \frac{r}{c}$ の時刻で発生した波であると理解させる．したがって，その波の音源における振動は $e^{j\omega(t-\frac{r}{c})}$ と表現され，

$$e^{j\omega(t-\frac{r}{c})} = e^{j\omega t}e^{-\frac{j\omega r}{c}} = e^{j\omega t}e^{-j\frac{\omega}{c}r} = e^{j\omega t}e^{-jkr} \tag{10.78}$$

であるから，e^{-jkr} が時間遅れ（厳密には位相差）を表すことがわかる．

式（10.74）より，左辺で表させる音場内の任意の位置における音圧を求めるためには，右辺の積分計算で境界上の音圧が必要である．そこで，解析は2段階で構成する．すなわち，

【第1段階】： 式（10.74）に基づいて，音場の境界上での音圧を求める連立方程式を構成して計算する．

【第2段階】： 第1段階で得られた境界上すべての点での音圧データを利用して，音場内の任意の位置の音圧を式（10.74）を用いて計算する．そして，求められた音場内の多くの位置の音圧分布を図示すると，結果を視覚的に理解できる．

10.3.2 解析アルゴリズム

まず境界要素分割のモデル化と数学的準備を述べる．xy 直角座標系を設定して，その振動物体の境界線を図10.8に示すように m 本の直線状の要素の結合（多角形）で近似表現する．いま，その多くの線分要素の結合点をどこから始めてもよいが反時計回りに 1, 2, $\cdots$, i, j, $\cdots$, m と番号付けし，注目するあるひとつの e 番目の線分

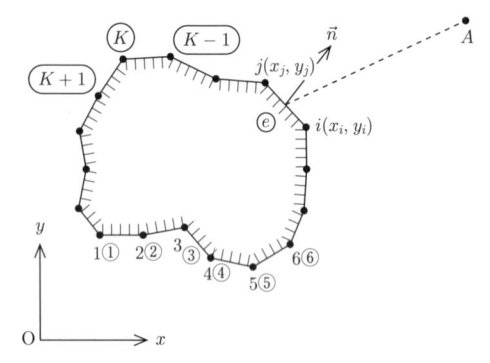

図 10.8 音場のモデル化（境界面（線）を線分要素でモデル化）

要素の両端点の座標を $b_i(x_i, y_i)$ と $b_j(x_j, y_j)$ とする．その線分要素の音場方向法線ベクトル $\boldsymbol{v}_e$ は

$$\boldsymbol{v}_e = \begin{bmatrix} n_{ex} \\ n_{ey} \end{bmatrix} = \begin{bmatrix} \frac{y_j - y_i}{L_e} \\ -\frac{x_j - x_i}{L_e} \end{bmatrix} \tag{10.79}$$

と計算できる．ここで，L_e は線分要素 e 番の長さ（点 b_i と b_j の距離）であり，$L_e = \sqrt{(x_j - x_i)^2 + (y_j - y_i)^2}$ と計算される．その線分の中点 $s_e = \left(\frac{x_i + x_j}{2}, \frac{y_i + y_j}{2}\right)$ の面外方向速度（法線速度）を

$$v_{en} = V_{en} e^{j(\omega t + \phi)} \tag{10.80}$$

とする．振動速度を具体的に与えるには，実際の構造物や振動している境界（壁）のその位置の振動を計測するか，有限要素法などで計算すればよい．いま，具体的にその点の振動速度が設定されている xy 直角座標系表示で

$$\boldsymbol{v}_e = \begin{bmatrix} V_{ex} \\ V_{ey} \end{bmatrix} e^{j(\omega t + \phi)} \tag{10.81}$$

の表現で得られたとすると，式（10.79）と（10.81）より式（10.80）の法線（面外）方向速度は内積計算を利用して

$$v_{en} = \begin{bmatrix} n_{ex} \\ n_{ey} \end{bmatrix}^t \begin{bmatrix} V_{ex} \\ V_{ey} \end{bmatrix} e^{j(\omega t + \phi)} = (n_{ex} V_{ex} + n_{ey} V_{ey}) e^{j(\omega t + \phi)} \tag{10.82}$$

と算出される．これが式（10.74）の右辺被積分関数の第 1 項中の v_n に当てはまる．

さて，2 次元音場の音響に関するグリーン関数は式（10.75）で既述のとおりである．音場中の注目する解析点 A の座標を $A(x_A, y_A)$ とすると，一方の注目する振動体の線分要素 e の中点 s_e との距離は

$$r = \sqrt{\left(x_A - \frac{x_i + x_j}{2}\right)^2 + \left(y_A - \frac{y_i + y_j}{2}\right)^2} \tag{10.83}$$

となり，グリーン関数は具体的に計算できる．

式 (10.74) の右辺の被積分関数の第 2 項に存在するグリーン関数の法線ベクトルによる微分 $\frac{\partial G(r)}{\partial \boldsymbol{n}}$ は，法線ベクトルの成分を利用して次のように求められる．

$$\begin{aligned}
\frac{\partial G(r)}{\partial \boldsymbol{n}} &= \frac{\partial G(r)}{\partial r}\frac{\partial r}{\partial \boldsymbol{n}} \\
&= \frac{\partial G(r)}{\partial r}\left(\frac{\partial r}{\partial x}\frac{\partial x}{\partial \boldsymbol{n}} + \frac{\partial r}{\partial y}\frac{\partial y}{\partial \boldsymbol{n}}\right) \\
&= \frac{\partial G(r)}{\partial r}\left(\frac{\partial r}{\partial x}n_{ex} + \frac{\partial r}{\partial y}n_{ey}\right) \\
&= \frac{\partial G(r)}{\partial r}\begin{bmatrix}\frac{\partial r}{\partial x}\\ \frac{\partial r}{\partial y}\end{bmatrix}^t \begin{bmatrix}n_{ex}\\ n_{ey}\end{bmatrix}
\end{aligned} \tag{10.84}$$

この構成要素は，それぞれ次のように具体的に算出できる．

$$\begin{aligned}
\frac{\partial G(r)}{\partial r} &= \frac{-2jkr-1}{2\alpha r\sqrt{r}}e^{-jkr} \\
\frac{\partial r}{\partial x} &= \frac{\partial r}{\partial x_A} = \frac{x_A - \frac{x_i+x_j}{2}}{r} \\
\frac{\partial r}{\partial y} &= \frac{\partial r}{\partial y_A} = \frac{y_A - \frac{y_i+y_j}{2}}{r}
\end{aligned} \tag{10.85}$$

a. アルゴリズムの第 1 段階工程

音場境界を m 本の線分要素（十分短く直線分であるとする）で多角形モデル化する．そのそれぞれの境界線分要素の中点を上述の点 A と考えて，既述のとおりに，式 (10.74) の積分方程式を立てると，境界線分要素が m 本なので，m 本の積分方程式が立てられる．振動体の境界線分 e ($e=1\sim m$) の中点については，多角形の離散近似モデルを構成する 1 番から m 番までの境界線分の中点との関係について式 (10.74) を近似計算して構成すればよい．形式的には

$$\begin{aligned}
\frac{1}{2}p(s_e) =& \left[j\rho\omega v_{en}G(r_{e-e}) + p(s_e)\left\{\frac{\partial G(r_{e-e})}{\partial r}\frac{\partial r_{e-e}}{\partial x}n_{ex}\right.\right. \\
&\left.\left. +\frac{\partial G(r_{e-e})}{\partial r}\frac{\partial r_{e-e}}{\partial y}n_{ey}\right\}\right]L_e \\
&+ \sum_{k=1,\neq e}^{m}\left[j\rho\omega v_{kn}G(r_{e-k}) + p(s_k)\left\{\frac{\partial G(r_{e-k})}{\partial r}\frac{\partial r_{e-k}}{\partial x}n_{kx}\right.\right. \\
&\left.\left. +\frac{\partial G(r_{e-k})}{\partial r}\frac{\partial r_{e-k}}{\partial y}n_{ky}\right\}\right]L_k
\end{aligned} \tag{10.86}$$

と表現できる．

便宜的に，右辺の加法記号 Σ の対象成分の計算は次のように記述し直しておく．こ

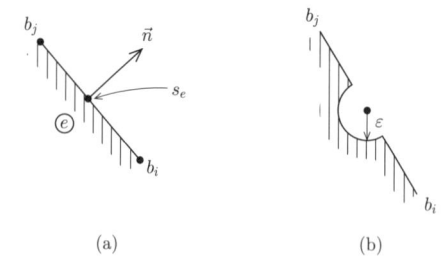

図 10.9 音源と応答点が一致するヘルムホルツ積分方程式成分の計算を成立させる方法

こで注意することは，右辺の境界線分 e 自身との関係成分の計算項については，その距離 r_{e-e} がゼロとなるので，分母に r を有する関数成分のために単純には積分計算ができないことである．この問題点は次のように処理する．図 10.9(a) にその問題の境界線分の部分を拡大して示す．この境界線分に関する積分計算は式（10.74）から抜き出して再掲すると

$$\int_{b_i}^{b_j} \left[j\rho\omega v_n G(r) + p(Q)\frac{\partial G(r)}{\partial \boldsymbol{n}} \right] ds \tag{10.87}$$

である．まず，この積分区間すべての位置において $\frac{\partial G(r)}{\partial n} = 0$ であることは式（10.84）から明らかである．その境界線分に沿ってのグリーン関数 $G(r)$ の変化と法線ベクトルは直線要素を仮定しているので常に直交しているからである．したがって，式（10.87）の被積分関数の第 2 項の値は 0 である．

さて，第 1 項についての積分計算は次のように行う．図 10.9(b) のように線分中点を中心点として半径 ε の半円にその境界線分の形状を便宜的に変形する．こうすると，その境界線分の中点 s_e は線分と半円で構成された境界要素から離れるので，被積分関数中の距離パラメータ r は 0 にならずに計算できる．すなわち，要素の長さが解析上限周波数の音波の半波長より十分短ければ

$$\int_{b_i}^{b_j} j\rho\omega v_n G(r) ds = 2\int_{b_i}^{s_e-\varepsilon} j\rho\omega v_n G(r) ds + \int_{s_e-\varepsilon}^{s_e+\varepsilon} j\rho\omega v_n G(r) ds$$

$$\approx 2\frac{j\rho\omega v_n}{\alpha\sqrt{\frac{1}{4}L_e + \frac{1}{2}\varepsilon}} e^{-jk\left(\frac{1}{4}L_e + \frac{1}{2}\varepsilon\right)} \left(\frac{1}{2}L_e - \varepsilon\right) + \frac{j\rho\omega v_n}{\alpha\sqrt{\varepsilon}} e^{-jk\varepsilon} \int_0^\pi \varepsilon d\theta \tag{10.88}$$

$$= \frac{4j\rho\omega v_n}{\alpha\sqrt{L_e + 2\varepsilon}} e^{-jk\left(\frac{1}{4}L_e + \frac{1}{2}\varepsilon\right)} \left(\frac{1}{2}L_e - \varepsilon\right) + \frac{j\rho\omega v_n}{\alpha}\sqrt{\varepsilon} e^{-jk\varepsilon}$$

そこで，$\varepsilon \to 0$ の極限をとると

$$\lim_{\varepsilon \to 0} \left[\frac{4j\rho\omega v_n}{\alpha\sqrt{L_e + 2\varepsilon}} e^{-jk\left(\frac{1}{4}L_e + \frac{1}{2}\varepsilon\right)} \left(\frac{1}{2}L_e - \varepsilon\right) + \frac{j\rho\omega v_n}{\alpha}\sqrt{\varepsilon} e^{-jk\varepsilon} \right]$$

$$= \frac{2j\rho\omega v_n}{\alpha}\sqrt{L_e} e^{-jk\frac{L_e}{4}} \tag{10.89}$$

となる．以上より，境界線分要素 $1 \sim m$ についての音圧の連立方程式が

$$\frac{1}{2}\begin{bmatrix} p(1) \\ p(2) \\ p(3) \\ \vdots \\ p(m) \end{bmatrix} = j\rho\omega \begin{bmatrix} G(r_{1-1})L_1 & G(r_{1-2})L_2 & \cdots & G(r_{1-m})L_m \\ G(r_{2-1})L_1 & G(r_{2-2})L_2 & \cdots & G(r_{2-m})L_m \\ G(r_{3-1})L_1 & G(r_{3-2})L_2 & \cdots & G(r_{3-m})L_m \\ \vdots & \vdots & \vdots & \vdots \\ G(r_{m-1})L_1 & G(r_{m-2})L_2 & \cdots & G(r_{m-m})L_m \end{bmatrix} \begin{bmatrix} v_{1n} \\ v_{2n} \\ v_{3n} \\ \vdots \\ v_{mn} \end{bmatrix}$$

$$+ \begin{bmatrix} 0 & a_{12} & a_{13} & \cdots & a_{1m} \\ a_{21} & 0 & a_{23} & \cdots & a_{2m} \\ a_{31} & a_{32} & \ddots & & a_{3m} \\ \vdots & \vdots & \vdots & \ddots & \vdots \\ a_{m1} & a_{m2} & a_{m3} & \cdots & 0 \end{bmatrix} \begin{bmatrix} p(1) \\ p(2) \\ p(3) \\ \vdots \\ p(m) \end{bmatrix} \quad (10.90)$$

のような形式で作成できる．右辺第 2 項には，未知の音圧 $p(1) \sim p(m)$ があるのでその項は左辺に移項して，これを解くことで $p(1) \sim p(m)$ の音圧が求まる．

b． アルゴリズムの第 2 段階工程

上述の第 1 段階工程の計算で境界要素上での音圧はすべて求まったので，音場内の任意の位置の音圧は式 (10.74) で計算しさえすればよい．その位置は音場内部であって，もはや境界上ではないので，グリーン関数の分母はゼロになることはなく安心して計算できる．なお，解析点特性係数は 1 とする．すなわち，

$$\begin{aligned} p(A) = \sum_{k=1}^{m} \Big[& j\rho\omega v_{kn} G(r_{A-k}) \\ & + p(s_k) \left\{ \frac{\partial G(r_{A-k})}{\partial r}\frac{\partial r_{A-k}}{\partial x} n_{kx} + \frac{\partial G(r_{A-k})}{\partial r}\frac{\partial r_{A-k}}{\partial y} n_{ky} \right\} \Big] L_k \end{aligned} \quad (10.91)$$

の計算をすればよい．

10.3.3 音源粒子速度と等価音源粒子速度同定

定常状態の音場を考える．その音源の位置は既知であるが，その表面粒子速度は未知であると設定して，逆問題として粒子速度を推定する問題を考える．この種の逆問題は実用上での工学として重要である．ここでは境界要素法に基づいてその基礎的な推定方法を示す．

いま，音場を構成する境界が n 個の境界要素（したがって自由度 n）で構成され，そのうちの a 個の要素は音源として未知の粒子速度で定常的に振動しているとする．それらの粒子速度の角振動数 ω の成分（スペクトル）を $v_i(\omega)e^{j\omega t}$ $(i = 1 \sim a)$ で表し，それらを成分としたベクトルを $\boldsymbol{v}(\omega)$ とまとめる．境界要素法で境界要素上で

の音圧は，式（10.90）を簡略行列形式で表し直せば，

$$\frac{1}{2}\boldsymbol{p}_b(\omega) = \boldsymbol{A}(\omega)\boldsymbol{v}(\omega) + \boldsymbol{B}(\omega)\boldsymbol{p}_b(\omega)$$
$$\Downarrow \qquad\qquad\qquad (10.92)$$
$$\left(\frac{1}{2}\boldsymbol{I} - \boldsymbol{B}(\omega)\right)\boldsymbol{p}_b(\omega) = \boldsymbol{A}(\omega)\boldsymbol{v}(\omega)$$

となる．ここで，行列 $\boldsymbol{A}(\omega)$ は n 行 a 列の行列となり，$\boldsymbol{B}(\omega)$ は n 行 n 列となる正方行列で，$\boldsymbol{I}$ も同じ大きさの単位行列であることは自明であろう．

境界上すべての点での音圧と音源の粒子速度がわかったら，音場内（空中）の任意の位置での音圧は式（10.91）で求められるのであるから，x か所の音圧を成分とするベクトルを $\boldsymbol{p}_x(\omega)$ で表すことで，

$$\boldsymbol{p}_x(\omega) = \boldsymbol{C}(\omega)\boldsymbol{v}(\omega) + \boldsymbol{D}(\omega)\boldsymbol{p}_b(\omega) \qquad (10.93)$$

で計算できる．

式（10.92）で求められる $\boldsymbol{p}_b(\omega)$ を式（10.93）に代入すると

$$\boldsymbol{p}_x(\omega) = \boldsymbol{C}(\omega)\boldsymbol{v}(\omega) + \boldsymbol{D}(\omega)\left(\frac{1}{2}\boldsymbol{I} - \boldsymbol{B}(\omega)\right)^{-1}\boldsymbol{A}(\omega)\boldsymbol{v}(\omega)$$
$$\Downarrow$$
$$\boldsymbol{p}_x(\omega) = \left\{\boldsymbol{C}(\omega) + \boldsymbol{D}(\omega)\left(\frac{1}{2}\boldsymbol{I} - \boldsymbol{B}(\omega)\right)^{-1}\boldsymbol{A}(\omega)\right\}\boldsymbol{v}(\omega) \qquad (10.94)$$
$$\Downarrow$$
$$\boldsymbol{p}_x(\omega) = \boldsymbol{Z}(\omega)\boldsymbol{v}(\omega)$$

が得られる．

したがって，境界要素で近似モデル化した音場に関して，その音源となる境界要素の数と位置が特定できれば，最小二乗法が十分に適用できるだけの音場内測定点の音圧を計測することで

$$\boldsymbol{v}(\omega) = \left[\boldsymbol{Z}(\omega)^t \boldsymbol{W} \boldsymbol{Z}(\omega)\right]^{-1} \boldsymbol{Z}(\omega)^t \boldsymbol{W} \boldsymbol{p}_x(\omega) \qquad (10.95)$$

で音源の粒子速度の ω 成分を逆問題解析できる．ここで正方対角行列 $\boldsymbol{W}$ は重み関数であり，音圧計測の推定精度から測定点間の相対的重みづけの設定に使う．基本的にはそれを単位行列に設定する．

現実の同定問題を解く場合の基本的な問題点は，実際の音場空間（境界）をどのように精度よくモデル化するか，音源の数（境界要素で表現する場合の音源に対応する要素の数）をどのように推定するか，音源の位置（音源に対応する境界要素の分布）を

どのように推定するか，である．音場の高精度なモデル化を除けば，音源の数と位置については，作り上げた境界要素モデルで表現できるすべての組み合わせについてしらみつぶしに同定を行い，最良の結果を解とすればよいが，組み合わせ数は莫大な数となり，実用的でない場合がほとんどであろう．そこで，どうするか，である．いろいろな解決案があると想像されるが，現在のところ決定的な方法は確立されていないと著者は理解している．

10.3.4 基 礎 事 例

基礎研究の一事例[38, 46]として図 10.10 に示すアルミ製ボートの振動表面からの低周波放射音解析の概略を示す．ボートのどの部分の振動が放射音への寄与度が高いかを分析しようとするものである．図 10.11 に示す点 A の部分をボート前後方向に加振したときのボート表面の法線方向の振動加速度を，ボート全面にわたり点で示されている多くの測定点で計測した．それを実験モード解析処理すると，図 10.12 に示すよ

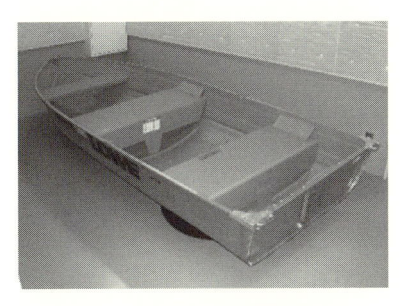

図 10.10 供試体のアルミ製小形ボート

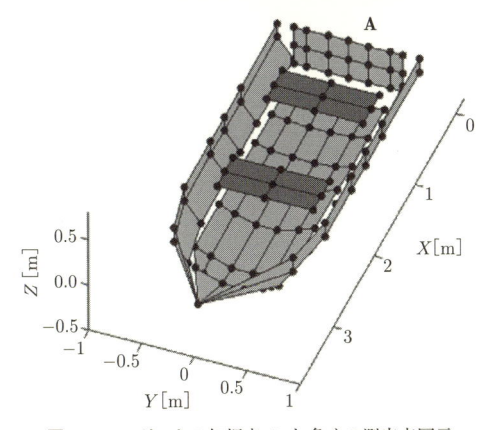

図 10.11 ボートの加振点 A と多くの測定点図示

(a) 52 Hz

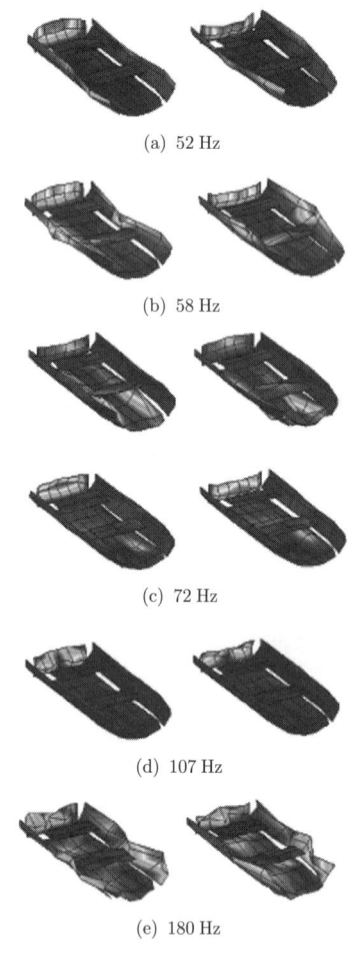

(b) 58 Hz

(c) 72 Hz

(d) 107 Hz

(e) 180 Hz

図 10.12　ボートの共振モード（200 Hz 以下）
カラー口絵 4 参照.

うに共振モードを分離できた.

　図 10.13 には，ボート表面の振動からの放射音の音圧を予測計算する点と検証計測点を示す.

　ボート表面の振動は実験モード解析で求めて，その表面振動データを入力データとして放射音解析は境界要素法で行った．以後はコンピュータ計算で実行できるので，ボート表面の振動は部分ごとの振動を好きなように入力して放射音計算を実行できる.

　図 10.14 はボート左右側面パネル部分のみの振動を入力とした場合の放射音の予測

10.3 境界要素法（2次元空間）　　321

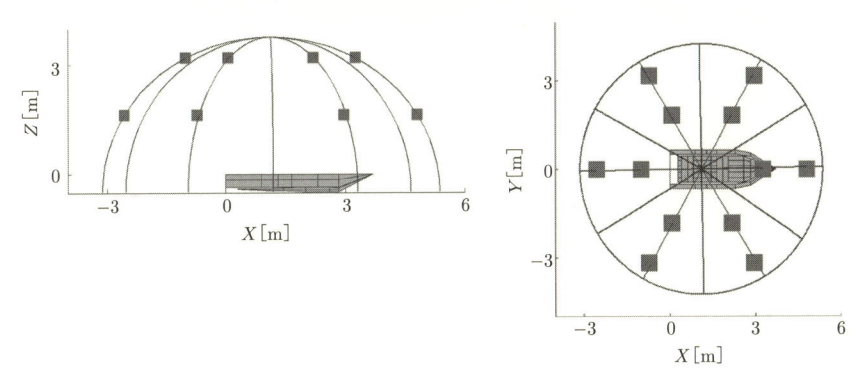

図 10.13　ボートからの放射音予測計算点と測定点

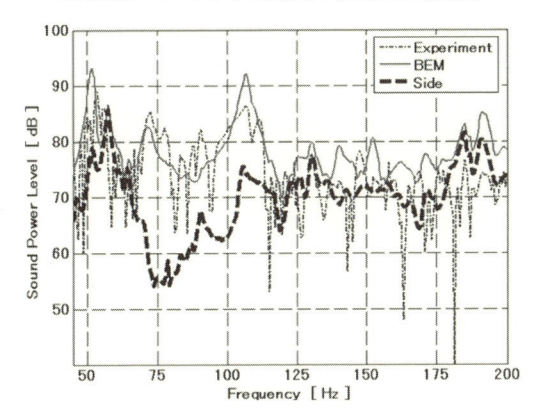

図 10.14　両側面パネル振動を入力とした放射音予測計算と実測値
カラー口絵 5 参照.

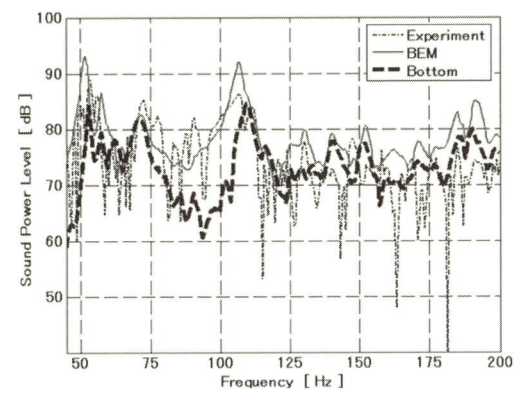

図 10.15　底部面パネル振動を入力とした放射音予測計算と実測値
カラー口絵 5 参照.

計算と検証計測との比較例である．図 10.15 は底部面パネル部分のみの振動を入力とした場合の結果である．そして，図 10.16 は舟尾パネル部分のみの振動を入力とした場合の結果である．52 Hz と 107 Hz の共振振動成分に対応する放射音は主に舟尾パネルからであり，125 Hz 以上の周波数成分については底部と両側面部分のパネルからであることが，予測計算結果と検証計測結果の一致具合から判明する．この例のように，境界要素法による音響解析は，振動面については有限要素法解析や実験モード解析など様々な別の方法で解析して，その結果を入力データとして実行できるので実用性が高い．

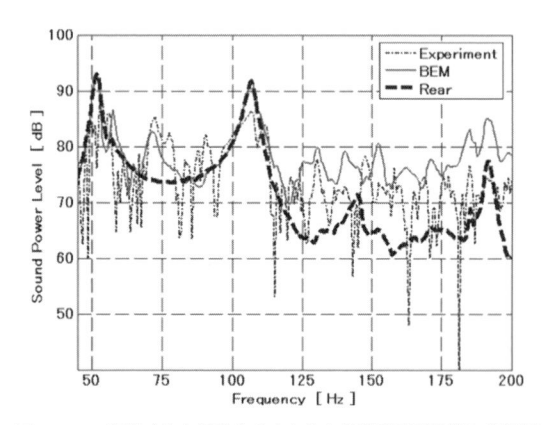

図 10.16 舟尾パネル振動を入力とした放射音予測計算と実測値
カラー口絵 5 参照．

章 末 問 題

【10.1】音響基礎の項（10.1.1 項）で解説されている波動方程式導出に準じて，1 次元波動方程式（10.25）を丁寧に導きなさい．

【10.2】音響基礎の節で解説されている波動方程式導出に準じて，3 次元波動方程式（10.40）を丁寧に導きなさい．

【10.3】1 次元音場として考えることができる，長さ L で両端が開放されている（ちょうどパイプのような）細い音場の共振振動数を求めなさい．空気の密度は ρ，音速は c とする．そして，具体的数値計算として，音速を $c = 340 \, \text{m/s}$ と設定しての音階の中央オクターブ

　ド：261.6255 Hz, レ：293.6647 Hz, ミ：329.6275 Hz, ファ：349.2282 Hz,
　ソ：391.9954 Hz, ラ：440 Hz, シ：493.8833 Hz, ド：523.2511 Hz

に第 1 次共振が一致するための長さ L を計算しなさい．

【10.4】騒音計（またはスマートフォンの騒音計アプリソフト利用）を用いて，自分自身が興味を持ついろいろな場所や環境および機械について騒音レベルを計測してまとめなさい（時間帯や変化する状況を考慮すること）．

　デシベルの単位による騒音レベルを自分の感覚として大まかに理解できることは重要である．他の単位量についての感覚的理解も同様である．

324　　　　　　　　　　　10. 音響解析

　著者は，タイの大学院 TAIST (Thai Advanced Institute of Science and Technology) における "Vibration and Noise Engineering" under Automotive Comfort Mechanics Engineering および東京工業大学における「機械振動学第二」の専門科目を担当している中で，学生を 3 名 1 グループとして騒音計を 1 週間ずつ貸出し，騒音計測活動を行わせ，学期最後の講義時間に各グループの計測結果の発表会を行っている（2007 年〜2012 年現在）．図 10.17 は TAIST の学生たちが発表会（口頭発表）の際に作成したポスターの一例である．

図 10.17　TAIST の学生たちが騒音計測発表会で作成したポスター例

文　　献

1) 粟屋 隆, 『データ解析』, 学会出版センター, 1983.
2) 大熊政明, 『新・工業力学』, 数理工学社, pp.262-269, 2005.
3) 大熊政明, 長松昭男, 特性行列の実験的決定による系の同定（第 1 報, 方法の提案と基礎的検討）. 日本機械学会論文集 C 編, **51**(464):719-728, 1985.
4) 大熊政明, 背戸一登, 山下繁生, 長松昭男, 動吸振器による構造物の振動制御（第 1 報, 理論的方法）. 日本機械学会論文集 C 編, **52**(484):3184-3190, 1986.
5) 大熊政明, 安川 潔, 半田文隆, 特性行列の実験的決定による系の同定（第 9 報, 物理的モデル化制約条件の提案）. 日本機械学会論文集 C 編, **61**(584):1411-1416, 1995.
6) 大熊政明, 施 勤忠, 於保辰也, 実験的特性行列同定法の開発（開発理論と基礎的検証）. 日本機械学会論文集 C 編, **63**(616):4171-4178, 1997.
7) カッツ, ヴィクター J.（上野健爾・三浦伸夫 監訳）, 『カッツ数学の歴史』, 共立出版, 2005.
8) 金 祐永, 中原健志, 大熊政明, 三次元構造物の自動最適化のための生長変形法の開発（第 1 報, 基本アルゴリズムの開発と静力学最適化の基礎検討）. 日本計算工学会論文集, **5**(20020019):25-31, 2003.
9) 金 祐永, 中原健志, 大熊政明, 三次元構造物の自動最適化のための生長変形法の開発（第 2 報, 動力学最適化の基本アルゴリズムの開発と基礎検討）. 日本計算工学会論文集, **6**:59–66, 2004.
10) 杉浦 洋, 『数値計算の基礎と応用』, サイエンス社, 1997.
11) 洲之内治男（石渡恵美子 改訂）, 『数値計算［改訂版］』, サイエンス社, 2002.
12) 背戸一登, 大熊政明, 山下繁生, 長松昭男, 多自由度系の等価質量同定法. 日本機械学会論文集 C 編, **53**(485):52-58, 1987.
13) 東京工業大学機械科学科 編集（大熊政明, 中原健志 著）『機械工学のための数学 II』, 朝倉書店, 2007.
14) 戸川隼人, 『マトリクスの数値計算』, オーム社, 1971.
15) 戸川隼人, 『有限要素法による振動解析』, サイエンス社, 1975.
16) 戸松太郎, 大熊政明, 実験的特性行列同定法のスパース行列化に関する研究. 日本機械学会論文集 C 編, **70**(695):1965-1970, 2004.
17) 長松昭男, 大熊政明, 『部分構造合成法』, 培風館, 1991.
18) 中村正信, 山口正勝, 大熊政明, FFT 法を用いた打撃振動実験における *Force & Response* 窓関数の影響. 日本機械学会論文集 C 編, **59**(562):1672-1677, 1993.
19) 林 禎, 花村良文, 高田 博, 大熊政明, 実車シャシーへの実験的特性行列同定法の適用. 日本機械学会論文集 C 編, **65**(631):895-901, 1999.
20) 山口正勝, 大熊政明, 長松昭男, コヒーレンス関数と分散, および打撃試験者のストレス. ASME–JSME ジョイントコンファレンス in Hawaii 1990 日本機械学会論文集 C 編, **51**(464):719-728, 1985.
21) 山本哲朗, 『数値解析入門［増訂版］』, サイエンス社, 2003.

22) Babitsky, V.I. and Sokolov, I.J., Autoresonant homeostat concept for engineering apolication of nonlinear vibration modes. *Nonlinear Dynamics*, **50**:447-460, 2007.
23) Butsuen, T. and Okuma, M., Application of direct system identification method for engine rigid body mount system. SAE Paper No.860551, 1986.
24) Cooley, J.W. and Tukey, J., An algorithm for the machine calculation of complex Fourier series. *Mathematical Computing*, **19**:297-301, 1965.
25) Den Hartog, J. P., *Mechanical Vibration*, McGraw-Hill, 1934.
26) Fox, R.L. and Kapoor, M.P., Rates of change of eigenvalues and eigenvectors. *AIAA Journal*, **6**(1):2426, 1968.
27) Gill, P.E., Murray, W. and Wright, M.H., *Practical Optimization*, Academic Press, 1981.
28) Johnson, S.G. and Frigo, M., A modified split-radix FFT with fewer arithmetic operations. *IEEE Trans. of Signal Processing*, **55**(1):111-119, 2007.
29) Kennedy, J. and Eberhart, R., Particle swarm optimization. Proceedings of International Conference on Evolutionary Computation, pp.69-73, 1998.
30) Kloepper, R., A measurement system for rigid body properties enabled by gravity-dependent suspension modeling. ph.D dessertation, Tokyo Institute of Technology, 2009.
31) Kloepper, R. and Okuma, M., Experimental identification of rigid body inertia properties using single-rotor unbalance excitation. Proceedings of IMechE, Part K: *Journal of Multi-Body Dynamics*, **223**(K4):293-308, 2009.
32) Kloepper, R. 大熊政明, 剛体特性同定装置及び剛体特性同定方法. 特願 2010-156100（東京工業大学出願), 2010.
33) Meifal Rusli, 大熊政明, モード特性同定法の最適重み関数の選定. 日本機械学会論文集 C 編, **51**(464):719-728, 1985.
34) Melosh, R.J., Basis for derivation of matrices for the direct stiffness method. *Journal of AIAA*, **1**:1631-1637, 1963.
35) Nelson, R.B., Simplified calculation of eigenvector derivatives. *AIAA Journal*, **14**(9):1201, 1976.
36) Okubo, N. and Furukawa, T., Measurement of rigid body modes for dynamic design. Proceedings of the 2nd IMAC, pp.545-549, 1983.
37) Okuma, M., Experimental methods for identifying spatial matrices and rigid body properties. *Recent Research and Development of Sound and Vibration*, Transworld Research Network, pp.133-147, 2002.
38) Okuma, M., Low frequency noise and vibration analysis of boat based on experiment- based substructure modeling and synthesis. Ibrahim, R. A., Babitsky, V. I. and Okuma, M. (eds.), Vibro-impact dynamics of ocean systems and related problems. *Lecture Notes in Applied and Computatinal Mechanics*, **44**:203-214, Springer, 2005.
39) Okuma, M. and Shi, Q., Identification of the principal rigid body modes under free-free boundary condition. *Transactions of ASME. Journal of Vibration and Acoustics*, **119**(3):341-345, 1997.
40) Okuma, M., Heylen, W., Matsuoka, H. and Sas, P., Identification and prediction of

frame structure dynamics by spatial matrix identification method. *Transactions of ASME. Journal of Acoustics and Vibration*, **123**:390-394, 2001.
41) Oppenheim, A.V., Schafer, R.W. and Buck, J.R., *Discrete-Time Signal Processing*, 2nd ed. Englewood Cliffs, NJ: Prentice-Hall, 1998.
42) Proos, K.A., Steven, G.P., Querin, O.M. and Xie, Y.M., Multicriterion evolutionary structural optimization using the global criterion methods. *AIAA Journal*, **39**(10):2006-2012, 2001.
43) Rao, S.S., *Optimization ——theory and applications*, Wiley Eastern, 1978.
44) Rusli, M., Okuma, M. and Nakahara, T., Combination of various weighting functions to improve modal curve fitting for actual mechanical systems. *JSME International Journal Series C*, **49**(3):764-770, 2006.
45) Shi, Y.H. and Eberhart, R., A modified particle swarm optimization. Proceedings of IEEE International Conference on Neural Networks, pp.1942-1948, 1996.
46) Tomatsu, T., Otsuka, T., Okuma, M., Okada, T., Ikeno, T. and Shiomi, K., Sound-radiation analysis for boat hull based on hammering test and BEM. CD-ROM Proceedings DETC2005-84628, 2005 ASME International Design Engineering Technical Conference & Computers and Information in Engineering Conference, 2005.
47) Turner, M.J., Clough, R.W., Martin, H.C. and Topp, L.J., Stiffness and deflection analysis of complex structures. *Journal of Aerospace Science*, **23**:805-823, 1956.
48) Uyama, T., Okuma, M. and Oyama, A., The rigid body properties of an actual diesel engine by experimental spatial matrix identification. CD-ROM Proceedings of International Conference of Noise and Vibration Engineering (ISMA2006), 2006.
49) Xie, Y.M. and Steven, G.P., A simple approach to structural frequency optimization. *Computers & Structures*, **53**(6):1487-1491, 1994.
50) Xie, Y.M. and Steven, G.P., Evolutionary structural optimization for dynamic problems. *Computers & Structures*, **58**(6):1067-1073, 1996.
51) Yang, X.Y., Xie, Y.M., Steven, G.P. and Querin, O.M., Topology optimization for frequencies using an evolutionary method. *Journal of Structural Engineering*, **125**(12):1432-1438, 1999.
52) Zheng-Dong, Kikuti, N. and Chang, H.C., Topological design for vibrating structures. *Computer Methods in Applied Mechanics & Engineering*, **121**(1-4):259-280, 1995.
53) Zienkiewicz, O.C., *The Finite Element Method in Engineering Science*, McGraw-Hill, 1971.

索　引

dB, dBA　299
Den Hartog　63
FRF　31
H_1 推定　118
H_2 推定　120
H_v 推定　121
h 法有限要素法　213
IMAC　104
loudness　299
Matlab　55
Modified split-radix FFT　153
p 法有限要素法　213, 228
Radix-4 FFT　153
Rayleigh-Ritz 法　214
Simulink　55

あ　行

アイソパラメトリック要素　234
アインシュタインの微分表記　71
アクセレランス　31
アクチュエータ配置　83
圧力　292
アニメーション　103
アングルレイアウト　7

位相　16
位相差　24
位置決め　26
1 次遅れ系　26
1 次結合　75
1 自由度系　10

1 自由度粘性減衰系　13
1 自由度ばね・質量系　13
1 階微分の方程式　79
一般解　94, 99
一般化座標　46
一般的固有値解析　72
一般粘性減衰　77, 79, 162
イナータンス　31
インパルス波　116
インペリアル大学　103

うつ病　26
運動エネルギー　5, 219, 230
運動量保存の法則　49

エリアジング誤差　145
エリアジング対策フィルター　145

オイラーの公式　25, 138
オイラー梁要素　226
オイラー法　34
応力　93, 218
応力-ひずみ関係行列　238
音の計測　298
おはじき　111
重み関数（最適な）　160
重み付き残差法　214
音圧　301
　　――の腹　296, 297
音圧レベル　299
音階　323
音響解析　290

音響剛性　304
音響剛性行列　302
音響質量　304
音響質量行列　302
音響条件（境界面の）　300
音響方程式　307
音速　291, 301
音場　300
　　——の支配方程式　312
音波　291

か 行

カーブフィット　154
回転体力学　1
ガウスの数値積分法　239
過減衰系　26, 32
重ね合わせ　215, 222, 223
　　——の原理　307
　　モードの——　270
加振信号波形　107
仮想測定点　164, 171
加速度センサー　117
片持ち梁　12, 96
可聴音圧　298
可聴周波数　298
ガラーキン法　306
ガリレオ　28
環境問題　26
慣性項　157
慣性乗積　169
慣性テンソル　187
慣性モーメント　168, 183
慣性力
　　——の不釣り合い　2
　　ピストンの——　7
感度　170, 172

機械運動学　2
機械振動学　1, 2
機械力学　2
危険速度　26
機構運動学　1

機構学　2
技術の差　5
基準ベクトル　134
基底ベクトル　134
逆フーリエ変換　143
境界条件の設定　224
境界面の音響条件　300
境界要素法　311
共振　20, 25
共振角振動数　24
共振振動数　72
共振倍率　30
共振峰　124
共振モード　72
強制振動解析　258
強制調和振動　16
共鳴周波数　308
行列　102
行列論　102
曲率　93, 229

空気　291
　　——の弾性率　291
　　——の密度　301
空気中の音速　301
グヤンの静縮小　234, 241
クラメルの公式　124
クランク・ピストン機構　5
グリーン関数　312
クロススペクトル　119

形状関数　236
計測工学　1
ゲイン調整パラメータ　171
結合領域　262
減衰　29
減衰行列の便宜的な作成　258
減衰固有角振動数　28
減衰比　27, 30, 78
弦の固有振動数　100
弦の振動　91, 97

合成解析（第3段目の）　279

剛性行列　71
構造減衰　29
構造動力学　1, 2, 5
構造物　2, 3
構造変更手法　128
高速掃引正弦波　107, 109
高速フーリエ変換　103, 145
拘束モード型合成法　252
剛体運動表現点座標　167
剛体質量行列　166, 186
剛体特性　163, 175
剛体モード　208
コクアド線図　122
コヒーレンス関数　119, 159
固有角振動数　24, 25, 42
固有角振動数比　64
固有振動数　12, 25
　　弦の――　100
　　梁の――　97
固有値　42
固有値解析　257
固有値問題　102, 308
固有特性　24
固有ベクトル　42
固有モード　42, 49
　　――の直交性　50, 73, 255
コレスキー分解　73
コンプライアンス　31

さ　行

最適減衰比　66
最適固有角振動数比　66
最適制振　64
最適設計法（動吸振器の）　66
最適な重み関数　160
最適フィードバック制御　59
最尤推定法　159
サークルフィット法　102
座標変換　233
座標変換行列　222
座標変換公式　222
サブスペース反復法　72

三角関数　136
三角形領域の積分公式　305
残差方程式　306
三重対角行列　165
サンプリング周波数　141
残留振動　59

時間遅れ　313
自己応答関数　156
指数窓関数　112
実験的特性行列同定法　164
実験モード解析　29, 183
実測定点　164
質量　5, 168
質量行列　71
質量中心座標　169
質量比　64
自動車騒音　300
支配方程式（音場の）　312
周期　137
重根固有モード　50
重畳正弦波　109
自由振動解（梁の）　94
自由振動固有振動数参照法　199
自由体図　92
集中質量モデル　92
周波数応答関数　29, 31, 52, 118
周波数スペクトル　133
周波数分析装置　29
縮小　243
主系　62
剰余項　157
剰余成分　77
初期位相　16
除振台　39
指令変位　59
シンシナティー大学　103
振動　87
　　弦の――　91, 97
　　梁の――　92
震動　87
振動伝達率　32, 39
振動モード　10

332　索　引

信頼性　26

スウェプトサイン波　107, 109
数値積分法（ガウスの）　239
スカイフックダンパー効果　68
頭痛　26
ステップパラメータ　162

正規化　52, 62, 252
正規化座標系　234
制御工学　1
正弦波　108
正弦波加振　107
静剛性解析　175
静縮小（グヤンの）　234, 241
制振　61
正定値行列　71, 73
積和の公式　136
線形項分離偏分反復法　154
線形時不変　71
線形ばね　13
せん断力　93
線密度　98

騒音計　299
騒音公害　26
騒音レベル値　299
相互応答等価質量　84
操縦安定性　26
速度ポテンシャル　301

た　行

第 1 次分系　266
耐久性　26
第 3 段目の合成解析　279
台上試験法　177
第 2 次分系　263
第 2 種ハンケル関数　312
打撃加振法　103
打撃試験　111
打撃試験用ハンマー　105, 112
多重化　262

多重合成法　262
多重正弦波加振法　103
多自由度等価質量同定法　84
多体動力学　1, 2
畳み込み積分　36
多点同時加振法　125
縦揺れモード　10
ダランベール　92
単位インパルス　116
単振動　13
弾性　5
弾性率（空気の）　291
ダンパー　22

力加振　57
力センサー　105, 106
逐次合成法　272
超音波　298
聴覚　298
聴覚等感度特性図　298, 299
聴覚レベル値　299
直接法　309
直交性
　　固有モードの──　50, 73, 255

定在波　72, 295
定常音場解析　309
定常加振応答　29
定常振動　16
定点　64
定点理論　66
デシベル　299
デシベル定義式　299
電磁加振器　105

等価 1 自由度モデル　61
等価音源粒子速度同定　317
等価剛性　81, 83
等価質量　68, 81, 83, 114
等価振動　13
等価粘性減衰係数　83
動吸振器　61, 63, 81
　　──の最適設計法　66

索引　333

――の設計　64
動剛性行列　42
等式制約条件　168
等時性　28
特性行列　71, 162
特性係数　312
特性方程式　27, 43
ドップラー効果　118
トラス　216
トリガー位置　113

な行

ナイキスト周波数　108, 109, 141, 310
内積　133
内部自由度　242
波の速度　99

2次遅れ系　26
2次形式　50
2次元トラス　216
2自由度系　41
2体問題　111
ニュートンの第2法則　23
人間の聴覚特性　298

燃焼タイミング　7
粘性減衰　29
粘性減衰行列　71
粘性減衰系　26

は行

バウンスモード　10
白ろう病　26
波数　301, 313
破損　26
波動方程式　99, 290, 293, 297
ハニング窓　110
跳ね上がりモード　10
バビスキー線図　123
梁
　　――の一般解　94

――の固有振動数　97
――の自由振動解　94
――の振動　92
――の曲げ剛性　93
――の曲げ振動　92
汎関数　294
反共振溝　124
ハンマーヘッドの硬度　114

非周期関数　310
ピストン・クランク機構　6
ピストンの慣性力　7
ひずみ　93, 218
ひずみエネルギー　5, 219, 230
ピッチングモード　10
非負定値行列　71, 73
病気　26
ビルディング・ブロック・アプローチ法　103
比例減衰　258
比例粘性減衰　77, 78
非連成系　76

不可制御　83
不可聴低音波　298
不規則波　110
複素ばね　29
複素フーリエ変換　142
不減衰系　23
不減衰固有角振動数　25
フックの法則　219
物理座標系　234
部分区間指数窓関数　112
部分構造合成法　88, 249
フーリエ級数展開　137
フーリエ積分　310
フーリエ変換　29, 133
振り子法　180
不連続性　144
ブロック遊び解析　215
ブロック線図　54
分散　159
分配公式　137
分布定数モデル　91

索　引

並行軸の定理　177
並進起振力　7
べき乗法　72
ベクトルの内積　133
ベクトル量　16
ヘルツ　25
変位加振　56, 57, 86, 87, 258
変位加振応答解析　87
変位表現関数　217

防護用耳栓　299
包絡線　22
ボード線図　62, 121
ホーン　299

ま　行

曲げ剛性（梁の）　93
曲げ振動（梁の）　92
曲げモーメント　93, 229
窓関数　109
マルチサイン波　107

密度（空気の）　301

めまい　26

モード　73
　　——の重ね合わせ　266
　　——の直交性　73
モード解析　53, 54, 75, 88, 102
モード解析長所　88
モード解析法　309
モード合成　254
モード座標　76, 255, 267
モード試験　104
モード指示関数　158
モード特性同定手法　103
モード変位ベクトル　54
モード留数　158
モビリティー　31
モーメント起振力　8

や　行

ヤコビ行列　238
ヤコビ法　72

有限要素法　103, 212
有限離散モデル　92

余因子行列　124
4サイクル直列4気筒エンジン　7

ら　行

ラーメン　226
ランダム波　107, 110
ランダム波加振法　103
ランチョス法　72

リーケージ誤差　109, 144
離散時間系　37
離散時刻カウンター　37
離散フーリエ変換　139
粒子速度　292
粒子速度ベクトル　294
粒子速度ポテンシャル関数　294
両端単純支持　94
臨界減衰　27
臨界減衰係数　27

ルーベン大学　103
ルンゲ・クッタ法　34, 35

レイリー商　49–51, 245
レセプタンス　31
連鎖法則　238
連続体　91
連続の式　292

六面体アイソパラメトリック要素　234
ローパスフィルター　145

著者略歴

大 熊 政 明
おお くま まさ あき

1956 年	埼玉県に生まれる
1979 年	東京工業大学工学部卒業
1981 年	東京工業大学大学院理工学研究科 修士課程修了
1983 年	東京工業大学大学院理工学研究科 博士課程中退
1983 年	東京工業大学工学部 助手
1990 年	東京工業大学工学部 助教授
2000 年	東京工業大学大学院理工学研究科 教授，現在に至る
	工学博士

主な著書・部分構造合成法（共著），培風館，1991.
・新・工業力学，数理工学社，2005.
・機械工学のための数学II 基礎数値解析法（共著），朝倉書店，2007.
・新・演習 工業力学，数理工学社，2010.
・Squeal Noise Analysis in Mechanical Structure with Friction Prediction by Experiment-based Method of Structural Analysis（共著），VDM Verlag, 2010.

構造動力学
—基礎理論から実用手法まで—

定価はカバーに表示

2012 年 10 月 20 日　初版第 1 刷

著 者　大　熊　政　明
発行者　朝　倉　邦　造
発行所　株式会社　朝　倉　書　店

東京都新宿区新小川町 6-29
郵 便 番 号　162-8707
電　話　03（3260）0141
Ｆ Ａ Ｘ　03（3260）0180
http://www.asakura.co.jp

〈検印省略〉

ⓒ2012〈無断複写・転載を禁ず〉　　中央印刷・渡辺製本

ISBN 978-4-254-23136-6　C 3053　　Printed in Japan

JCOPY　〈(社)出版者著作権管理機構 委託出版物〉

本書の無断複写は著作権法上での例外を除き禁じられています．複写される場合は，そのつど事前に，(社)出版者著作権管理機構（電話 03-3513-6969, FAX 03-3513-6979, e-mail: info@jcopy.or.jp）の許諾を得てください．

東京工業大学機械科学科編　東工大 杉本浩一他著
シリーズ〈科学のことばとしての数学〉
機械工学のための数学 I
―基礎数学―
11634-2 C3341　　　　A 5 判 224頁 本体3400円

大学学部の機械系学科の学生が限られた数学の時間で習得せねばならない数学の基礎を機械系の例題を交えて解説。〔内容〕線形代数／ベクトル解析／微分方程式／複素関数／フーリエ解析／ラプラス変換／偏微分方程式／例題と解答

東京工業大学機械科学科編　東工大 大熊政明他著
シリーズ〈科学のことばとしての数学〉
機械工学のための数学 II
―基礎数値解析法―
11635-9 C3341　　　　A 5 判 160頁 本体2900円

機械系の分野ではI巻の基礎数学と同時に、コンピュータで効率よく求める数値解析法の理解も必要であり、本書はその中から基本的な手法を解説〔内容〕線形代数／非線形方程式／数値積分／常微分方程式の初期値問題／関数補間法／最適化法

前東工大 長松昭男著
機 械 の 力 学
23117-5 C3053　　　　A 5 判 256頁 本体4800円

ニュートン力学と最先端の物理学の成果を含めた機械系力学を本質的に理解できる渾身の展開で院生・技術者のバイブル。〔内容〕なぜ機械の力学か／状態量と接続／力学特性／力学法則／ダランベールの原理／運動座標系／振動／古典力学の歴史

前北大 入江敏博・北大 小林幸徳著
機 械 振 動 学 通 論（第 3 版）
23116-8 C3053　　　　A 5 判 248頁 本体3600円

大好評を博した旧版を全面的に改訂。わかりやすい例題とていねいな記述を踏襲。〔内容〕振動に関する基礎事項／1自由度系の振動／他自由度系の振動／連続体の振動／非線形振動／ランダム振動／力学の諸原理と数値解析法／問題の解答

前東大 中島尚正・東大 稲崎一郎・前京大 大谷隆一・
東大 金子成彦・京大 北村隆行・前東大 木村文彦・
東大 佐藤知正・東大 西尾茂文編

機械工学ハンドブック

23125-0 C3053　　　　B 5 判 1120頁 本体39000円

21世紀に至る機械工学の歩みを集大成し、細分化された各分野を大系的にまとめ上げ解説を加えた大項目主義のハンドブック。機械系の研究者・技術者、また関連する他領域の技術者・開発者にとっても役立つ必備の書。〔内容〕I編（力学基礎、機械力学）／II編（材料力学、材料学）／III編（熱流体工学、エネルギーと環境）／IV編（設計工学、生産工学）／V編（生産と加工）／VI編（計測制御、メカトロニクス、ロボティクス、医用工学、他）

E.スタイン・R.ドウボースト・T.ヒューズ編
早大 田端正久・東工大 萩原一郎監訳

計算力学理論ハンドブック

23120-5 C3053　　　　B 5 判 728頁 本体32000円

計算力学の基礎である、基礎的方法論、解析技術、アルゴリズム、計算機への実装までを詳述。〔内容〕有限差分法／有限要素法／スペクトル法／適応ウェーブレット／混合型有限要素法／メッシュフリー法／離散要素法／境界要素法／有限体積法／複雑形状と人工物の幾何学的モデリング／コンピュータ視覚化／線形方程式の固有値解析／マルチグリッド法／パネルクラスタリング法と階層型行列／領域分割法と前処理／非線形システムと分岐／マクスウェル方程式に対する有限要素法／他

日本実験力学会編

実験力学ハンドブック

20130-7 C3050　　　　B 5 判 660頁 本体28000円

工学の分野では、各種力学系を中心に、コンピュータの進歩に合わせたシミュレーションの前提となる基礎的体系的理解が必要とされている。本書は各分野での実験力学の方法を述べた集大成。〔内容〕〈基礎編〉固体／流体／混相流体／熱／振動／波動／衝撃／電磁波／信号処理／画像処理／電気回路／他、〈計測法編〉変位測定／ひずみ測定／応力測定／速度測定／他、〈応用編〉高温材料／環境／原子力／土木建築／ロボット／医用工学／船舶／宇宙／資源／エネルギー／他

上記価格（税別）は 2012 年 9 月現在